Handlesen

GERTRUD I. HÜRLIMANN

Handlesen

Ein astro-chirologisches Lehrbuch

AT VERLAG

Dieses Buch ist eine überarbeitete Ausgabe des unter demselben
Titel im Oesch Verlag, Zürich, in insgesamt 11 Auflagen erschienenen Werks.

© 2013
AT Verlag, Aarau und München
Druck und Bindearbeiten: AZ Druck- und Datentechnik, Kempten
Printed in Germany

ISBN 978-3-03800-732-6

www.at-verlag.ch

Inhaltsverzeichnis

Vorwort zur 11. Auflage

Dieses Buch verdankt sein Entstehen den ständigen Nachfragen um Abgabe meiner Kursmanuskripte. Es sollte vor allem als Lehr- und Begleitmaterial zu meinen Einführungskursen in die Psychologie der Hand Verwendung finden. Mit der Möglichkeit, die Theorie zu Hause nachzulesen, stand während des Unterrichts mehr Zeit für praktische Übungen zur Verfügung. Das Buch ist aber auch für jenen Interessierten geschrieben, der oder die sich ohne Kursbesuch gründlich über das Gebiet des Handlesens informieren will. Und obwohl meine Ausführungen viele astrologische Parallelitäten aufzeigen, ist es doch primär ein chirologisches Lehrbuch und auch für den Nichtastrologen verständlich geschrieben.

An dieser Stelle sei allen herzlich gedankt, die wesentlich zu einer Bereicherung des Buchinhaltes und damit zu einer Hebung seines Wertes beigetragen haben. Es sind dies vor allem die Fotografin Frau Helga Weber-Kahlo und jene Teilnehmerinnen und Teilnehmer an meinen Kursen, die ihre Hand zum Fotografieren zur Verfügung stellten und auch der Wiedergabe der entstandenen Bilder im vorliegenden Buch zustimmten, und jene, die ihre Handabdrücke samt Geburtsdaten zu Forschungszwecken und zur Veröffentlichung freigaben. Es versteht sich von selbst, dass weder Namen noch im Buch fehlende Geburtsdaten bekanntgegeben werden.

Besonderer Dank gebührt dem Anatomischen Institut Zürich für die freundliche Genehmigung, embryonales Bildmaterial veröffentlichen zu dürfen. Ein besserer Beweis für das vorgeburtliche Entstehen der Handlinien könnte gar nicht erbracht werden.

Seit dem 17. Lebensjahr gilt mein Hauptinteresse der Psychologie und der Astrologie sowie den diesen Disziplinen verwandten Gebieten. Zu jener Zeit durfte noch kaum gesagt werden, dass man sich mit einer so «abergläubischen» Thematik wie der Astrologie beschäftigt. Ich hatte denn auch in dieser Hinsicht einiges einzustecken, was mich aber keineswegs entmutigte. Zugleich standen mir jahrelang liebe Menschen zur Seite und führten mich – wie sich später herausstellte – in die richtige Bahn.

1963 kam ich erstmals beruflich mit der Chirologie in Kontakt. In München – in Zusammenarbeit mit dem Astrologen/Chirologen Hellmut Wolff (30.3.1906–22.3.1986) – lernte ich, die Hand stets im Zusammenhang mit dem Geburtsbild zu betrachten. Dass die Hand eine Parallele zum Geburtsbild aufweist, dürfte nichts Neues sein, werden doch in der Chirologie bestimmte Handbereiche mit Namen bezeichnet, die in der Astrologie üblich sind. Julius Nestler schreibt in seinem «Lehrbuch der Chiromantie», dass es früher zwei Richtungen von Chiromanten gab: eine – es soll diejenige der Fahrenden sein – versah die Handlinien mit organischen Namen (Herz-, Magenlinie usw.), und eine andere, jene des Priesterstandes, benutzte die mythologischen Bezeichnungen. Andrerseits beschäftigten sich nicht nur Zigeuner und Priester mit den Handlinien, sondern auch Ärzte, welche ebenfalls organische Bezeichnungen vorzogen. Der Leser findet in meinem Buch eine Zusammenstellung der verschiedenen Linienbezeichnungen.

In der heutigen chirologischen Fachliteratur ist die mythologische Namensgebung gebräuchlich, die ich einer eingehenden Revision unterzogen habe. Aufgrund chirologischer Forschungen und astrologisch folgerichtig gezogener Schlüsse habe ich das für den Daumenballen übliche Planetensymbol, die Venus, gegen dasjenige des Ringfingers, die Sonne, ausgewechselt. Außerdem entwickelte ich ein eigenes, für die Hand verwendbares Horoskop-Schema. Den «Großen Marsberg» belegte ich mit dem Namen Plutoberg, an die Stelle vom «Ort des Ursprungs» setzte ich (angeregt durch den Beginn von Issberners Neptunlinie aus diesem Bereich) den Neptunberg, und den gelenknahen Mondberg kennzeichnete ich als Uranusberg. Doch dieser Name war vereinzelt bereits der Literatur zu entnehmen und somit nichts Neues. Im Frühjahr 1978 gab ich das Ergebnis meiner astro-chirologischen Forschungen anlässlich einer Astrologentagung in Bensheim im Vortrag «Hand und Horoskop» bekannt. 1980 ließ ich mein System (GIH-System) zudem in einer deutschen Zeitschrift veröffentlichen. Seither wird es von einigen Lebensberatern benutzt, die dessen Richtigkeit bestätigen.

Andrerseits konnte ich in Erfahrung bringen, dass schon früher Chirologen – wie zum Beispiel Friedrich C. Heide, Köln, in Zusammenarbeit mit einer psychologisch geschulten Forschergruppe – zur Überzeugung gelangten, dass die Sonne aus psychologischer und astrologischer Sicht in den Daumenballen gehöre und die Venus in den Ringfinger. Allerdings kann ich mich mit der von Heide gleichzeitig vorgenommenen Zuteilung des Mars zum Mittelfinger nicht einverstanden erklären. Würde er heute noch leben, nähme er vermutlich diesbezüglich selber eine Korrektur vor. Auch der mit mir seinerzeit befreundete Heilpraktiker, Astrologe und Chirologe Friedrich Rudolf Engelhardt (12.8.1894–12.12.1990), Bingen a. Rhein, der zwar sein Buch «Das Wissen von der Hand» noch mit althergebrachten mythologischen Namen abhandelte, vertrat am Schluss seiner Ausführungen die Ansicht, dass das Venus-

symbol eigentlich in den Ringfinger gehöre, die Sonne in die Handmitte und der Mond in den Daumenballen. Die Sonnen- und Mondposition sind für mich nicht nachvollziehbar. Aufgrund verschiedener mit Herrn Engelhardt geführter Gespräche war er letztlich von meinem System überzeugt und gestattete mir sogar, sein Handlesebuch, das 1938 durch die Gestapo des Nazi-Regimes beschlagnahmt wurde, 1986 nochmals in der Originalfassung verlegen zu lassen. Der äußerst liebenswürdige und feinsinnige Chirologe Friedrich Brobeck (2.5.1905–21.12.1988), Bad Kreuznach, der im Physiognomikkreis von Walter Alispach, Zürich, Ferien-Handlesekurse gab, übernahm das neue Planetensystem seines Lehrers Friedrich R. Engelhardt, dem er denn auch seine Schrift, «Das ‹M› in unserer Hand», erschienen 1974 im Helioda-Verlag, widmete.

Es ist übrigens keineswegs beabsichtigt, frühere Autoren zu kritisieren; ich möchte im Gegenteil darauf hinweisen, dass immer wieder der Versuch unternommen wurde, den Daumenballen von seiner Bezeichnung «Venusberg» zu befreien.

Wenn der Leser das Kapitel «Die vertikale Zweiteilung der Hand» durchgearbeitet hat, wird er die Motive für meine Planetenauswechslung besser verstehen, geht es doch bei der vertikalen Zweiteilung um die Bedeutung des *aktiven* und des *passiven* (rezeptiven) Prinzips. Der astrologisch Geschulte wird mir beipflichten, wenn ich postuliere: Wenn Sonne, Mars und Jupiter unmittelbar tätige, aktive Planetenprinzipien der Tierkreiszeichen Löwe, Widder und Schütze sind – wie sich Thomas Ring ausdrückt –, müssen diese aktiven Symbole auf der *aktiven* Seite der Hand stehen. Auch der astrologisch Unbelastete wird kaum Mühe haben, den Sachverhalt zu verstehen. Dabei möchte ich gleich festhalten, dass ich die Auswechslung von Sonne und Venus nicht aufgrund der Zweiteilung der Hand vornahm. Dies geschah, als ich das erste Mal mit den «Bergen» der Innenhand konfrontiert wurde. Damals war mir die Zweiteilung der Hand in aktiv und passiv noch gar nicht bekannt. Ich glaubte, nicht richtig verstanden zu haben, dass das Vitalitätsprinzip des Daumenballens etwas mit der Venus zu tun haben sollte. Doch zu jener Zeit hatten andere Dinge den Vorrang, und die Zeit war nicht reif dazu, mit meiner «Sonnenidee» durchdringen zu können.

Was zum vorliegenden Buch noch zu sagen wäre, ist, dass ich für den Leser alle im Literaturverzeichnis angeführten Schriften durchgearbeitet habe und mit eigenen Erfahrungen ergänzte. Eines der wesentlichsten Bücher, dessen Quintessenz miteinbezogen wurde, ist das Werk der Chirologen und Graphologen Hugo Steindamm und Elsbeth Ackermann «Mysterium Mensch». Fast habe ich den Eindruck, dass auch Steindamm/ Ackermann an der «Venusberg»-Bezeichnung zweifelten, denn sie umgingen die mythologischen Namen und alphabetisierten die Berge und die Linien.

Für dieses Buch erforschte ich verschiedene auf oder zwischen den Fingerbergen vorkommende Papillarleistenmuster im Zusammenhang zu astrologischen Gegebenheiten. Besonderes Augenmerk legte ich dabei auf zwei selten vorkommende Kreiswirbel im emotionalen Raum, von mir plutonischer Saturn-/Venus-Wirbel und plutonischer Venus-/Merkur-Wirbel genannt. In der mir bekannten Literatur konnte ich keine Hinweise über die Bedeutung dieser zwei Wirbel finden. Meine Aussagen wurden aufgrund von Papillarmustervergleichen und den Geburts- und Konzeptionshoroskopen der Handeigner astrologisch ermittelt.

Im Anhang finden sich die sechs Handformen von Stanislas d'Arpentigny (die siebente ist eine gemischte Hand), die Charaktertypen der Innenhand nach Fred Gettings sowie Ausführungen zum Konzeptions- und Geburtshoroskop im Vergleich zur linken und rechten Hand.

Um für die Konsistenz des Daumenballens, die astrologisch dem 2. Haus, dem Substanzhaus Stier, entspricht, vom leidigen Begriff der «substanzierten Venus» loszukommen, habe ich den Planeten Erde in mein Handschema integriert. Die Idee, die Erde anstelle der Venus als Regentin des Tierkreiszeichens Stier einzusetzen, stammt von Hans-Hinrich Taeger. Es war für mich stets unbefriedigend, dass das astrologische System für meine Planetenhand keinen Substanzplaneten anbot, wie ihn nach meinem Dafürhalten der Daumenballen nebst dem Prinzip Sonne (Vitalität) verlangen würde. Die Taegersche Version mit der Erde im Substanzhaus Stier/2. Haus eignet sich für meine Planetenhand optimal.

Neu habe ich den konzentrischen Wirbel sowie die rechts- und linksdrehende Spirale auf den Fingerbeeren nochmals astrologisch mit einem anderen System untersucht und bin zu differenzierten Ergebnissen gekommen.

Ich hoffe, mit meiner Arbeit mitzuhelfen, die Chirologie von ihrem Ruf der Wahrsagerei zu entlasten, denn sie ist, wie die Graphologie und die Astrologie, ein Diagnostikmittel zur Erfassung der Persönlichkeit und somit ein Zweig der Psychologie.

Zürich, im Frühjahr 2006

Der Mensch

Der Mensch besteht in seiner Ganzheit aus Körper, Seele und Geist. Er ist ein mit einem Leib bekleidetes geist-seelisches Wesen. Die Körperbildung erfolgt in Übereinstimmung mit der Geist-Seele. Die körperliche Erscheinung ist geist-seelische Manifestation.

Die Seele

Der Seelenbegriff wird nicht nur in den Religionssystemen, sondern auch in der Psychologie unterschiedlich interpretiert. Widersprüche sind daher unvermeidlich. Im Zusammenhang mit der Hand erscheint mir die nachstehende Definition die geeignetste:

Körper, Seele und Geist, die in der Chirologie eine wesentliche Rolle spielen, entstammen verschiedenen Welten (Spiesberger 1963): der Körper der materiellen, die Gefühle der astralen und die Gedanken der mentalen, wobei es in der astralen wie mentalen Welt verschiedene Ebenen gibt. Körper, Seele und Geist sind einander ebenbürtig, der Unterschied besteht nur in der Art der Verdichtung. Zwar scheint die Seele das wesentlichste Glied der Dreierkette zu sein, denn ohne das Zwischenglied Seele kann sich der Geist in der materiellen Welt nicht manifestieren. In Wirklichkeit ist der Mensch als Ganzes eine seelische Trinität: eine Geist-Seele, eine Intellekt-Seele und eine Körper-Seele. Die Emotionen sind Bestandteil der Körper-Seele.

Wird diese Dreierstruktur als Anschauungs-Schema zweigeteilt, entsteht eine Geist-Seele und eine Stoff-Seele. Die Seele ist halb Stoff, halb Geist. Die Stoff-Seele ist stofflich genug, sich mit dem materiellen Körper zu verbinden und die Geist-Seele ist feinstofflich genug, um die Beziehungen zur geistigen Welt aufrechtzuerhalten. Körper und Geist sind durch die Funktionen der Seele, die *seelischen Funktionen*, miteinander verbunden.

Die Seele hat bewusste und unbewusste Funktionen. Der kleinste Teil der seelischen Funktionen ist dem Menschen bewusst, und dieser kleine Teil entspricht dem *Ich-Bewusstsein*. Das Ich-Bewusstsein ist der Intellekt-Seele gleichzusetzen.

Die Intellekt-Seele entstammt der Mentalwelt. Die Mentalwelt grenzt an die Intuitionswelt, die der geistigen bereits nahe steht (Leadbeater 1965). Daher ist es kaum vermeidlich, dass das, was man unter *Geist* versteht, sich oft mit dem Intellekt überschneidet, sodass sich die Begriffe vermengen, obwohl beiden unterschiedliche Bedeutung zukommt. Andererseits darf Intuition nicht mit Inspiration verwechselt werden.

Intuition ist eine höhere Stufe des Intellekts, eine blitzartige Erkenntnis aufgrund ernsthaft verarbeiteter Sachverhalte. Sie erfolgt ausschließlich nur nach getaner harter intellektueller Arbeit. *Inspiration* ist ein mediales Erfühlen und geschieht bildhaft. Sie ist eine Stufe höher als die Intuition. Inspirationen gehören der geistig-spirituellen Welt an und nicht, wie die Intuition der geistig-intellektuellen. *Geist* ist nicht näher definierbar, denn Geist ist etwas Abstraktes, nicht Fassbares.

Das, was der Mensch als Gesamtwesen ist, entspricht der Seele, und die Seele baut sich ihr Gehäuse selbst. Das körperliche Erscheinungsbild wird auf unbewusster Ebene geformt. Das innere Selbst modelliert den Leib. Darum kann aus der Form des menschlichen Körpers auf die seelischen Qualitäten geschlossen werden. Körper und Seele sind eins, was bei psychosomatischen Krankheiten deutlich genug zum Ausdruck kommt.

Das *Unbewusste* enthält Individuelles und Kollektives. In unserem Unbewussten liegen die von uns und unseren Ahnen einmal geschauten Urbilder oder Archetypen. Unsere Vorfahren haben die mythischen Bilder als «Gottheiten» in ihrer Seele noch erfahren. Im Laufe der Zeiten haben wir diesen Instinkt verloren, denn esoterisch gesehen sind wir selbst die Ahnen.

Die Urbilder oder Archetypen beziehen sich auf die Tierkreiszeichen und ihre Planetenprinzipien, nicht auf die Sternbilder am Himmel. Da die Astronomie aus der Astrologie entstand, benützen beide die gleichen Elemente. Die Astronomie misst und wägt die Gestirne. Für die Astrologie sind sie reine Symbolik. Der Tierkreis hieß übrigens in unserem Kulturkreis früher Tyrkreis, was mit Tieren an sich überhaupt nichts zu tun hat, sondern mit dem Gott Tyr. Nur einzelne charakteristische Züge sind Tieren analog.

Mit den Tierkreiszeichen sind wir beim Horoskop angelangt. Horoskop heißt Stundenschau (hora = Stunde und skopein = schauen). Geschaut wird die Himmelskarte zur Stunde der Geburt. Doch damals, als dieser Begriff entstand, wurden noch keine individuellen Horoskope gestellt, sondern nur für Länder und Könige, und der König war gleichzusetzen mit seinem Land.

Das Horoskop oder Kosmogramm, besser Geburtsbild, zeigt in großen Zügen den Lebens- und Lehrplan dieser Existenz, ohne des freien Willens zu entbehren. Allerdings entspricht dieser freie Wille sinngemäß eher demjenigen einer Wahlfreiheit im Rahmen des Gegebenen.

Existenz kommt von existere = heraustreten. Damit ist ein Heraustreten aus der geistigen Welt gemeint, um als diese oder jene Erscheinung auf der materiellen Ebene zur Schule zu gehen und gleichzeitig eine Aufgabe zu erfüllen.

Dem gegenwärtigen Entwicklungsgrad der Seele und der zu absolvierenden Lebensschule entsprechend, baut sich das innere Selbst einen geeigneten Körper. Darum kann eine Seele nur zu einer bestimmten Zeitqualität bei einem für sie geeigneten Elternpaar inkarnieren, welches ihr das benötigte Erbgut vermittelt, das sich dem selbsteigenen Individualkern anfügt. Die Zeitqualität zeigt das Geburtsbild, das gleichzeitig Spiegel des Unbewussten ist. Den Schlüssel zur Entzifferung des Unbewussten bietet die Symbolik. Der gleichen Symbolik untersteht die Hand.

Gemäß dem für diese Existenz eingegebenen «Computer-Programm» entwickeln sich die drei Schichten der Keimblätter des menschlichen Embryos. Bei einer natürlichen Geburt tritt der Embryo dann aus dem Mutterleib, wenn die Konstellation der Gestirne der inneren Struktur der Seele entspricht. Im Falle einer künstlichen Geburt muss dieser Eingriff für den werdenden Menschen als «schicksalhaft» bezeichnet werden. Man glaubt zu schieben – und wird geschoben …!

Die Programmierung des Lebensplanes erfolgt stets aufgrund des anstehenden Karmas. *Karma* ist ein Sanskritwort und bedeutet: positive und negative Ergebnisse von Gedanken, Worten und Taten aus bis dahin durchlaufenen Inkarnationen. Bei den Taten ist die Gesinnung weit wesentlicher als die Handlung an sich. Das scheinen selbst in Fachkreisen nur wenige zu wissen. Auch verhält es sich so: Was dem einen gestattet sein mag, ist dem andern noch lange nicht erlaubt. Je mehr der Mensch um die geistigen Gesetze weiß, um so mehr Verantwortung hat er zu tragen. Seltsamerweise glauben auch hier viele, die geistigen Gesetze gälten nur für ihre Mitmenschen.

Die Reinkarnationslehre, die uns Christen fremd erscheint, wenn nicht gar befremdend, wurde am 5. Mai 553 n. Chr. an der Zweiten Synode von Konstantinopel (= Fünftes allgemeines Konzil), ohne Billigung des Papstes und der Autoritäten der katholischen Kirche, durch den oströmischen Kaiser Justinian I., den Großen (*482, †565), offiziell verboten, weil sie aufgrund der damals herrschenden Sitten der führenden Gesellschaftsschicht unbequem war. Als treibende Kraft für die Abschaffung der Wiedergeburtslehre galt die sehr einflussreiche Kaiser-Gemahlin Theodora (*508). Zwar verstarb sie sechs Jahre vor dem Konzil, aber Justinian erledigte seine Geschäfte genau so weiter, als würde Theodora noch immer seine Hand steuern. – Nicht die Kirche war es, die sich von der Reinkarnationslehre distanzierte, sondern der damalige allmächtige oströmische Kaiser.

Es liegt mir aber fern und steht mir auch nicht zu, irgend jemanden von der Wiederverkörperungslehre überzeugen zu wollen. Ich biete sie nur an, weil die unterschiedlichen Schicksale damit einer Erklärung näher kämen.

Die Begriffe Chiromantie/Chirologie

Der Ursprung der Chiromantie (von Chiro = Hand, aus dem Griechischen cheiro [cheir] und Mantik = Seherkunst), der *Weissagung aus der Hand*, scheint in Vorderindien bei den Hindus zu liegen. Alle Völker des Altertums übten die Chiromantie aus: die Chinesen, die Assyrer, die Ägypter, die Chaldäer und die Hebräer. Durch die Verbindung zwischen Kleinasien, Ägypten und Griechenland, vielleicht auch durch Fahrende eingeführt, kam sie in den Westen. Die Chiromantie wird noch heute ausgeübt. Sie ist reine Wahrsagekunst aus den Handlinien – eine Begabung, also nicht erlernbar.

Die *Chirologie* (von Chiro = Hand, Logos = Vernunft oder Lehre), *die Lehre von der Hand*, kann man erlernen. Allerdings ist sie zugleich eine Kunst, nämlich die Kunst der Kombination. Die Chirologie ist eine auf Beobachtung und Erfahrung aufgebaute Wissenschaft. Sachkundige hielten die Merkmale fest und klassifizierten sie. Ziel der Chirologie ist die Untersuchung des menschlichen Charakters und der Begabungsanlagen.

Der Vorgang der Handanalyse

Die Handanalyse beginnt mit der Protokollaufnahme der Befunde der Außenhand. Von der Innenhand wird ein Abdruck genommen.

Der Handabdruck

Zur Herstellung eines Handabdruckes werden benötigt: ein DIN-A4-Bogen Schreibmaschinenpapier, ein dünner Schaumgummi als Unterlage, eine kleine Glasplatte, eine Tube Linoldruck-Wasserfarbe, 730, schwarz, der Firma H. Schmincke & Co., Düsseldorf, und eine kleine Walze zum Verreiben und Auftragen der Farbe.

Der Vorgang: Auf der Glasplatte wird etwas Farbe mit der Walze gut verrieben und sehr dünn auf die Handfläche aufgetragen. Die Hand wird flach und locker auf das Papier gelegt, die Finger nur leicht, der Handübergang zu den Fingern etwas fester auf die Unterlage gedrückt. Die Handrückenmitte muss, wegen der meist vorhandenen leichten Hohlhand, ziemlich stark auf die Unterlage gepresst werden, bis die ganze Innenhandfläche das Papier berührt. Beim Wegnehmen der Hand werden zuerst die Finger und dann der Handrumpf abgehoben. Dadurch wird auch der Handansatz abgezeichnet. Der Daumen wird separat abgedruckt (siehe Muster Seite 15). – Die schwarze Farbe löst sich unter laufendem Wasser sofort von der Haut ab.

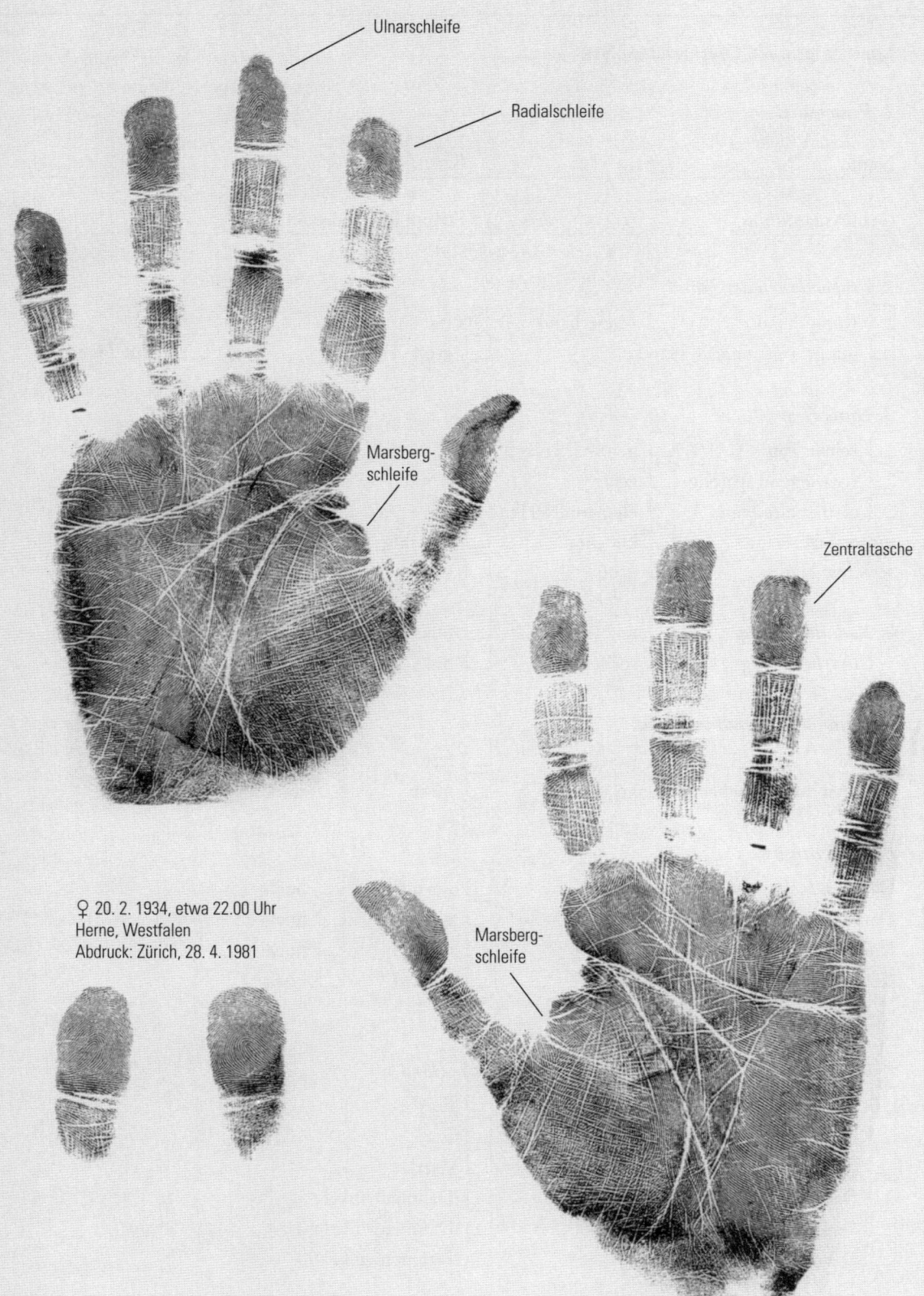

Ulnarschleife

Radialschleife

Marsberg-
schleife

Zentraltasche

♀ 20. 2. 1934, etwa 22.00 Uhr
Herne, Westfalen
Abdruck: Zürich, 28. 4. 1981

Marsberg-
schleife

Merkmalprotokoll der Handanalyse

1. Personalien

Name: _____   Beruf: _____

Geburtsdatum: _____   Datum des Abdrucks: _____

2. Proportionen der Hand

☐ Rumpfhand   ☐ Fingerhand
☐ gut proportionierte Hand   ☐ große Hand   ☐ kleine Hand

3. Hand-Typ

☐ reiner Typ   ☐ gemischter Typ
☐ vorwiegend spatelig   ☐ eckig   ☐ konisch
☐ elementare Hand A   ☐ elementare Hand B
motorische Hand: ☐ knochig   ☐ fleischig
sensitive Hand: ☐ groß   ☐ klein

4. Radialbetonung   ☐ rechts   ☐ links
Ulnarbetonung   ☐ rechts   ☐ links

5. Haut- und Handkonsistenz

☐ hart   ☐ weich   ☐ fest   ☐ feucht   ☐ trocken
Knöchel durchdrückbar: ☐ knapp   ☐ mittel   ☐ stark

6. Fingeransätze

Daumen rechts   ☐ tief   ☐ normal   ☐ hoch
Daumen links   ☐ tief   ☐ normal   ☐ hoch
Kleinfinger rechts ☐ tief   ☐ normal   ☐ hoch
Kleinfinger links   ☐ tief   ☐ normal   ☐ hoch

7. Daumenbeweglichkeit

rechte Hand   *linke Hand*

☐ flexibel   ☐ flexibel
☐ fest   ☐ fest
☐ starr   ☐ starr
☐ Daumenwinkel 45°   ☐ Daumenwinkel 45°
☐ Daumenwinkel 60°   ☐ Daumenwinkel 60°
☐ Daumenwinkel 90°   ☐ Daumenwinkel 90°

8. Handberge

	flach	erhöht	überhöht
♂ ☉ Thenar	☐	☐	☐
☽ Mondberg	☐	☐	☐
♆ Neptunberg	☐	☐	☐
⛢ Uranusberg	☐	☐	☐
♂ Marsberg	☐	☐	☐
♇ Plutoberg	☐	☐	☐
♃ Zeigefingerberg	☐	☐	☐
♄ Mittelfingerberg	☐	☐	☐
♀ Ringfingerberg	☐	☐	☐
☿ Kleinfingerberg	☐	☐	☐

verschobene Berge   rechts ♃ ♄ ♀ ☿   links ♃ ♄ ♀ ☿

9. Fingerdurchlässigkeit ☐ ja   ☐ nein

10. Fingerstellungen

axiale Verbiegungen rechte Hand

☐ Zeigefinger zum Daumen
☐ Zeigefinger zum Mittelfinger
☐ Mittelfinger zum Zeigefinger
☐ Mittelfinger zum Ringfinger
☐ Ringfinger zum Mittelfinger
☐ Ringfinger zum Kleinfinger
☐ Kleinfinger zum Ringfinger
☐ Kleinfinger zur Außenhand

axiale Verbiegungen linke Hand

☐ Zeigefinger zum Daumen
☐ Zeigefinger zum Mittelfinger
☐ Mittelfinger zum Zeigefinger
☐ Mittelfinger zum Ringfinger
☐ Ringfinger zum Mittelfinger
☐ Ringfinger zum Kleinfinger
☐ Kleinfinger zum Ringfinger
☐ Kleinfinger zur Außenhand

gerade Fingerstellung   rechts: links:

    1 2 3 4 5   1 2 3 4 5

11. Fingerformen

	rechte Hand	linke Hand
spatelig:	1 2 3 4 5	1 2 3 4 5
eckig:	1 2 3 4 5	1 2 3 4 5
konisch:	1 2 3 4 5	1 2 3 4 5
knotig oben:	1 2 3 4 5	1 2 3 4 5
knotig unten:	1 2 3 4 5	1 2 3 4 5

12. Betonte Fingerglieder

	rechte Hand	linke Hand
Nagelglied	1 2 3 4 5	1 2 3 4 5
Mittelglied	1 2 3 4 5	1 2 3 4 5
Wurzelglied	1 2 3 4 5	1 2 3 4 5

13. Fingernägel

	rechte Hand	linke Hand
dreieckig	1 2 3 4 5	1 2 3 4 5
rechteckig	1 2 3 4 5	1 2 3 4 5
mandelförmig	1 2 3 4 5	1 2 3 4 5
kurz, lang, breit, schmal	1 2 3 4 5	1 2 3 4 5

Die Lehre von den Handformen (Chirognomie)

Die Hand erhält ihre Form durch Vererbung, durch die Funktion der endokrinen Drüsen und durch die Biochemie der Zellen. Die Hand hat eine Doppelfunktion: Greifen und Tasten. Ein Großteil unserer Gehirntätigkeit bezieht sich auf unser begriffliches Denken. Dieses hängt sehr eng mit der Greif- und Erfassungstätigkeit der Menschenhand zusammen, denn was wir greifen können, das wird uns auch begrifflich nahegebracht.

Als kleine Kinder hatten wir unsere Greifperiode und suchten alle herumstehenden Gegenstände zu erfassen, um sie zu begreifen. All das, was wir uns später an abstrakten und philosophischen Begriffen erworben haben, ist zuerst einmal gleichnishaft irgendwo und irgendwann von unseren Händen ergriffen und von unserem Verstand begriffen worden.

Wie in allen Wissensgebieten sind auch in der Chirologie Schemata üblich und notwendig, und so wird denn die Hand zuerst einmal unterteilt in eine Rumpf- und eine Fingerhand. Als Norm gilt gleiche Rumpf- und Fingerlänge.

Die Rumpfhand

Bei der Rumpfhand ist der Handrücken länger und in der Regel breiter als die Fingerlänge. Meist besitzt sie einen starken, manchmal etwas steifen Daumen. Die Rumpfhand entspricht dem Greifen und dem instinkthaften Erfühlen. Sie ist eine materiell ausgerichtete, wirtschaftlich nützliche aktiv-tätige Hand. Praktische, reale Gesichtspunkte stehen beim Eigner im Vordergrund. Der Verstand ist nur auf Naheliegendes ausgerichtet.

Ob die Rumpfhand positiv oder negativ eingestuft werden kann, entscheidet der Gesamteindruck der Hand. Bei zu breitem Handrumpf sind die materiellen Interessen zu ausgeprägt.

Deutung
Positiv: Realismus
Negativ: Materialismus

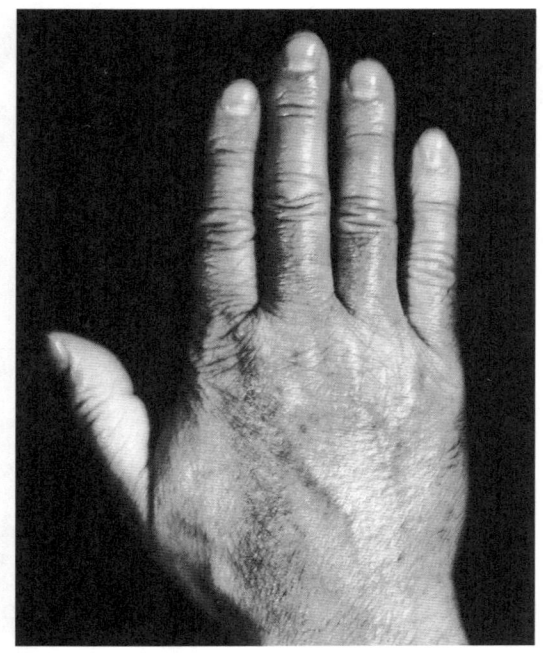

Die Fingerhand

Die Fingerhand zeigt umgekehrte Proportionen. Der Handrücken ist kürzer als die Fingerlänge. Die Fingerhand entspricht dem Tasten und dem seelischen Erspüren. Sie deutet auf Phantasie und geistige Interessen. Die Finger sind bewusstseinsnäher als der Handrumpf. Sie stellen eine höhere Stufe des letzteren dar.

Die Finger verraten das Benehmen, die Ausrichtung im Beziehungsleben und die geistige Differenziertheit. Der Akzent der Fingerhand liegt auf der geistigen Entwicklung. Sind die Finger zu lang, fehlt der Bezug zur Realität.

Deutung
Positiv: Idealismus, Religiosität
Negativ: Illusionen, Exaltiertheit

Das Messen von Rumpf und Fingern

Gemessen wird immer der Mittelfinger im Verhältnis zum Handrumpf. Es gibt zwei Messmethoden:

Das Messen an der *Außenhand* geschieht, indem die Länge vom Rumpfansatz bis zum Knöchelende des Mittelfingers für den Rumpf – und vom Knöchelende bis zur Spitze des Mittelfingers für die Finger bestimmt wird. Die Stelle des Knöchelendes wird am besten beim Bilden einer Faust erkannt.

Beim Messen an der *Innenhand* wird die Distanz vom Rumpfansatz bis zum Mittelfingeransatz und dem Mittelfingeransatz bis zur Fingerspitze bestimmt. Die Differenz zur Außenhandmessung beträgt wegen der Zwischenhaut ungefähr einen Zentimeter zuungunsten der Finger.

Meist wird sich ein genaues Messen erübrigen, weil das Überwiegen von Rumpf oder Fingern an der Außenhand gut erkennbar ist.

Alle *waagrechten* Formen verkörpern stoffliche, alle *senkrechten* geistige oder intellektuelle Grundanlagen.

Ein *breiter* Handrumpf gehört einem triebhaften, stofflich-materiell ausgerichteten Menschen.

Je *breiter* und *kürzer* die Hand, umso materieller ist die Grundanlage. Beim Eigner stehen lebensnahe Denkausrichtungen und manuelle Begabungen im Vordergrund.

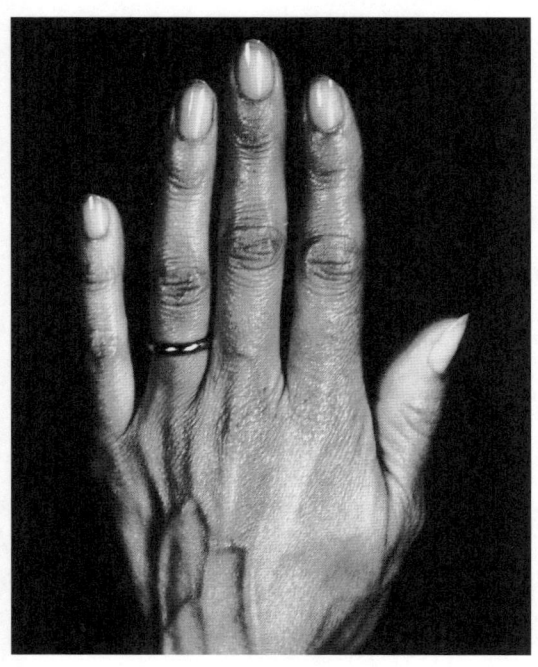

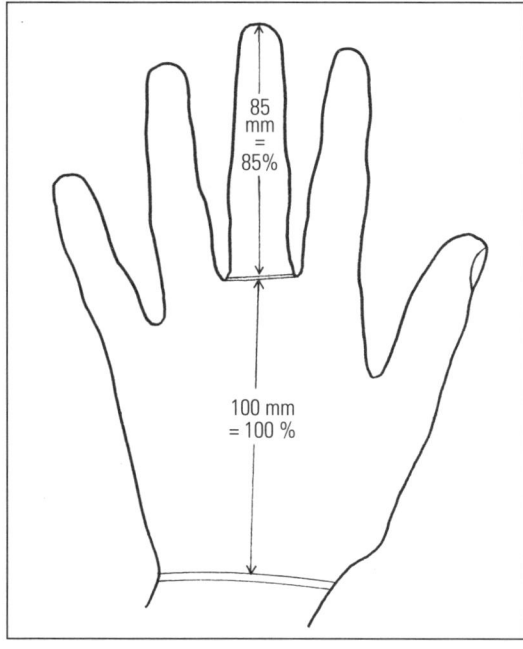

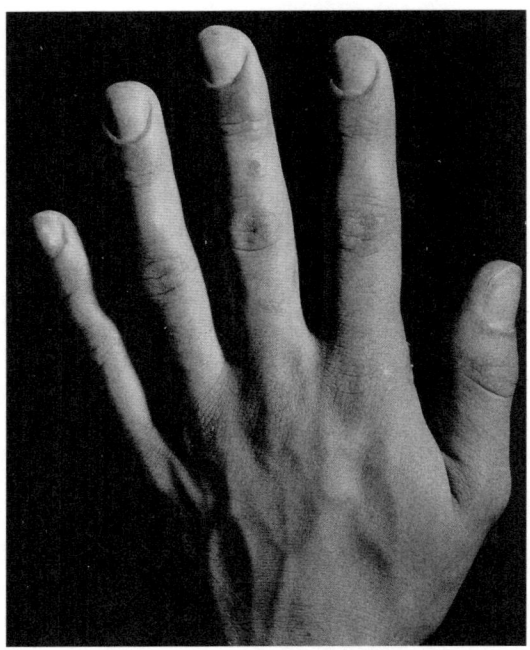
Ausgeprägte Fingerhand eines 23-jährigen Kunststudenten

Je *länger* und *schmaler* das Gesamtbild der Hand erscheint, desto ideeller und sensibler geprägt ist die Seelenstruktur. Entsprechend erwerbsuntüchtig und ungeeignet für manuelle Betätigung ist der Handeigner.

Am vorteilhaftesten sind Mittelwerte. Ausgewogene Proportionen finden sich bei Menschen mit intellektuellen, überlegenden Fähigkeiten, die Darstellungssinn haben und Begabung sowohl für Analyse als auch zur Synthese zeigen.

Große Hände/Kleine Hände

Hände können *groß* oder *klein* sein. Wie sie einzustufen sind, ergibt sich aus ihrem Verhältnis zur Gesamtgestalt des Menschen. Als Normalmaß der Handlänge gilt die Gesichtslänge und hinsichtlich der Breite sollten die nebeneinandergelegten Hände das Gesicht bedecken. Hände, die *größer* und *breiter* sind, gehören meist körperlich arbeitenden Menschen, sofern der Umstand der Vergrößerung keine krankhaften Aspekte aufweist, wie beispielsweise eine Akromegalie (Riesenwuchs). Die Handgröße ist von der Funktion der endokrinen Drüsen abhängig.

Die nachstehenden Deutungen können nur bei deutlicher Abweichung von der Körpergestalt verwertet werden, und auch dann sind sie bestenfalls nur Modifizierungen. Außerdem ist das biologische Geschlecht zu berücksichtigen. Frauenhände sind naturgemäß zarter und kleiner.

Deutungen
Große Hände sind tastende Hände. Menschen mit großen Händen fassen kaum vorschnell Aufgaben an. Sie sind eher vorsichtig und verhalten sich zur Umwelt distanziert. Große Hände geben die Fähigkeit, auf Einzelheiten einzugehen. Sie verraten Exaktheit, Gründlichkeit, Geschick für feine präzise Arbeit, bei der es auf Genauigkeit ankommt, sowie Sinn für Analysen. Oft besitzen Spezialisten große Hände wie Uhrmacher, Optiker, Juweliere, Zahnärzte, Chirurgen, Techniker, Feinmechaniker.

Große schlanke Hände sind geistreichen Menschen eigen. Minuspunkt ist die Eingenommenheit von sich selbst.

Große und starke Hände verraten einen umgänglichen, wohlwollenden Charakter Die Geistesgaben sind meist etwas geringer als bei *großen, schlanken* Händen.

Die Nachteile der *großen* Hand äußern sich in Kleinlichkeiten, Pedanterie, einem Sich-Verlieren in Einzelheiten. Meist fehlt dem Handeigner der Gesamtüberblick.

Kleine Hände gehören instinktsicher, lebhaft und spontan reagierenden Menschen mit einem raschen Überblick. Sie organisieren gut, urteilen rasch, übergehen Einzelheiten, erfassen das Wesentliche und haben eine Begabung zur Synthese, achten mehr auf das Endziel und besitzen die Fähigkeit, großen Plänen und Ideen Ausdruck und Form zu geben.

Die Nachteile der kleinen Hände sind Flüchtigkeit, Übersehen der Details und Ungenauigkeit.

Die Gebärde der Hand

Ob sich ein Mensch mehr in einer entspannten, gelockerten oder mehr in einer gespannten, verkrampften seelischen Verfassung befindet, verrät die Ausdrucksbewegung der Hand. Jede Bewegung ist Sprache der Seele.

Im *Schmerz* krampfen sich die Finger zusammen, im *Schreck* spreizen sie sich auseinander, in der Wut *ballt* sich die Faust, *warnend* erhebt sich der Zeigefinger.

Schlaffe Bewegungen zeigen Schwäche oder Krankheit an oder sind bezeichnend für einen alten Menschen.

Fahrige Bewegungen weisen auf seelische Zerrissenheit oder Nervosität. *Fingertrommeln* verrät Ungeduld.

Liegen die Finger *geschlossen* nebeneinander, gehört der Handeigner dem introvertierten Einstellungstyp an. In die gleiche Richtung weisen leicht nach innen gebogene Finger. Sind sie aber *gekrümmt*, verraten sie die Geste des Greifens und Raffens im Sinne von Egoismus, Sparsamkeit bis Geiz. *Dicht* aneinandergehaltene Finger offenbaren ein Konzentriertsein auf ein Ziel oder ein Gebundensein an Konvention und Tradition.

Leicht gespreizte Finger sind Merkmal eines *extravertierten* Menschen. Der Extravertierte benötigt mehr Außenraum. Ist die Handhaltung *locker*, deutet sie auf Vielseitigkeit, Aufnahmefähigkeit und innere Sicherheit. Minuspunkte sind zu große Ungebundenheit und Mangel an Konzentration.

Sind auch die Finger beim Anspannen *zu stark nach außen gebogen* – besonders der Mittelfinger – kann diese Fingerhaltung Oberflächlichkeit, Leichtsinn oder Verschwendung, jedenfalls zu wenig Verantwortungsbewusstsein bedeuten. Sonst aber weisen *leicht nach außen gebogene* Finger auf Sensibilität (die Fähigkeit, Reize zu empfinden und wahrzunehmen), Feinfühligkeit, schnelle Auffassung und Anpassung, aber auch auf Überempfindlichkeit hin.

Am günstigsten ist ein leicht aufgebogener Ringfinger, weil er transsaturnine Schwingungen aufzunehmen vermag. Zwar ist dies bei den anderen Fingern auch der Fall, beim Ringfinger aber ein besonderes Plus.

Ist der Ringfinger eckig, fließt das vom Ringfinger Erspürte geordnet ein. Bei Spatelform hat der Fingereigner die Fähigkeit, das Erspürte bereits praktisch verwertbar hereinzuholen (siehe Seite 121ff.).

Die Daumenhaltung

Der Daumen als Ausdruck der Persönlichkeit sagt in seiner Haltung sehr Wesentliches aus.

Säuglinge, Kranke und Ängstliche halten den Daumen eingezogen, ebenfalls andächtig Lauschende. Menschen mit eingezogenem Daumen möchten ihre Ruhe haben. Sie leben mehr im Unbewussten.

Ein starker Daumen zieht sich nur in kritischen Lebensphasen oder bei Erschöpfungszuständen ein.

Der Gewalttätige, der seinen Willen gegen außen kundtun möchte, ballt seine Faust und presst den Daumen über die eingerollten Finger.

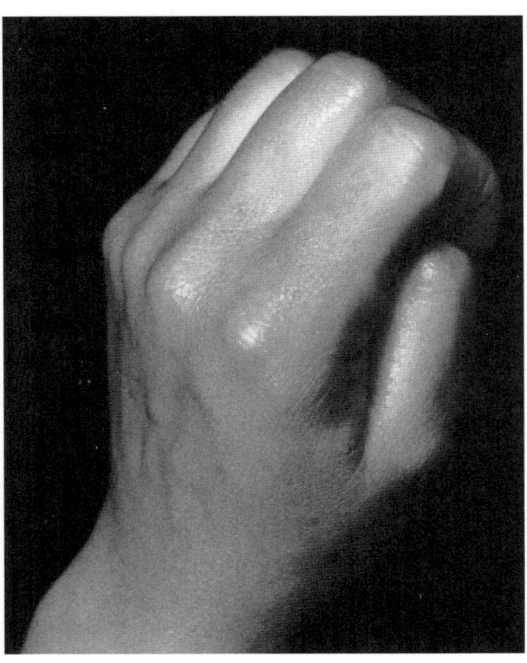

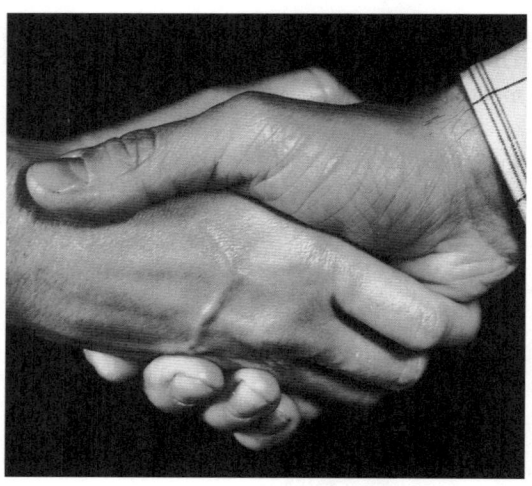

Der Händedruck

Auch die Art und Festigkeit des Händedrucks sagt einiges aus.

Ein kurzer, entschlossener Händedruck zeugt von einer warmherzigen, starken Persönlichkeit.

Ein fester Händedruck, bei dem die Hand etwas länger gehalten wird, stammt von einem aufrichtigen, gemütvollen Menschen.

Ein Mensch, der die Hand kaum drückt und sie sogleich wieder entzieht, ist lau oder ängstlich, jedenfalls nicht entschlussfreudig.

Von seelischem Mitempfinden oder unmittelbarer Begeisterung spricht ein Druck mit beiden Händen zugleich.

Die Konsistenz und Elastizität von Hand und Haut

Hände können hart, fest oder weich sein und die Haut rauh, glatt, elastisch, seidig, trocken oder feucht. Die Festigkeit wird geprüft, indem bei entspannter Hand die Knöchel seitlich leicht zusammengedrückt werden. Die Ermittlung der Hautbeschaffenheit geschieht durch Befühlen und Ertasten.

Deutungen

Harte Hände gehören aktiven Menschen mit vorwiegend männlichem Charakter. Praktische, materielle Ziele stehen im Vordergrund. Die Eigner harter Hände sind stärker ich-bezogen, selbstbeherrscht und je nach Grad der Härte ausdauernd, hart bis unnachgiebig. Die harte Konsistenz verstärkt die Bereitschaft zur Anstrengung, hemmt aber gleichzeitig das Gefühlsmoment.

Pluspunkte der harten Hand sind: Widerstandskraft, Ausdauer, Entschlossenheit, Kampfbereitschaft, Spannkraft, Selbstzucht und Zähigkeit.

Minuspunkte: Unnachgiebigkeit, Egozentrik, Mangel an Elastizität. Übertrieben knöcherne Hände deuten auf Habsucht.

Feste, solide, muskulöse Hände sind Zeichen von Festigkeit, Mut, Tatkraft, Energie, Ausdauer, Konsequenz und Ernsthaftigkeit. Klare, schnelle Entschlüsse und methodisches Denken sind diesen Menschen eigen.

Minuspunkte: Mangel an Höflichkeit und Zärtlichkeit.

Weiche Hände lieben Ruhe und Bequemlichkeit. Die Wesensmerkmale der weichen Hand sind weiblicher Art. Phantasiekräfte und rezeptive Eigenschaften herrschen vor. Menschen mit weichen Händen haben ein empfängliches, empfindsames Gemüt. Eine feine, weiche Haut verstärkt die gefühlsmäßige Reaktion. Das Sinnenhafte hemmt jedoch die Aktivität und die Widerstandskraft. Die Handkonsistenz der weichen Hand entspricht in der Regel der Hautbeschaffenheit.

Pluspunkte der weichen Hand sind: Anpassung, Duldsamkeit und Nachgiebigkeit, Takt, leichte Zugänglichkeit, Wandlungsfähigkeit und Diplomatie.

Minuspunkte: Energiemangel, haltlos, genussfreudig, sinnlich, beeinflussbar, bequem bis träge, unentschieden, launenhaft oder verträumt, wenig Abwehrkräfte gegen Krankheiten.

Breite, weiche Hände neigen zu Gutmütigkeit.

Sind die Hände von *geschmeidiger, elastischer* Plastik, so besteht ein Gleichgewicht zwischen Tatkraft und Phantasie. Meist besitzen intelligente, flexible Menschen solche Hände.

Warme Hände: Warmherzigkeit, Mitgefühl; *kühle* Hände: ruhig, besonnen, verdeckte Gefühle; *trockene* Hände: tatkräftig, beweglich; *feuchte* Hände: erhöhte Empfindsamkeit; nur *zeitweise transpirierende* Hände: Nervosität, Erregung, Schüchternheit, Beeindruckbarkeit.

Die Grundhandformen

Grundlage jeder Handdeutung ist die Handform. Die angeborene Handform bleibt zeitlebens gleich. Die Berufsausübung hat nur bedingten Einfluss auf die Hand. Sie kann die Gesamtform nicht völlig verändern, hat aber Einwirkung auf die Hautkonsistenz, deren Färbung und auf die Gesamtverbreiterung der Hand. Bei Musikern trifft dies zum Beispiel für die Fingerspitzen zu, bei gewissen Berufsarten für den Daumen, bei schwerer manueller Arbeit kann sich die Hand vergröbern. Im Alter verliert die Hand ihre Elastizität und Beweglichkeit. Der Flüssigkeitsverlust im Gewebe macht sie trockener und lässt sie einschrumpfen. Dadurch erscheinen die Linien ausgeprägter, fast so, als hätten sie sich vermehrt. Die aktive Hand, in der Regel die rechte, ist grundsätzlich etwas stärker und breiter als die linke. Bei Linkshändern verhält es sich umgekehrt.

Es gibt drei Grundhandformen: die spatelige, die eckige und die konische (kegelförmige). Alle weiteren Formen gelten als zusätzliche Unterteilungen.

In der chirologischen Fachliteratur finden sich aber meistens sieben Formen. Der napoleonische Capitaine Stanislas d'Arpentigny (1791–1866) hat sechs Grundanlagen und eine gemischte Form unterschieden und unter den nachstehenden Bezeichnungen in die Literatur eingeführt (Zeichnungen siehe Seite 210):

Breiter Typ
1. Elementarhand (Arbeiter)
2. Spatelhand (Unternehmer, Vorgesetzte)
3. Eckige Hand (Verwalter, Beamte)

Schmaler Typ
4. Konische Hand (Künstler)
5. Knotige Hand (Gelehrte)
6. Psychische Hand (Idealisten)

Gemischte Hand

Ebenfalls häufige Verwendung finden die Handformen von Fred Gettings. Fred Gettings war Professor an einem Technical College in England. Sein System basiert auf der Kürze oder Länge von Handfläche und Fingern (siehe Seite 211ff.).

Kurze Handfläche, kurze Finger = Erdhand
Lange Handfläche, kurze Finger = Feuerhand
Kurze Handfläche, lange Finger = Lufthand
Lange Handfläche, lange Finger = Wasserhand

Die Bestimmung der Handform erfolgt an der Außenhand. Eine Ausnahme bildet Gettings System. Wird die Gesamtbestimmung vorgenommen, sind die Finger inbegriffen. Handrumpf und Fingerendungen müssten dann von gleicher Gestalt sein. Das ist aber eher selten der Fall. Kann die Gesamthand keiner der drei Grundformen zugeordnet werden, ist die Hand gemischt. Bei der gemischten Hand sind Handrücken und Finger gesondert zu betrachten. Die meisten Hände sind Mischformen, doch häufig ist eine überwiegende Form erkennbar.

Die Handform offenbart die typischen Charakter-Anlagen. Mit typisch ist ein Grundverhalten gemeint, das Gruppen von Menschen eigen ist. Diese vorwaltenden Dispositionen betreffen aber nicht nur das Verhalten, sondern auch das

Erleben. Das Verhalten ist an der *Außenhand*, die seelische Erlebnisweise an der *Innenhand* ersichtlich. Die bekanntesten Typologien sind: die alten Temperamentstypen, unterteilt in Choleriker, Melancholiker, Sanguiniker und Phlegmatiker; die Einstellungs- und Funktionstypen von C. G. Jung wie Extraversion/Introversion mit den Funktionen Denken, Fühlen, Empfinden und Intuieren; die Konstitutionstypen von E. Kretschner: der pyknische, der leptosom-asthenische oder athletische Körperbau mit den Seelenstrukturen zyklothym, schizothym und viskös; oder die Lebensformen von E. Spranger: der theoretische Mensch, der ökonomische Mensch etc. Auch die Astrologie kennt solche Typen, nämlich die zwölf Sonnenstands- und Aszendententypen der Tierkreiszeichen. Viele Menschen heben sich kaum vom Typischen ab.

Das Typische im Menschen bleibt zeitlebens gleich, denn es ist vererbt, genauso wie Sonnen- und Mondstand, Aszendent und Medium Coeli (MC) vererbte Punkte im Geburtsbild darstellen. Die Sonne als Gesamtlebensantrieb und der Aszendent als Körperkonstitution prägen nicht nur die Außenhand, sondern auch die Lebenslinie. Die ebenfalls durch die Sonne angezeigte Verhaltensweise und das durch den Aszendenten mit Geburtsgebieter, 1. Haus-Planeten und auf diese fallende Aspekte festgelegte Anlagegefüge prägen primär die Gestalt der Finger. Das Seelische (Mond) wiederum ist in erster Linie an der Hand- und Hautkonsistenz sowie dem Hypothenar ersichtlich. Für die Konstitution mitverantwortlich ist außerdem das zweite Horoskophaus als Substanzhaus, was sich auf die Fülle des Thenars auswirkt. Die Finalität, das MC, die Zielrichtung des Handeigners, zeigt sich wiederum primär an den Fingern, auch an deren Beziehungen zum Mittelfinger sowie in der Innenhand, vor allem an der Saturnlinie.

Um nicht missverstanden zu werden: Selbstverständlich sind die vererbten Punkte ebenso typisch wie individuell, aber familientypisch, denn der Aszendent und das Medium Coeli, aufgrund

deren die Häuser im Geburtsbild bestimmt werden, zeigen individuelle wie vererbte Faktoren. Aber alle Zeichen und Symbole haben eine mehrdeutige Aussage und sind auch mehrschichtig. Die Erlebnisweise ist nur an der Innenhand, die Verhaltensweise aber bereits an der Außenhand ersichtlich.

Die nachfolgenden Angaben, die teilweise ins Detail gehen, gelten ausschließlich für den reinen Typ. Gemischte Hände sind vielseitiger. Bei Mischhänden ist die vorrangige Gestalt mit der Zusatzform zu kombinieren. Das ist Talent- und Übungssache. Der Anfänger behilft sich, indem er den Handumriss mit einem Stift nachzieht, ohne die Finger bewusst abzuspreizen oder aneinanderzupressen.

Die gemischte Hand ist in allen Kreisen, Schichten und Berufen am häufigsten vertreten. Der Grundtyp gibt die Grundanlage des Wesens und der Neigung, die Nebenanlage sorgt für Spezifizierung.

Die drei Grundhandformen werden so dargestellt, wie sie in unserem Kulturkreis üblich sind. Die primitive Form der elementaren Spatelhand ist nicht aufgeführt.

Die Spatelhand
Die Form
Die Spatelhand besitzt die Form eines nützlichen Werkzeuges. Sie hat meistens im Knöchelbereich ihre breiteste Stelle. Fast immer überwiegt der Rumpf.

Die Spatelhand kann derb bis mittelfein gebaut sein. Sie hat in der Regel einen stark entwickelten Daumen.

Es gibt Spatelhänder mit kräftiger und solche mit schmaler Handwurzel. Erstere sind für physische Aktivitäten besonders geeignet, bei Letzteren besteht die Tendenz, dass sie sich bei länger andauernden Aktionen kräftemäßig übernehmen.

Charakteristik/Verhalten
Die Spatelhand gehört einem ichbetonten Menschen, der gerne in Bewegung ist. Selbsterhaltung

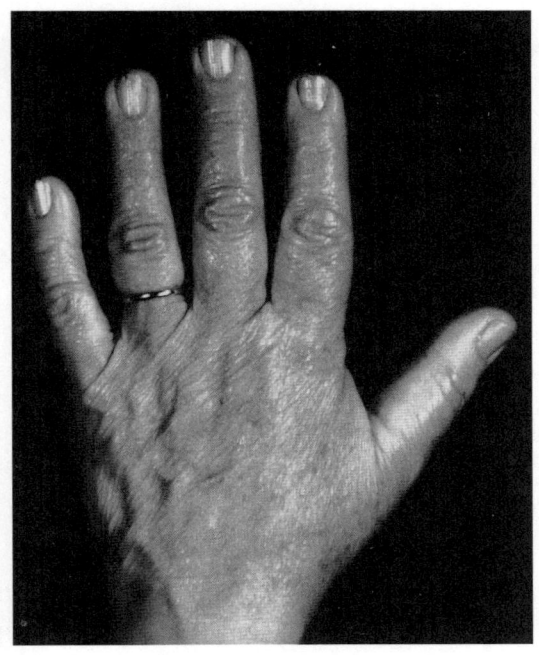

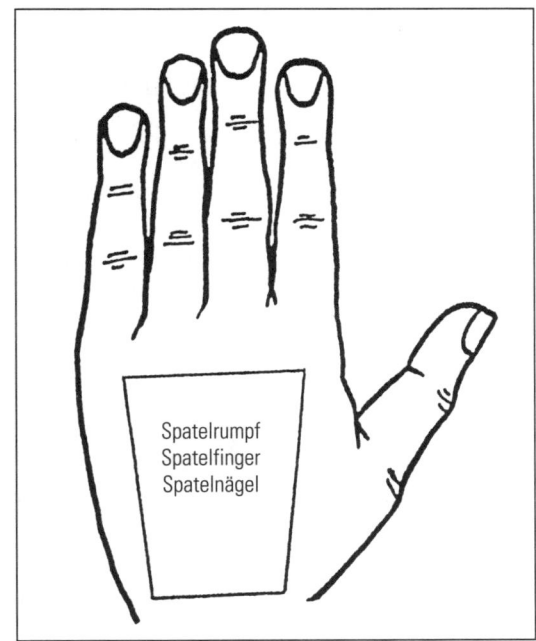

Spatelrumpf
Spatelfinger
Spatelnägel

und Selbstbehauptung stehen im Vordergrund. Spatelhänder sind Tatmenschen, die sich aktiv im materiellen Bereich einsetzen. Sie haben einen starken Willen, sind immer auf dem Sprung, zum Handeln und Kämpfen bereit, Personen mit gesundem Menschenverstand, mit starkem Realitäts- und Verwirklichungssinn, guter Durchführungskraft, mit allen Situationen im Leben fertigwerdend und im wirtschaftlichen Bereich meist gute Kenntnisse besitzend. Die Lebensbedürfnisse sind praktischen Erwägungen angepasst. Immer energisch sich in der Welt behauptend, ist das Geleistete stets konkret sichtbar. Etliche Spatelhänder neigen zur Berechnung, sind forsch und eigenwillig, lieben jede Art Kampf oder Abenteuer und wollen stets die Oberhand haben. Sind auch die Finger spatelförmig, sodass die Gesamtform der Hand als Spatelhand bezeichnet werden kann, ist die geistig-seelische Wahrnehmungskraft ausschließlich auf greifbar Gegebenes, Naheliegendes ausgerichtet. Interesse und Ziel liegen nur in materiell Machbarem.

Prinzip: männlich, Ichbetonung, Aktivität.

Astrologisch: Die Spatelhand zeigt horoskopisch entweder ein stärkeres Vorhandensein des Elementes Feuer, wobei bevorzugte Feuerelemente Widder und Löwe sind, oder Mars/Pluto/Sonne im Geburtsbild an dominanter Stelle oder in Spannungsaspekten stehen. Hinzu kommt meist eine beachtenswerte Merkurposition.

Soziologisch: Menschen, die etwas tun: Arbeiter, Handwerker, Geschäftsleute, Sportler.

Spannungsfaktoren: eine zu stark den Triebbereich kontrollierende Kopflinie; eine gutgeschwungene, kommunikationsbereite Emotionalis als Gegensatz zur Ichbetonung; konische Finger als passives Einfühlen gegenpolig zur Aktivität; sensible Innenhandstruktur gegenüber männlicher Robustheit; Missverhältnisse zwischen Mars- und Plutoberg (Durchsetzung und Umweltbedingungen); zu schwacher Thenar (zu wenig Vitalkräfte).

Pluspunkte der Spatelhand (z.T. nach Steindamm-Ackermann)
Sammlung innerer Kräfte (weil keine Ablenkbarkeit); Betätigungsdrang (infolge Gespanntheit); Strebsamkeit; Unternehmersinn; Fleiß; Freiheitsliebe; Erwerbstrieb; Vorliebe für praktische Tätigkeiten; Naturliebe (wegen Gefühlsabgeschlossenheit gegenüber Menschen); Erdgebundenheit; Tapferkeit; Zähigkeit; körperlicher Bewegungstrieb.

Minuspunkte der Spatelhand
Ichbetonung; Egozentrik (weil Mangel an Einfühlung gegenüber der inneren Wahrnehmungswelt); Überempfindlichkeit im Ichgefühl; Eigensinn; Kritiklust (infolge Mangel an Einfühlung); Rechthaberei; Oppositionslust; aufbrausend; berechnend; Rastlosigkeit; beginnt viele Arbeiten gleichzeitig.

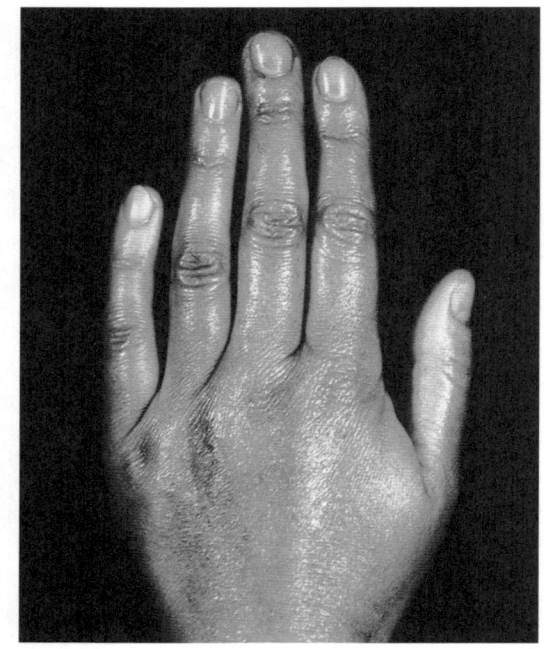

Differenzierungen (z.T. nach Rudolf Spring)
Spatelform an intellektueller Hand (eckiger Einschlag mit realitätsbezogener Kopflinie, ausgeprägtem Realitätsbereich und Betonung der Finger-Mittelglieder): Kühne Planes- und Projektentwerfer; Strategen; Unternehmer; Industrielle; Großkaufleute; Organisatoren; führende Politiker; Ingenieure, Techniker; Chirurgen.

Die ovale Hand
Die Form
Wenn Zeigefinger und Kleinfinger sich an ihre Nachbarfinger anlehnen, entsteht das Bild einer ovalen Hand.

Charakteristik/Verhalten
Die ovale Hand, eine Variante der Spatelhand, gehört ebenfalls einem aktiven, tatkräftigen Menschen, sofern der Rumpf genügend Breite und Festigkeit aufweist. Der Eiform wegen aber benötigt diese Hand einen sie tragenden Hintergrund, eine kollektive Sicherheit im Sinne einer Gruppe von Menschen oder einer Familie, in die sie sich eingebunden fühlt. Die ovale Spatelhand ist meist

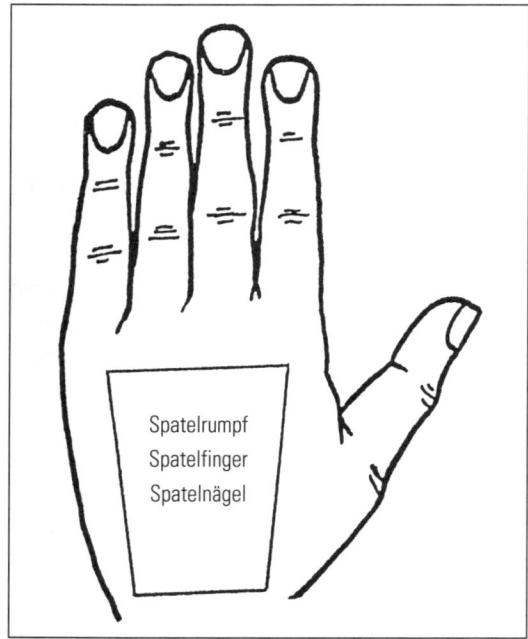

Spatelrumpf
Spatelfinger
Spatelnägel

spannungsgeladen, weil die beiden Pole aktiv/-passiv bzw. Ich/Du zu nahe beieinanderliegen, woraus die Tendenz des Umsichkreisens entsteht.

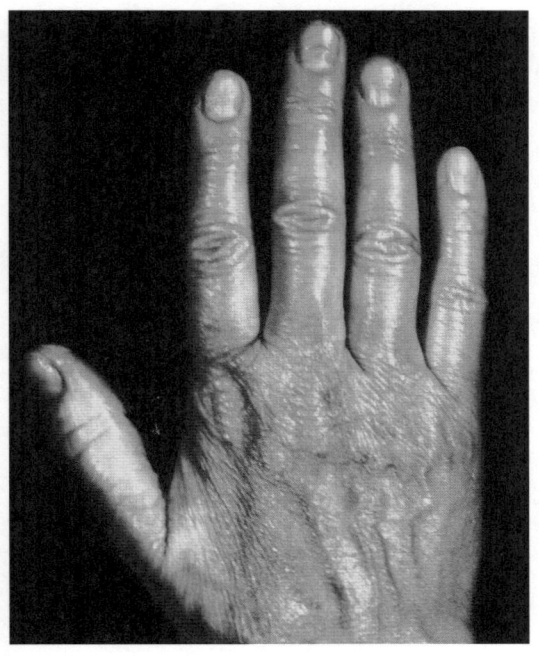

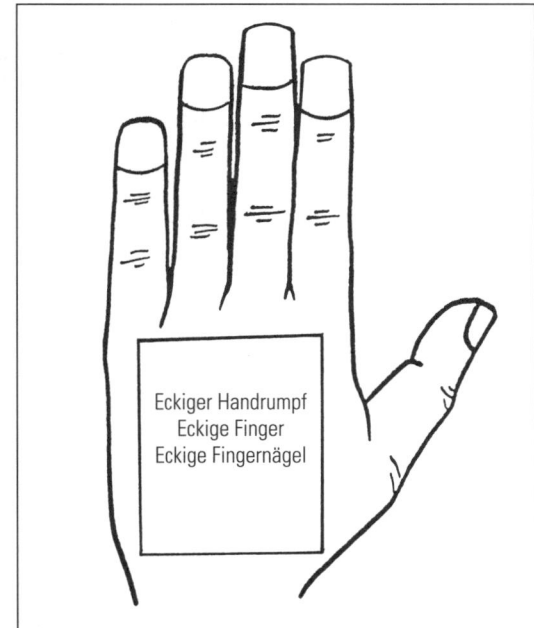

Eckiger Handrumpf
Eckige Finger
Eckige Fingernägel

Die eckige Hand

Die Form

Die eckige Hand besitzt als Gesamteindruck die Gestalt eines aufgestellten Rechtecks. Wird ausschließlich der Rumpf betrachtet, kann er auch ein Quadrat darstellen. Die eckige Hand, auch nützliche Hand genannt, wirkt meist harmonisch.

Charakteristik/Verhalten

Menschen mit eckiger Hand sind die tragende Schicht der Gesellschaft. Ethisch ausgerichtet fügen sie sich in die gegebenen Richtlinien von Gott und Staat ein und helfen auch mit, letzteren aufzubauen. Bei ihrer bewussten Auseinandersetzung mit der Realität steht der Einsatz intellektueller und/oder gestalterischer Kräfte im Vordergrund. Da sie meist kompromissbereit sind, weil der Mitmensch ihnen gleichberechtigt erscheint, finden sie sich in der Welt sehr gut zurecht. Infolge ihrer Distanz zu sich selbst sind sie auch in der Lage, Menschen und Situationen objektiv zu beurteilen. Sie steuern ihr Leben vernünftig, sind tätig, fleißig, ruhig, besitzen einen klaren Wirklichkeitssinn, schätzen geregelte Zustände und sind frei von Phantasie und Illusionen. Menschen mit eckiger Hand sind für Selbstzucht und Pünktlichkeit. Sie arbeiten mit Ausdauer und System und haben eine Abneigung gegen Neuerungen plötzlicher Art. Die materielle Sicherstellung ist ihnen wichtiger als freies Unternehmertum. Ihr Verhalten ist unauffällig. Eckhänder sind treu und traditionsgebunden und daher meist vorschriftsgemäß gekleidet. Erziehung und Gewohnheit spielen eine große Rolle.

Prinzip: neutral, eher männlich, vorwiegend verstandesbetont, konservativ.

Astrologisch: starke Jungfrau- und/oder Steinbock/ Schützebesetzung und/oder Saturn/Jupiterstellungen dominant.

Soziologisch: Ärzte; Aufsichtsorgane (Polizei; Beamte; Buchhalter; Erzieher; Ingenieure; Kassierer; Kaufleute; Lehrer; Militär, höhere Offiziere; Notare; Organisatoren; Präzisionsarbeiter; Priester; Rechtsanwälte; Richter; Techniker; Treuhänder; Verwalter; Wissenschaftler; Künstler.

Spannungsfaktoren: überbetonter Thenar (Spannung zwischen Vernunft und elementarer Triebverhaftung); überbetonter Hypothenar (Spannung zwischen Vernunftgebundenheit und bildhaftem, archetypischem Denken); in unkreativer Hand auch eine Uranus- und Neptunlinie.

Pluspunkte der eckigen Hand
Bodenständigkeit; Besonnenheit; Folgerichtigkeit; methodisch geordnetes Denken; Systematik im Vorgehen; Gründlichkeit; Ordnungssinn.

Genauigkeit; Pünktlichkeit; Pflichtgefühl; Verlässlichkeit; Realitätssinn; Nüchternheit; Gleichmaß; Gewissenhaftigkeit; Korrektheit.

Wahrheitsliebe; Gerechtigkeitsempfinden; Disziplin; Ausdauer; Umsicht; Verantwortungsgefühl; Einteilungsvermögen; Organisationsbestreben; Vaterlandstreue; Traditionsgebundenheit.

Minuspunkte der eckigen Hand
(bei flachem Thenar und Hypothenar sowie mangelnden Fingerbergen)
Einseitigkeit; Enge; Kleinlichkeit; übertriebene Genauigkeit; Mangel an Pathos und Begeisterungsvermögen; Schwerfälligkeit; Bürokratismus; Dogmatismus; Pedanterie; Nörgelei; maßregelnd; unduldsam.

Differenzierungen
Eckig/Spatel: Hervorragende Fähigkeiten für Industrie und Handel. Ziel ist meist die Erlangung materieller Erfolge.

Eckig mit Spateleinschlag: Bevorzugt feste Stellung, aber in Vorgesetzten-Funktion.

Eckig mit geistigen und materiellen Fingerknoten, bei meist knochiger Hand: ordnungsliebend; genau; wissensdurstig; seelische Harmonie und Nüchternheit; schweigsam.

Soziologisch: wissenschaftliche Berufe; Botaniker; Archäologen; Historiker; Mathematiker; Professoren; Philosophen. Bei Forschern sind die Ergebnisse meist im wirtschaftlichen Leben verwertbar.

Eckig/konisch: Der konische Einschlag schwächt das rein Intellektuelle ab und macht den Eckhänder sympathischer, umgänglicher, freundlicher, wärmer, weicher, wohlwollender, fröhlicher, gefühlvoller, teilnehmender, weltoffener, ästhetischer und begabter für Kunst und Musik.

Die konische Hand
Die Form
Verschmälert sich der Handrumpf gegen die Fingerknöchel und laufen die Finger kegelförmig zu, wird die Handform als konisch bezeichnet. Der konische Handrumpf ist am Handgelenk breiter als bei den Fingerwurzeln. Meist ist die Hand von gefälliger Gestalt, mit eher zart gebautem Handrumpf und langen glatten Fingern (Nestler). Nestler bezeichnet die konische Hand in Anlehnung an d'Arpentigny auch als künstlerische oder artistische Hand.

Charakteristik/Verhalten
Bei Menschen mit konischer Hand ist das Gefühlsleben stärker entwickelt als die Verstandestätigkeit. Auseinandersetzungen mit der Realität oder einem Sich-Stellen gegenüber Schwierigkeiten und körperlichen Anstrengungen wird ausgewichen. Der konischen Hand mangelt es an Sta-

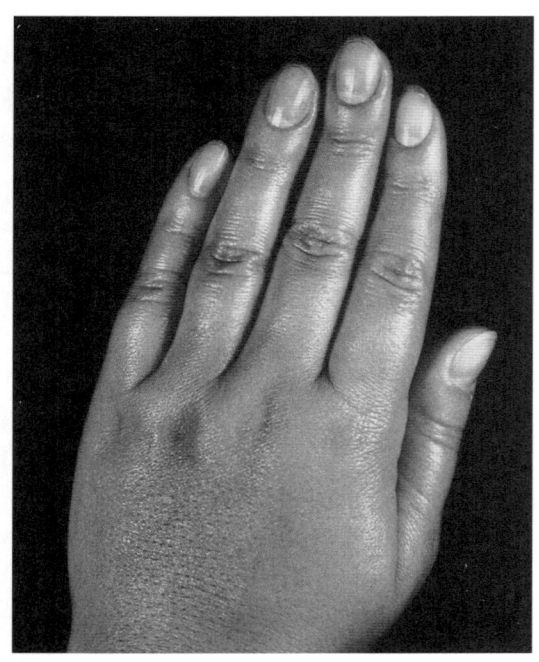

bilität und an Wirklichkeitssinn; intellektuelle Geschäftstüchtigkeit ist nicht ihre Stärke. Sie ist eine auf geistig-seelische Kommunikation ausgerichtete Hand und strebt mehr nach geistigen als nach materiellen Werten. Schöngeistige Literatur, Poesie, Kunst, künstlerische Belange, Malerei, Schauspiel, Gesang, Musik, Film, Schönheitspflege und Ästhetik stehen im Vordergrund. Es besteht Liebe zu allem Schönen, Wohlgeformten und Idealen. Sie liebt die Kunst um der Kunst willen. Zu den Hauptanliegen gehört auch ein liebevoller Dubezug. Einige interessieren weltanschauliche Themen und das Ergründen des Lebenssinnes. Etliche sind ausgeprägte Lebenskünstler.

Die konische Hand zeichnet sich durch eine frohe, heitere Lebensart aus, besitzt eine leichte Auffassungs- und Anpassungsfähigkeit sowie gesellschaftliche Fähigkeiten, ist ideenreich und verfügt über künstlerisches Flair.

Prinzip: weiblich, Du-Bezogenheit, Passivität.

Astrologisch: Starke Waage und/oder Fischebesetzung. Dominanz der Planetenprinzipien Venus/Neptun/Mond.

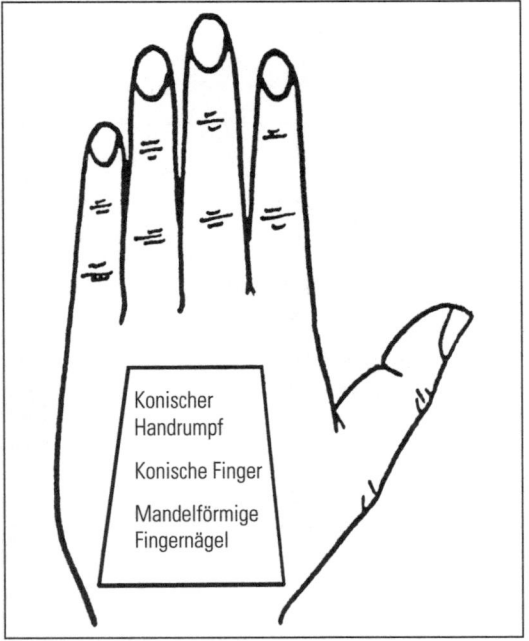

Konischer Handrumpf

Konische Finger

Mandelförmige Fingernägel

Soziologisch: Weibliche Personen; Ästheten; Künstler, Musiker; Medien, Spiritisten, Mystiker; Schwärmer; haltlose, labile Persönlichkeiten; Träumer.

Spannungsfaktoren: zu starke Handbasis (Spannung zwischen idealer Aufgabe und Triebverhaftung); Uranuslinie (Gegenpole, Passivität und seelische Dynamik); ausgeprägte Radialseite (Missverhältnis von Egobetonung und Dubezogenheit); zu starke Saturnlinie (Spannung zwischen Leistungsbezogenheit und Passivität).

Positive Unterstützungen: Klare Kopflinie und gut geschwungene Emotionalis. Bei der konischen Hand ist die Kommunikationsbereitschaft in Form einer guten Gemütslinie wesentlich. Eine Saturnlinie von nicht zu starker Zeichnung.

Pluspunkte der konischen Hand (nach Steinmann-Ackermann)
Beeindruckbarkeit; Einfühlung, Sensitivität; Beweglichkeit, Abwechslungtrieb; Anpassungsfähigkei; Mitschwingen. In Verbindung mit Sinnlichkeit: Zärtlichkeitsgefühl.

Minuspunkte (bei Mangel an Zielstrebigkeit, erkennbar an zerrissener oder fehlender Saturnlinie): Labilität; Flatterhaftigkeit; Unselbständigkeit; Verführbarkeit. Bei sehr weicher Hand- und Hautkonsistenz: Genusssucht, Vergnügungssucht; Trägheit. Bei weichem Gewebe im Neptunbereich: Drogenanfälligkeit.

Bei zu starker Vitalität (erkennbar an überfülligem Thenar, verwaschener, sehr starker oder breiter Lebenslinie): Ausschweifungtrieb; Mangel an Selbstdisziplin; Beherrschtwerden von den Reizen der Umwelt.

Weitere Differenzierungen/Varianten
Konisch/eckig: Gibt der konischen Lockerheit eine ernstere, nüchternere Note. Berufe: Graphiker, Karikaturisten, Kunstmaler, Plastiker (Bildhauer), Schauspieler, Sänger (Kunstmaler, Plastiker und

Die Spatelhand

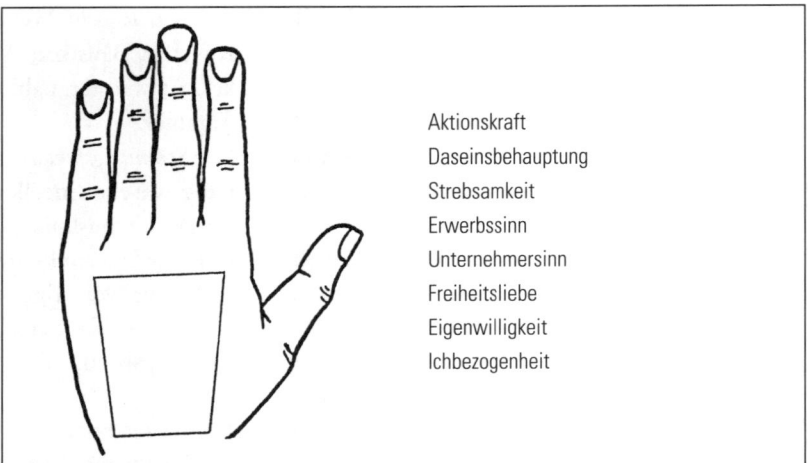

Aktionskraft
Daseinsbehauptung
Strebsamkeit
Erwerbssinn
Unternehmersinn
Freiheitsliebe
Eigenwilligkeit
Ichbezogenheit

Die eckige Hand

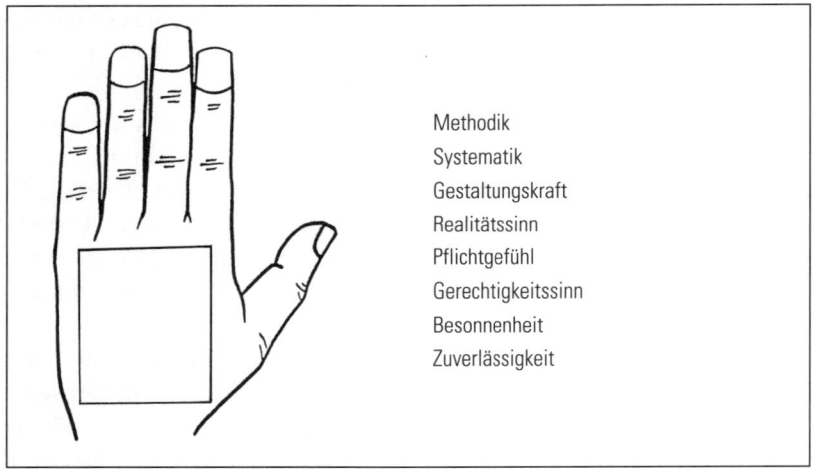

Methodik
Systematik
Gestaltungskraft
Realitätssinn
Pflichtgefühl
Gerechtigkeitssinn
Besonnenheit
Zuverlässigkeit

Die konische Hand

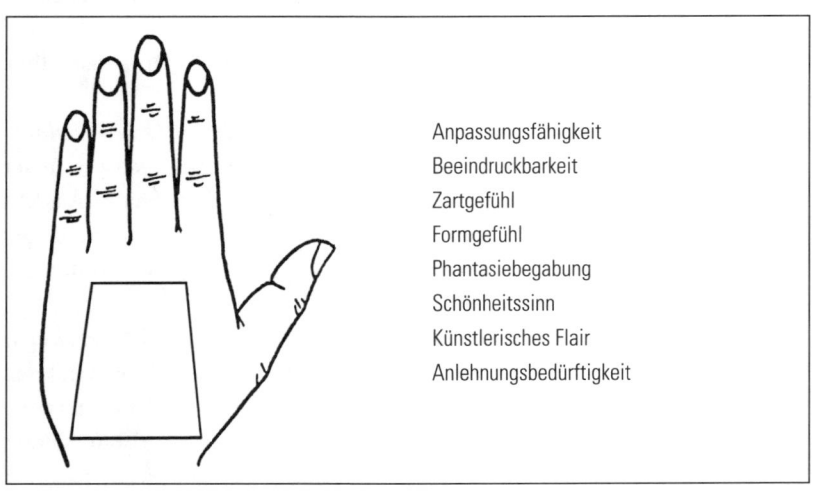

Anpassungsfähigkeit
Beeindruckbarkeit
Zartgefühl
Formgefühl
Phantasiebegabung
Schönheitssinn
Künstlerisches Flair
Anlehnungsbedürftigkeit

Zusammenfassung
Standardhandformen
Das Linienmaterial ordnet
sich der Handform unter und
hat daher unterschiedliche
Aussagekraft.

vor allem Bildhauer benötigen zusätzlich einen eckigen bis spateligen Ringfinger).

Überbetonung der Finger: Haltlosigkeit; Wirklichkeitsfremdheit; Selbsttäuschung; Illusionen; fehlende Sinnenwärme; Abneigung gegenüber körperlicher und mechanischer Tätigkeit (Nestler).

Weiche Hand mit Grübchen: (Bild Seite 28): Liebt Luxus und Bequemlichkeit, Schmuck, schöne Kleider. Meist glückliches Naturell.

Weich und fleischig, Handberge voll und dick, Finger rundlich, namentlich die Grundglieder: Vergnügungshand; Neigung zu Bequemlichkeit und Trägheit; eitel; Schmeicheleien zugänglich; vermeiden körperliche und geistige Anstrengung; fühlen sich recht wohl in ihrer Haut.

Handrumpf kurz, breit und dick mit großem Daumen: Drang nach Reichtum (Nestler).

Schlaffe, träge Hand: Verfällt Verlockungen und Verführungen.

Die spitze Handform: Sie ist eine Abart der konischen. Die Eigenschaften der konischen Hand finden eine Übersteigerung in eher negativer Richtung.

Die gemischte Hand

Die gemischte Hand ist vielseitiger, mitunter aber auch spannungsgeladener. Die Auswirkungen sind zweifacher Art: entweder als Leistung oder als Versagen. Kombinationen nach Steindamm/ Ackermann.

Eckiger Handrumpf/konische Finger
Grundanlage: Besonnenheit, Gesetzmäßigkeit, Gründlichkeit, Nüchternheit, Ordnungssinn, Pflichtgefühl.

Art der Aufnahmefähigkeit aus dem Außenraum: Beeindruckbar, sensibel, zartfühlend.

Spannung: Diskrepanz zwischen Aufnehmen und Verarbeitung. Gegensatz zwischen den bewusstseinsnahen Gefühlen und den unbewussten Kräften der Persönlichkeit.

Finalität: Der sensiblen, ästhetischen, zart-

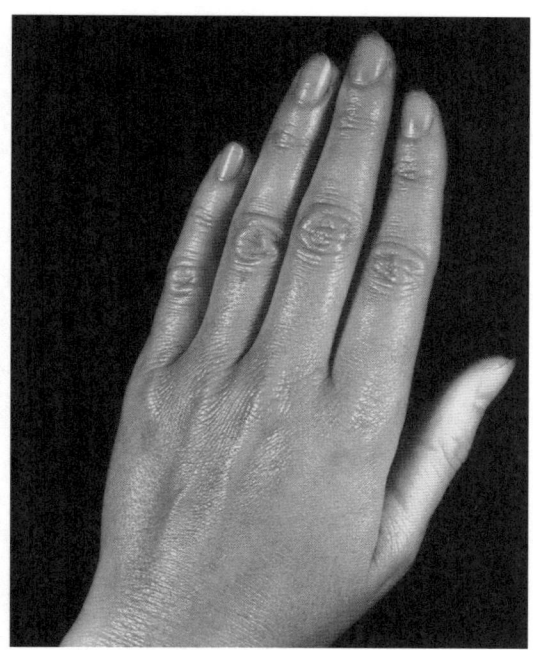

Eckiger Handrumpf/konische Finger

fühlenden oder religiösen Aufnahmefähigkeit steht die innere unbewusste Systematik gegenüber. Es besteht auf die Dauer die Unfähigkeit, die ständig hereinströmende Fülle an wahllos hereinkommenden Eindrücken systematisch zu verarbeiten. Die ichbewusste Seele fühlt sich überfordert. Resultat ist eine Unzufriedenheit mit sich selbst und der Vielfältigkeit der Welt, die nicht in den Griff bekommen werden kann.

Konischer Handrumpf/eckige Finger
Grundanlage: Beeindruckbarkeit, Sensibilität, Mangel an Festigkeit, Schönheitssinn, Zartgefühl.

Art der Aufnahmefähigkeit aus dem Außenraum: nüchtern, systematisch geordnet.

Spannung: Diskrepanz zwischen Aufnehmen und Verarbeitung.

Finalität: Die Grundanlage erhält auf die Dauer das Übergewicht. Das geschieht unbewusst und kann Jahre dauern. Die Nüchternheit und Sachlichkeit der Außenwelt wird nicht mehr vertragen. Der Handeigner bricht aus dem bisherigen Rahmen der Verhältnisse aus.

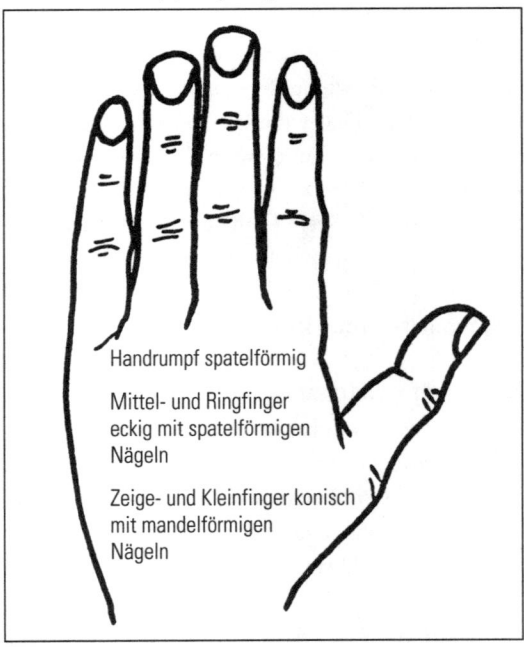

Konischer Handrumpf/eckige Finger

Handrumpf spatelförmig

Mittel- und Ringfinger
eckig mit spatelförmigen
Nägeln

Zeige- und Kleinfinger konisch
mit mandelförmigen
Nägeln

Variante gemischte Hand

Die linke und die rechte Hand

In der linken und der rechten *Außenhand* ist als Typisches die mütterliche und väterliche Erbmasse angelegt. Mit Erbmasse ist auch das Erbgut der Vorfahren des Elternpaares gemeint. Meistens ist es so, dass die rechte Außenhand väterliche und die linke mütterliche Erbzüge trägt. Vereinzelt kann es sich auch umgekehrt oder dem Geschlecht des Handeigners polar entgegengesetzt verhalten.

Logischerweise müssen sich die Erbanlagen der Eltern in den Händen der Nachkommen widerspiegeln, denn Träger der Erbanlagen sind die Chromosomen, die im Zellkern jeder Körperzelle liegen. In den menschlichen Körperzellen finden sich 46 Chromosomen. Die Keimzellen des Menschen haben nur 23. In der befruchteten Eizelle vereinigen sich die 23 Chromosomen des Vaters mit den 23 Chromosomen der Mutter. Die Körperzellen des Kindes erhalten wieder 46 Chromosomen. In den Chromosomen liegt die DNS (Desoxyribonukleinsäure), der eigentliche Speicher der Erbinformation.

Auch in der *Innenseite* der linken und der rechten Hand zeigen sich die Erbanlagen, und zwar in der Papillarleistenstruktur und den drei Hauptlinien. Die Nebenlinien sind individuell, können aber auch ererbte Strebungen der Eltern anzeigen, die aus der Latenz gehoben werden möchten. Die Papillarleistenstruktur, die Handinneres und Fußsohle bedeckt, ändert sich zeitlebens nicht, die Hauptlinien kaum erwähnenswert, die Nebenlinien können sich ständig ändern. Der mütterlich/väterliche Rechts-Linksbezug ist derselbe wie bei der Außenhand. Die linke Hand des Kindes kann einer mütterlichen Hand ähneln und die rechte einer väterlichen oder umgekehrt. Es gibt selten Menschen, deren linke und rechte Hand bis in die Hautmusterung identisch sind.

Wenn die linke Hand gegenüber der rechten ein völlig anderes Bild aufweist, dann muss der Handeigner zwischen der verschiedenartigen Erbmasse väterlicher- und mütterlicherseits eine

Synthese finden. Ist die linke Hand sehr ungünstig gezeichnet, so hat der Handeigner eine kritische Anlage einer seiner Vorfahren geerbt, die er bei guter Zeichnung der rechten Hand zu beherrschen weiß, zum mindesten in dem Sinne, dass die Umwelt nicht vordergründig darauf aufmerksam wird. Der Handeigner trägt dann die Schwierigkeiten, die Diskrepanz seiner Erbmasse, in sich selber aus, ohne sie nach außen zu projizieren. Das ist nicht einfach; es erzeugt Spannungen, doch Spannungen können in Leistungen umgesetzt werden.

Linke und rechte Hand stellen in Funktion und Struktur die beiden Pole eines energetischen Feldes dar. Links befindet sich das Vegetativ-Gefühlshafte und rechts das Aktiv-Bewusste (Dr. H. Debrunner). Die linke Hand offenbart primär die Erbanlage im Sinne des Karmas und die rechte Hand das, was der Mensch zusammen mit seinem Individualkern bewusst aus der Erbanlage macht. Der Individualkern ist geistiger Art und für den Chirologen aus der Hand nicht ersichtlich. Das Elternpaar gibt nur die körperliche Substanz mit den sogenannten Erbanlagen weiter.

Die *linke* Hand wird mehr dem Unbewussten, Emotionalen, Weiblichen, die *rechte* dem Bewussten, intellektuell Machbaren zugeordnet. Jede Hirnhälfte kontrolliert normalerweise eine Körperhälfte, und zwar die dem jeweiligen Gehirnteil entgegengesetzte. Bei fast allen Rechtshändern, aber auch bei den meisten Linkshändern, das heißt bei 95 Prozent der Menschen liegt das Sprachzentrum in der linken Hirnhälfte. Es war der Pariser Chirurg Paul Broca, der im Jahre 1861 in der linken Hemisphäre im linken Stirnlappen das Sprachzentrum entdeckte. Zwar besitzt die rechte Hemisphäre auch einen Sprachschatz, aber er ist begrenzt. Untersuchungen an Hirnverletzten haben gezeigt, dass die rechte Hemisphäre in bescheidenem Rahmen wohl zu sprachlichem Ausdruck fähig wäre, für gewöhnlich aber durch die starke Konkurrenz der linken Hirnhälfte daran gehindert wird.

Der *linke* Teil des Gehirns denkt in Worten. In der linken Hemisphäre wird verbalisiert. Sie ist Sitz rationalen Denkens und Urteilens. Die *rechte* Stirnhälfte hat dafür Fähigkeiten, die der sprachbetonten linken abgehen: der Sinn für Formen und Strukturen. Die rechte Gehirnhälfte denkt in sensorischen Bildern. Intuition und Gespür haben ihren Sitz in der rechten Hemisphäre. Darum verfügt ein künstlerisch veranlagter Mensch über eine gut gezeichnete linke Hand. Gleichzeitig wird ein weiblicher Einschlag feststellbar sein. Bekanntlich sind viele Künstler Linkshänder und haben meist körperlich oder gefühlsmäßig eine weibliche Prägung. Bei Linkshändern ist das Bildhafte stärker entwickelt, was gleichzeitig besagt, dass sie eher vom Unbewussten her reagieren. Dagegen sind Linkshänderinnen oft tatkräftige Frauen mit männlicher Durchschlagskraft.

Jede Gehirnhälfte hat ihr eigenes Gedächtnis, das heißt sie haben wohl separate, aber sich überlappende Gedächtnisspeicher und funktionieren aufgrund elektrischer Impulse und chemischer Übermittlungssubstanzen (Eiweiße). Die gegenseitige Information der beiden Gehirnhälften läuft über das Corpus callosum, den Balken, einen mächtigen Strang von Nervenfasern, der die beiden Großhirnhälften miteinander verbindet. Bei schöpferischen Menschen ist das ganze Gehirn im Einsatz. Der Perfektionsgrad in der Koordination beider Hemisphären entscheidet über den gesamten Bewusstseinsinhalt, über die Dynamik und Kontaktfähigkeit des Menschen.

Was die Forschungen der Autorin bezüglich Hand und Horoskop betrifft, so hat sich ergeben, dass die Aussagen der linken Hand mit jenen des Konzeptionshoroskopes übereinstimmen und jene der rechten Hand mehr im Geburtshoroskop zu finden sind. Hans Oster sieht im Konzeptionshoroskop die psychische und im Geburtshoroskop eher die körperliche Wesenheit. Es versteht sich von selbst, dass im Konzeptionshoroskop markante astrologische Positionen aus dem mütterlichen Erbe erkennbar sind (Definition Konzeptionshoroskop siehe Anhang Seiten 219ff.).

Und noch etwas ergab sich bei der Auseinandersetzung von Hand und Horoskop hinsichtlich linker und rechter Hand: Die Häuser als Bezugssystem zur Umwelt bzw. der Aszendent sind in der rechten, realitätsbezogenen Hand öfters recht gut auszumachen, im Unterschied zur linken Hand, der Hand der Anlagen, wo sich mehr die kosmischen Verhältnisse zeigten.

Im Allgemeinen ist es so, dass bis zum 30. Lebensjahr die linke Hand für die Begutachtung der Charakterstruktur und auch für mantische Aussagen bessere Resultate liefert, denn sie sagt etwas aus über die Erbanlagen, die noch über die erste Zeit des Erwachsenenalters unbewusst dominieren. Erst nach dem erstmaligen Saturndurchlauf im Radixhoroskop hat der Handeigner seine Anlagen einigermaßen in den Griff bekommen und kann sie nun besser bewusst steuern. Der Saturnumlauf dauert 29 Jahre, 166 Tage und 23 Stunden. Das sind ungefähr viermal sieben Jahre, der bekannte Siebenerrhythmus.

Öfters zeigt sich, dass bei Tag Geborene eine ausgeprägtere rechte Hand haben und bei Nacht Geborene eine stärker gezeichnete linke. Menschen mit ausgeprägterer linker Hand wurzeln mehr im Unbewussten und sind verstärkt umweltabhängig. Eine klar gezeichnete und besser geprägte rechte Hand zeigt, dass sich ein Mensch im Leben behauptet und sich bewusst mit der Realität auseinandersetzt. Auch diese beiden Komponenten – seelisch bewusst und seelisch unbewusst – sind astrologisch bestens belegbar.

Der Augenblick der Geburt ist durch das Einsetzen der Lungentätigkeit, den ersten Atemzug, meist verbunden mit einem Schrei des Neugeborenen, festgehalten. Dieser Augenblick entspricht der Zeitqualität des Aszendenten. Mit dem Aszendenten steht fest, wie viele Gestirne sich oberhalb der Horizontachse befinden und wie viele unterhalb. Diese Planetenstände sind in der Ephemeride, das sind Gestirnstandstabellen, nachschlagbar.

Bei einer *Taggeburt* befindet sich das Zentralgestirn, die Sonne, oberhalb der Horizontachse und meistens auch Merkur, da sich dieser nie weiter als 28 Grad von der Sonne entfernen kann. Auch der Venus ist es nicht möglich, sich weiter als 48 Grad von der Sonne zu distanzieren. Also steht auch sie – jedenfalls bei einer Mittagsgeburt – über der Horizontachse.

Gestirne oberhalb der Achse sind bewusstseinsnaher und theoretisch verfügbar. Zwar verläuft auch im Tagesbewusstsein noch vieles unbewusst. Aus chirologischer Sicht ist nur das wirklich bewusst, was gerade in der Kopflinie verarbeitet wird. Und – parallel zum Geburtsbild: Was oberhalb der Kopflinie liegt, kann besser ins Bewusstsein gebracht werden.

Bei der *Nachtgeburt* verhält es sich umgekehrt. Gestirne unterhalb der Horizontachse wirken mehr unbewusst. Sie sind praxisnäher und funktionieren ohne langes Überlegen.

Dass die rechte Hand nicht nur das Bewusste, Aktive und die linke nicht ausschließlich das Unbewusste symbolisiert, zeigt das nächste Schema.

Die Schemata der Unterteilung der Außen- und Innenhand

Die vertikale Zweiteilung der Hand

Außer der horizontalen Zweiteilung in eine Rumpf- und Fingerhand wird die Hand auch in der Vertikalen halbiert. Eine fingierte Linie, von der Mitte des Handgelenkes zur Spitze des Mittelfingers gezogen, teilt die Hand in eine *Ich-, aktive oder radiale* und eine *Du-, passive oder ulnare* Seite. Die Vertikalteilung offenbart, auf welche Art und Weise wir uns in der Welt behaupten.

Mit aktiver Seite ist die zupackende Ich-Seite gemeint, mit passiver die Ich-Ergänzung, das Du, Begegnungen, Partner, Publikum, Kunstwerke.

Sind bei dieser Zweiteilung Zeigefinger und Ringfinger von gleicher Länge, so stehen Eigenständigkeit und Anpassungsfähigkeit in harmonischem Verhältnis. Auch ist die materielle und ideelle Einstellung ausgeglichen.

Die Radialbetonung

Radialbetont ist eine Hand dann, wenn Daumen und Zeigefinger größer und stärker sind als Ringfinger und Kleinfinger. Ein größerer Zeigefinger symbolisiert ein gutes Selbstwertgefühl, Autoritätsansprüche und Geltungsstreben. Bei gleichzeitig starkem Daumen, der das zweite Drittel des Zeigefingerwurzelgliedes erreicht, ist die Durch-

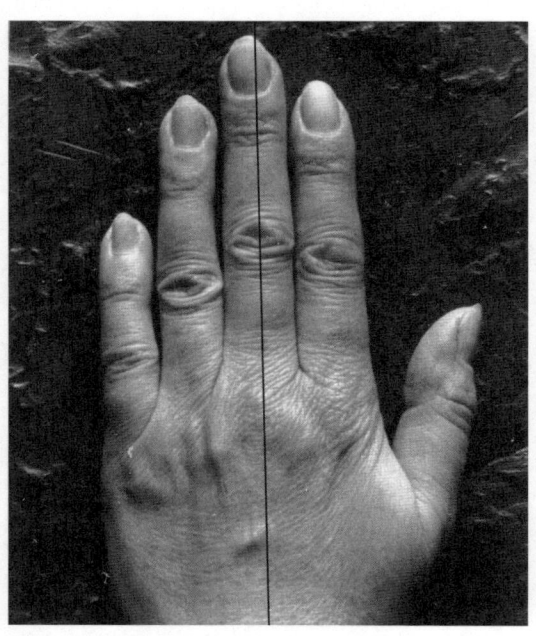

Vertikale Zweiteilung

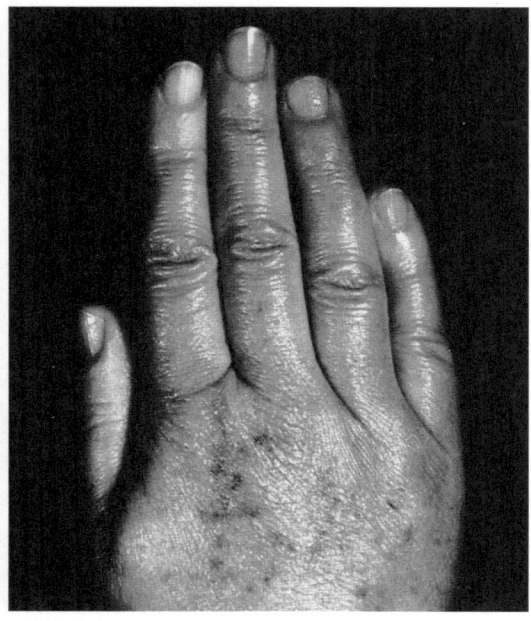

Radialbetonung

setzung der Persönlichkeit in der Welt gewährleistet. Aufgrund der männlich-aktiven Stoßkraft
ist der Handeigner in der Lage, seine Umwelt
selbst zu gestalten. Er orientiert sich an real Ge-
gebenem. Der Ichbewusstseinsgrad ist stark ausgeprägt. Bei überlangem Zeigefinger ist der Ich-
anspruch zu groß. Der Radialbetonte will für
seine Leistungen nicht beklatscht werden. Aber er
erwartet, dass man ihm den nötigen Respekt zollt.

Astrologisches: Meine Hand-/Horoskopver-
gleiche haben ergeben, dass es sich beim Radialbe-
tonten um einen gespannten Außenmenschen
handelt. Bei Radialbetonung befindet sich der
Aszendent primär in Widder, Löwe, Schütze;
und/oder die Planeten sind stark auf Feuerzeichen konzentriert; und/oder die Regenten der
Feuerzeichen Sonne, Mars und Jupiter zeigen
sich in dominanter Stellung. Auch ein feuer-
besetztes 2. Horoskophaus (Substanzhaus) kann
einen hochangesetzten Jupiterfinger und damit
eine Radialbetonung begünstigen.

Die Ulnarbetonung

Bei starker Ausprägung des Ringfingers, der außerdem länger sein muss als der Zeigefinger, gilt
die Hand als ulnarbetont. Zusätzlich muss der
Kleinfinger mindestens den Ansatz des Ringfinger-Nagelgliedes erreichen.

Ein langer Ring- und Merkurfinger symbolisieren die Fähigkeit, sich anderen mitzuteilen.
Der lange Ringfinger hat das Bedürfnis, akzep-
tiert zu werden, sei es durch einen Partner oder
sonstige Begegnungen. Zumeist ist der lange Ringfinger, wenn gut gestaltet, kreativ und sucht sich
Publikum, sofern er einer allfälligen Kritik standzuhalten vermag. Denn er braucht ein Echo, er
benötigt Applaus.

Bei Ulnarbetonung herrschen rezeptive Eigenschaften vor. Lässt das Innenbild der Hand
Kreativität erkennen, sind schöpferische Leistungen zu erwarten. Eine ausgeprägte Ulnarseite
mit erhöhtem mittlerem Hypothenar (Mondberg) offenbart eine phantasiebegabte, ideenrei-
che Natur. Bei längerem Ring- und langem Klein-

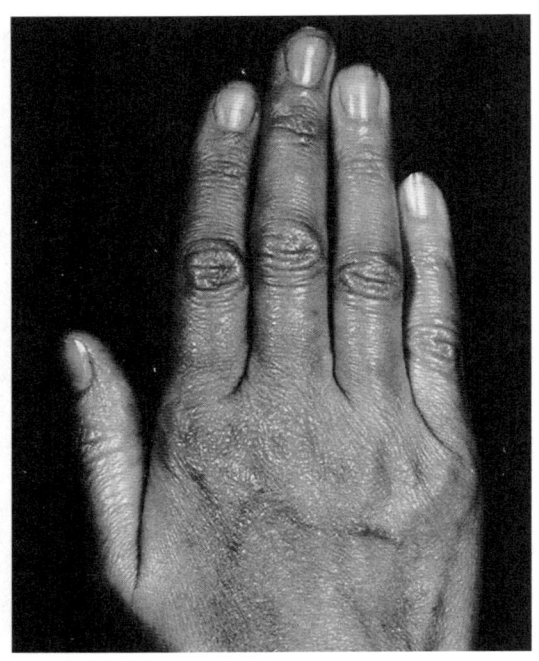

finger sowie starkem Daumen besteht die Möglichkeit, in der Öffentlichkeit gut anzukommen.

Ragt der Kleinfinger über den Nagelglied-
Ansatz des Ringfingers hinaus, sind merkantile
und/oder intellektuelle Fähigkeiten vorhanden.
Anderseits offenbart ein sehr langer Kleinfinger
einen guten Redner, vielleicht aber auch einen
Schwätzer.

Astrologisches: Auch die Ulnarbetonung symbolisiert einen Außenmenschen, aber einen gelösten.
Im Vordergrund stehen die Planetenprinzipien
Mond und Venus und anderseits die Luft/Kon-
taktzeichen Zwillinge, Waage und (Wassermann),
wobei sich Merkur öfters in beweglichen Zeichen
oder Häusern befindet.

Ist der Zeigefinger der linken Hand kleiner als
der Ringfinger, aber in der rechten Hand im Vergleich zum Ringfinger größer, so dürfte der
Handeigner im ersten Lebensdrittel ein eher
leicht «angekratztes» Selbstwertgefühl besitzen
und auch eher instinktmäßig denn verstandesmäßig reagieren. Mit ungefähr 29 Jahren wird sich

Das Janushaupt

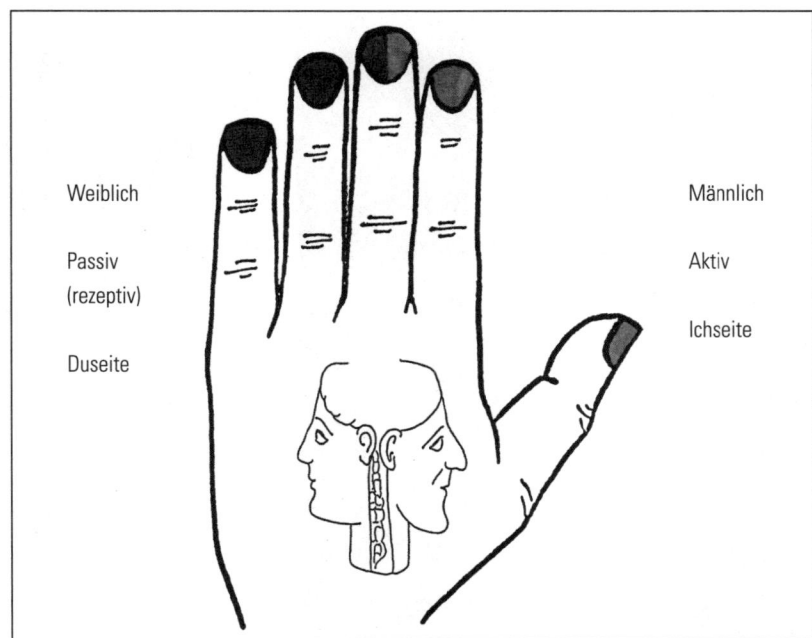

Weiblich

Passiv
(rezeptiv)

Duseite

Männlich

Aktiv

Ichseite

Literatur: Julius Schwabe:
Archetyp und Tierkreis.
Benno Schwabe & Co.
Verlag, Basel, 1951.

diese Situation ändern: Der Handeigner benimmt sich zusehends selbstsicherer und realitätsbezogener. – Eine weitere Schema-Einteilung bildet die horizontale Dreiteilung der Hand.

Das Janushaupt, Sinnbild der konträr gerichteten kosmischen Grundmächte, umfasst ein männliches und ein weibliches Gesicht: das männliche schaut nach rechts, das weibliche nach links. Der Januskopf ist im Tierkreis auf 30° Krebs/0° Löwe anzusetzen. Daraus folgert, dass Janus ein Sonnengott (Löwe) ist und seine Partnerin eine Mondgöttin (Krebs).

Die horizontale Dreiteilung der Hand

Die Vorstellung, dass die Persönlichkeit schichtenweise gegliedert sei, ist eine sehr alte. Schon bei Platon (427–347 v. Chr.) ist die Dreiteilung zu finden: die oberste Schicht ist die denkende, vernünftige, die nach Mut und Ehren strebende die Mittelschicht, und die unterste, die nach sinnlichen Begehren und Reichtum strebende Seele.

Auch Aristoteles (384–322 v. Chr.) hat ein dreiteiliges Modell: eine intellektuelle, vernunftmäßige, geistige Seele, die ein Vorrecht des Menschen ist und ihn befähigt, zu denken und zu wollen, eine animale, empfindende oder sensitive Seele; und eine vegetativ-pflanzliche Schicht, zur Erhaltung des Individuums und der Gattung. Überall in der Literatur finden sich die Dreiermodelle. Auch das Christentum kennt eines, nicht nur Vater, Sohn und Heiliger Geist, sondern auch Teufel, Mensch und Gott.

John Locke (1632–1704), englischer Philosoph, Hauptvertreter des englischen Empirismus, prägte für sein Seelenmodell die Begriffe Empfindung – Vorstellung – Begriff.

David Hume (1711–1776), schottischer Philosoph der Aufklärung und des Empirismus: Sein Modell bestand in Eindruck – Vorstellung – Kausalität.

Immanuel Kant (1724–1803), deutscher Philosoph: Seine Philosophie fußte auf Hume. Bekannt sind seine Kategorien Raum – Zeit – Kausalität, ohne die der menschliche Verstand unfähig ist zu denken.

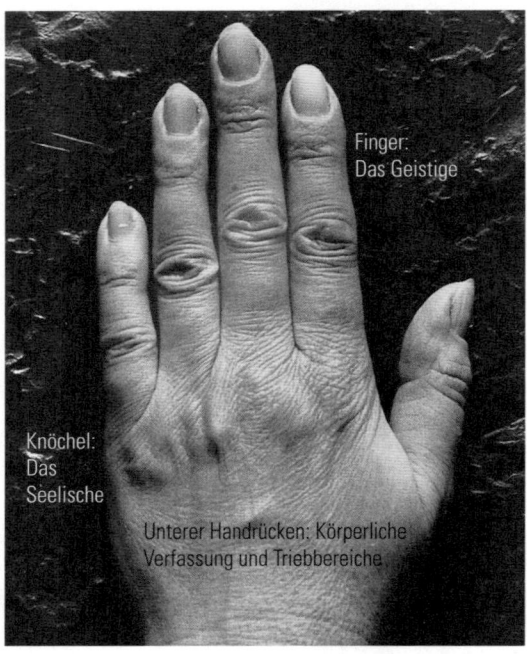

Finger:
Das Geistige

Knöchel:
Das
Seelische

Unterer Handrücken: Körperliche
Verfassung und Triebbereiche

Die Dreiteilung der Außenhand

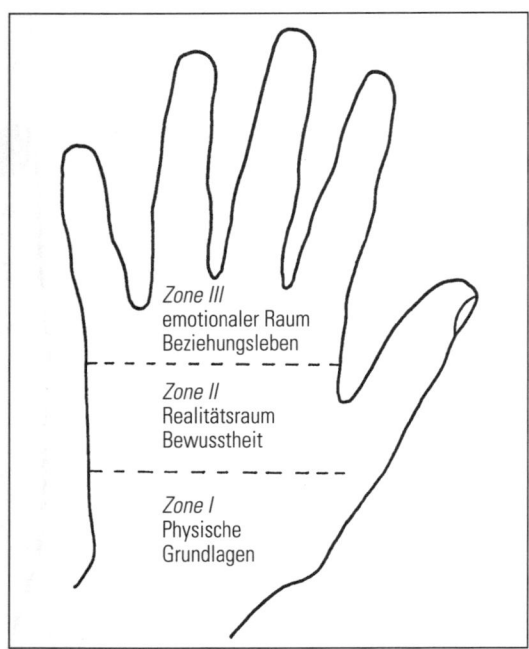

Zone III
emotionaler Raum
Beziehungsleben

Zone II
Realitätsraum
Bewusstheit

Zone I
Physische
Grundlagen

Die Dreiteilung der Handfläche

Wilhelm Wundt (1832–1920), deutscher Mediziner, Philosoph und Psychologe. Wundt nennt die Seele einen Hilfsbegriff der Psychologie. Er unterscheidet drei Prinzipien des psychischen Geschehens: Resultanten – Relationen – Kontraste.

Am bekanntesten dürfte das Freudsche Seelenmodell sein. Sigmund Freud (1856–1939) war Nervenarzt in Wien und Begründer der Psychoanalyse. Sein Modell heißt Ich und Über-Ich. Das Ich hat die Ansprüche der Welt mit den Ansprüchen des Es und Über-Ichs in Einklang zu bringen. Gelingt dies dem Ich nicht, so gilt die Ichfunktion als gestört, und der Mensch reagiert neurotisch. Das Freudsche Modell ist für die Dreiteilung der Hand sehr brauchbar.

Ebenso verwendbar, aber vielleicht weniger bekannt, ist das Huna-Modell, ein aus dem alten Ägypten, Israel und Mesopotamien stammendes psychologisches System, das die Priester Hawaiis, die Kahunas, praktizierten. «Ka» heißt Hüter und «Huna» Geheimnis. Nach der Huna-Lehre ist der Mensch gleichzeitig eine Einheit und eine Dreiheit. Was bei Freud die drei Instanzen Es, Ich

und Über-Ich, sind in der Huna-Lehre die drei Selbst: Unteres Selbst, Mittleres Selbst und Hohes Selbst. Der Unterschied zum Freudschen Modell bezieht sich auf die reale Ansprechbarkeit des Unteren und des Hohen Selbst der Huna-Lehre, als individuelle geistige Persönlichkeiten durch das Mittlere Selbst, und dabei ganz besonders auf das Erkennen und die notwendige Erziehung des Unteren Selbst (von Henry Krotoschyn bezeichnet als «Auto-Psychoanalyse» und «Auto-Psychiatrie»), nach der der Weg zum Erreichen des Hohen Selbst in der «Dreiheit» (des Neugeboren-Seins) als Krönung der Huna-Entwicklung freigelegt ist. (Freedom Long, 1966 und Krtoschyn, 2012)

In der Hand finden beide Modelle ihren Platz. Was das eine nicht auszudrücken vermag, schafft das andere.

Die Außenhand wird unterteilt in das Geistige = Finger, das Seelische = Knöchel und das Körperliche = unterer Handrücken. Die Dreiteilung der Handfläche geschieht durch zwei fingierte Querlinien. Die erste Horizontale beginnt am Ansatz des Daumens, beim hervortretenden Knöchel des zweiten Daumengliedansatzes, und durchquert die Handfläche zur Gegenseite. Die zweite fiktive Transversale nimmt ihren Anfang beim Kopflinienbeginn und verläuft parallel zur ersten.

Daraus ergeben sich drei Ebenen oder Schichten, die eine Beziehung zum Freudschen Seelenmodell und zu den drei Selbst der Huna-Lehre aufweisen. Meistens erfährt eine dieser drei Ebenen durch Flächenausdehnung eine Betonung, was nicht ausschließt, dass eine andere Schicht, obwohl flächenmäßig kleiner, durch füllige Berge oder ein ausgeprägtes Liniennetz ebenso betont sein kann. Die horizontale Dreiteilung funktioniert jedoch nur, wenn der Daumen weder zu hoch noch zu niedrig, sondern mittelhoch angesetzt ist. Bei niedrig angesetztem Daumen fällt die unbewusste oder Triebschicht mit der Realitätsebene zusammen.

Sinnentsprechend wäre es, wenn Zone I in der *Spatelhand* den größten Raum einnehmen würde, Zone II in der *eckigen Hand* und Zone III in der *konischen Hand*.

Im Bild der Hand sind diese drei Schichten gegeneinander offen. Sie durchdringen sich, sind aufeinander bezogen und durch den Verlauf der Saturnalis verbunden. Es kann daher nie eine Zone für sich allein beurteilt werden. Alle drei sind voneinander abhängig.

Zur Psychologie der drei Seelenschichten
Zone I
Die unterste Schicht, Zone I, stellt die physische, materielle Grundlage der Hand dar. Die Daumenseite symbolisiert die Körpersubstanz (Erde) und den Gesamtlebensantrieb (Sonne). Gegenüber, auf der Kleinfingerseite, befindet sich sinnbildlich der vegetative Lebensraum (Mond). Zone I entspricht in etwa dem Freudschen Es. Das *Es* oder *Unbewusste* beinhaltet Ererbtes, bei der Geburt Mitgebrachtes, konstitutionell Festgelegtes, die Triebe, plus während der Ich-Entwicklung Erworbenes, das verdrängt wurde.

C. G. Jung hat das Unbewusste unterteilt in ein persönliches *Unbewusstes* und ein *kollektives Unbewusstes*. Das persönliche Unbewusste ist dem kollektiven Unbewussten aufgelagert.

Das *persönliche Unbewusste* bezieht sich auf aus der Lebensgeschichte des Individuums Entstammendes wie Verdrängtes, Zurückgestelltes, Vergessenes, unterschwellig Wahrgenommenes, Gedachtes, Gefühle aller Art etc.

Beim *kollektiven Unbewussten* geht es um die ererbte Hirnstruktur mit dem Niederschlag der typischen Reaktionsweisen der Menschheit seit ihren Uranfängen. Das sind Situationen wie Angst, Gefahr, Kampf gegen Übermacht, Beziehung der Geschlechter, der Kinder zu den Eltern, väterliche und mütterliche Gestalten, Haltungen zu Hass und Liebe, zu Geburt und Tod, die Macht des hellen und dunklen Prinzips usw.

In der Huna-Lehre bezieht sich Zone I auf das *Untere Selbst*.

Die Steuerung dieser körperlichen, materiellen oder psychosomatischen Zone geschieht seelisch unbewusst.

Dominante Linie in Zone I ist die Lebenslinie.

Im Freudschen Seelensystem befindet sich zwischen Unbewusstem und Bewusstem eine Zwischeninstanz: Das Vorbewusste. Es beinhaltet das jederzeit Bewusstseinsfähige.

Zone II
Die Mittelschicht, Zone II, die Realitätsebene, ist die bewusstseinsnaheste Seelenschicht. Sie entspricht dem Freudschen Ich oder dem *Mittleren Selbst* der Huna-Lehre. Die vom *Es* oder *Unteren Selbst* dargebotene Vitalkraft kann hier als Wille eingesetzt und gesteuert werden. Ebenso werden dem sich in der Realitätszone befindenden *bewussten* Ich die im Unbewussten registrierten sensorischen Eindrücke zur Auswertung präsentiert, denn das *bewusste Ich*, chirologisch die Kopflinie = Intellekt, besitzt Urteilskraft und gibt entsprechende Befehle, wenn Handlungen erforderlich werden. Das bewusste Ich, die Kopflinie, der Intellekt, der Verstand, hat sich mit der Realität aus-

einanderzusetzen sowie die Ansprüche des *Es* und des *Über-Ichs* miteinander in Einklang zu bringen. In der Mittelschicht, der Zone II, der Realitätsebene, spielt sich der Lebenskampf ab. Bewusstsein ist eine psychische Funktion. Es geht darum, klar und kritisch denken und handeln zu können. Das Denken wird gesteuert von Assoziationen, d.h. Verbindungen von Elementen nach Ähnlichkeit oder Erfahrung, ferner von Gestaltmäßigkeiten sowie vom Denkziel. Die Denkleistung besteht darin, Bewusstseinsinhalte zu erfassen, zu verarbeiten und zu deuten. Der höchste Grad intakten Bewusstseins wird als Besonnenheit bezeichnet.

Die mittlere Seelenschicht wird vom bewussten Ich gesteuert.

Dominante Linie in Zone II ist die Kopflinie.

Zone III

Die oberste Schicht, Zone III, die den Fingern nächstgelegene, die geistig-seelische oder überbewusste Schicht, bezieht sich auf die sublimierten Triebe für das Beziehungsleben. Sie symbolisiert nebst dem Gefühlsbereich auch den Raum der ethischen und religiösen Strebungen. Den größten Teil dieser Zone beansprucht der emotionale Raum, der zwischen der obersten Beugefalte, der Emotionalis oder Herzlinie, und den Fingerbasen liegt.

Die Emotionen/Gemütsbewegungen sitzen zwar im Unbewussten, in Zone I, es ist aber die seelisch-geistige Schicht, welche die Verarbeitung seelisch erlittener Niederlagen und die Gefühlsreaktionen offenbart. «Gefühle sind Grundphänomene des Erlebens. Jedes intensivere Gefühl geht in einen Affekt über» (Wundt). Obwohl die seelisch-geistige Zone Wesentliches über den Gefühlsbereich aussagt, ist doch nicht alles nur dieser Schicht entnehmbar. Insgesamt gehören zum Gemütsbereich – primär die Herzlinie, sie ist die dominante Linie von Zone III, sowie die Fingerberge, – der Mondberg als Urgrund allen Seins, der Bildwelt, Empfänglichkeit und Beeindruckbarkeit, eine weiche Konsistenz der Hand als Ausdruck von Empfänglichkeit und Beein-

druckbarkeit, eine mittlere bis feine Papillarstruktur als Zeichen von Sensibilität, das Tischquadrat mit Merkurlinie, die Ringfingerlinie, der Venusgürtel als vibrierende Feinfühligkeit und nervliche Irritierbarkeit.

In Zone III ist außerdem das Saturnprinzip als Kontrollinstanz, Gewissen und Pflichtbewusstsein angesiedelt und hat einen Bezug zum Freudschen Über-Ich.

Die oberste Seelenschicht ist leitbildhaft orientiert.

Das Freudsche Seelenmodell und die Huna-Lehre

Beiden, dem Freudschen Modell und der Huna-Lehre, ist in Zone III das Gewissen gemeinsam. Übersetzt in die Huna-Lehre bedeutet ein gutes Gewissen die Vorbedingung zu einer funktionsfähigen Aka-Schnur. Keinesfalls hat Zone III etwas mit dem *Hohen Selbst* zu tun. In der Freudschen Lehre findet das *Hohe Selbst* als spirituelles Wesen keinen Platz. Das Freudsche *Über-Ich* ist eine saturnine Figur, in der Hand als Saturnfinger, Saturnberg und Saturnlinie als kategorischer Imperativ erkennbar, eine Kontrollinstanz: der Niederschlag der Erziehung. Im Huna hat das *Hohe Selbst* Schutzengel-Funktion.

Seltsamerweise hat die Hand noch eine vierte, kaum angedeutete Schicht: den Bereich der nicht mehr erfassbaren Urkräfte. Diese Schicht entspricht dem Hohen Selbst der Huna-Lehre. Nach meinem System befinden sich symbolisch in der nicht mehr erfassbaren Schicht der Urkräfte die Dreiheit Uranus/Wassermann/11. Feld oder die *Intuition* (4. Dimension) sowie Neptun/Fische/12. Haus, die Verbindung zum Spirituellen, Göttlichen oder die *Inspiration* (5. Dimension). Diese beiden Planetenprinzipien, das intuitive und inspirative, oder das Hohe Selbst, können nie direkt mit dem Intellekt in Verbindung treten. Sie müssen sich einerseits eines vermittelnden Prinzips und andrerseits einer Koordinationsstelle bedienen. Das vermittelnde Prinzip ist der Götterbote Merkur (Gedanken-, Gesinnungs- und Vermittlungsprinzip), in die Huna-Sprache übersetzt, die Aka-Schnur. Koordinations- und Übersetzungszentrale für eingehende Informationen bildet chirologisch der Mondberg, psychologisch das Unbewusste, im Huna das Untere Selbst und hirnphysiologisch der Thalamus.

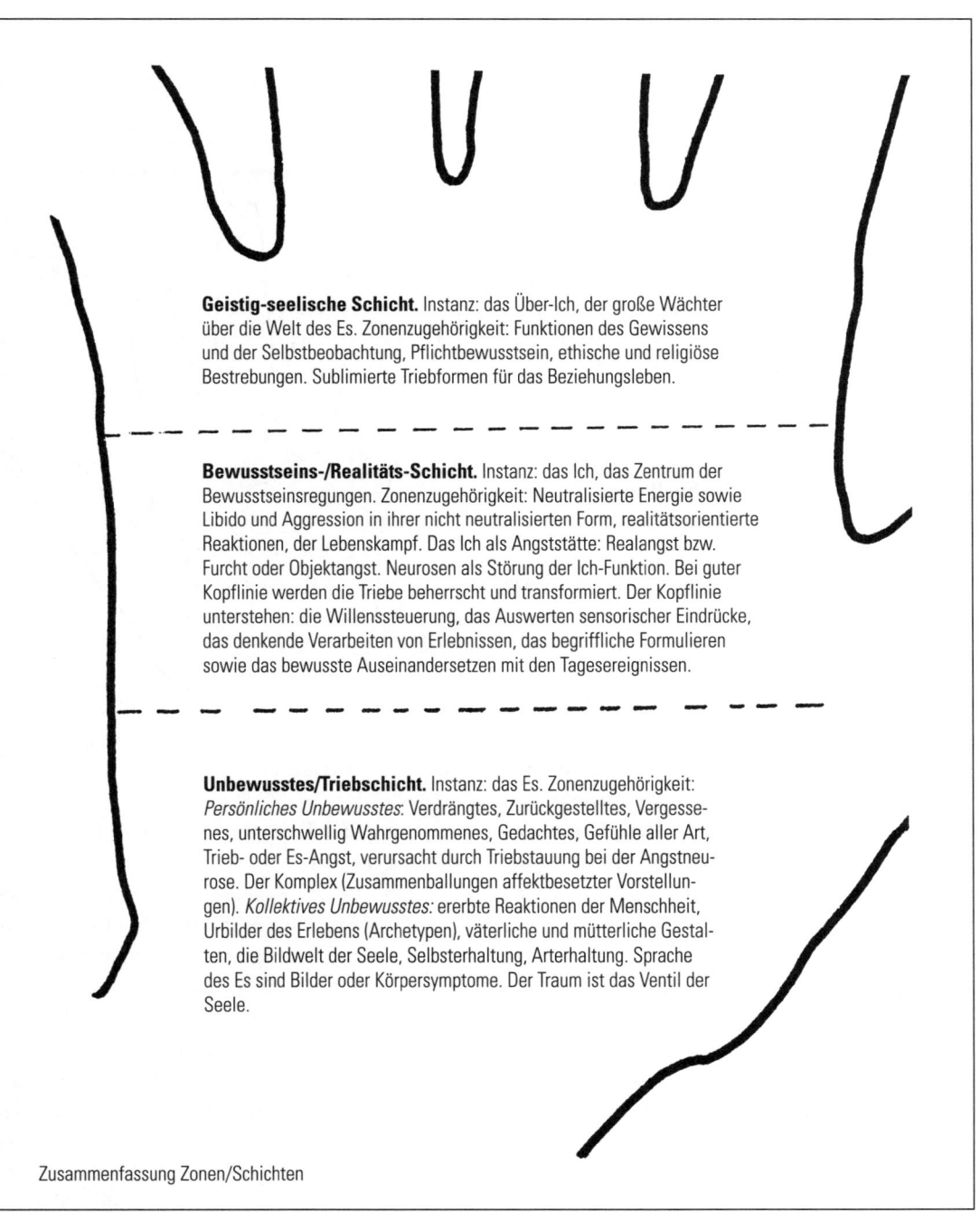

Geistig-seelische Schicht. Instanz: das Über-Ich, der große Wächter über die Welt des Es. Zonenzugehörigkeit: Funktionen des Gewissens und der Selbstbeobachtung, Pflichtbewusstsein, ethische und religiöse Bestrebungen. Sublimierte Triebformen für das Beziehungsleben.

Bewusstseins-/Realitäts-Schicht. Instanz: das Ich, das Zentrum der Bewusstseinsregungen. Zonenzugehörigkeit: Neutralisierte Energie sowie Libido und Aggression in ihrer nicht neutralisierten Form, realitätsorientierte Reaktionen, der Lebenskampf. Das Ich als Angststätte: Realangst bzw. Furcht oder Objektangst. Neurosen als Störung der Ich-Funktion. Bei guter Kopflinie werden die Triebe beherrscht und transformiert. Der Kopflinie unterstehen: die Willenssteuerung, das Auswerten sensorischer Eindrücke, das denkende Verarbeiten von Erlebnissen, das begriffliche Formulieren sowie das bewusste Auseinandersetzen mit den Tagesereignissen.

Unbewusstes/Triebschicht. Instanz: das Es. Zonenzugehörigkeit: *Persönliches Unbewusstes*: Verdrängtes, Zurückgestelltes, Vergessenes, unterschwellig Wahrgenommenes, Gedachtes, Gefühle aller Art, Trieb- oder Es-Angst, verursacht durch Triebstauung bei der Angstneurose. Der Komplex (Zusammenballungen affektbesetzter Vorstellungen). *Kollektives Unbewusstes:* ererbte Reaktionen der Menschheit, Urbilder des Erlebens (Archetypen), väterliche und mütterliche Gestalten, die Bildwelt der Seele, Selbsterhaltung, Arterhaltung. Sprache des Es sind Bilder oder Körpersymptome. Der Traum ist das Ventil der Seele.

Zusammenfassung Zonen/Schichten

Das Relief der Handfläche

Erhöhungen und Flächen der Innenhand ergeben ein reliefartiges Gepräge. Erhöhte Stellen werden Berge genannt. Sie tragen meist mythologische Namen, wie sie in der Astrologie üblich sind. Berge sind Energiespeichern vergleichbar, gefüllt mit motorischen oder seelischen Kräften. Sie drücken vorhandene Potenzen aus. Jeder Berg symbolisiert andere, nur ihm eigene Impulse. Der höchste Berg verrät die ausgeprägtesten Trieb- oder Wunschkräfte. Mittels der Bergmerkmale ist der Mensch wesensgemäß schnell erfassbar. Aber nicht nur durch Fülle, auch durch Linien kann ein Berg herausgehoben sein.

Die Hand weist zehn Berge auf, die sich wie folgt verteilen:

Zwei im Urgrund der Hand: der Neptun- und der Uranusberg. Der Neptunberg symbolisiert den Kanal zum Ort des Ursprungs der Seele. Er ist den «Göttern» nahe, ausgerüstet mit parapsychologischen Fähigkeiten und Inspirationen, vorgeburtlichem Wissen, dem Ur-Instinkt und den Traditionen der Urahnen. Der Uranusberg ist Symbol des Potenzials an schöpferischer Intuition. Er ist an die überpersönliche kollektive Mentalebene angeschlossen.

Zwei in der Körper-Ebene: der Thenar und der Hypothenar, letzterer auch Mondberg genannt. Der Thenar oder Daumenballen symbolisiert das vitale Zentrum, den zentralen Lebensantrieb (Sonne) und dessen Motorik (solare Motorik für die Gesamtbewegung) sowie die Kräfte, die den Körper bilden und erhalten (Erde). Der Mondberg versinnbildlicht das Traumhafte, die Bilderwelt der Seele, das Unbewusste schlechthin. Die

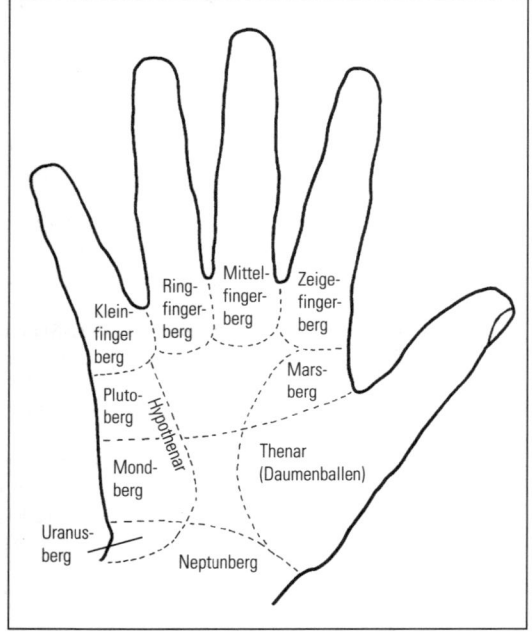

Das Relief der Handfläche

Steuerung der Energien dieser beiden Berge erfolgt unbewusst.

Zwei in der Realitätsebene: der Mars- und der Plutoberg. Der Marsberg offenbart die Antriebs-, der Plutoberg die Spannkraft. Sie zeigen sublimierte sowie nicht neutrale Triebkräfte, die vom Ich bewusst gesteuert und für die Bewältigung täglicher Situationen eingesetzt werden.

Vier im seelisch-geistigen Bereich: der Zeigefinger-, der Mittelfinger-, der Ringfinger- und der Kleinfingerberg. Jeder Finger besitzt einen Energiespeicher in Form eines Berges. Diese Speicher enthalten sublimierte Trieb- oder Wunschkräfte für das Beziehungsleben und offenbaren die seelische Belastbarkeit.

Je nach Ausprägungsstärke gelten die Berge als erhöht, überhöht oder als flach. Die Überhöhung entspricht einem regelrechten kleinen, tastbaren Ballen, der glatte Verlauf einer Ebene. Jedes Übermaß und jeder Mangel an Energie wirkt sich kritisch aus.

Die Bergfülle kann sich während des Lebens ändern. Unsere Vitalkräfte und seelischen Energien verändern sich im Laufe des Lebens auch. Genau dies wird durch die Berge ausgedrückt.

Die Symbolik der Handberge und Finger

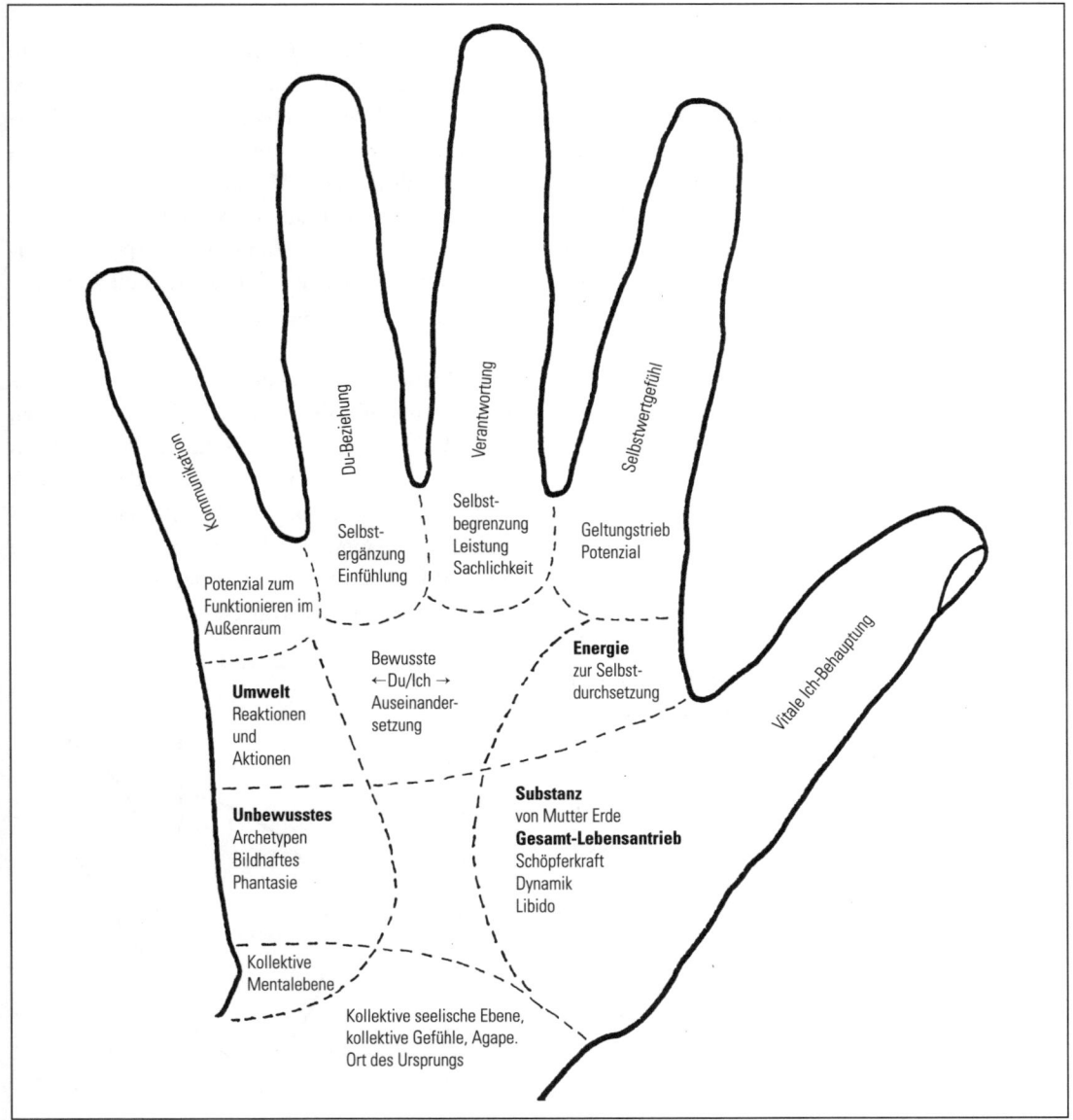

Kommunikation

Du-Beziehung

Verantwortung

Selbstwertgefühl

Selbst-
ergänzung
Einfühlung

Selbst-
begrenzung
Leistung
Sachlichkeit

Geltungstrieb
Potenzial

Potenzial zum
Funktionieren im
Außenraum

Bewusste
←Du/Ich →
Auseinander-
setzung

Energie
zur Selbst-
durchsetzung

Vitale Ich-Behauptung

Umwelt
Reaktionen
und
Aktionen

Unbewusstes
Archetypen
Bildhaftes
Phantasie

Substanz
von Mutter Erde
Gesamt-Lebensantrieb
Schöpferkraft
Dynamik
Libido

Kollektive
Mentalebene

Kollektive seelische Ebene,
kollektive Gefühle, Agape.
Ort des Ursprungs

Der Thenar (Daumenballen)

Der Thenar ist der größte der Handberge. Er liegt im untersten Handraum auf der aktiven Seite. Der Thenar oder Daumenballen bildet die Wurzel des Daumens. Er symbolisiert das Potenzial des Gesamt-Lebensantriebes, die verfügbaren Körperkräfte für die Ichdurchsetzung, die Substanz des Wollens, die Dynamik, die Libido, die Icherhaltungs- und Arterhaltungskräfte. Auch ist der Daumenballen Symbol für das Elternpaar, welches die ebenerwähnte Lebenskraft und Körpersubstanz als Erbgut weitergibt.

Bei gut ausgeprägtem Thenar begünstigt die körperliche Betonung die Lebens- und Sinnenfreude sowie Ursprünglichkeit, Familiensinn, Warmherzigkeit, Rhythmus, Farben- und Formensinn. Meist entspricht der Fülle des Thenars physiognomisch die Nackenfülle, im übertriebenen Fall ein «Stier»-Nacken».

Astrologisch sehe ich dem Thenar analog die Dreiheit Sonne/Löwe/5. Haus und die Dreiheit Erde/Stier/2. Haus (Substanzhaus). Die Erde-Qualität als 2. Haus Substanzprinzip prägt die Fülle und Konsistenz des Thenars.

Sonnenprinzip: Urgeist; Lebensprinzip; himmlisches Vaterprinzip; Gottheit mit Dominanz der Pluspolarität; geistiges Weltbild.
– *Psychologisch:* Lebenswille; Entschlussfähigkeit; Zielstrebigkeit; natürliches Durchsetzungsvermögen; Gesamtlebensantrieb; Wille zum Dasein; Pol schöpferischer Gestaltung; Kraft des Selbst; Optimismus.
– *Soziologisch:* Mann; Partner; leitende Persönlichkeit; der Vorgesetzte; die Autorität; der König.
– Biologisch: Gesundheit; Lebenskraft (Vitalität).

Löwe: Schöpferkraft; Machtstreben; Triebhaftigkeit; selbstsicheres Vorgehen; Gestaltungswille; Darstellungsfähigkeit; Liebe zu Vergnügen und Luxus.
– *Soziologisch:* das Patriarchat.

– *Organisch:* Zelle; Blutkreislaufsystem; Herzregion (Herzmuskel, Aorta, Arterien, Venen des Herzens); das Auge als Sehkraft.

5. Haus: Sicherung der Nachkommenschaft durch Triebhaftigkeit; Kinder; Libido; der erotische/sexuelle Kontakt; Ansammlung der eigenen Gefühle; Abenteuer; Spekulationen und Experimente; Dynamik; Kreativität; Freude an Geselligkeit; lebendige Spielfreude.

Erde-Prinzip: Gaia (Großmutter der Erdgöttin Demeter/Ceres); Urmutter oder Urfrau; Matrix; Gottheit mit Dominanz der Minus-Polarität (Muttergottheit); Organisation unserer Natur; materielles (realisierbares) Weltbild.
– *Soziologisch:* die Frau; die Mutter.
– *Organisch:* Bereitstellung von Körpern für inkarnierende Seelen (Mond) durch die Frauen.
– *Biologisch:* Körpersubstanz.

Stier: Sicherung der materiellen Grundlagen des Lebens; Instinkt der Selbsterhaltung; Verlangen nach Beständigkeit; praktische Meisterung des Lebens; Gespür für Werte; Sinn für das alltäglich Notwendige; Beachtung des Naheliegenden; Speicherungsvorgänge; Streben nach Verwurzelung; Sinnenfreude und Sinnenwärme, eher sexuell genießerisch denn fein erotisch.

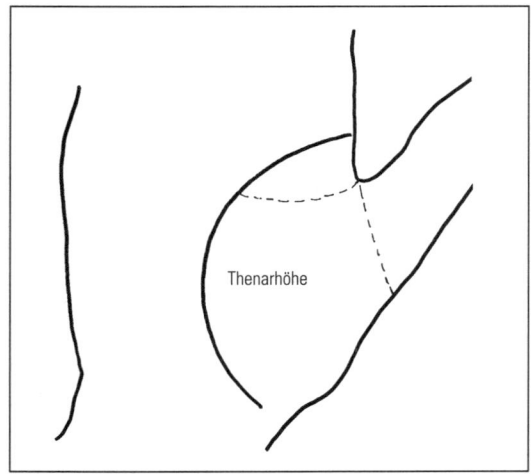

Thenarhöhe

– *Soziologisch:* das Matriarchat.
– *Organisch:* Hals-, Nasen-, Ohrenregion (Rachen, Mandeln, Kehle, Kehlkopf, Stimmbänder, Speicheldrüsen, Halswirbel, Nacken).

2. Haus: Ökonomische Stellungnahme zu den Gütern der Erde; Genuss und Assimilation von Stoffen; Körpersubstanz; Körpergewicht; Nahrungsgrundlage; physiologischer Aufbau; körperliches Eigenwertgefühl; das zur Verkörperung Angeeignete; Selbstwertbelange.

Der bipolare Thenar/Daumenballen

Die *Sonne*, das Leben, Licht und Wärme spendende schöpferische, zeugende Prinzip (pluspolar) und der samenempfangende fruchtbare Schoß der *Mutter Erde* (minuspolar) ermöglichen es den Wesenheiten (Seelen) anderer Dimensionen, Substanz anzunehmen bzw. durch die Verbindung von Mutter und Vater, sich mit einem Leib zu bekleiden, um auf dem blauen Planeten zu inkarnieren.
– *Astrologisches:* Die Sonne läuft stets in Opposition zur Erde. Im 90°-Kreis befinden sich Sonne und Erde am gleichen Platz. Mit der Symbolik der Sonne als Körper, Konstitution, Herz, Kreislauf, lebendes Geschöpf und Geist wurde eigentlich schon immer mit dem Prinzip Sonne auch die Erde interpretiert.
– *Spiegelung:* Über die Achse 0° Krebs spiegeln sich Löwe und Stier gegenseitig (Spiegelung siehe *Astrologie*, Gertrud I. Hürlimann, Seite 58, 11. Auflage 2005, Oesch Verlag, Zürich).

Deutungen
Entwickelter Thenar: Bei ausgeprägtem Daumenballen verbindet sich die solare, löwenhafte Herzlichkeit und Vitalkraft mit der Sinnenhaftigkeit des Erde/Stierprinzips. Das ergibt: gute Lebenskapazität; schöpferische, gestalterische Impulse; Lebensfreude; Lebenswärme; Familiensinn; Harmoniegefühl.
Überbetonter Thenar: Übersteigerte Triebkräfte; Genusssucht. Linienlos: gestaute, explosive Triebkräfte; Unbeherrschtheit.

Flacher Thenar: Mangel an Vital- und Substanzkraft; schnelle Erschöpfbarkeit; Nüchternheit; mangelnde Sinneswärme.
Thenarverlagerung: Wird die Thenarhöhe zur Handwurzel abgezogen, sind sinnenhafte Freuden für den Handeigner zweitrangig. Meist ist er immun gegen allzu menschliche Schwächen. Häufig lassen die körperlichen Vitalkräfte zu wünschen übrig und allzuoft werden sie überzogen.

Der Mondberg

Die Muskelanschwellung auf der Ulnarseite heißt in der Erbbiologie Hypothenar. Den weitaus größten Raum des Hypothenars beansprucht der Mondberg. Der Mondberg als astrologische Trinität Mond/Krebs/4. Haus symbolisiert die seelische Kapazität, das Gemüthafte, die Bilderwelt der Seele. Der Mondberg ist die Quelle aller Sehnsüchte, der Fantasien, des Märchenhaften, all dessen, was sich in unseren Träumen symbolhaft zeigt und vom Tagbewusstsein entschlüsselt werden will. Das ganze Mythen- und Sagengut, das Archaische, die Urbilder, sind dem Mondberg einverleibt. Aber auch alles, was der Mensch aus der Außenwelt aufnimmt und vom Ichbewußtsein nicht verarbeitet werden kann oder will, wird in den Mondberg abgeschoben, verdrängt, wie der Fachausdruck heißt. Oft überfordert er dabei das Unbewusste und es bilden sich «Komplexe». Der Mondberg beinhaltet sowohl Gemüthaftes als auch das persönliche und das kollektive Unbewusste.

Esoterisch hat der Mondberg Bezug zum Garten Eden, dem Paradies, wörtlich para dies = jenseits des Tages, eine Wortkombination aus dem Griechischen und Lateinischen. Da die Seele unsterblich ist und sie sich schon öfters materialisierte, gibt es für sie nichts Neues. Sie hat alles schon einmal geschaut (Platon). Der Mondberg bildet auch die Brücke zum Ursprung der Seele, zum Sprung aus dem Ur in den Mutterleib. Ebenso ist der Mondberg an das Urgedächtnis

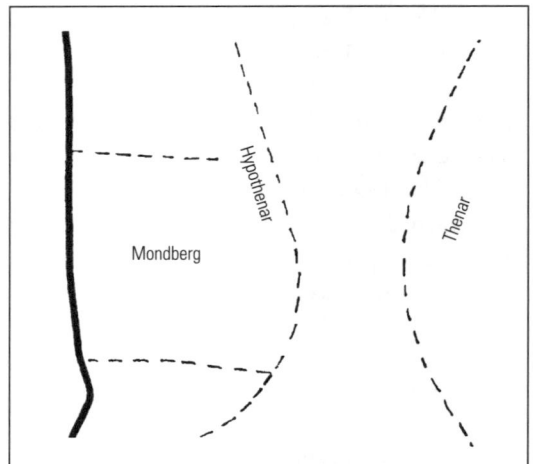

Der Mondberg

gekoppelt mit der Fähigkeit, Bilder aus früheren Zeiten auftauchen zu lassen, die über karmische Beziehungen Auskunft geben. Doch meist liegt über diesem Mondbereich ein Schleier, der nur mit Hilfe einer Verbindung zu höheren Dimensionen (Uranus und vor allem Neptun) gelüftet werden kann. Irrtümlicherweise besteht die Meinung, mit dem Mondberg ließe sich hellsehen. Das kann man mitnichten. Eine Begabung ist immer an eine Dreierstruktur gebunden, in diesem Fall an Mond/Merkur/Neptun.

Der Mondberg hat nebst vielen Funktionen auch diejenige einer «Satellitenstation» für Intuition und Inspirationen. Die Empfangsanlage ist mondhaft auffangend und reflektierend. Übersetzungs- und Übermittlungsstelle sind von Merkur besetzt. Der Mondberg hat symbolisch gesehen die Fähigkeit, uranische Blitze als glasklare Bilder aufzufangen, welche Merkur, der Götterbote, dann dem Stirnhirn als Intuition übermittelt und ins Bewusstsein bringt.

Ähnlich verhält es sich mit den Eingebungen Neptuns. Doch sind diese meistens unklar, fast verschwommen. Das kommt daher, weil die Geisteswelt noch eine Schicht höher liegt als die Intuitionswelt («Die Chakras» von C.W. Leadbeater). Die neptunischen Bilder kommen psychologisch gesehen aus dem tiefsten menschlichen Urgrund,

müssen verschiedene Schichten passieren und werden dadurch oft leicht beeinträchtigt und können beim Ichbewusstsein verfälscht ankommen.

Es gibt Hellseh-Medien, die ihre Antenne an den Mondberg ihrer Klienten anschließen, das Unbewusste «anzapfen» und zum Erstaunen der Beteiligten die Vergangenheit herausholen können. Dies ist eine häufigere Begabung als allgemein angenommen wird.

Die Zukunftsschau dagegen ist weit komplizierter. Sie weist Ähnlichkeiten mit der vorerwähnten Neptun-Durchgabe an die Mondstation auf.

Mondprinzip: die Seele, das magische Weltbild.
– *Psychologisch:* die Gefühlswelt; die Entwicklung des Emotionalen, Sentimentalität; das persönliche Unbewusste; das kollektive Unbewusste; das archaische Bewusstsein; das Traumbewusstsein; Gedächtnis- und Einbildungskräfte; das Weibliche; Reflexionen.
– *Soziologisch:* Kind, frühe Kindheit; Familie; Volk.
– *Biologisch:* das vegetative Leben; Flüssigkeitshaushalt des Körpers; Lymphsystem, Lymphdrüsen; Gewebsflüssigkeit; Blutserum.

Krebs: die Impression als innere Wahrnehmung; die nonverbale Kommunikation; das Mütterliche seelischer und pflegerischer Art; Heimatverbundenheit; Ahnenkult; Tradition.
– *Organisch:* Magen; Brüste; Gebärmutter; Bauchspeicheldrüse; Kleinhirn.
– *Psychosomatisch:* Wechselwirkung zwischen Gemütsverfassung und dem Magen sowie dem vegetativen Nervensystem.
– *Soziologisch:* das Elternpaar als Seelengemeinschaft; Geschichts- und Altertumsforscher; Antiquitätenhändler.

4. Haus: Heim; Haus; Häuslichkeit; Heimat; Beziehung zur Mutter und Familie; Geborgenheit; eigene Identität; innere Substanz; seelische Selbstverwirklichung; die eigene Weiblichkeit; Herkunft; Erbmasse; das Kollektiv; die Tradition.

Deutungen

Gut ausgeprägter Mondberg: begünstigt künstlerisches Schaffen; Fähigkeit des seelischen Schauens; unterschwellige Beobachtungsgabe; gute Aufnahmefähigkeit; erfühlendes Wahrnehmen. Schöpferisch, wenn der untere Hypothenar (Uranusberg) ebenfalls gut gestaltet und nicht gestaut ist. Als gestaut wird ein Berg bezeichnet, auf dem sich keine Linien befinden. Bei gestautem Mondberg kann das Bildhafte nicht umgesetzt werden.

Überhöhter Mondberg: starkes Verlangen nach Geborgenheit; anfällig für Launenhaftigkeit; kollektive Abhängigkeit; ausgeprägte Vorliebe für das Wasser (Fluss, See, Meer).

Flacher Mondberg: Mangel an Phantasie; Naturfremdheit; Nüchternheit; das Intellektuelle ist wesentlicher als das Gemüthafte, der Verstand dominiert über das Gefühl.

Der Uranusberg

Der unterste Teil des Hypothenars, der oft etwas verlängert in das Handgelenk abgezogen erscheint, trägt den Namen Uranusberg. Der Uranusberg liegt größtenteils in der Zone der nicht mehr erfassbaren Urkräfte. In der Mythologie ist Uranos der Himmel. Uranus symbolisiert das Prinzip des Verlassens der Norm, der Entpolarisierung, auch das Prinzip der Überraschungen und die blitzartig erkennende Zusammenschau. Uranus ist ein Prinzip höchster Spannung und eruptiver Plötzlichkeit.

Astrologisch ist der Uranusberg der Dreierstruktur Uranus/Wassermann/11. Haus analog.
Uranusprinzip: Plötzlichkeit, Umwälzung, Intuition, Erleuchtung.
– *Psychologisch:* Freiheitsliebe, eigene Wege gehend, leichte Erregbarkeit, eruptiv, Sinn für Rhythmus, Begeisterungsfähigkeit, aufgeschlossen für alles Neue. Mangel an Anpassung, Affekthandlungen,

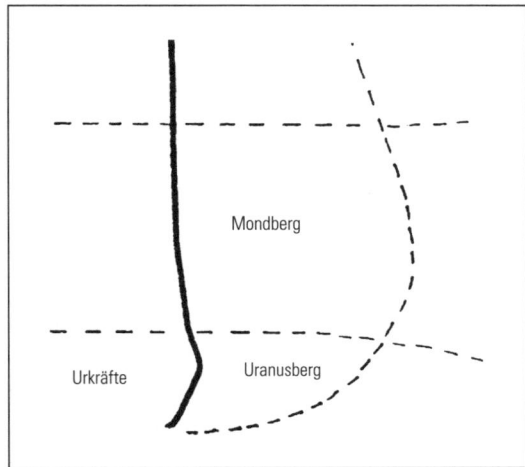

Der Uranusberg

starke seelische Spannungen, Sprunghaftigkeit.
– *Soziologisch:* Erfinder, Techniker, Umstürzler, Revolutionäre, Reformer.
– *Biologisch:* Rhythmik, Beziehungen zum Nervensystem, Hirnhaut, Hypophyse, Rückenmark.

Wassermann: Neuerungsbestrebungen, Erfindergabe, revolutionäre Ideen, Unberechenbarkeit, Spontaneität, Exzentrik.
– *Soziologisch:* Physiker, Meteorologen, Wetterwarte, Filmoperateure, Jongleur, Zauberkünstler. Alle Berufe, die mit Radio, Funk, Technik, Flugzeug-, Raketen-, Automobil- und Motorenbau zusammenhängen.
– *Anatomisch:* Waden.

11. Haus: Freundschaften, Bündnisse, Vereine, Organisationen, Protektionen, Hilfen, Hoffnungen, Wünsche, Emanzipationsprozess, das Zeitgemäße.

Deutungen
Erhöhter Uranusberg: rhythmisches Gefühl; Freiheitsliebe; Musikalität; Ideenträchtigkeit; Elastizität; Reaktionsfähigkeit.

Überhöht: Explosivität; Erregungszustände; Kurzschlüsse; rebellisch.

Der Neptunberg

Die Verbindung zwischen Thenar und Hypothenar stellt der Neptunberg her. Neurologisch ist es die Gegend des Karpaltunnels.

Der Neptunberg symbolisiert das Potential der Anschlussmöglichkeiten an die 5. Dimension, den Ort des Ursprungs der Seele, den Zugang zur transzendentalen Welt, Rückbindungen jenseits der Nebelwand, vorgeburtliches Wissen, Medialität, den Hang zur Mystik. Daher sind Grenzerlebnisse möglich. Doch das bewusste Ich ist oft der Manipulation des Unbewussten ausgesetzt. Das unkontrollierte Neptunische wirkt chaotisierend und verlockt zu Genüssen berauschender Art.

Astrologisch bezieht sich der Neptunberg auf die Dreiheit Neptun/Fische/12. Haus.

Neptunprinzip: Ur-Instinkt, Identifikationsfähigkeit, Einfühlung, Idealismus, Agape, Mystik, Inspiration, Vermittler zwischen Dies- und Jenseits. – Beeinflussbarkeit, Illusion.

– *Psychologisch:* Positiv: Aufnahmefähigkeit, Phantasie, Empfänglichkeit, Beschaulichkeit, Einfühlung, träumerisches Wesen, Neigung zu Mystik, Mediumismus. Negativ: Beeinflussbarkeit, Empfindlichkeit, Unklarheit, Verworrenheit, Phantasterei, Täuschung, Planlosigkeit, Lüge, Betrug.

– *Soziologisch:* beeinflussbare Menschen; Mediale; Träumer; Idealisten; Phantasten; Dunkelmänner; Gaukler; Betrüger; Taschendiebe; Süchtige.

– *Organisch:* Zirbeldrüse, Sonnengeflecht (Aura).

– *Biologisch:* Unterfunktion (Schlaffheit, Lähmung).

Fische: Gefühlsbetontheit, Sensibilität, Lethargie, Zaudern, mitleidendes Verstehen, selbstvergessend, transzendentale Erlebnisfähigkeit.

– *Soziologisch:* Ärzte, Krankenpfleger, Krankenhauspersonal, Sozialarbeiter, Gefängnispersonal. Kranke, pflegebedürftige Menschen, die außerhalb der Gesellschaft leben.

– *Anatomisch:* Füße.

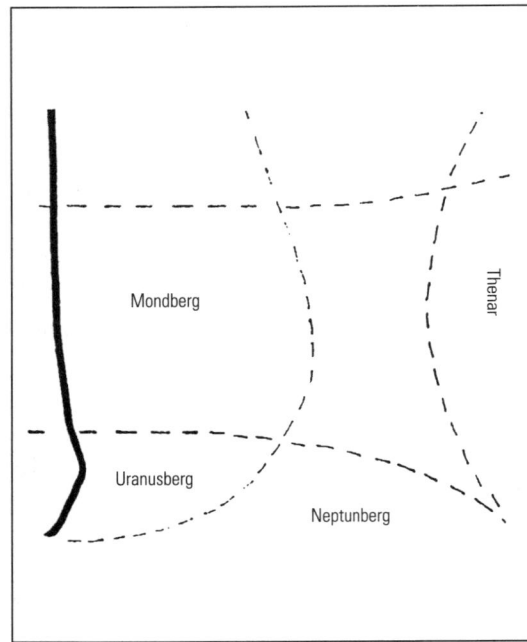

Der Neptunberg

12. Haus: innere Entwicklung; kosmische Fähigkeiten; Esoterik; Jenseitsphilosophien; Besinnung; Läuterung; Isolierung; Prüfungen; heimliche Affären; Krankenhausaufenthalte (chronische Krankheiten); Auflösungsprozess.

Deutungen

Der Neptunberg muss primär im Zusammenhang mit dem Mondberg betrachtet werden. Positiv ist vor allem ein erhöhter Gesamt-Hypothenar, an den sich ein leicht erhöhter Neptunberg mit straffem Gewebe anschließt. Weiches Gewebe im Bereich des Neptunberges ist suchtverdächtig.

Horoskopisch ergab sich in meinen Kursen, dass Menschen mit kaum Wasserzeichen-, dafür starker Erdbesetzung, statt eines Berges öfters ein Tal oder eine Einbuchtung zeigen. Der Neptunberg ist erfahrungsgemäß, wenn er erhöht ist, ein «Wasserberg».

Der Marsberg

Oberhalb des Thenars befindet sich der Speicher der motorischen Energie, in der gesamten chirologischen Literatur Marsberg genannt. Der Name ist zutreffend, denn astrologisch entsprechen dem Marsprinzip die Energie, die Aktivitätsimpulse.

Mars-Analogien sind: Antriebskraft, Angriffslust, Begeisterungsfähigkeit, Unabhängigkeitsdrang, Willensstärke (im Unterschied zum solaren Lebenswillen).

Über die Steuerung der Energieimpulse gibt primär die Kopflinie (siehe Seite 74) Auskunft, die sich im Mittelbereich der Hand, in der Realitätszone befindet.

Astrologisch korrespondiert der Marsberg mit der Dreiheit Mars/Widder/1. Haus.

Marsprinzip: Energie, Aktivität, männlich.
– *Psychologisch:*
Positiv: Willensstärke, Tatkraft, Mut, Einsatzbereitschaft, Entschlußkraft, Arbeits- und Kampfesfreude, Tätigkeitsdrang.
Negativ: Kraftverschwendung, Freude am Zerstören, Impulsivität, Brutalität, Rücksichtslosigkeit.
– Schwäche, Energiemangel.
– *Soziologisch:* Kämpfer, Waffenträger, Sportler, Mechaniker, Techniker, Handwerker, Chirurgen.
– *Biologisch:* Körperwärme, rote Blutkörperchen, Galle (eisenhaltige Substanz).
– *Organisch:* motorisches Nervensystem, Muskeln.

Widder:
Positiv: Tatendrang, Ehrgeiz, Freiheitsdrang, Pioniergeist, Unternehmungslust, Tapferkeit, Mut.
Negativ: Jähzorn, Zerstörungswut, Heftigkeit, Angriffslust, Streitigkeiten.
– *Anatomisch:* Kopf (Schädel).

1. Haus: Physische Gestalt, Konstitution, Durchsetzungsfähigkeit, Begabungsanlagen, Ichheit, Prozess der Ichfindung.

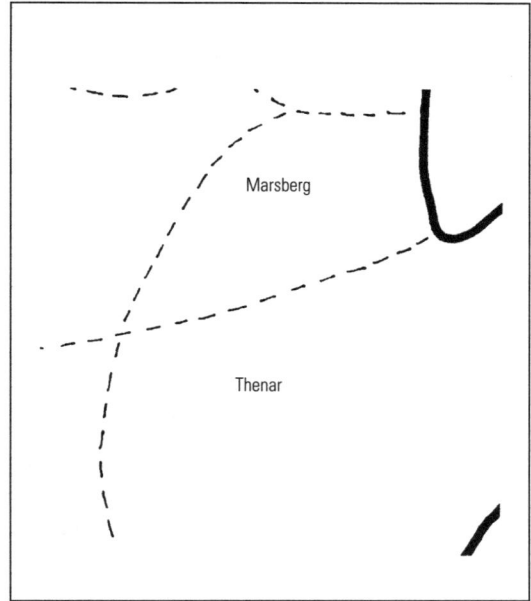

Der Mondberg

Deutungen

Bei *erhöhtem* Marsberg ist der Energiespeicher gut gefüllt und wartet auf Einsatzgelegenheit. Das bedeutet Tatkraft, Mut, Entschlossenheit, Tätigkeitsdrang, Arbeits- und Kampfesfreude, verbunden mit einer ganz natürlichen Selbstsicherheit. Menschen mit erhöhtem Marsberg setzen ihre Energien meist nicht nur für sich und die eigenen Familienangehörigen ein, sondern haben noch überschüssige Kräfte für außerhalb Stehende. Das mag sich als Kameradschaftlichkeit zeigen oder in Erfüllung sozialer Aufgaben. Bei zu starkem Daumen und Zeigefinger schlägt die Fürsorglichkeit gerne in Bevormundung um.

Menschen mit *erhöhtem* Marsberg arbeiten schnell und ärgern sich über Schlamperei und Untätigkeit ihrer Mitmenschen, besonders wenn in der *rechten* Hand der Marsberg vom Thenar/Daumenballen durch die sogenannte Selbstüberwindungs-, Tatkraft- oder Willenslinie getrennt wird. Früher hieß sie Militärlinie. In der *linken* Hand deutet sie als Charakteranlage auf Loyalität (Solidarität, Gerechtigkeit, Anständigkeit, Redlichkeit).

Überhöht offenbart der Marsberg Aggressivität. Ist er zugleich *linienlos*, zeigen sich Jähzorn und Zerstörungswut.

Flach verlaufend leidet der Handeigner an Energiemangel.

Die Erdebene

In der Handmitte, anschließend an den Marsberg, liegt die Erdebene. Sie erscheint manchmal eher wie ein Tal. Die Handmitte symbolisiert das soziale Gefüge. Astrologische Parallelen finden sich im Ordnungsprinzip des Stiers, der vernünftig aussteuernden Jungfrau und dem Berufsstreben des Steinbocks. In der Handmitte, dem Gebiet der Erdzeichen der Astrologie, stößt die gesteuerte Marsenergie als Kopflinie auf die Forderungen der Gesellschaft. Falls der Handeigner sich den Realitätsbedingungen der Welt nicht anzupassen vermag, zeichnen sich in der Handmitte meist schicksalshafte Ereignisse ab. Darum wird die in der Handmitte liegende vertikale Linie, die Saturnlinie, öfters Schicksalslinie genannt. Am günstigsten ist eine störungsfreie Erdebene mit klar gezeichneter Saturnlinie. Die Kopflinie sollte im Jungfraugebiet, ungefähr 2,5 cm vor dem Handrand, leicht geneigt auslaufen.

Astrologisch befindet sich nach meinem System zwischen Mondberg und Plutoberg, ungefähr 2 cm vom Handrand entfernt, die Dreiheit Merkur/Jungfrau/6. Haus.
– *Merkur:* Hilfsfunktion des Seelischen gegenüber den Lebensbedingungen.
– *Jungfrau:* analytische Begabung, Kritikvermögen, literarisches Talent, vorbildliche Pflichterfüllung, kluge Selbstbescheidenheit, Blick für das Detail, ordnend und katalogisierend, nüchtern realistisch: Bestreben, das Lernen und Lehren zu verbessern.

6. Haus: vernünftige Anpassung an die Lebensbedingungen, Abhängigkeit von den Lebensmög-

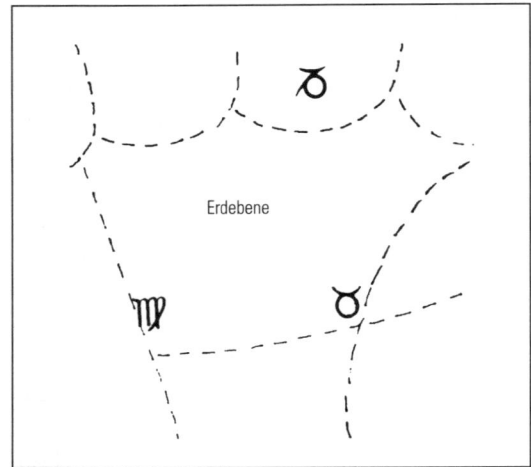

Die Erdebene

lichkeiten, Existenzkampf, Verhältnis zum Arbeitgeber, Arbeitsprobleme, soziales Engagement. Selbststeuerung des Körpers, psychosomatische Prozesse, Bestreben des Körpers, sich stets zu reharmonisieren und zu regenerieren. Krankheit als Eliminierungsprozess alles Unrichtigen. Alles, was akut wird, liegt zuerst im 6. Haus in der Latenz.

Der Plutoberg

Die an die Erdebene sich anschließende Erhöhung, in der Literatur «Großer Marsberg» oder «Streitberg» genannt, habe ich 1978 mit dem Namen Plutoberg belegt. An der bisherigen Interpretation des «Großen Marsberges» ändert sich nichts. Doch mit der Bezeichnung Plutoberg erweitert sich die Symbolkette, da Pluto immer an die Dreiheit Pluto/Skorpion/ 8. Feld gebunden ist.

Oft ist der Plutoberg gegenüber dem unter ihm liegenden Mondberg nicht abgrenzbar, ebenso wenig wie dies beim Mondberg gegenüber dem Uranusberg der Fall sein kann. Pluto-, Mond- und Uranusberg bilden als Hypothenar meist eine Einheit. Häufig wird auch der Neptunberg in diesen Komplex miteinbezogen, der die Verbindung zwischen Thenar und Hypothenar herstellt.

Pluto ist die höhere Oktave des Energieprinzips Mars, ein Planetenprinzip der Extreme. Es hat mit kollektiven Strömungen zu tun, ist aber auch von individueller Bedeutung. Denn «was sich kollektiv ereignet, hat im Individuum seinen Ursprung». Pluto ist Sinnbild für die kollektive Ebene des energetischen Bereichs, das ist in positivem Sinne jene Energieebene, welche die Heiler anzapfen, um den Energiestrom an ihre Patienten weiterfließen zu lassen.

Der *Plutoberg* symbolisiert die Umweltfaktoren, die Prinzipien des Du, die Kräfte, die uns vom Du, der Umwelt, entgegengestellt werden. Gleichzeitig kommt im Plutoberg das eigene seelische Kräftepotenzial für die Auseinandersetzungen mit dem Du, einzeln oder mit der Masse, zum Ausdruck. Der gesteuerte Energiefluss der Kopflinie, der sich meist in den Plutoberg, das Jungfraugebiet oder den Mondberg ergießt, offenbart die Art und Weise der Auseinandersetzung mit dem Du, der Umwelt; und die Fülle und Konsistenz des Plutoberges sowohl seine Strahlung als auch die Ausbuchtung der Perkussionseite (Handkante) geben Aufschluss über suggestive oder «magisch zwingende» Faktoren, die zum Einsatz gebracht werden.

Esoterisch versinnbildlicht Pluto das Selbst, das außer den in dieser Existenz durch die Ich-

Der Plutoberg

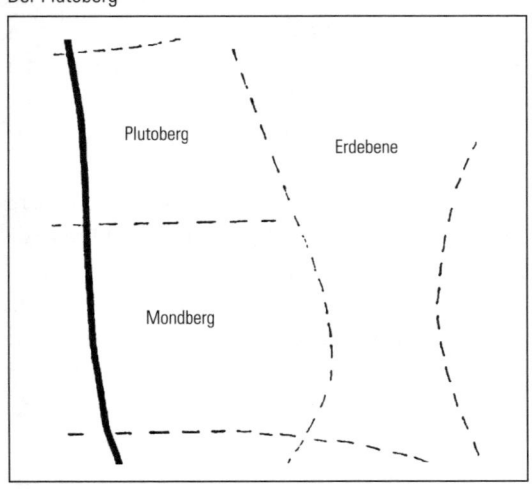

Funktionen zu machenden Erfahrungen nach Ganzheit strebt, und somit weibliche als auch männliche Elemente in sich trägt. Keinem Planetenprinzip sind so viele Symbole zugedacht wie Pluto. Da ist einerseits das reine Kampf-/Todsymbol, das Widdersymbol mit dem Kreuz (♈), als Hinweis der Quadratur von Widder zu Steinbock. Wegen des Quadrataspekts gelten die Regenten dieser Tierkreiszeichen, Mars und Saturn, als Malefiz-Planeten. In dieser Runenzeichnung gehört auch Pluto zu der Malefiz-Dreierstruktur. Das gleiche Symbol vermag auch als ein auf einem Kreuz stehender Trichter interpretiert zu werden, der Kräfte sammelt und bei Gelegenheit vulkanartig wieder von sich speit. Ein anderes Plutosymbol ist die unter einem Kreis liegende Mondsichel (☽). Diese Figur symbolisiert das Auseinandergefallensein der Dualität, aufgrund der Trennung des Menschengeschlechtes in einen männlichen und einen weiblichen Teil, wie es im Gastmahl Platons in der Rede des Aristophanes beschrieben wird. Daß die weibliche Komponente, das Seelische, der unterliegende Teil ist, geht aus der Rune deutlich hervor. Fortschrittlicher, unserer Zeit angemessener und dem Ziel der Wiedervereinigung näher, wird der Mond im Kreis liegend dargestellt. (☾). Aber noch immer ist das Mondische, der weiblich-empfangende Bestandteil, gegenüber dem körperlich-aktiv Männlichen im Nachteil. Erst das Yin/Yang-Symbol (☯) stellt die androgyne Einheit dar. – Die Plutosymbole lassen selbstverständlich auch andere Interpretationen zu.

Astrologisch entspricht der Plutoberg der Dreiheit Pluto/Skorpion/8. Haus. Das gilt als Schema. Pluto befindet sich natürlich in der ganzen Hand, je nachdem, wo er im Horoskop feldermäßig seinen Platz einnimmt. Sitzt Pluto beispielsweise im 1., 5. oder 9. Haus (Persönlichkeitshäuser), so zeigt sich meist optisch ein 3. Daumenglied, das Zeichen von Gastin, und/oder der Zeigefinger ist hoch angesetzt und dadurch lang (gutes Selbstwertgefühl). Befindet er sich im 4. Haus und wirft eine Quadratur auf den AC, ist Pluto also dominant, ist wieder ein längerer, durchschlagskräftiger Daumen angesagt. Es kann sich aber auch, oder zusätzlich, eine Querlinie auf dem Plutoberg bilden, etwa als Hinweis, dass sich Kollektivansammlungen für den Linieneigner ungünstig auswirken können. Auch wenn sich im Laufe des Lebens die Kopflinie in den Plutoberg verlängert, veranschaulicht sie ein Plutothema.

Plutoprinzip: Kollektive Ebene des energetischen Bereichs. Kollektivmacht, Masse, höhere Fügung, Ekstase, dämonische Mächte, Magie, Dramatik und Tragik. Transmutation.
– *Psychologisch:* Offenbarung unbewusster Kräfte, Streben nach Beeinflussung der Masse, Einfühlung in die Masse, Machtwille, rücksichtslose Gewaltmaßnahmen, fanatischer Bekennungseifer, Racheakte.
– *Soziologisch:* Menschen, die einen magischen Einfluss auf die Masse ausüben, suggestiv wirkende Redner, Politiker, Schauspieler, Diktatoren, Massenmedien.
– *Biologisch:* Regeneration.

Skorpion: Fortpflanzung, Zähigkeit, Ausdauer, Leidenschaften, rücksichtslose Kämpfe. – Stirb- und Werdeprozesse als Akte der Selbsterkenntnis, Prozesse der Transformation.
– *Soziologisch:* Chirurgen, Apotheker, Drogisten, Chemiker, okkulte Forscher, Naturwissenschaftler, Dramatiker, Graue Eminenzen, Diktatoren, Wirtschaftsfachleute, Kriminelle, Kriminalbeamte.
– *Organisch:* Geschlechtsorgane.

8. Haus: Gesellschaftsstruktur, Statusstreben, Absicherungen und Versicherungen, fremde Mittel, Zwänge, fixierte Vorstellungen, Bindung und Verpflichtung an die Begegnung, Substanz des Partners (2. Haus von 7), gemeinsame Güter infolge Bindung an einen Partner. – Erneuerung und Regeneration, Einstellung zu Leben und Tod, Prozesse der Transformation.

Deutungen
(z.T. nach Steindamm-Ackermann und U. v. Mangoldt)
• *Erhöhter Plutoberg in der Spatelhand:* Hinweis auf gute Selbstverteidigung und verstärkte Durchsetzungskraft. Bei gutem Thenar sportliche Leistungen. Mit Kopflinienende im Plutoberg: schnelle Reaktionsfähigkeit, Geistesgegenwart. Handeigner mit erhöhtem Mars- und Plutoberg sowie horizontal verlaufender Kopflinie stehen mit beiden Beinen in der dreidimensionalen Welt.
• *Überhöhter Plutoberg in der Spatelhand:* überpotenzierte Spannkraft, mit der Gefahr des unkontrollierten Einsatzes von Energie und Triebkräften, des Umstoßens bestehender Sitten sowie des Gebrauchs des Faustrechts. Bei Überentwicklung des Plutoberges muss immer die Kopflinie = Steuerung der Energie, und die Saturnlinie = Tradition, Pflicht, Zielstrebigkeit, kontrolliert werden, um sich zu vergewissern, ob diese beiden ein Gegengewicht versprechen.
• *Spannungsfaktoren in der Spatelhand:* Plutoberg überhöht, Marsberg (motorische Energie für Einsatzbereitschaft) flach deutet auf Energiemangel. Die Schwäche wird überdeckt mit Brutalität, Anfeindungen, Jähzorn. Oft werden Zerstörungsakte infolge fehlenden Mutes von anderen verlangt, oder der Handeigner wird von Situationen angezogen, die seinem seelischen Bedürfnis nach Demolierung entsprechen.
• *Linienloser überhöhter Plutoberg:* Stauung der Kampfimpulse. Bei Widersprüchen im Du-Bezug entladen sich die angestauten Energien in Wutausbrüchen.
• Bei *flachem* Plutoberg und *erhöhtem* Marsberg besteht ein Missverhältnis zwischen Durchsetzungstrieb und fehlender Chance, seine Durchsetzungsfähigkeit unter Beweis stellen zu können, weil dazu die Möglichkeiten in der Umwelt, in die der Spatelhänder gestellt ist, fehlen. Dies erzeugt beim Handeigner Neid und/oder Selbstvorwürfe.
• *Erhöhter Plutoberg in der eckigen Hand:* Anzeichen gezügelter Spannkraft, Mut zu Entschei-

dung und Auseinandersetzung, Entschlusskraft, Wachsamkeit und Zähigkeit sowie Selbstbeherrschung. Kann Subjektives und Objektives im Gleichgewicht halten. Fähigkeit, sich den Problemen des Lebens zu stellen. Bei gleichzeitig gutem Thenar und Mondberg sind Gestaltungsmöglichkeiten angezeigt.

• *Überhöhter Plutoberg in der eckigen Hand:* Aggressionen gegen das Du. Auseinandersetzungen werden mit Gereiztheit und Unwillen geführt. Die Gegenschläge, die eine solche Haltung in der Umwelt hervorruft, werden mit Trotz, Widerspruch oder Mißmut, aber auch mit Spott und Sarkasmus beantwortet.

• *Flacher Plutoberg in eckiger Hand:* Mangel an Selbstbeherrschung. Mutlos und ängstlich weicht der Eckhänder Schwierigkeiten, Unsicherheiten und Entscheidungen aus.

• *Überhöhter Plutoberg in der konischen Hand:* Ist in der auf seelisch-geistige Kommunikation angelegten konischen Hand der Plutoberg überhöht, werden dem Du die eigenen Prinzipien aufgezwungen, statt die eigenen Wertmaßstäbe zu überdenken. Auch wird die Metamorphose, die Wandlung, der Stirb- und Werdeprozess, der im Allgemeinen eine gewisse Zeit der Entwicklung benötigt, vorschnell erzwungen.

• *Flacher Plutoberg in der konischen Hand:* Ein flacher Plutoberg lässt eine Metamorphose, eine Wandlung, einen geistigen Prozess gar nicht zu, was nur durch ein Sichstellen der Lebensproblematik erreicht werden kann.

Die Fingerberge

Die oberste Schicht/Zone, der Emotionalraum, der in der horizontalen Teilung ungefähr einem Drittel entspricht, ist leitbildhaft orientiert und symbolisiert das Potenzial für das Beziehungsleben. Die oberen Berge zeigen in ihrer Ausprägung, worauf sich die Wunschkraft des Handeigners konzentriert.

Die vier Berge des obersten Handraumes heißen: Zeigefinger-, Mittelfinger-, Ringfinger- und Kleinfingerberg.

Jedem Finger steht ein Energiespeicher in Form eines Berges zur Verfügung. Die seelischen Wunschkräfte bedürfen aber der Unterstützung der unteren Berge, vor allem derjenigen, die sich vertikal unter ihnen befinden, damit die Zielausrichtung der Finger erfüllt werden kann. Erfolge im Leben – auf welchem Gebiet auch immer – sind ohne Vitalkräfte nicht erreichbar. Rein willensmäßig ist zwar viel zu schaffen, aber gesundheitlich kann ohne guten Daumenballen auf die Dauer nicht durchgehalten werden.

Die Fingerberge
Die Berge entsprechen
astrologisch immer einer
Dreiheit

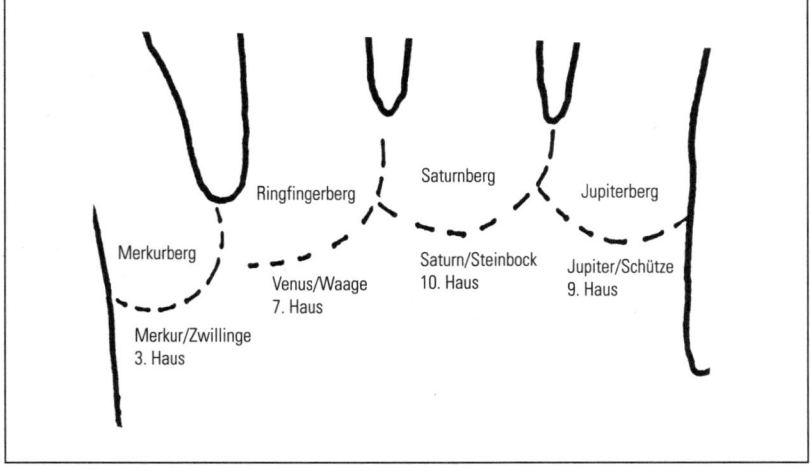

Eine Parallele findet sich astrologisch, indem die Anlagen nur insoweit verwirklicht werden können, als dies die Sonne und ihre Aspekte zulassen.

Der Zeigefinger- oder Jupiterberg

Auf der aktiven Seite der Hand, der Ich-Seite, liegt der Zeigefinger- oder Jupiterberg.

Der Jupiterberg symbolisiert das Energiepotenzial an Seelenkräften für das Geltungsstreben, das Selbstwertgefühl, Autorität und Ehrgeiz. Meistens ist der Geltungstrieb nicht bewusst, kann aber zum Bewusstsein gebracht werden. Doch ohne Körperkräfte, ersichtlich aus der Ausprägung des Thenars/Daumenballens, sind die im Jupiterberg sinnbildlichen Wünsche – differenziert durch Länge und Gestalt des Zeigefingers (siehe Seite 135ff.) – nicht realisierbar.

Astrologisch entspricht der Jupiterberg der Dreiheit Jupiter/Schütze/9. Haus. In dieser Gesamtheit ist der Zeigefinger eingeschlossen. Meine astrologischen Hand-/Horoskopvergleiche haben zugleich ergeben, dass zusätzlich die Dreiheit Mars/Widder/1. Haus sowie Sonne/Löwe/5. Haus im Jupiterberg und Zeigefinger ihren Ausdruck finden. Bei hochangesetztem Zeigefinger ist immer Sonne/Löwe/5. Haus dominant. Der Jupiterberg und Zeigefinger zeigen demnach in ihrer Ausprägung das Potenzial der Persönlichkeitshäuser 1, 5 und 9. Mehr noch, auch das Oppositionszeichen Zwillinge findet im Jupiterberg seinen Niederschlag, sind doch ebenfalls aus dem Linienmaterial des Jupiterberges Lungen- und Bronchialstörungen ersichtlich.

Jupiterprinzip: das Gesetz, das Sinngebende, das Optimum, die Wahrnehmung.
- *Psychologisch:* Streben nach Entfaltung, Expansion, sittliche und religiöse Bestrebungen (Ethik), soziales Empfinden, Erfassen der Ganzheit (Synthese). Fähigkeit der verstehenden Güte, Assimilationsfähigkeit, Wertbewusstsein, Urteilsvermögen, Sinn für richtige Proportionen.

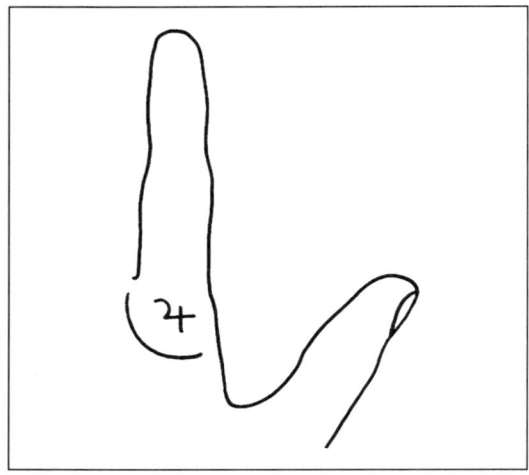

Der Zeigefinger- oder Jupiterberg

- *Soziologisch:* Angestellte der Behörde, der Justiz, der Kirche, der Geldinstitute, Beamte, Menschen von religiösem und sittlichem Wert, Pfarrer, Richter, Gelehrte, Redner, Minister, Präsidenten, Großfabrikanten, Großkaufleute, große Künstler, Ärzte (Chirurg ist Skorpion), Bankiers, höhere Polizeibeamte, Offiziere, alle repräsentativen Berufe. – Hochstapler, Betrüger, Falschmünzer.
- *Biologisch:* das Stoffwechselsystem (Enzyme), Ernährungsfunktionen, Dickenwachstum, Schwellungen, Wechseljahre.
- *Organisch:* Leber, Zellenwachstum, arterieller Blutkreislauf.

Schütze: Unabhängigkeitsdrang, Begeisterungsfähigkeit, Zielbewusstsein, Selbstbewusstsein, Selbstvertrauen, Unerschrockenheit, Weitblick, Impulsivität, Intelligenz, Reisen, Sport, Philosophie, Religion, Außenpolitik.
- *Anatomisch:* Oberschenkel, Beckenknochen, Hüftbein, Sitzbein.

9. Haus: Selbständiges Denken, höhere Bildung, religiöse und philosophische Ansichten, eigenes Weltbild, Sinnfindung, Wahrheitsliebe, lange Reisen, fremde Länder, Veröffentlichungen, Verleger, Recht, seelische Entwicklung.

Deutungen

• *Erhöhter Jupiterberg:* Ist der Jupiterberg erhöht, stellt er die Grundlage bzw. das seelische Potenzial für ein gutfundiertes Selbstgefühl, Ich-Bewusstsein, einen gesunden Ehrgeiz, Autorität, Gerechtigkeitssinn und Machttrieb dar. Ein positiver Zeigefingerberg ist der Berg des natürlichen Ehrgeizes und der natürlichen Führereigenschaften, des ehrlichen Stolzes auf die eigenen Fähigkeiten sowie angeborener Treue und Redlichkeit. Jupitermenschen sind freundlich, warmherzig, großzügig, zuverlässig und haben ein ausgeprägtes Ehrgefühl. Sie sind ausgesprochen wahrheitsliebend und besitzen einen starken natürlichen Glauben an Gott und Staat. Jupitermenschen streben mehr nach Macht und Ruhm als nach materiellen Erfolgen. Viele Jupitermenschen widmen sich der Politik, der Wehrmacht und der Religion sowie jenen Geschäften, die ihnen die Erlangung führender Posten gewähren. Die positiven Eigenschaften des Jupiterbergpotenzials können sich nur durchsetzen, wenn genügend Vitalkräfte vorhanden sind; andernfalls besteht die latente Gefahr von Minderwertigkeitsgefühlen.

• *Überhöhter Jupiterberg:* Ein überhöhter Jupiterberg macht geneigt zu übertriebenem Geltungsanspruch, Machthunger, Herrschsucht, Einbildung, Überschätzung der eigenen Bedeutung, Stolz, Hochmut, Genusssucht, Unbekümmertheit um Sitten und Gesetze, starke Selbsttäuschung und Scheinheiligkeit. Aufgrund der starken Selbsttäuschung folgen Anmaßung, Protzerei einerseits und Minderwertigkeitsgefühle, Unzufriedenheit mit sich selbst und allfällige Depressionen andererseits.

• *Flacher Jupiterberg:* Ein flach verlaufender Jupiterberg deutet auf Mangel an Ehrgeiz. Dem Handeigner fehlt jeder Leistungswille, oder er hat zu wenig Selbstvertrauen in die eigenen Fähigkeiten und Leistungen. Eventuell besteht auch Trägheit, eine Leistung zu erbringen. Ein zusätzlich kleiner Zeigefinger signalisiert ein «angekratztes» Selbstwertgefühl.

• *Detail:* Eine Leiter auf dem Jupiterberg, gebildet durch zwei aus der Vitalis aufstrebende Linien, die durch Querlinien gekreuzt werden, deutet auf Erfolge durch eigene Anstrengungen. Die in den Jupiterberg hochsteigenden Vitalisäste sind Ehrgeizlinien. Ein Viereck auf dem Jupiterberg wird als Lehrerviereck bezeichnet. Mit «Lehrer» sind nicht nur Berufspädagogen gemeint, sondern all jene, welche als Ausbilder, Kursleiter oder Vorgesetzte die Fähigkeit besitzen, andere Menschen zu unterrichten.

Der Mittelfinger- oder Saturnberg

Der Wurzelberg des Mittelfingers wird in der Chirologie Saturnberg genannt. Aus ihm ist die seelische Tragkraft der Form- und Festigkeitskräfte für stoffliche Bedingtheiten, Sachwerte, materielle Tatsachen, der Umgang mit der Materie, der Realität, aber auch Ernsthaftigkeit, Stabilität, Zuverlässigkeit und Verantwortungsbewusstsein ersichtlich.

Über den Einsatz der Saturnenergie gibt der Mittelfinger, dessen Fingerform, die Fülle und Länge der Fingerglieder im gegenseitigen Verhältnis Auskunft (siehe Seite 138ff.).

Astrologisch entsprechen dem Mittelfingerberg, der dazugehörigen Vertikalen und dem Mittelfinger die Dreiheit Saturn/Steinbock/10. Haus. Auch das Oppositionszeichen Mond/ Krebs/ 4. Haus sowie das Gehör ist aus dem Linienmaterial des Saturnberges erkennbar. Details finden sich im Buch des Altmeisters der Chirologie Ernst Issberner-Haldane, «Wissenschaftliche Handlesekunst», der die meisten seiner Angaben noch selber erarbeitet hat.

Saturnprinzip: Realität, Materie, das Grenzsetzende.

– *Psychologisch:*

Positiv: Konzentration, Festigkeit, Beharrlichkeit, Ernst, Vorsicht, Pflichterfüllung, das Über-Ich, das Gewissen, Verantwortung, aus Erfah-

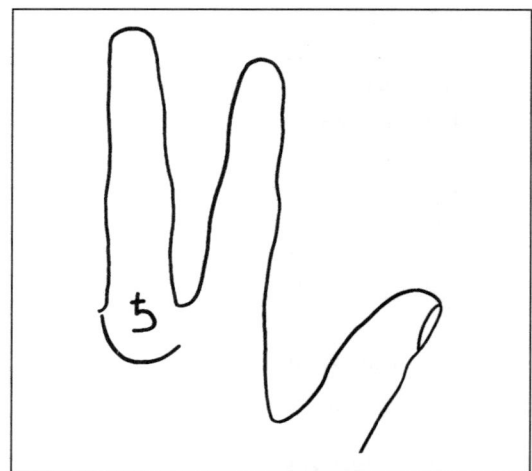

Der Mittelfinger- oder Saturnberg

10. *Haus:* Ansehen in der Öffentlichkeit, Ruf, Machtstreben, Karriere, Stellung innerhalb der Gesellschaft, Arbeitgeber, Beruf, Berufung, Ehre, Ehrgeiz, Zielsetzung, Verantwortungsfähigkeit.

Deutungen
• *Erhöhter Saturnberg:* Ernst, Einteilungsvermögen, Beständigkeit, Selbstbeherrschtheit, Selbstdisziplin, Sparsamkeit, Pflichtbewusstsein, Zähigkeit, Verwirklichungskraft, Konzentrationsvermögen, Leistungsbereitschaft, Beharrungsvermögen, Sachlichkeit. Besonnen, verständig, geduldig, gründlich, ausdauernd, genau und Selbstzucht übend.
• *Überhöhter Saturnberg:* Übertriebene Sparsamkeit (Geiz), Steifheit in der Gesellschaft, Menschenscheu, Misstrauen, Verschlossenheit, Nachdenklichkeit, Verdacht auf Ängstlichkeit, Neigung zu Schwermut, Melancholie, vertiefte pessimistische Lebensauffassung.
• *Flacher Saturnberg* (linienlos und ohne Bergverschiebung): Neigung zu Gleichgültigkeit, Zaghaftigkeit, Gewissenlosigkeit, Leichtfertigkeit, mangelndem Verantwortungsbewusstsein, Unzuverlässigkeit. Schwaches seelisches Rückgrat.

rung lernend, Sparsamkeit, Reduktion auf das Notwendige.
Negativ: Melancholie, Verschlossenheit, Vereinsamung, Absonderung, Eigenbrötelei, Misstrauen. – Mangelndes Verantwortungsbewußtsein, leistungsschwach.
– *Soziologisch:* Vertreter der Pflicht, der Moral, des Alters, der erziehende Elternteil. Schwer Arbeitende, Bergbau, Landwirtschaft, Haus- und Grundbesitz, Edelsteinschleifer, Klosterinsaße, Einsiedler. Innerlich gehemmte oder traurige Personen.
– *Biologisch:* Verhärtung, Steinbildung, Organverlust, das Alter.
– *Organisch:* Skelettsystem: Knochen, Knorpel, Sehnen; Finger- und Fußnägel, Haare – Milz.
– *Psychosomatisch:* Saturnine Angelegenheiten können wie Blei im Magen liegen (Opposition Krebs)

Steinbock: Konzentration, Ausdauer, Vorsicht, Überlegung, Grübelei, Hemmung. Selbständig, realistisch, fleißig, zuverlässig, verschwiegen, introvertiert, sparsam bis geizig. – Politik, Verwaltung.
– *Organisch:* Haut- und Knochensystem. Knieregion: Kniegelenke, Kniescheiben, Muskulatur.

Der Ringfinger- oder Venusberg

Der Ringfingerberg befindet sich auf der Du-Seite der Hand, der Seite der Ich-Ergänzung. Er offenbart das Seelenkräftepotenzial für Du-Begegnungen, die das Gemütsleben ansprechen. Das Grundprinzip des Ringfingers ist venusisch und birgt die Fähigkeit der Wesensbeziehung, den Idealismus, das künstlerische Empfinden, die seelische Bindungsfähigkeit, den Ich-Ergänzungswunsch durch ein Du, sei es ein Mensch oder ein Kunstwerk.

Astrologisch entspricht der Ringfingerberg mit dem dazugehörenden Finger der Dreiheit Venus/Waage/7. Haus.

Venusprinzip: Liebe, Anmut, Harmonie, Ästhetik, Kunst.

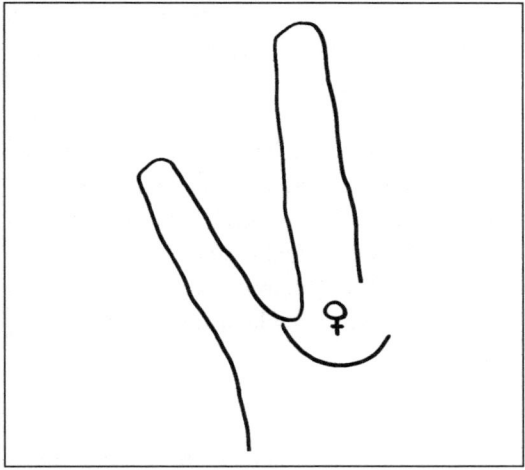

Der Ringfinger- oder Venusberg.

- *Psychologisch:* Harmonieempfinden, Sinn für Schönheit und Kunst.
- *Soziologisch:* Das Mädchen, die Geliebte; Menschen, die mit Kunst, dem Unterhaltungs- und Vergnügungssektor in Verbindung stehen.
- *Biologisch:* Drüsen- und Hormonsystem: weibliche Keimdrüsen, Uterus.

Waage: Harmonie, Charme, Gleichgewicht, kontaktliebend, Sinn für Zusammenarbeit, Heiterkeit, Unbeschwertheit, feine Lebenskultur, Eleganz; Fähigkeit, Gegensätze zu überbrücken (diplomatisch-ausgleichend), Kunstverständnis oder künstlerischer Geschmack. – Mangel an Entschlusskraft.
- *Organisch:* Nieren- und Blasenregion, Ausscheidungssystem der Flüssigkeiten.
- *Soziologisch:* Strategen, Diplomaten, Vermittler; Modeschöpfer, Balletteusen, Friseusen, Dekorateure, Tapezierer, Angestellte in Modeartikelgeschäften.

7. Haus: Begegnungen, Partnerschaften, Ergänzungsstreben, Einstellung und Verhalten zum Du (Kontaktverhalten), Bindungen und Verträge mit dem Du (Partner- und Eheverträge).

Deutungen
• *Erhöhter Ringfingerberg:* Gutes seelisches Potenzial für Erlebnisfähigkeit, Einfühlungsvermögen, verfeinerte Sinne, Takt, Toleranz, gute Umgangsformen, Ästhetik, Schönheitssinn, Kunstsinn und kunstgewerbliche Neigungen. Bei erhöhtem Ringfingerberg sollte auch der Mondberg gut gezeichnet sein, als Merkmal, dass den Ringfingerbegabungen Phantasie zufließt.
• *Überhöhter Ringfingerberg:* Es besteht die Neigung zu Projektionen, Überschätzung von Talenten, zu Ruhmsucht, Erlebnis- und unstillbarem Glückshunger, Verschwendung, Bequemlichkeit, Streben nach materiellen Werten, Leichtsinn, Unzuverlässigkeit, Oberflächlichkeit in den Belangen, die Ringfingerberg, Ringfinger und Ringfingerlinie symbolisieren.
• *Flacher Ringfingerberg:* Mangel an seelischem Einfühlungsvermögen und Erlebnistiefe, Nüchternheit, keinerlei Sinn für Ideale und höhere Ziele, fehlender Kunstsinn.
Mantik: Dreieck auf dem Berg: Erfolge in der Literatur. Stern: finanzielle Erfolge.

Der Kleinfinger- oder Merkurberg

Der Berg auf der äußersten Handseite ist der Merkurberg. Er beinhaltet das Kräftepotenzial für das Funktionieren im Außenraum, aber auch für außersinnliche Wahrnehmungen. Der Merkurberg liefert dem Kleinfinger die Energie zur Selbstdarstellung nach außen, zu Vermittlungstätigkeiten, sei es geistiger, intellektueller oder kommerzieller Art sowie zum Unterhalt der im Nagelglied installierten «Antenne».

Alles, was mit dem auf der Du-Seite befindlichen Merkurberg zusammenhängt, bezieht sich auf die Beziehungen zum Du, der Tragfähigkeit der Beziehungen, Erfahrungen in der engeren Umwelt im Alltag und die dabei in Einsatz gebrachte Ausdrucksfähigkeit.

Astrologisch entspricht dem Merkurberg und dem dazugehörigen Finger primär die Dreiheit

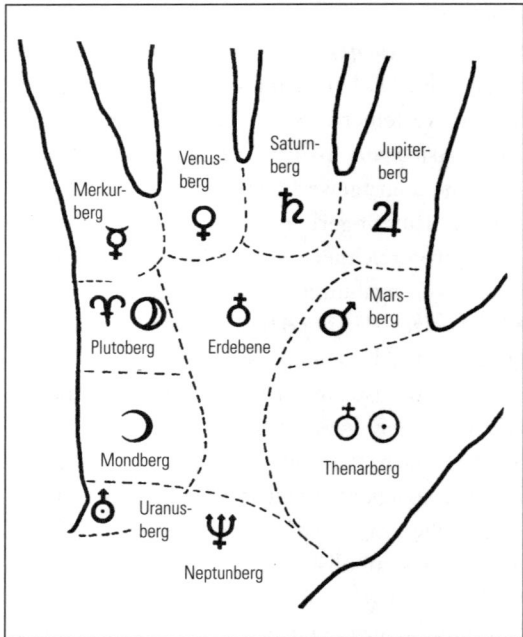

Der Kleinfinger- oder Merkurberg

Merkur/Zwillinge/3. Feld, sekundär, aber mehr auf den Finger und dessen Ansatz bezogen, die Jungfrau/6. Hauskomponente.

Merkurprinzip: Verstand, Vermittlung, Gedankentätigkeit.
- *Psychologisch:* Auffassungsgabe, Beurteilung, Kritik, Gewandtheit in Wort und Schrift, allgemeine intellektuelle Fähigkeiten, Diplomatie, Analyse.
- *Soziologisch:* Geistesarbeiter, Handeltreibende (Kaufleute), Vermittler.
- *Organisch:* Motorische Nerven, Sprach- und Hörorgane.

Zwillinge: Gewandtheit, Beweglichkeit, Vielseitigkeit, Abwechslungstrieb, Kommunikationsbedürfnis, Reisen. – Nervosität.
- *Soziologisch:* Buchhändler, Schriftsteller, Journalisten, Juristen, Redner, Ansager, Karikaturisten, Reisebüro- und Postangestellte.

– *Organisch:* Brustregion: Brustwirbel; Bronchien, Lungen, Zwerchfell, Speiseröhre; Arme, Hände, Finger.

3. Haus: Kontakte; intellektuelle Fähigkeiten, die im Alltag genutzt werden; mitgebrachte Denkart, engeres Milieu, Beziehungen zu den Personen der Umwelt; Art der Selbstdarstellung und Funktion nach außen, Interesse an der konkreten Umwelt; Kollektive Denknormen, Lernfähigkeit, Sprache.

Deutungen
Der Merkurberg als Energiepotenzial der geistigen, intellektuellen und körperlichen Beweglichkeit hat zwei Ausprägungsmöglichkeiten: als seitliche Ausbuchtung und als Fülle unterhalb des Kleinfingers.
• Durch die seitliche Ausbuchtung erweckt die Hand die Form eines Spatels. Bei einer beweglichen, elastischen Fingerhand weist der seitliche Merkurberg auf Lebensgewandtheit, Lebensklugheit, praktisch geschicktes, vernünftig ausgesteuertes Vorgehen. Meist hat der Handeigner eine gute Menschenkenntnis, Beobachtungsgabe und er ist redegewandt. In der Regel kommt noch körperliche Beweglichkeit hinzu. Es ist Sache des Niveaus, ob auch schauspielerische Tricks und Täuschungsmanöver zur Anwendung kommen. Je derber die merkurbetonte Hand (Spatelrumpf) ist, desto weniger Takt und Feingefühl ist ihr eigen.
• Auch ein unterhalb des Kleinfingers liegendes Energiepotenzial symbolisiert Kontakt- und Vermittlerfähigkeiten, diplomatisches Geschick und Verständnis für Menschen und Situationen. Doch sind Handeigner mit dieser Merkurfülle-Plazierung weniger lebensgewandt und lebensklug als jene mit seitlicher Ausbuchtung.
• Erfährt der Merkurberg eine übermäßige Ausprägung, weist er auf geschärfte Verstandesanlagen, starken Erwerbssinn mit Neigung zum Übervorteilen, List und Verschlagenheit.

Mantik: Befindet sich ein Viereck auf dem Berg, bedeutet es Schutz in materiellen Schwierigkeiten.

Die Verlagerung der Fingerberge

Selten stellen die als Berge bezeichneten Gebiete Erhöhungen dar. Die Anschwellungen oder Hügel liegen in der Regel unterhalb der Fingerzwischenräume, sodass zumeist nur drei Erhebungen sichtbar sind. Beim Zeigefingerberg trifft es noch am ehesten zu, daß die Erhebung direkt auf seinem Bereich liegt, doch auch hier findet sehr oft eine Verschiebung nach dem Mittelfingerberg statt. Weggerückt vom zugewiesenen Platz vermischen sich die Aussagen der beteiligten Berge. Dabei ist nicht immer gut sichtbar, wer wen anzieht, insbesondere beim Ring- und Kleinfingerberg. Manchmal gibt die Fingerbergtriradie des Kleinfingers einen Hinweis (Triradien siehe Seite 159). Bestimmt aber sind die Sachverhalte durch das Geburtsbild zu klären. Man sollte wenn immer möglich die Hand mit dem Horoskop vergleichen.

Deutungen

• *Jupiterberg zum Saturnberg:* Die Verschiebung nimmt Saturn etwas von seiner Schwere und hält gleichzeitig das Jupiterhafte in Grenzen. Zum Geltungstrieb mischen sich die sachlichen Eigenschaften und die Verwirklichungskraft Saturns. Diese Bergverschiebung findet sich zumeist bei Menschen mit eckigem Handrumpf, die einer sozialen Beschäftigung nachgehen. Darum trägt diese Erhebung manchmal die Bezeichnung Sozialhügel. Oft neigt sich zugleich der Zeigefinger zum Mittelfinger, was besagt, dass für das Ich primäres Anliegen die Pflichterfüllung ist. Meine Erfahrung zeigt, dass bei Anlehnung des Zeigefingers an den Mittelfinger, der Ich-Finger (Jupiter) sich ebensogut vom Du-sollst-Finger (Saturn) überfordert fühlen kann.

• *Saturnberg zum Ringfingerberg:* Die Ernsthaftigkeit Saturns verbindet sich mit der Leichtigkeit und Anmut der Venus. Die Verschiebung zum Ve-nusischen nimmt Saturn seine melancholische Note. Im Falle künstlerischen Schaffens bringt Saturn dem Venusischen Struktur, und die Gestaltungen erfahren eine praktische, wirklichkeitsnahe Note.

• *Ringfingerberg zum Merkurberg:* Eine Verschiebung vom Ringfinger- zum Merkurberg zeigt das Eingehen auf formale Kontakte, beinhaltet aber gleichzeitig Auffassungs- und Urteilskraft mit Sinnesempfindung. Der Kontakt mit dem Du erfährt eine ästhetische Note im Ausdruck. Bei guter Fülle beider zusammenlaufenden Berge und entsprechendem Handniveau ist Kunstverstand und Kunstempfinden wahrscheinlich. Generell kann gesagt werden: Befindet sich die Erhöhung mehr zum Kleinfingerberg verschoben, liegt die Betonung im Merkurischen im Sinne der Fähigkeit des sich Äußerns und der Beweglichkeit; besteht eine vermehrte Anlagerung an den Ringfingerberg, dominiert das Formgefühl. Außerdem ist es Sache des Gesamteindruckes der Hand und der Fingerbegabungen, welche Komponenten das Übergewicht erhalten.

Verschobene Fingerberge

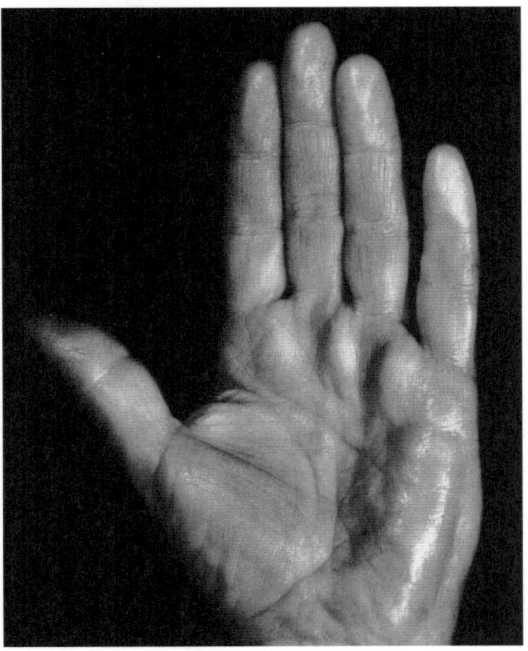

Die Linien und ihr Entstehen

Die Handlinienprägung geschieht vorgeburtlich. Zuerst bilden sich in der embryonalen Entwicklung die normalerweise am stärksten ausgeprägten Hauptlinien Daumenfurche (Lebenslinie), Cerebralis (Kopflinie) und Emotionalis (Gemütslinie), in der Erbbiologie Beugefalten genannt. Sie liegen an stammesgeschichtlich fixierten Stellen (Würth). Diese frühembryonale Bildung der Handlinien schließt die Möglichkeit ihres Entstehens durch Beugung aus. Nach dem vierten Embryonalmonat formen sich die als Nebenfurchen oder Nebenlinien bekannten Ring- und Merkurlinien, seltener eine Mittelfinger-bzw. Saturnlinie. Diese Nebenlinien können aber auch später, nachgeburtlich, entstehen. Die Linien bilden sich nachgewiesenermaßen nicht durch Beugen, schon gar nicht durch der Hände Arbeit.

Die Bedeutung der Handlinien

(unter Ausschluss der Mantik)

Die Hauptlinien haben Beziehung zur ererbten Vitalität, Gehirnstruktur und Emotionalität (Gemütsleben). Das Nebenlinien-Gebilde dagegen ist rein individueller Art und hängt von der nervlich-seelischen Intensität ab. Viele feine Linien offenbaren eine erhöhte seelische Ansprechbarkeit im Sinne einer gesteigerten Sensibilität. Da allein die Nebenlinien völlig individueller Natur sind, bezieht sich die Willensfreiheit des Menschen nur auf die Nebenlinien, denn die Hauptlinien liegen ja erbbiologisch fest. Wohl ist – biologisch gesehen – das Nervensystem auch von der

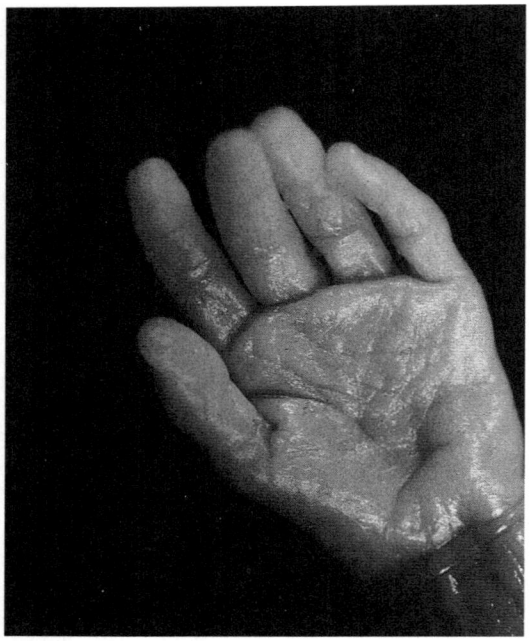

Aufnahme: Anatomisches Institut Zürich.
Händchen etwa 16. Schwangerschaftswoche, Originalgröße etwa 1 cm.

Erbmasse abhängig. Aber das Erbgut besteht ja nicht für sich allein, sondern wurde dem Individualkern des Menschen aufgepfropft. Das zeigt sich bei Geschwistern mit gleicher Erbmasse wegen des unterschiedlichen Individualkerns sehr deutlich. Hingegen scheinen eineiige Zwillinge einen ähnlichen Individualkern zu haben; darum sprechen sie auf das elterliche Erbgut ähnlich an.
• Bei begabten und durchgeistigten Menschen liegt in der Regel ein reicheres Liniennetz vor. Zwar ist das Gleiche bei Menschen mit Downsyn-

drom oder paranoider Schizophrenie oft auch der Fall. Doch sind dann die Hauptlinien entweder ungenügend oder ungünstig geprägt und die Nebenlinien ungeordnet oder fast gleichmäßig über die Handfläche verteilt. «Furchenreichtum deutet nicht direkt auf ‹Intelligenz› oder ‹Bewusstsein› hin, sondern lediglich auf nervenenergetische Intensitäten» (Debrunner).

• Linien sind Energieströme oder Impulse. Die Aussagen variieren entsprechend ihrer Positionen. Linien bedeuten Umsetzungsvermögen in dem Bereiche, in dem sie sich befinden. Die Umsetzung ist aber meist nur dort möglich, wo ein Berg genügend Energiepotenzial bietet. Wenn keine Energieströme vom Berg wegführen, gilt dieser als gestaut, und gestaute Energiespeicher können sich zu gegebener Zeit explosionsartig entladen.

• Linien haben die Fähigkeit, zwei oder mehrere Handbereiche miteinander zu verbinden, vermögen aber ebensogut Handbereiche zu trennen. Eine absolute Trennung durch eine Linie wird vollzogen, wenn sie beispielsweise die Hand horizontal durchquert, wie dies bei einer gesperrten Hand (siehe Seite 84f.) geschieht, wobei im Beispiel in der einen Hand die Saturnalis, in der anderen die Merkurlinie die beiden Handteile wieder verbindet.

• Linien haben verschiedene Möglichkeiten der Ausprägung. Sie können breit, schmal, tief oder nur oberflächlich verlaufen. Auch sind sie nicht immer rein gezeichnet. Vielfach liegen Störungen vor. So können sich Brüche ergeben, Ketten, Haarlinien, Wellenlinien und Zweige (siehe Seite 62/63). Günstige Linien sind klar und deutlich gekennzeichnet sowie von leichter Rosafärbung.

Linien-Veränderungen

Die Energien strömen nicht zeitlebens gleich. Das Entstehen und Verschwinden der Energieströme hat mit der nervlich-seelischen Entwicklung zu tun, mit gleichzeitiger Wechselwirkung auf das körperliche Befinden. Linien können entstehen, vergehen, sich verändern oder verstärken. In extravertierten Lebensphasen ziehen sich oft feinere Nebenlinien zurück, um nach der Lebensmitte wieder zu erscheinen. Beim alten Menschen ist die Handfurchung meist am reichhaltigsten. Ebenso zeigen Frauenhände ein stärkeres Linienbild als robuste Männerhände.

Beim Neugeborenen ist es verschieden. Bei der Geburt können viele feine Linien vorhanden sein, die sich über die ganze Hand verteilen und in der Ich-Entwicklung verschwinden, wobei sich die aktiven Linien straffen. Beim Menschen mit Downsyndrom bleiben die vielen Nebenlinien bestehen. Geistige Retardierung ist an der Handform und aus dem Linienbild der Innenhand ersichtlich. Auch die Hand eines Sonderschulkindes ohne Trisomie 21 zeigt ein anderes Linienbild als die Hand der Durchschnittsbegabten.

Linien, Störungen und einschränkende Zeichen

	breite Linien
	tiefe Linien
	feine Linien
	oberflächliche Linien
	Parallellinien
	Wellenlinien
	Kettenlinien
	Haarlinien
	Brüche
	Bruchüberlagerungen
	Gabelungen
	auf- und absteigende Äste
	Durchstriche
	Punkte
	Kreuze
	Sterne
	Gitter
	abgeteilte Vierecke
	Dreiecke
	Vierecke
	Inseln

Bedeutungen der Linien, Störungen und einschränkenden Zeichen

Breite Linien: Triebverhaftung, Trägheit, Langsamkeit

Tiefe Linien: Energie, Widerstand, Konzentration, Kraft, Ausdauer, Entschlossenheit, Intensität des Engagements im entsprechenden Bereich

Feine Linien: Anreiz, Lebhaftigkeit, gute geistige Fähigkeiten, aktiviert die positiven Entsprechungen einer Linie

Dünne, oberflächliche Linien: Oberflächlichkeit, Gleichgültigkeit, Schwäche

Parallellinien: verstärken die Aussagen der eigentlichen Linie

Wellenlinien: Unsicherheit, Misstrauen, Zweideutigkeit, Schwankungen, Abweichen von Geradlinigkeit, auch diplomatisches Ausweichen

Kettenlinien: Verlust an positiver Kraft, Schwankungen

Haarlinien (Fransen): schwächen die Art der Linie

Brüche: Störung, Unterbrechung; abgeschwächt, wenn Bruchstellen übereinander liegen

Gabelungen: Vielseitigkeit, auch Zwiespältigkeit

Zweige/Äste: günstig, wenn klar und gut gezeichnet und sie der Linie keine Kraft entziehen

Durchstriche: Hemmungen, Störungen oder Verhinderungen. Durchstriche sind überwindbar

Punkte: meistens Störungen im jeweiligen Bereich

Kreuze: meistens Störungen im jeweiligen Bereich

Sterne: ähnlich wie Kreuze. Plötzliches, mitunter von unangenehmer Heftigkeit im jeweiligen Bereich. Positive Tendenzen zeigt ein Stern in der Regel auf der Spitze der Ring- und Zeigefinger.

Gitter: Einschränkung, Entbehrung, Hindernisse, Schwierigkeiten

Abgeteilte Vierecke: hellsichtige Begabung, negativ evtl. Geistesstörungen

Dreiecke: positiv im jeweiligen Bereich

Vierecke: energische Tätigkeit mit positiven Auswirkungen

Inseln: Hemmung, Zwang, Unregelmäßigkeit, Kreisen um sich selbst. Nach Issberner-Haldane sollen Inseln in Linien Leiden und Schwächen ererbter Art anzeigen.

Literatur: Issberner, Lomer, Mangin

Die Handlinien

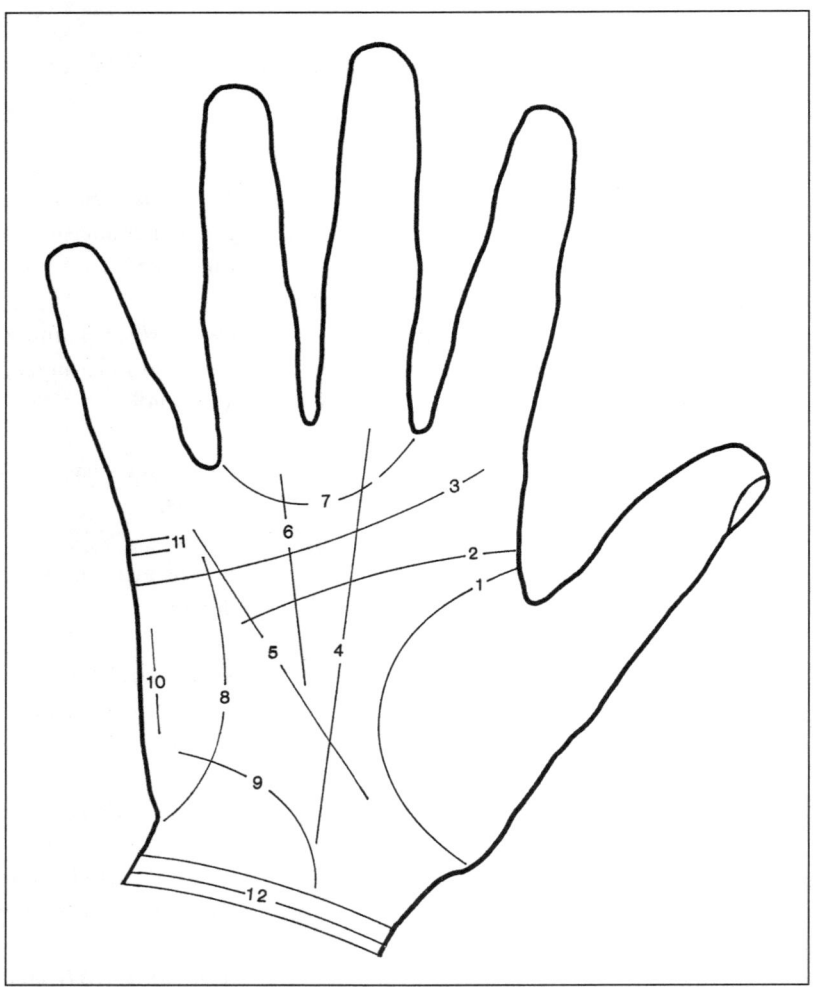

1. Lebenslinie: der biologische Weg, die Lebensenergie, die physische Widerstandskraft.
2. Kopflinie: der bewusste Weg, die Denk- und Willensrichtung sowie die Art und Weise der Auseinandersetzungen mit der Umwelt.
3. Herzlinie: Tiefe und Art der Gefühle, die seelische Erlebnisfähigkeit und die Verarbeitung des Gemüthaften.
4. Saturnlinie: die Realitätsbewältigung, die soziale Einordnung und die berufliche Zielsetzung.
5. Merkurlinie: die Konstitution des inneren Organismus, der Gesamtnervenzustand, Gespür, theoretisches Wissen, geistige und körperliche Beweglichkeit.
6. Ringfingerlinie: Sinnbild von Lebensfreude, Ästhetik, Kunstempfinden, künstlerische und Du-Projektionen.
7. Venusgürtel: Sublimierung der Triebkräfte.
8. Uranuslinie: Intuitionen, Geistesblitze aus kollektiver mentaler Ebene bzw. der 4. Dimension.
9. Neptunlinie: Medialität, gefühlshafte Wahrnehmungen, Inspirationen aus kollektiver seelischer Ebene bzw. der 5. Dimension.
10. Plutolinie: stattgefundene Transformation seelischer Energien.
11. Bindungslinien: gemüthafte Bindungen an Bezugspersonen oder Partner.
12. Raszetten: die Lebenskraft der Erbmasse.

Die drei Hauptlinien

Die drei horizontal beginnenden Hauptlinien entsprechen den drei vererbten seelischen Grundfunktionen Wollen, Denken und Fühlen. Da es sich bei diesen drei Linien um ererbte Grundanlagen handelt, ist es kaum erstaunlich, dass die der Kinder jenen der Eltern ähneln.

Jeder Elternteil bringt eine andere Erbmasse mit, was sich auf die Hände der Nachkommen in dem Sinne auswirkt, als eine der Hände väterliche, die andere mütterliche Grundzüge aufweist. Die drei Hauptlinien, die familiäre oder biologisch bedingte Eigenheiten widerspiegeln, ändern sich im Laufe des Lebens nur wenig. Ihre Lage können sie nicht wechseln, dagegen sich verlängern (z.B. die Kopflinie Richtung Handkante), verfestigen sowie sich verästeln.

In der Literatur übliche Bezeichnungen
1 Daumenfurche, Thenarlinie, Lebenslinie, Naturalis, Vitalis von Vita = Leben, Cardiaca, aus dem Griechischen = Herz. Das Herz war nach Ansicht des Altertums Sitz des Lebens.

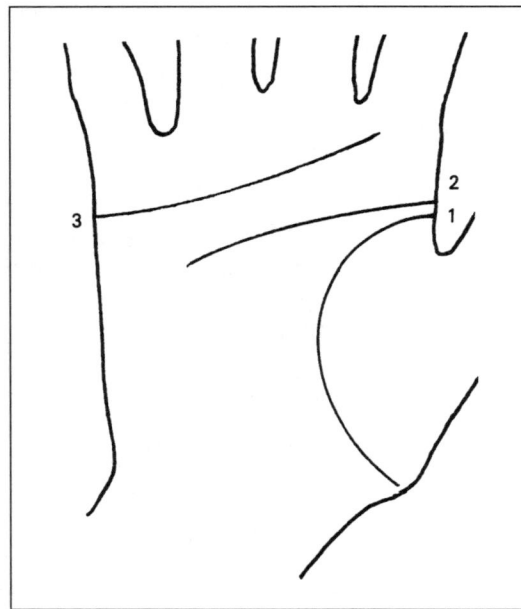

Die drei Hauptlinien

Astrologisch: Fixstern Sonne, Tierkreis Löwe, 5. Horoskophaus. Zu Beginn der Lebenslinie spielt noch Mars/Widder/Aszendent eine Rolle. In Wirklichkeit entspricht die Lebenslinie dem ganzen Tierkreisreigen, der von der Sonne beherrscht wird. Die Bezeichnung Sonnenlinie für die Lebenslinie erscheint gegeben.
2 Kopflinie, Cephalica, Cerebralis, Verstandeslinie, Mars- oder Aktionslinie (Papus), Willenslinie.
Astrologisch: Planet Mars, Tierkreiszeichen Widder, 1. Haus.
3 Emotionalis, Gemütsfalte oder -linie, Mensalis (Sinn, Gemüt), Herzlinie. In der französischen Fachliteratur wird sie Jupiterlinie genannt (Papus).
Astrologisch: Mond und Venus als Gemütsfaktoren; Merkur als Kommunikationsprinzip, Saturn als Festiger des seelischen Rückgrats und Jupiter als sinngebendes Prinzip.

Die drei Hauptlinien der Chirologie haben im Bereich der Ich-Seite einen Bezug zu den drei Feldern der Persönlichkeitsentwicklung: Mars/Widder/1. Haus, Sonne/Löwe/5. Haus und Jupiter/Schütze/9. Haus.

Die Lebenslinie, Vitalis oder Daumenfurche
Die Lebenslinie beginnt auf der Ich-Seite der Hand zwischen Daumeneinschnitt und Zeigefingeransatz. Sie umschließt den Thenar in größerem oder kleinerem halbkreisförmigem Bogen. Der Vitalis-Anfang hat Beziehung zum Lebensbeginn. Astrologisch entspricht der Lebensbeginn dem Aszendenten, identisch der Spitze des ersten Hauses im Geburtsbild. Der Aszendent bezeichnet den Augenblick, wo das Neugeborene den ersten selbsttätigen Atemzug vollzieht. Im Horoskopschema ist das erste Haus dem Zeichen Widder analog, der den Tierkreis eröffnet.

Die Lebenslinie als körperliches Prinzip offenbart die ererbte Lebenskraft. Daher gibt sie Aufschluss über den biologischen Weg des Handeigners, die organische Vitalität und die physische Widerstandskraft. Die andere Bezeichnung für die

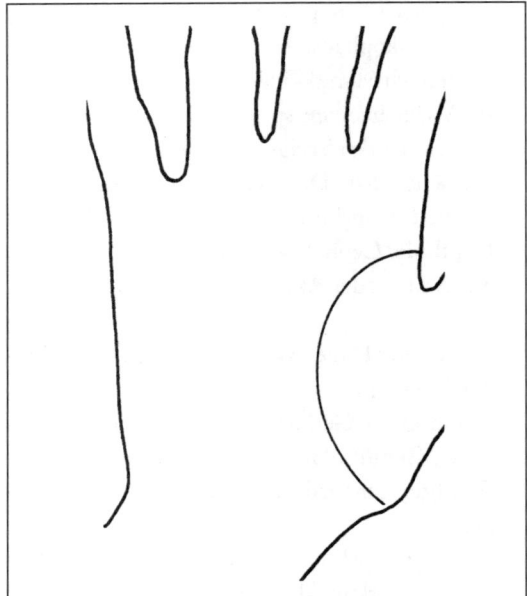

Die Lebenslinie

Lebenslinie lautet ja Vitalis, und vita ist der lateinische Begriff für Leben. Astrologisch habe ich den Hauptanteil der Lebenslinie der Sonne zugeordnet, denn sie hat Bezug zur Gesundheit. Der alte hochdeutsche Ausdruck für Gesundheit hieß Gesonntheit. Art, Form, Verlauf und Prägung, mit der die Vitalis den Thenar, den Berg des Gesamtlebensantriebes, umschließt, geben nicht nur über die Gesundheit, sondern auch über das körperliche Benehmen und das persönliche Engagement Auskunft. Im Idealfall bildet die Daumenfurche ein harmonisch geformtes C.

Die Lebenslinie ist in jeder Hand zu finden. Falls sich keine klar ausgeprägte Vitalis abzeichnet, ist zu prüfen, ob die Saturnalis (siehe Seite 92) und/oder die Merkurlinie deren Funktion übernimmt. Bei Sonne Konjunktion Saturn, hauptsächlich in Löwe und Schütze, aber auch, wenn Saturn sich im gleichen Zeichen wie die Sonne befindet, ist öfters die Lebenslinie von der Saturnlinie nicht unterscheidbar. Im Zweifelsfalle hat immer Saturn die Führung, weil Saturn das langsamer laufende Gestirn ist. Auch wenn die Lebenslinie vorzeitig, das heißt ungefähr in der Mitte

ihres üblichen Verlaufs abbricht, übernimmt eine allfällige Saturnalis deren Funktion. Bei dieser Linienformation fand ich astrologisch stets Winkelbeziehungen zwischen Sonne und Saturn, sei es durch Quadratur, Opposition oder indem sich Sonne und Saturn in der Spiegelung decken, z. B. Sonne in 10° Widder und Saturn in 20° Jungfrau.

Deutungen der Lebenslinie
Im Regelfalle beginnt die Lebenslinie in der Mitte zwischen Daumeneinschnitt und Zeigefingeransatz.

Abbildung A
1 Verschiebt sich der Vitalisbeginn zum Zeigefingerberg, verbindet sich die Aktivität und Dynamik der Vitalkraft mit Unternehmungslust, Ehrgeiz und Geltungsdrang. Bei fülligem Thenar besteht eine verstärkte biologische Potenz und ein vergrößerter Lebenstrieb, der sich auf Ehrgeiz und Machtverlangen konzentriert. Ist außerdem der Zeigefinger genügend lang und formfest, wird es dem Handeigner an Selbstsicherheit, natürlicher Autorität und Führungseigenschaften kaum fehlen.

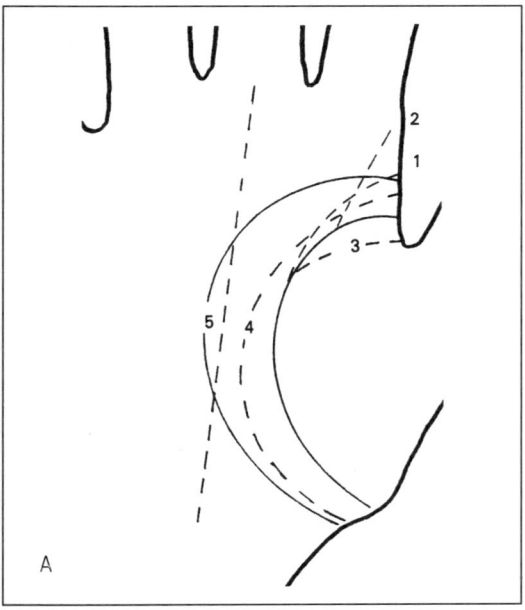

Deutungen der Lebenslinie

2 Auch wenn nur ein Ast aus der Lebenslinie in den Jupiterberg reicht, deutet dies auf ehrgeiziges Streben. Doch besteht bei dieser Zeichnung die Neigung, sich zu übernehmen. Diese Linienformation ist doppeldeutig in dem Sinne, dass Ehrgeiz und Körperkräfte gekoppelt sind und falls Selbstwertgefühl und Geltungsstreben angetastet werden, die Vitalkräfte versagen, «da sich der Handeigner in seinem Lebensnerv getroffen fühlt».

3 Hat die Vitalis als Lebensstrom ihren Ursprung nahe dem Daumeneinschnitt, werden die Energie-Impulse nur für den Eigenbedarf und/oder für triebhafte Begehren verwendet.

4 Schwingt sich die Lebenslinie in einer schönen Rundung, den Ich-Raum aber nicht verlassend, um den Thenar, darf mit einem warmherzigen Naturell und einem widerstandsfähigen Organismus gerechnet werden.

5 Schießt der Vitalisbogen über die Mittelachse der Hand hinaus, überschreiten die Vital- und Ich-Kräfte das ihnen zustehende Gebiet. Die Aussage ist doppelwertig. Einerseits will der Handeigner seinen Lebensraum erweitern, andererseits riskiert er, vom *Du* in die eigenen Schranken gewiesen zu werden. Ist der Thenar gut erhöht, reichen die Körperkräfte aus, den erweiterten Lebensraumanspruch zu verkraften. Bei flachem Thenar stellen sich Erschöpfungszustände ein, weil die konstitutionell gegebene Lebenskraft überbeansprucht wird.

Abbildung B

1 Vitale Schwächen sind ebenfalls angezeigt, wenn sich eine schwache Vitalis eng um einen flachen Thenar zieht. Ist der Vitalisbogen zwar eng, der Thenar aber füllig, entstehen Unlustgefühle, weil aufgrund der damit verbundenen Charakterstruktur der Enge, der Handeigner triebmäßig nicht aus sich herauszugehen vermag.

2 Auf Unabhängigkeitsdrang und ein Unabhängigsein-Wollen von der angestammten Familie deutet eine Lebenslinie, die einen großen Ast zum Mond- oder Uranusberg wirft. Das ermuntert die Mantik zur Aussage, dass der Handeigner den Lebensabend in völlig veränderten Lebensumständen als zur Zeit der Geburt oder fern der Heimat verbringen werde (Auswanderung).

3 *Mantik:* Bei wohlgerundeter Endung dagegen erfolge der letzte Teil des Lebens unter harmonischen Umständen in vertrauter Umgebung. Die Aussage ist subjektiv. Wer zeitlebens ein Globetrotter war, fühlt sich auf der ganzen Welt zu Hause. Nicht alle diese Menschen haben eine hypothenarabgezogene Vitalis. Die Mantik sagt außerdem von der aufgespaltenen Lebenslinie, dass, wenn der Ast zum Hypothenar länger wäre, er viele Reisen anzeige oder das Lebensende im Ausland verbracht würde. Die Mantik meint auch, dass ein Handeigner mit längerem Ast der Lebenslinie im Thenar zwar viele Reisen unternähme, aber stets ins Heimatland zurückkehren werde. Die Praxis zeigt zugunsten der Mantik eine mehr als nur zufällige Trefferquote.

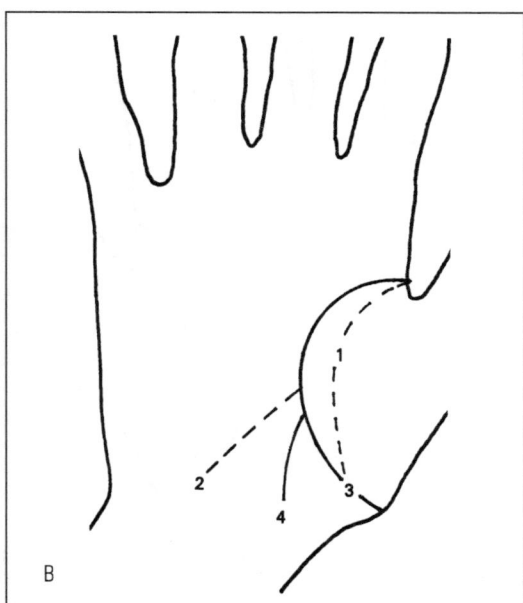

Deutungen der Lebenslinie

4 Eine starke, kräftige Gabel aus dem letzten Drittel der Lebenslinie gilt als Merkmal für eine gute Gesundheit bis zum Ende des Lebens und ist in der Regel auch Hinweis für größere Aktivitäten noch nach dem 50. Lebensjahr.

Regeln zur Vitalität
* Eine zart gezeichnete Thenarfurche zeugt von schwacher Vitalität, die nicht strapaziert werden darf.
* Die stark und tief gezeichnete Lebenslinie weist auf eine gesunde Triebkraft.
* In primitiven Händen ist die Lebenslinie breit und flach.
* Wenn die Vitalis schwach gezeichnet oder unterbrochen ist, werden die Körperkräfte zu wenig kontrolliert oder zusammengehalten und fließen ab, verströmen. Das Ergebnis sind ständige körperliche Schwächen.

Abbildung C
1 Eine nahe dem Daumeneinschnitt, meist gleichzeitig mit der Lebenslinie entspringende Furche wird als Marslinie bezeichnet. Der Name ist zutreffend, denn die Linie durchquert Marsgebiet. Die Marslinie drückt vermehrte Energieimpulse aus, die zu ständigem Tun antreiben (physiognomisch meist leicht vorstehendes Kinn). Die Marslinie selbst hat nichts mit Körperkräften zu tun. Sie zeigt nur Tätigkeitsimpulse an. Bei fülligem Thenar wird die Lebenssubstanz nicht angegriffen, bei flachem dagegen leidet die Gesundheit.
Astrologisch sind es im letzteren Fall primär Widder/AC-Typen ohne solare Unterstützung und mit mangelnder Zweithaussubstanz.
2 Bei doppelter Lebenslinie verfügt der Handeigner über eine vergrößerte Vitalität. Der Lebensbehauptungswille kann kaum je erschüttert werden. Eine doppelte Vitalis hat nichts mit verstärkter Lebenssubstanz zu tun. Letztere ist nur an der Fülle des Thenars und dessen Konsistenz ersichtlich. Meistens zeugt eine

zweite Lebenslinie von Schutz und Protektionen, mögen sie dem Handeigner bewusst sein oder nicht. Menschen mit doppelter Vitalis haben genügend Lebenswillen, um auch in Krisenzeiten – welcher Art auch immer – sich zu behaupten oder beispielsweise noch nach der Lebensmitte aus eigener Kraft ein völlig neues Leben aufzubauen. Das ist verstärkt der Fall, wenn sich die doppelte Lebenslinie in beiden Händen befindet.

3 Auch wenn eine nahe der Vitalis gelegene Furche die Lebenslinie nur kurzfristig begleitet, stellt sie eine Verstärkung der Lebenskraft dar. Ist die Hauptvitalis innerhalb dieses Bereiches verdünnt, gebrochen oder verinselt, bietet die *Ersatzlinie* auf jeden Fall einen Schutz oder gleicht allfällig sich ergebende Vitalmängel schnell aus, besonders, wenn der Linieneigner im Krankheitsfall geeignete Mittel zur Stärkung seiner Vitalkraft einsetzt.

Regel zur Vitalität
Veränderungen in der Lebenslinie zeigen unterschiedliche Vitalitätsverhältnisse. Verdünnt sich

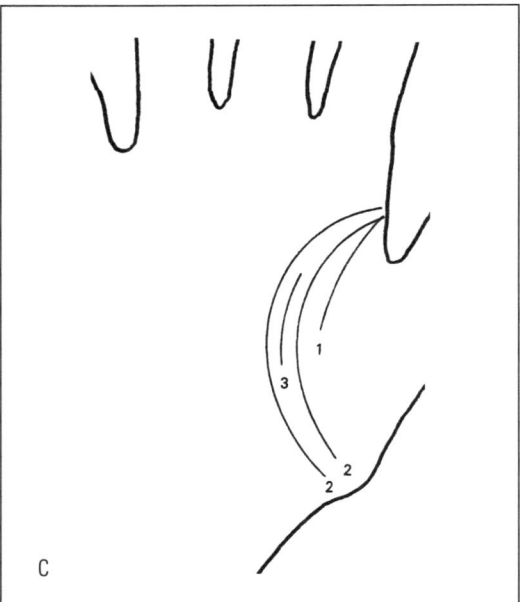

Deutungen der Lebenslinie.

die Vitalis, offenbart sie körperliche Anfälligkeiten, verfestigt sie sich, wirkt sich dies stabilisierend auf die Gesundheit aus.

• Normalerweise besitzt die Spatelhand eine gutgezeichnete, starke Vitalis, die eckige Hand eine mittelstarke und die konische Hand weist meistens einen zarten, manchmal leicht beschädigten Verlauf auf.

Abbildung D und E

1 Bricht die Vitalis vorzeitig ab, um seitlich verschoben im Thenar weiterzulaufen, deutet sie einerseits auf eine Lebensumstellung und andererseits, infolge des verengt weiterfließenden Energiestromes, auf einschränkende Lebensumstände. Der Zeitpunkt ist mantisch berechenbar.

2 Läuft dagegen die Lebenslinie zur Handmitte verschoben fort, weist sie auf eine Lebenskreisvergrößerung hin. Die Realität bietet verschiedene Möglichkeiten: Befreiung von familiären Pflichten, Reisen zur Erweiterung des persönlichen Gesichtskreises oder eine Lebensumstellung mit größeren persönlichen Freiheiten.

3 Durchströmende Energielinien im oberen Teil des Thenars sind die Regel. Sie zeigen ein Hinüberfließen von Triebkräften, die einen Du-Bezug suchen.

4 Wenn im unteren Teil des Thenars die Mehrzahl der Querlinien angehalten werden, ist das normal. Dadurch wird ein direktes Überströmen von Lebensenergien zur Umwelt verhindert.

5 Werden die Antriebskräfte jedoch bereits durch eine hinter der Lebenslinie stehende Vertikale aufgefangen, besteht ein Triebstau. Die Literatur spricht von einer Angstlinie: die Angst, die Triebe zu leben.

6 Im letzten Drittel der Vitalis absteigende Äste, die 3–4 mm entfernt entlang der Lebenslinie verlaufen, mögen auf zu erwartende klimakterische Beschwerden hinweisen. Meist deuten sie auf Stoffwechselstörungen mit entsprechenden Vitalitätseinbußen, die, rechtzeitig erkannt, mittels ärztlicher Hilfe angegangen werden können. In diesem unteren Teil der Lebenslinie darf ohnehin nicht mehr mit der vollen Kraft der Lebensmitte gerechnet werden.

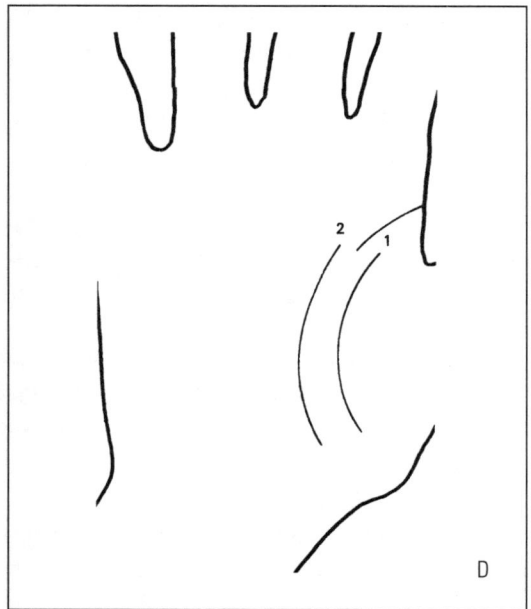

D

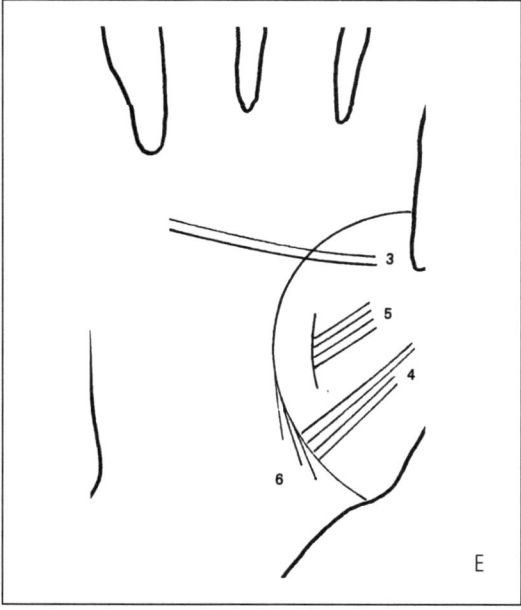

E

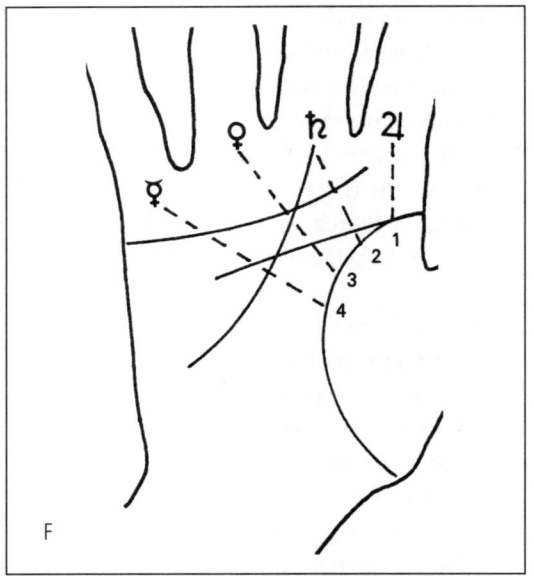

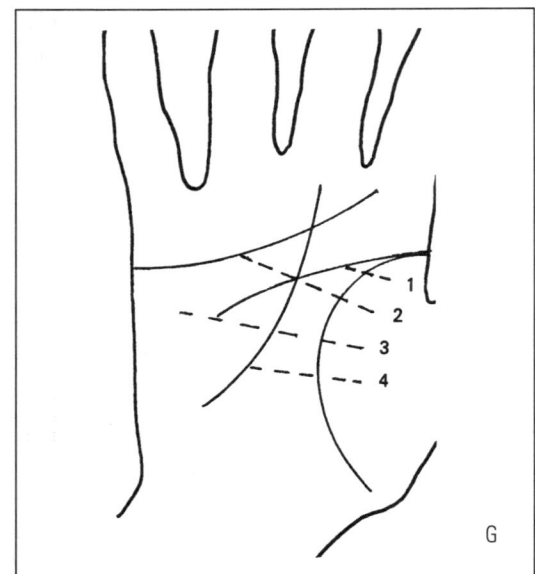

Abbildung F

Aus der Lebenslinie aufsteigende Linien sind nach deren Endung zu beurteilen. Die aufstrebende Linie ist positiv und besagt einen nach Verwirklichung strebenden Impuls. In welcher Richtung dies geschieht, zeigt das Ende der Linie.

1 Zum Jupiterberg verlaufend steht dem Menschen ein Energiestrom zur Verfügung, um sich mehr Geltung zu verschaffen.

2 Strebt der Energie-Impuls zum Saturnberg, erhält der Leistungstrieb eine Unterstützung.

3 Der Verlauf zum Ringfingerberg zeigt freigelegte Energien für den musischen oder personenbezogenen Du-Bereich.

4 Die Hinwendung zum Merkurberg offenbart verfügbare Impulse für den kommunikativen, merkantilen oder geistig-intellektuellen Einsatz.

Abbildung G

Auch Linien, die hinter der Lebenslinie dem Daumenballen, dem Substanzraum, entspringen, bedeuten freigesetzte Energien, mit dem Unterschied, dass sie an der Substanz des Handeigners zerren. Die Literatur spricht von Schnittlinien.

1 Eine aufsteigende Linie, die in die Cerebralis mündet, spendet Energien für Denkleistun-

gen, zeigt aber, dass die Probleme, die den Kopf belasten, an die Substanz des Handeigners gehen. Dabei kann es sich auch um eine Weiterbildung handeln.

2 Zielt eine Linie in die Emotionalis, sind Energien für eine Herzensangelegenheit verfügbar. Meistens handelt es sich um eine programmierte schicksalshafte Begegnung, die möglicherweise – falls die Endung in eine Insel zu liegen kommt – mit Kummer verbunden ist.

3 Energielinien, die in den Plutoberg verlaufen, können eine Operation, eine Körperverletzung, Durchsetzungskämpfe mit der Umwelt, Aggressionen gegen diese oder ein sich Beschäftigen mit Stirb- und Werdeprozessen anzeigen, die den Handeigner in irgendeiner Weise belasten.

4 Trifft eine Linie auf die Saturnalis, wird die Energie zum Aufbau der Karriere oder für sachliche Leistungen benötigt, was in der Regel mit Stress verbunden ist.

Alle diese Unruhe-, Stress- oder Kummerfaktoren sind mantisch berechenbar und müssten sich im Geburtsbild bestätigen.

Störungen auf der Lebenslinie

Störungen auf der Lebenslinie können Einwirkungen auf die Vitalität bedeuten. Sie sind meist Anzeichen für Krankheiten, physische Erschöpfungen oder traumatische Erlebnisse, die das körperliche Gleichgewicht stören. Sie werden daher auch Traumalinien genannt. Interessant an diesen Schnittlinien, Zeichen und Inseln auf der Lebenslinie ist, dass sie nicht unbedingt über die Gesundheitssituation des Handeigners selbst etwas aussagen, sondern über den biologischen Rhythmus der Eltern/Vorfahren schlechthin Auskunft geben können, oder dass eine angedeutete Krankheit gar nicht den Handeigner betrifft, sondern eine geliebte Person, an deren Leiden er (zu) innig Anteil genommen hat.

1 Kurze, flache Querstriche besagen eine Störung vorübergehender Art: äußere Widerstände, Hindernisse, kurzes Unbehagen oder eine kürzere Krankheit.

2 Senkrechte Schnittlinien haben eine längere Nachwirkung als waagrechte.

3 Ein Kreuz verbraucht etwas mehr an Energiereserven.

4 Je tiefer die Schnittlinie im Daumenballen entspringt, desto länger dauert das Hindernis oder desto langsamer verläuft im Krankheitsfall die Genesung.

5 Ringe werden von alters her als Tendenz zu Störungen des Augenlichtes interpretiert.

6 Bei Inseln liegen fast immer körperliche Einbußen vor. Nach Issberner bedeuten Inseln Erbkrankheiten.

Genauso wie Lomer vertrete ich die Ansicht, dass die Vitalis Beziehung zu den zwölf Tierkreiszeichen hat, umsomehr als ich der *Lebenslinie* die Sonne zuteile. Der Vitalisbeginn als Lebensstartsymbol ist analog dem Zeichen Widder; dem Widder entspricht anatomisch der Kopf. Das Lebenslinien-Ende hat eine Analogie zum Zeichen Fische, und die Fische entsprechen anatomisch den Füßen.

Es ist interessant zu beobachten, dass bei einer Fische/Neptun-Betonung die Lebenslinie in den Bereich Neptun/Fische/12. Haus einmündet. Das Bild unten zeigt einen Handabdruck des weltbekannten holländischen Hellsehers und Heilers Gérard Croiset, geb. 10. 3. 1909, 6.00 h a.m. Laren (Nordholland) AC 3° Fische, Venus 6° Fische, Sonne 19° Fische, Sonne Trigon Neptun. Croiset verstarb am 20. 7. 1980.

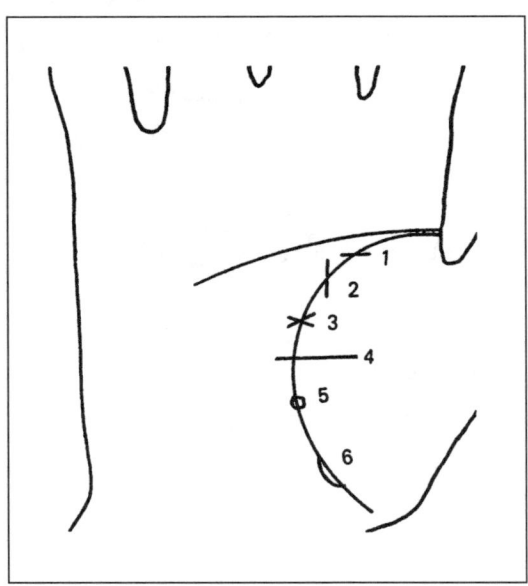

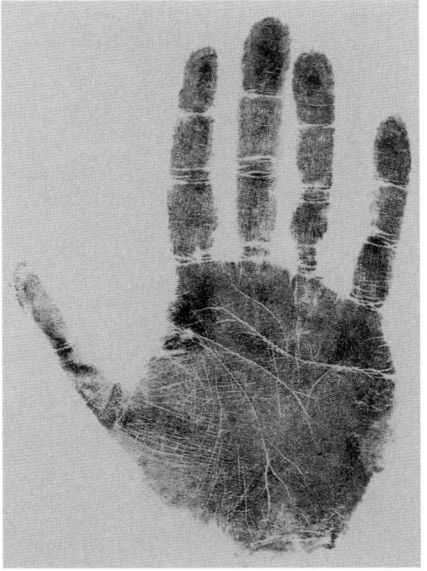

Die zeitliche Einteilung der Vitalis (Mantik)
Obwohl Messschemata zur Mantik gehören,
seien solche Zeitschlüssel vorgestellt. Sie sind unterschiedlich, wie die Häusersysteme der Astrologie. Im Weiteren besteht eine Regel, wonach für
mittelgroße Hände ein Millimeter auf der
Lebenslinie ein Jahr symbolisiert. Auch die Mess-
karten von Issberner-Haldane und Ottinger sind
mantisch verwendbar, wenn sie auf die individuelle Hand abgeändert werden.

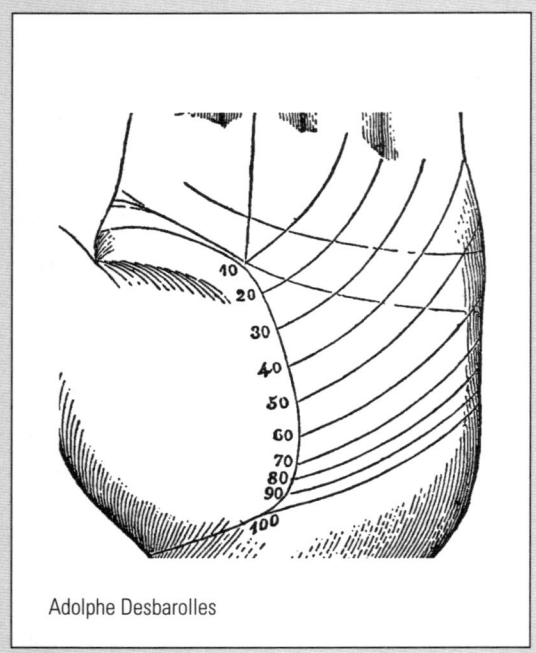

Adolphe Desbarolles

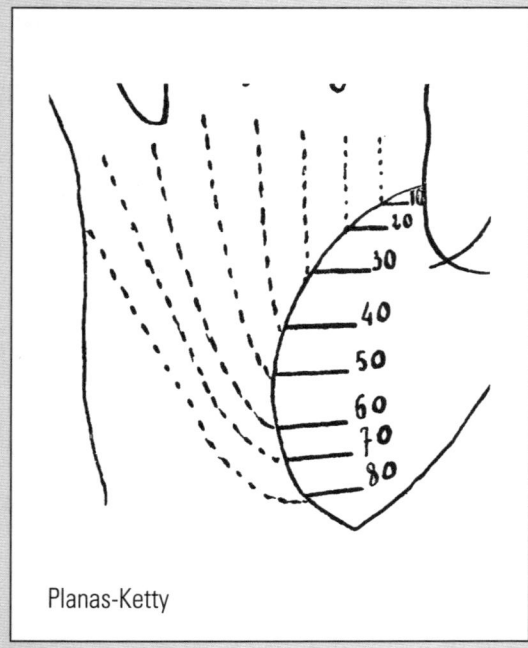

Planas-Ketty

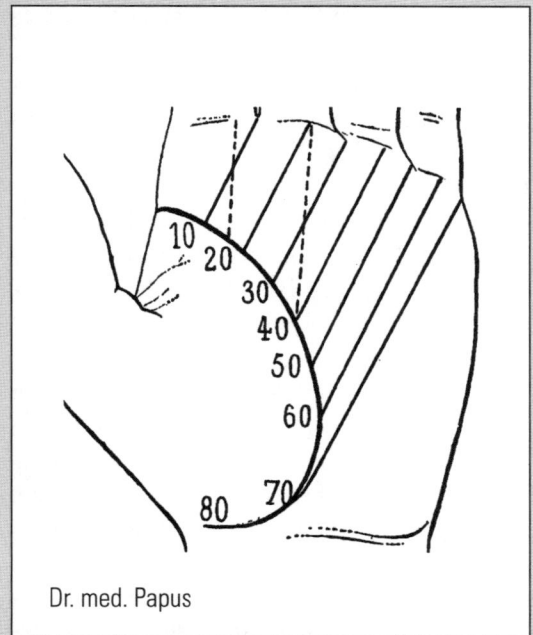

Dr. med. Papus

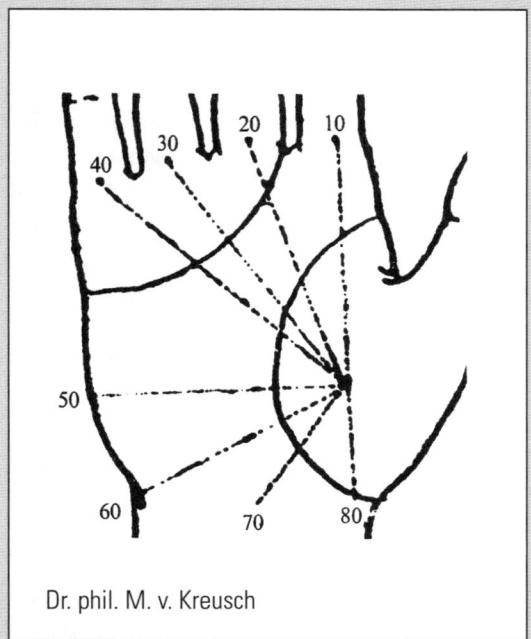

Dr. phil. M. v. Kreusch

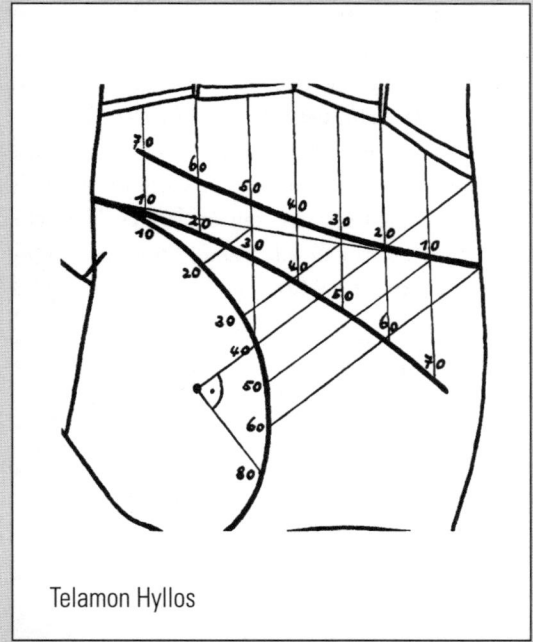

Telamon Hyllos

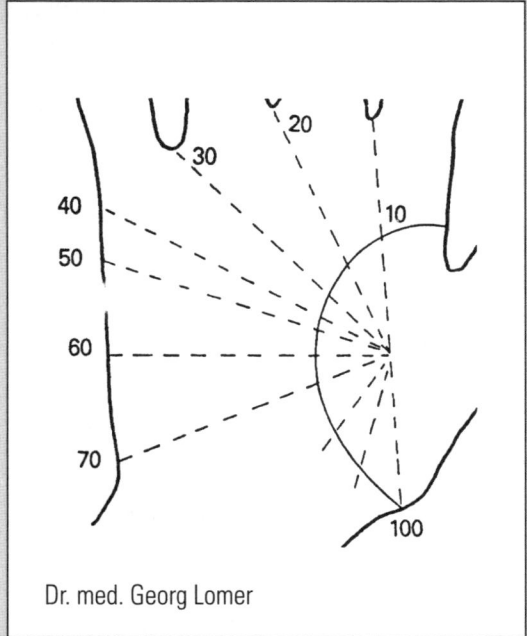

Dr. med. Georg Lomer

73

Die Kopflinie oder Cerebralis

Die Kopflinie beginnt wie die Lebenslinie auf der Aktivseite, der Ich-Seite der Hand. So wie der Lebenslinienbeginn astrologisch sich primär auf den Aszendenten bezieht (inbegriffen Geburtsgebieter, Gestirne im 1. Haus und deren Aspektierung, plus die Aspekte, die auf den AC fallen), betrifft die Kopflinie im Schema das Zeichen Widder (Widder = organisch Kopf). Regent von Widder ist Mars (siehe Seite 65). Die Kopflinie steuert den im Marsberg zur Verfügung stehenden Energiestrom durch die Realitäts- oder Bewusstseinsebene zur Du-Seite. Die Kopflinie symbolisiert primär die Auseinandersetzungen zwischen Ich und Du. Papus bezeichnet sie als Mars- oder Aktionslinie.

Aus Verlauf und Beschaffenheit der Kopflinie sind Denk- und Willensrichtung, Gedankenkraft, Konzentrationsfähigkeit, die Verstandeskräfte schlechthin, Krankheiten und Unfälle des Kopfes, der Augen, Gehirn- und Kopfnerven sowie Phantasie, Melancholie, Depressionen und teilweise auch Bewusstseinsspaltungen ersichtlich. So verläuft die Kopflinie – vorgreifend gesagt – bei kreativem Denken bogenförmig gegen den Mondberg, bei konkretem und theoretischem Denken ist der Kopflinienverlauf gerade und bei Depressionsneigung verliert sich die Kopflinie in den unteren Mondberg

Mit dem Begriff Kopflinie ist auch die Gesamtheit des Zentralnervensystems gemeint. Die lateinische Bezeichnung *Cerebralis* drückt diesen Zusammenhang weit besser aus. Somit sind aus der Kopflinie ebenfalls nervöse Störungen und Konzentrationsschwierigkeiten ersichtlich. Sonderschulkinder haben einen anderen Kopflinienverlauf als Kinder von Normalklassen. In der Regel ist gleichzeitig das unter der Kopflinie liegende Papillarleistensystem beschädigt.

1 In den meisten Händen läuft die Kopflinie ein Stück weit gemeinsam mit der Lebenslinie, was eine besonnene Haltung, sachliches Entscheiden, Selbstbeherrschung sowie sichere, überlegte Reaktionen in der Auseinandersetzung in Du-Beziehungen andeutet.

2 Sind Kopf- und Lebenslinie – je nach Handgröße – länger als ungefähr 2 cm zusammengeschaltet, wird der Verstand den lebenserhaltenden Trieben untergeordnet. Das Denken kann nur Wege gehen, die der Lebenserhaltung nicht entgegenstehen. Das spontane Element fehlt. Das lähmt die Entschlusskraft, bewirkt ein vorsichtiges, zögerndes, abwartendes Verhalten oder Unsicherheit, Unentschlossenheit oder Schüchternheit, ein zu langes Hängenbleiben an einem Elternteil, zu wenig Selbständigkeit und öfters auch Egozentrik. Das

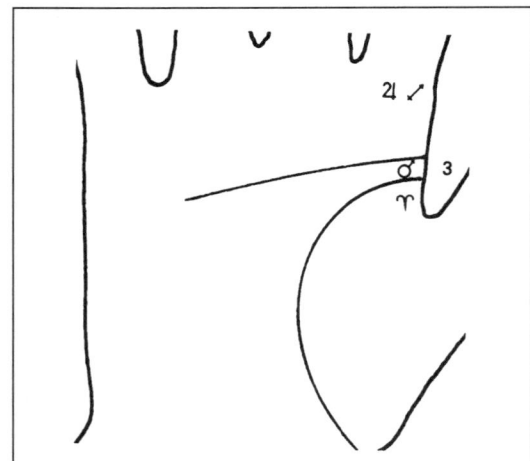

Ich-Bewusstsein kristallisiert sich etwas später heraus. Dadurch ist in der Kindheit die intellektuelle Aufmerksamkeit etwas träger, und auch die geistige Entwicklung geht langsamer vonstatten, was mit der Intelligenz nur indirekt oder gar nichts zu tun hat. Die lange Zusammenschaltung von Vitalis und Cerebralis besagt primär einmal eine späte Selbständigkeit, mitunter Verwöhnung durch einen Elternteil und daher ein zu langes Haften an ihm. Insgesamt gesehen trifft diese Linienformation für einen Spätentwickler zu. Pathologisch wird das lange Zusammenlaufen erst, wenn die gekoppelten Linien die Handmitte erreichen.

Die Auswirkungen der zu langen Koppelung sind je nach Handtyp verschieden. Das durch die Handform geprägte Grundverhalten wird modifiziert.

Bei der *Spatelhand* ist es die Aktivität, die eine Einbuße erleidet. Das mag unter Umständen sogar positiv sein.

Bei der *eckigen* Hand wird das Gründlichkeits- und Ordnungsprinzip überzogen und der bewusste Gestaltungswille eingedämmt.

In der *konischen Hand* betrifft die Hemmung das seelische Gefüge. Es können sich Gefühle des Ungenügens bemerkbar machen.

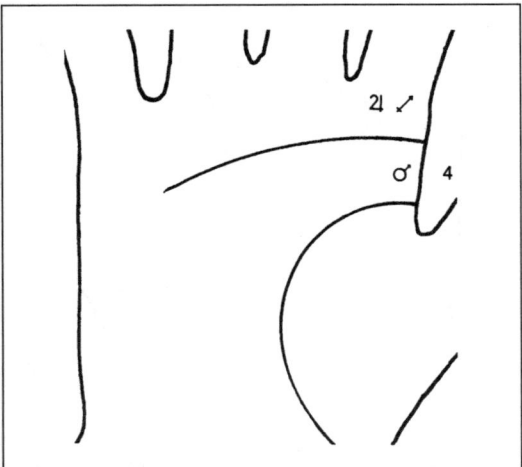

3 Der getrennte Beginn von Lebens- und Kopflinie ist keineswegs ungünstig, im Gegenteil, sofern der Zwischenraum eine normale Spanne nicht überschreitet. Bei separatem Beginn haben die Marsenergien die Möglichkeit, sich ungehemmt durchzusetzen. Dadurch ist der Handeigner mit raschen gedanklichen Reaktionen ausgestattet. Er verfügt über einen beweglichen Verstand, strebt nach Unabhängigkeit, ist entschlussfähig, freimütig, offen, umgänglich, mitteilsam und in begrenztem Rahmen impulsiv. Seine Handlungen erfolgen rasch, nach nur kurzer Überlegung. Findig genug, wird er sich kaum je in eine auswegslose Situation hineinmanövrieren. Er hat großes Selbstvertrauen, ist optimistisch (Kopflinienverschiebung zum Jupiterberg) und wird wegen der Verselbständigung des Vitalen vom Intellektuellen, der körperlichen Sicherheit nur wenig Beachtung schenken.

Astrologisches: Sind Lebens- und Kopflinie kurz miteinander verbunden und zusammen gegen den Jupiterberg verschoben, werfen in der Regel Sonne, Mars oder Jupiter ein Trigon auf den Aszendenten.

Schicken sich diese drei Feuerplaneten gegenseitig harte Winkel zu (7,5°, 15°, 45°, 90°) oder stehen zwei davon in Konjunktion, so bildet sich ein Zwischenraum. Ist dies nicht der Fall, so zeigt der Zeigefinger eine Radialschleife.

4 Ein noch größerer Abstand von Cerebralis und Vitalis zeugt von entsprechend vermehrten Marseinflüssen oder Feuerbetonung. Das zeigt sich horoskopisch stets in einer dominanten Marsposition, meist in Verbindung mit Sonne/Pluto-Konstellationen, wobei ein ausgeprägtes Unabhängigkeitsstreben, aber auch Einsatz- und Aktionsbereitschaft, Mut und rasche Entschlossenheit zu verzeichnen sind. Durch das impulsive Reagieren und Handeln werden manchmal allzuschnelle Entschlüsse gefasst und in der Folge dann auch bereut. Die ratio-

nale Überlegung geschieht erst im Nachhinein. Es fehlt das bewusste Steuern der Impulse, und öfters nimmt sich ein Handeigner mit diesem zu stark verselbständigten Energiestromverlauf Dinge heraus, die ein anderer nie wagen würde. Der Beginn der Kopflinie sagt stets Wesentliches über das Denkgefüge, Aktionen und Reaktionen aus.

Menschen mit großem Zwischenraum von Lebenslinie und Kopflinie sind reizbar. Als Automobilisten werden sie kaum gelassen reagieren, wenn sie auf der Fahrbahn durch ein anderes Fahrzeug überholt werden. Sie sind recht schnell «auf der Palme». Sitzt auf dem Daumen ein Zwillingsmuster (siehe Seite 180), müssen die psychologischen Aussagen dahin modifiziert werden, dass dem Handeigner zwar ein betontes cholerisches Temperament eigen ist, er aber eine Entscheidung nie überstürzt treffen wird.

Wie bei allen Linienaussagen ist wesentlich, welchem Handtyp ein Mensch angehört. Die ichbetonte, initiative Spatelhand verträgt Zusatzimpulse schlecht. Das Selbstvertrauen wird überdimensioniert und das Handeln unkontrolliert. Die eckige Hand verliert an Objektivität ihrer Urteilskraft und die konische Hand entbehrt in vermehrtem Maße der Realitätsbezogenheit.

Infolge des großen Zwischenraumes zur Lebenslinie wird die Kopflinie nach oben verschoben, sodass die Cerebralis als hochliegend bezeichnet werden muss. Dadurch vergrößert sich der Triebbereich. Bei hochliegender Kopflinie ist am Mittelfinger zu beachten, ob genügend Verantwortungsbewusstsein vorliegt. Ein kurzer Mittelfinger besagt Sorglosigkeit, Übereilung und Missachtung von Gefahren.

Nimmt die Kopflinie ihren Anfang innerhalb der Lebenslinie, so verrät sie einen unbeständigen, reizbaren, angriffslustigen, mitunter sogar einen streitsüchtigen Charakter. Die Kopflinie ist an den Triebbereich gekoppelt und damit auch an das Denken und die willentliche Steuerung.

Der Verlauf der Kopflinie

Nicht nur der Beginn, sondern auch der Verlauf und das Cerebralis-Ende sind aussagekräftig.

Meist verläuft die Kopflinie in leichtem Schwung Richtung Pluto- oder Mondberg. Zwei Fingerbreit vor dem Handrand sollte sie allmählich zart auslaufen. Wenn bis zum Handrand genügend Raum offenbleibt, deutet dies auf Aufgeschlossenheit für die Meinung anderer.

Endet die Cerebralis schön geschwungen im Jungfraugebiet/oberer Mondberg, darf mit Wendigkeit des Verstandes, intellektueller Aufmerksamkeit, guter Beobachtungsgabe sowie mit einem gefälligen Verhalten in Du-Beziehungen gerechnet werden. In gleicher Weise wie die Kopflinie verläuft, wird dem Du gegenübergetreten: in diesem Falle «geneigt».

Bei gut ausgeprägtem Mondberg können die Phantasien und die Bildfülle des Mondberges in die Kopflinie einströmen, in den rationalen Teil gehoben und verstandesmäßig verarbeitet werden, sodass diesen Menschen kreative Möglichkeiten offenstehen und Neuschöpfungen gelingen. Da auch die primitive Hand diese Linienführung auf-

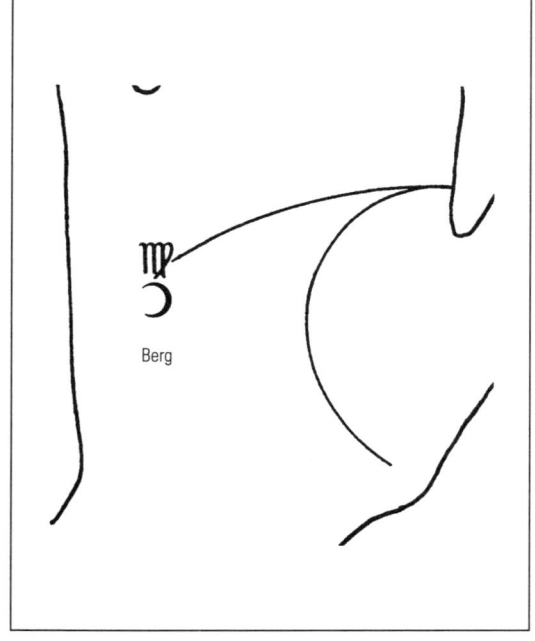

Berg

weisen kann, hängt die Qualität von den Gesamt-merkmalen ab.

1 Liegt das Kopflinienende im Plutoberg, ist der Verlauf der Cerebralis meist linear. Dies zeugt von bewusster Steuerung der Energien, von einem klaren, sachlichen Verstand, guter Intelligenz und einem ausgeprägten Erinnerungsvermögen. Erlittene Niederlagen werden kaum je vergessen, wie dies in etwa dem Skorpiontypus eigen ist. Bei klar verlaufender Kopflinie, die einen logischen Verstand ausdrückt, kann bei gutem Mondberg trotzdem Phantasie vorhanden sein. Bei scharfer, linearer Cerebralis lässt der Verstand nur gelten, was logisch erfassbar ist. Eine breite und flache Furche deutet auf Primitivität des Denkens.

2 Durchquert die Kopflinie die Hand bis zur Perkussion, wird aktiv in den Du-Raum vorgestoßen. Der Linieneigner wird scharf und bestimmt argumentieren, Beharrlichkeit im Debattieren und eine Begabung zur Analyse aufweisen. Bei harter Hand besteht die Wahrscheinlichkeit, die Ansichten des Du durch die

eigene Meinung zu überrollen. In weicher Hand ist diese Linienführung nicht ungünstig, weil infolge der starken Überzeugungskraft intellektuell Widerstand geleistet werden kann.

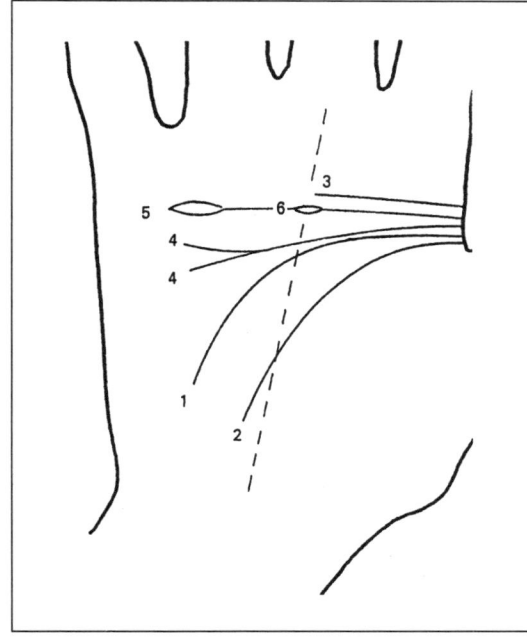

1 Sinkt die Kopflinie tief in den Mondberg, ist der Aktionsfluss wesentlich aus der Realitätsebene abgezogen. Es besteht die Tendenz, dass die intellektuellen Kräfte ungenügende Unterscheidungskraft behalten, die Vorstellungen an Klarheit verlieren, die Phantasien das konkrete Denken überfluten und die Bilder des Unbewussten nur noch als Einbildungen existent sind.

2 Fällt die Kopflinie schon vor der Handmitte in den unteren Handteil, wird eine Du-Beziehung gemieden (siehe auch Seite 161, Der Ort des Ursprungs). Je tiefer die Kopflinie sich in den Hypothenar neigt, desto weniger realitätsgerecht verläuft der Denkakt. Durch die Beziehungslosigkeit zur Umwelt wird ein Eigenleben geführt, das der melancholisch-depressiven Note kaum entbehrt. Das betrifft vor allem Menschen mit labilen konischen Händen.

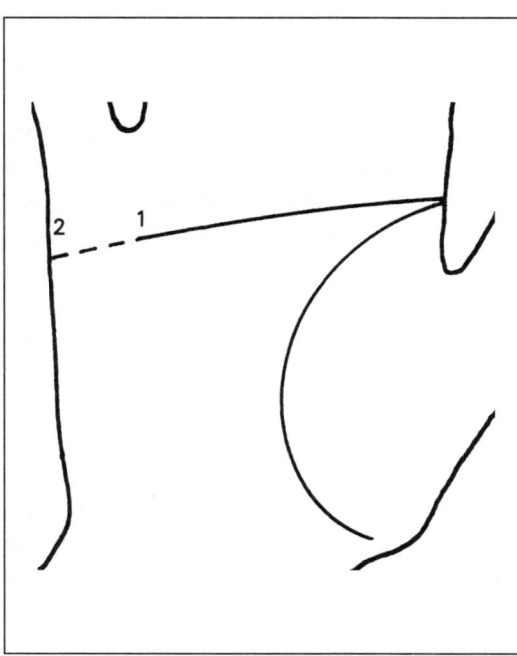

3 Eine Kopflinie, die schon vor der Handmitte abbricht, zeugt von einem erschwerten Du-Kontakt anderer Art. Der Energiestrom der Aktionsfähigkeit wird vorzeitig gestoppt. Dadurch ist dieser Mensch sachlichen Auseinandersetzungen mit der Realität und in Du-Beziehungen nicht gewachsen. Er ist nicht aktionsfähig. Die Kopfnerven sollten nicht strapaziert werden.

4 Gabelt sich die Kopflinie an ihrem Ende, besagt sie intellektuelle Beweglichkeit, Vielseitigkeit und Kritikvermögen. Hingegen vermag ein mehrfach verzweigtes Kopflinienende die vielen Einflüsse intellektuell meist nicht zu integrieren.

5 Läuft das Cerebralisende in eine Insel, liegt in der Regel eine Störung des Erinnerungsvermögens vor, mitunter kann die Insel auch Kopfschmerzen andeuten.

6 Eine Insel in der Mitte der Kopflinie besagt Stressanfälligkeit. Die intellektuelle Verarbeitung des Wahrgenommenen erfolgt nicht flüssig.

Seltener ist eine zweifach geführte Kopflinie, nicht zu verwechseln mit einer gespaltenen Cerebralis. Sie ist vergleichbar zweier Gehirne. Menschen mit gut gezeichneter doppelter Kopflinie sind meist Doppelnaturen, scharfsinnig und klug. Diese Fähigkeiten sind denn auch gut zu gebrauchen, da die Möglichkeit vieler oder heftiger Auseinandersetzungen mit der Umwelt besteht. In besonderen Fällen muss angenommen werden, dass Versäumnisse aus einer früheren Existenz einzulösen sind, weil letztere – aus welchen Gründen auch immer – zu früh unterbrochen wurde. Nimmt eine der Linien einen gesonderten Verlauf, ist es durchaus möglich, verstandesmäßig zwei verschiedene Wege einzuschlagen, wobei einer davon nicht immer rechtschaffen sein mag.

Die gespaltene Kopflinie

Eine Gabelung der Kopflinie weist auf Vielseitigkeit. Geschieht dies vor der Handmitte, werden die geistig-intellektuellen Kräfte überbeansprucht.

1 Läuft die Hauptlinie zum Plutoberg, während ein Ast sich zum Mondberg neigt, so hat die obere Linie die Fähigkeit, den Mondbergast zu

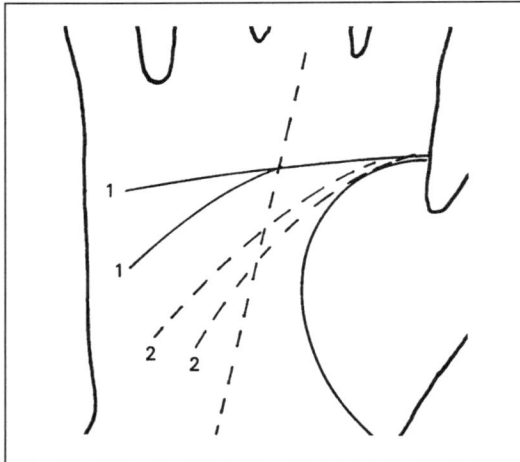

Die gespaltene Kopflinie

kontrollieren. Bei dieser Kombination vermag der Linieneigner, sich in der Realität zu behaupten und bei genügender Fülle des Mondberges zusätzlich die Phantasiebilder desselben zu gestalten. Spaltet sich die Kopflinie gleich zu ihrem Beginn, muss mit einer Bewusstseinsspaltung, der Spaltung des bewussten Denkens, gerechnet werden.

2 Fallen beide Cerebralis-Äste vor der Handmitte in den Mondberg, deuten sie auf Depressionen. Die Aktions- und Verstandeskräfte verlieren sich im Unbewussten.

Zusammenfassend kann über den Kopflinienverlauf und die Denkrichtung einerseits und über die Beschaffenheit der Linie andererseits Folgendes gesagt werden, wobei Handtyp und Fingerform einbezogen werden müssen:

- *Realistisches (wirklichkeitsbezogenes) Denken:* Kopflinienverlauf gerade, Hand- und Fingerform eckig, Tischquadrat durch Saturnalis begrenzt, guter Daumenballen, Mars- und Plutoberg betont, Konsistenz mittel bis hart.

- *Theoretisches (sachliches) Denken:* Kopflinienverlauf gerade, Hand- und Fingerform eckig, lange, geknotete Finger, betonter Kleinfinger und betonter Merkurberg.

- *Phantasiebetontes Denken:* Kopflinienverlauf gegen Mondberg, Handrumpf konisch, Fingerendungen konisch, Tischquadrat durch Merkurlinie begrenzt, Mond- und Neptunberg betont, Konsistenz mittel bis weich.
- *Kreatives (schöpferisches) Denken:* Kopflinienverlauf leicht bogenförmig, Handform eckig, gut geformter Mondberg und Daumenballen, Vorhandensein einer Saturnalis, Ringfinger- und Merkurlinie. Auch ein positiver Venusgürtel wäre von Vorteil.

- *Konzentrationsstörungen:* gekettete Kopflinie, oberflächlicher Linienverlauf, Störungen in der Merkurlinie.

- *Nervosität:* zittrige Kopflinie, oberflächlicher Linienverlauf, gehäuftes Auftreten von namenlosen Nebenlinien, mondbergbetonte Merkurlinie sowie Fragmente einer Uranuslinie.

Die Emotionalis, Gemüts- oder Herzlinie

Die Emotionalis, von den Chirologen mehrheitlich Herzlinie genannt, beginnt an der Perkussion unterhalb des Kleinfingerberges. Sie trennt meist den Merkur- vom Plutoberg und verläuft entweder gerundet oder gerade Richtung Jupiterberg.

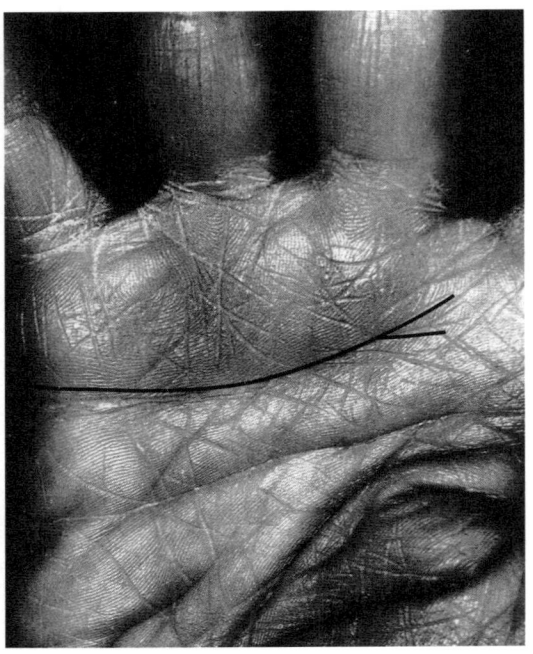

Die Emotionalis oder Gemütslinie hat Bezug zu Zuneigung, Liebesbeziehungen, moralischer Kraft, Treue, Loyalität und Großzügigkeit. Sie gibt Auskunft über unser seelisches Erleben und die Intensität der Emotionen. Verlauf, Form, Gestalt und Beschaffenheit dieser horizontalen Hauptlinie offenbaren die Beeindruckbarkeit der Seele und wie die Gemütsbewegungen verarbeitet werden. Aber auch funktionelle Störungen und organische Schäden, die Herz und Nieren betreffen, können sich an der Herzlinie abzeichnen. Sie ist ebenfalls Indikator psychosomatischer Wechselwirkungen.

Je gerundeter und rhythmisch schwingender die Emotionalis sich präsentiert, desto ausgeprägter ist die Gefühlsnatur. Die gerundete Herzlinie weist auf einen warmherzigen Menschen hin. In Liebesbeziehungen ist er der aktive Teil.

Eine gerade Herzlinie charakterisiert einen Menschen, der seine Gefühle unter Kontrolle hält. Bei der Partnerwahl spricht der Verstand mit. Handeigner mit einer geraden Herzlinie wünschen sich einen interessanten und verträglichen Partner. Je geradliniger der Verlauf der Emotionalis, desto ärmer ist das gemüthafte Engagement. Ihr Besitzer reagiert kühl, zurückhaltend bis reserviert oder die Anteilnahme ist nicht so echt, wie sie vorgegeben wird.

Eine lange, schöngezeichnete, in den Jupiterberg verlaufende, leicht verästelte Herzlinie offenbart außer einer extravertierten Haltung und die Ausrichtung des Lebens auf die Öffentlichkeit Einfühlungsvermögen, idealistische Neigungen, Mitempfinden, mitmenschliches Verständnis, Warmherzigkeit, Hilfsbereitschaft, Nachsicht und Großzügigkeit.

Bei ausgeprägtem Jupiterberg wird die Gemütsseite vom Geltungstrieb beeinflusst. Der Geltungstrieb ist stets mit einem extravertierten Streben gekoppelt im Sinne vieler Beziehungen zur Umwelt. Jupiter symbolisiert Expansion. Wer expandiert, entfaltet sich immer über die angestammten Verhältnisse hinaus, ebenso über die eigene gegründete Familie. Das bedeutet für eine in den Jupiterberg verlaufende Herzlinie, dass über die eigene Familie hinaus auch Gefühle für Mitmenschen bereitstehen. Infolge dieser sozialen Charakterstruktur wird der Handeigner durch die Außenwelt öfters überbeansprucht, was sich negativ auf die eigene Familie auswirken kann, indem sie gemütsmäßig zu kurz kommt.

Ist der Jupiterberg schwach ausgebildet, steht keine Energie für Geltungsansprüche zur Verfügung. Mitgefühl und soziale Einstellung sind rein altruistisch, ohne gleichzeitigen Geltungstrieb.

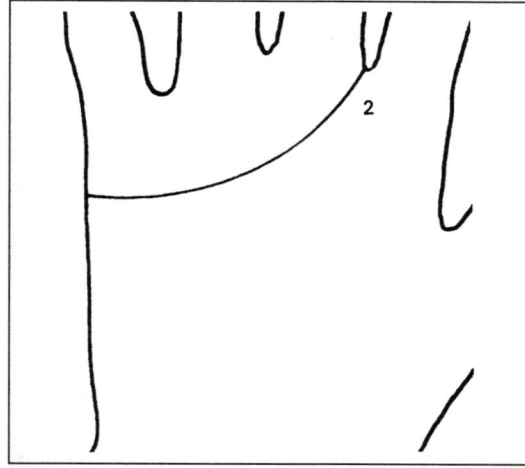

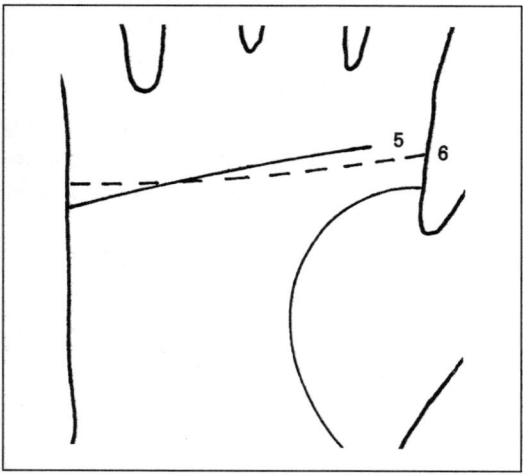

2 Die starke Kurvung offenbart einen warmherzigen Menschen. In Liebesbeziehungen ist er sinnlich, aktiv und zeigt seine Zuneigung offen. Weist der Partner einen geraden Linienverlauf auf (distanzierte Einstellung zu Liebesangelegenheiten), muss der gekurvte Linieneigner seine Ansprüche zurückstecken.

3 Verläuft ein Herzlinienast zwischen Mittel- und Jupiterfingeransatz und ein zweiter endet auf dem Jupiterberg, so deutet dies auf gut verteilte Gemütskräfte für eigene Angehörige sowie sozial zu betreuende Mitmenschen.

4 Die extrem gebogene Herzlinie zeugt von starkem sexuellem Verlangen. Doch selten besteht Interesse an einer festen Bindung. Das Schicksal erlaubt es nicht, die seelischen Fähigkeiten zu entwickeln. Meist erfordert die berufliche Position die ganze Aufmerksamkeit. Es kommt auf den Handtyp an, wie er sich privat mit den Bedürfnissen seiner Kurve arrangiert.

5 Bei Menschen mit geradem Herzlinienverlauf stehen die geistigen Werte im Vordergrund. Seine Einstellung zu Liebesangelegenheiten ist distanziert und emotional passiv.

6 Überquert die Emotionalis linear die ganze Hand, sodass sie einer Sperrung gleichkommt, deutet sie auf Ehrgeiz, Extraversion und strahlende unverwüstliche Selbstsicherheit, wobei auch Besitzergreifungen nicht ganz unbekannt sind. Ich habe diesen Linienverlauf in stark skorpion-/schützebetonten Händen gefunden (skorpionbetontes 9. Haus oder Skorpion-Aszendent und schützebetontes Substanzhaus).

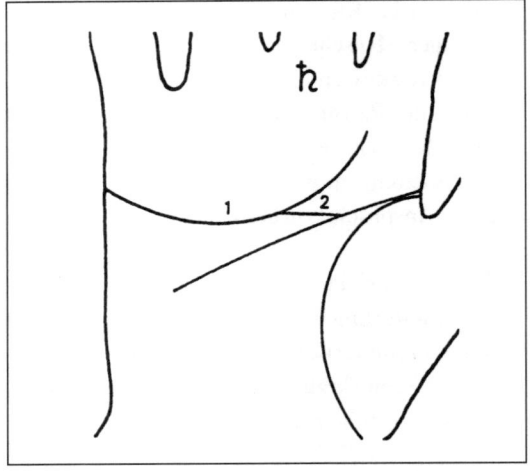

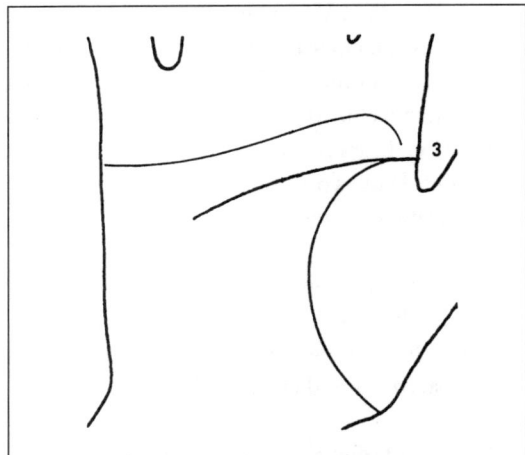

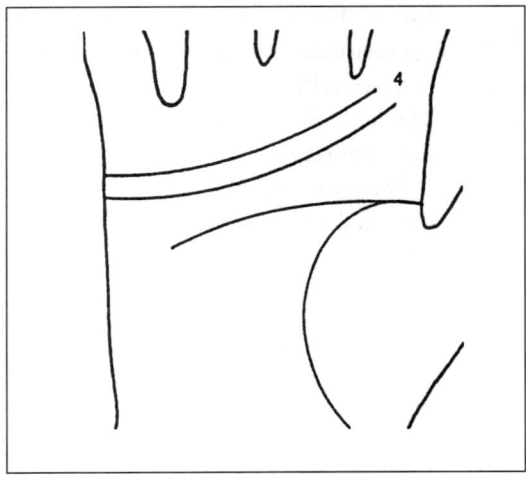

1 Ist die Herzlinie hängend, deutet sie auf die Neigung zu schnellem Enttäuschtsein. Auch fehlt meist die Kraft, die Gefühlseindrücke ordnungsgemäß zu verarbeiten. Sentimental veranlagt werden im allgemeinen die Erlebnisse in Herzensangelegenheiten zu schwer genommen. Meist haben die Zweifel und seelischen Bedrängnisse mit der Realität nicht viel gemeinsam. Zusätzlich besteht die Tendenz, dass die Gemütskräfte rasch erlahmen. Diese Menschen benötigen eine verständnisvolle Du-Beziehung. Nur bei gleichzeitig klarer und möglichst gerader Kopflinienbildung kann ein solcher Handeigner in Krisenzeiten ohne Hilfe von außen sich selbst wieder auffangen.

2 Fällt ein großer Ast unter dem Saturnberg auf die Kopflinie, sichert der Linieneigner seine Gemütskräfte im Verstandesbereich ab. Aufgrund erlebter Enttäuschungen werden fortan Herzensentscheide reiflich überlegt. Handelt es sich um keine Neubildung, sondern um eine bestehende Charakterstruktur, sind Verstand und Gefühl gekoppelt. Sie beeinflussen sich gegenseitig.

3 Eine über den Jupiterberg laufende und dann auf die Kopf- oder Lebenslinie abfallende Herzlinie besagt, dass der Handeigner in Liebesdingen leicht verletzbar ist oder von einem geliebten Menschen bereits tief verletzt wurde. Gleichzeitig weist diese Linienform darauf hin, dass dieser Mensch aufgrund gemachter Enttäuschungen und erfolgter Ernüchterung die Fähigkeit erlangte, die Kümmernisse unglücklicher Mitmenschen besser zu verstehen.

4 Wird die Emotionalis doppelt geführt, deutet sie auf starke Gefühlsbetontheit. Bei höherem Niveau zeigt sie vermehrte sublimierte Triebkräfte für humanitäre Bestrebungen.

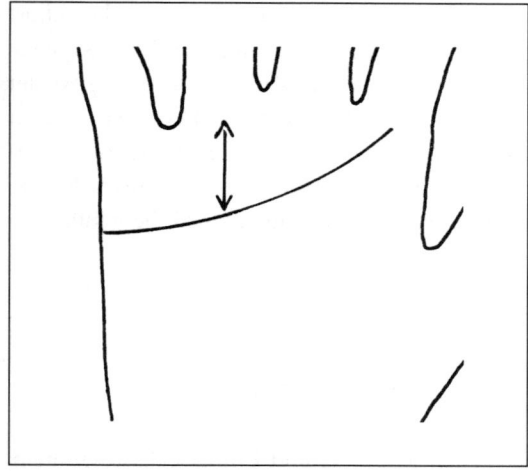

Nicht nur der Verlauf und die Beschaffenheit der Emotionalis sind sehr wesentlich, sondern auch die Ausdehnung des unterhalb der Fingerbasen liegenden, von der Gemütslinie begrenzten emotionalen Raumes ist es.

Bei tiefer Lage der Emotionalis nimmt die Gefühlswelt einen großen Raum ein. Entsprechend wichtig ist das gemüthafte Erleben des Handeigners. Je weiter entfernt die Emotionalis sich von den Fingerbasen befindet, umso größer ist der emotionale Raum. Eine tief gelegene Gemütslinie offenbart Mitgefühl für Mitmenschen, Milde bei der Beurteilung menschlichen Versagens und Verständnis für bestehende gemüthafte Probleme, weil sie der Linienbesitzer aus eigener Erfahrung kennt.

Bei hochliegender Gemütslinie spielt das Gefühlsleben eine mäßigere Rolle. Diese Menschen sind fröhlich, heiter und beschwingt. Sie nehmen Liebesenttäuschungen nicht allzu schwer.

Allgemeine Hinweise
- Jede gekurvte Linie ist emotional gefärbt, jede gerade mental.
- Glatt und unverästelt: unkompliziertes Gemüt, ruhig und bescheiden in Gefühlsansprüchen.
- Lange, klare Herzlinie: guter Kreislauf.
- Dünn gezeichnete Emotionalis: Oberflächlichkeit, Nüchternheit.

- Breit verlaufend: Sinnlichkeit, eventuell Körperbelastungen im Sinne von Herz- und Venenerweiterung.
- Wellenförmig: Mangelnde Stetigkeit der Gefühle.
- Zerrissene, in Striche aufgelöste Linie: Verwirrung der Gefühle.
- Brüche, Querstriche, Schnittpunkte: seelische Erregbarkeiten, Enttäuschungen in Liebesangelegenheiten, seelische Belastungen mit meist physischen Auswirkungen.
- Ährenförmiges Jupiterende: Menschenfreundlichkeit und Warmherzigkeit.

Bei der Beurteilung der Emotionalis sind stets Thenar und Hypothenar mitzubeachten. Ist der Thenar leicht erhöht, bestehen ausreichend Körperkräfte und Lebenswillen, Schicksalsschläge zu verkraften. Erfährt außerdem der Hypothenar als seelisch bezogener Bereich eine leichte Erhöhung, erhält auch die Gemütsseite eine willkommene Unterstützung.

Die zeitliche Einteilung der Emotionalis
Wie alle Linien kann auch die Emotionalis zeitlich eingeteilt werden, und auch hier sind die Verfahren der Chirologen uneinheitlich. Eines der bewährtesten scheint das nachstehende zu sein, nämlich dasjenige von Issberner-Haldane.

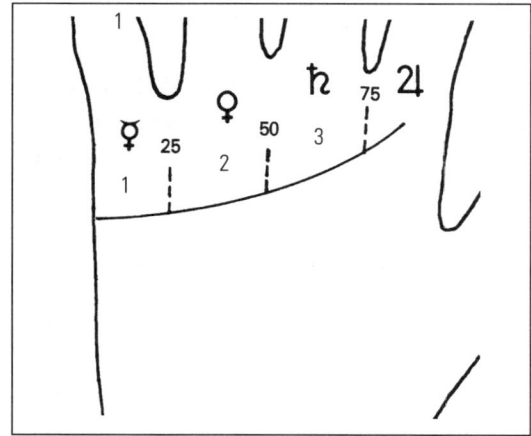

Die zeitliche Einteilung des Emotionalis

1 Von der Perkussion bis zur Stelle zwischen Merkur- und Ringfinger sind die ersten 25 Jahre ablesbar.

2 Zwischen Ring- und Mittelfinger befindet sich ungefähr das 50. Lebensjahr.

3 Zwischen Mittel- und Zeigefinger liegt der Punkt für etwa 75 Jahre.

Der Teil unterhalb des *Kleinfingers* zeigt die allgemeinen Beziehungen zur Umwelt und wie die Kontakte gemüthaft verarbeitet werden. Pfeilartige Verästelungen deuten auf einen warmherzigen, gutmütigen und offenen Menschen, der sich mitunter auch schnell einmal verlieben kann. Bei zusätzlich *abgespreiztem Kleinfinger* sind die Kontakte zielgerichtet; sie werden selektiert. Man kontaktiert nicht mit jedermann. Inselbildungen zeugen von gemüthaftem Beteiligtsein. Meistens war in der Vergangenheit seelisch übermäßig viel zu verarbeiten oder steht schicksalhaft noch bevor. Gleichzeitig gibt die Linienführung unterhalb des Kleinfingers Auskunft über seelische Erlebnisse in der Konfrontation mit der Außenwelt während der Jugendzeit. Die sich allenfalls abzeichnenden Krisenzeiten sind aber subjektiv. Geschwister können die gleichen Ereignisse und Erlebnisse anders empfunden und verarbeitet haben.

Die Strecke unterhalb des *Ringfingers* ist der empfindlichste Teil der Emotionalis. Sie hat venusischen Charakter und gibt Auskunft über die Innigkeitsgefühle in der *Du*-Beziehung mit einem geliebten Menschen. Hier sind Verletzungen in Liebesangelegenheiten, die Liebesenttäuschungen ablesbar und wie diese verarbeitet wurden. Dieser Teil der Emotionalis ist in den meisten Händen durch Inseln und Überlagerungen belastet. Liebesangelegenheiten können «an Herz und Nieren gehen». Organisch finden unterhalb des Ringfingers Herz- und Nierenschäden ihren Niederschlag.

Beim Emotionalisteil unterhalb des *Saturnfingers* kann aufgrund des Schwunges oder allfälliger Störungen auf das seelische Rückgrat geschlossen werden. Falls die Linie hier absackt, ist die Gemüthaftigkeit anfällig für Depressionen. Der Handeigner hat Mühe, sich ständig wieder aufzufangen und aufzuraffen. Hier werden aber auch Seelenkräfte für den Beruf abgezogen. Da alle Zeichen mehrdeutig sind, offenbart die Region unter dem Saturnberg auch die gefühlsmäßige Einstellung zu sachlichen Werten.

Die gesperrte Hand: astrologisch ein plutonisches Thema

• Fallen Kopflinie und Emotionalis zusammen, wird die sich ergebende Linienformation als «gesperrte Hand» bezeichnet. Dieser eigenartige Linienverlauf zeigt Widersprüche zwischen praktischen Erwägungen (Kopflinie) und gefühlsmäßigem Verhalten (Emotionalis). Denken und Fühlen fließen ineinander, was zeitweilige Blockierungen nach der einen oder anderen Richtung offenbart. Das Gleichgewicht ist gestört, weil sich zwei Extreme berühren. Der Mensch ist entweder zu stark kopf- oder zu stark herzbelastet. Der Denkakt entbehrt des Öfteren der Objektivität. Andererseits besagt das Zusammenfließen der Gemüts- und Intellektkräfte einen Mangel an Differenzierungs-Vermögen in der emotionalen Sphäre.

• Nicht immer ist eine eindeutige Sperrfalte erkennbar. Sofern Kopflinie und Emotionalis nur eine kurze Strecke miteinander verbunden sind, ist festzustellen, welche der beiden Linien die Verbindung kontrolliert. Ist es die Kopflinie, die die Gemütslinie integriert und liegt die Sperrung in der Realitätszone nach unten gelagert, so dominiert bei den Aktionen des Handeigners der Intellekt im Sinne eines eher nüchternen, berechnenden Verhaltens. Wenn sich die Kopflinie in der Mittelfingerregion aus der Sperrfalte herauslöst, handelt es sich zumeist um einen sehr intelligenten Menschen, dessen Charakter aber eher einem selbstsüchtigen, berechnenden Wesen entspricht. Falls bei hochgelegener Sperrung die

Emotionalis die Kopflinie aufnimmt, machen dem Handeigner die zu stark durchdringenden Gefühle zu schaffen.

• Meistens ist nur eine Hand gesperrt. Weist die linke Hand eine Sperrung auf und zeigt die rechte eine als gut zu bezeichnende Kopflinie, ist die Verhaltensweise des Handeigners bei berechenbaren Situationen normal, bei unerwarteten Ereignissen dagegen nicht voraussehbar.

Seelische Eigentümlichkeiten der Sperrhand
Innere Unruhe, Spannungen und Verkrampfungen; Abneigung gegen jeden Zwang; Originalität; Instinkthafte Klugheit; außergewöhnlich intensive Gemüts- oder Verstandeskräfte; seelische Gleichgewichts-Schwankungen, d. h. Störungen in den Gefühls- und Gedankenströmungen; Kurzschlussreaktionen; bei fehlender Saturnalis gestörte seelische Funktionen; überemotional oder extreme Gefühlshärten; Ängste, Engen, verbunden mit eventuellen asthmatischen Beschwerden oder Angina pectoris; in Beziehungen fühlt sich der Sperrhänder vom Partner meist unverstanden.

Astrologische Konstellationen
Meine astrologischen Untersuchungen ergaben Folgendes: Bei einer «gesperrten» Hand bilden Pluto-Aspekte das Grundmuster des Persönlichkeitsausdrucks. Sie haben etwas Zwanghaftes, Unausweichliches. Pluto ist Hauptakteur, wesentliche Mitspieler sind Sonne, Mond und/oder Venus. Kann man bei einer Sperrhand eine Kopflinie ausmachen, ist Mars im Ebertinschen Strukturbild mit von der Partie. Die Hauptformel im Strukturbild heißt in der Regel Pluto = Sonne/Mond. Bei einem durch die Gestirne Pluto, Sonne und Mond gebildeten T-Quadrat im 360°-Kreis kann sich jedoch, wenn eine Quadratur mehr als einen Orbis von 2° aufweist, kein symmetrisches Strukturbild dieser Planeten ergeben. Die Aussagen im 360°-Kreis bleiben sich bis zu einem Orbis von 4° fast gleich, für das Strukturbild sind nur 1–2° Orbis zulässig. Auch bei einer Pluto/Sonne-Konjunktion im Quadrat zum Mond zeigt sich dasselbe verschobene Strukturbild, wenn die Quadratur mehr als einen Orbis von 2° aufweist. Doch die Halbsumme Pluto = Sonne/Mond ergibt keine «gesperrte Hand», gebrochene oder verschobene Herzlinie, aber jede dieser «plutonischen» Hände zeigt diese Dreierstruktur, die maßgeblichen Quadraturen und/oder eine Dominanz in fixen Zeichen oder Häusern.

Die gesperrte Hand bei Chromosomenabweichung und beim Normalen
50 Prozent der Menschen mit Downsyndrom besitzen eine gesperrte Hand, wobei die Lebenslinie an ihrem Ende ulnarwärts gegen den Hypothenar (Mondberg) ausschwingt. Diese Menschen sind besonders stark krankheitsgefährdet, was die abgezogene Vitalis symbolisch deutlich veranschaulicht. Auch eine allfällige Saturnalis wird immer auf die Ulnarseite abgezogen. Die Hand mit Chromosomenabweichung fällt nicht nur durch ihr ulnares Linienbild auf, sondern ebenfalls durch ihren Breitwuchs, der auch für Füße, Nase, Gesicht und Nacken symptomatisch ist. Außerdem zeigt die Handwurzeltriadie eine Besonderheit. Sie, die sich üblicherweise im Bereich des Neptun-, Uranus- oder unteren Mondberges befindet, verschiebt sich hinauf in die astrologische Gegend von Jungfrau/6. Haus. Dass das Wesen des Menschen mit Trisomie 21 stark gemütsbetont ist, bestätigt die von der Jupitertriadie weglaufende Leiste in die Emotionalis.

Die Hand des Normalen weist einen völlig anderen Linienverlauf auf (siehe Bild S. 87). Bei ihm verankert sich die Lebenslinie in der Handwurzel, und die sich durch die drei zusammenlaufenden Leistenströme bildende Triadie befindet sich in der unteren Handzone. Der normale Mensch mit gesperrter Hand liegt leistungsmäßig meistens über dem Durchschnitt oder weist eine Sonderbegabung auf, oft auf künstlerischem Gebiet.

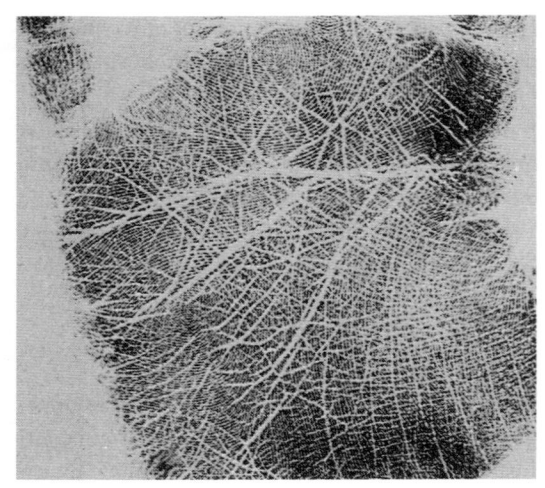

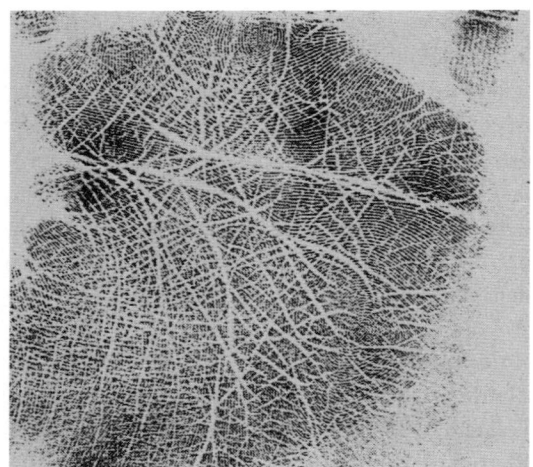

Die beiden obenstehenden Bilder zeigen die linke und rechte
Hand eines 13-jährigen Mädchens mit Trisomie 21.

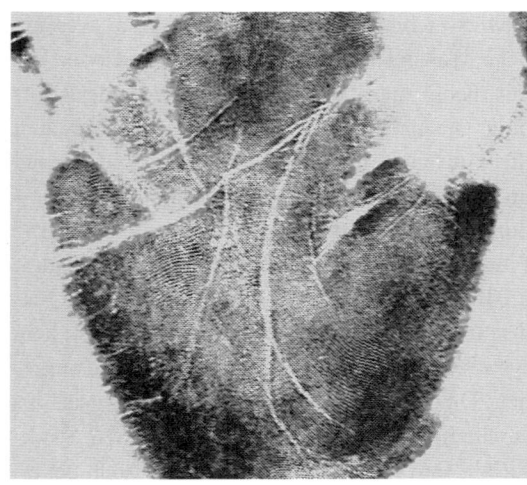

Die Abbildung zeigt den Handabdruck der linken gesperrten
Hand des Tänzers Alexander von Swaine, geb. 28. 12. 1905.
(Auch die rechte Hand des Tänzers ist eine gesperrte.)

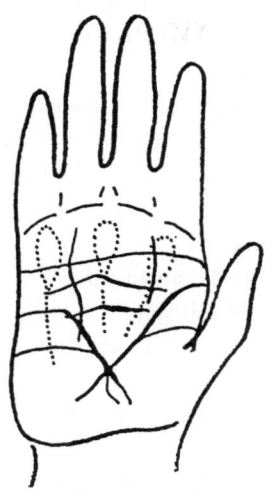

Gorillahand. Transversal symmetrisch; Dominanz Ulnarseite; radialer 2. Finger annähernd; gleich lang wie ulnarer 5.

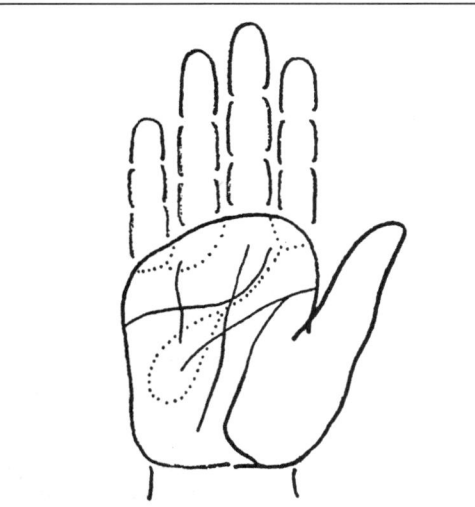

Menschenhand. Schräg asymmetrisch; Dominanz Radialseite; radialer 2. Finger erheblich; länger als der ulnare 5.

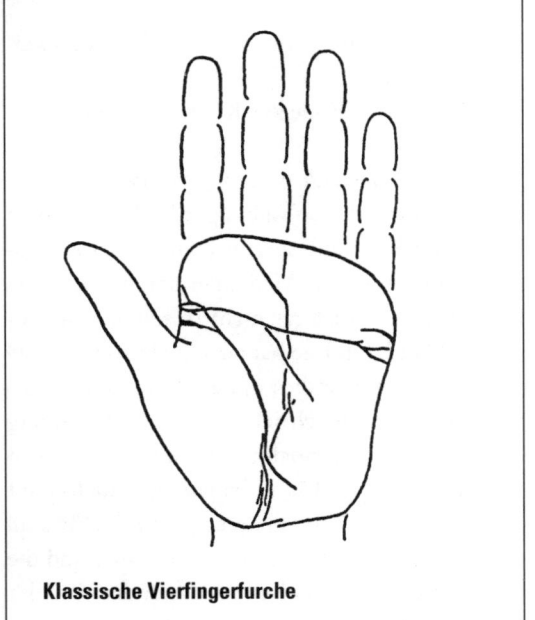

Klassische Vierfingerfurche

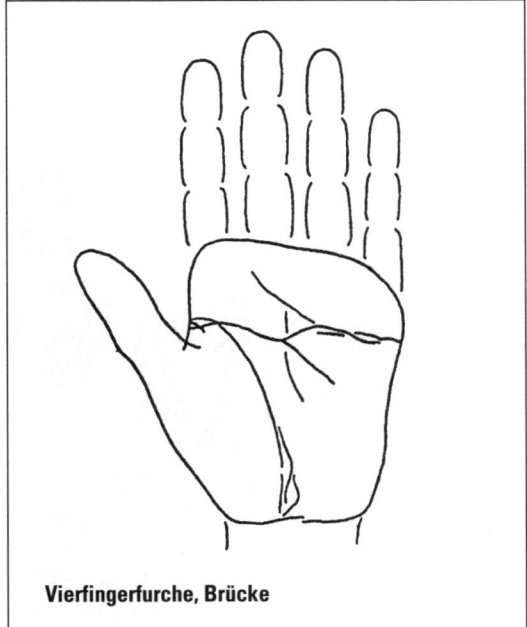

Vierfingerfurche, Brücke

Zeichnungen aus W. Hirsch, *Hautleisten und Krankheiten*.
Text gekürzt aus: *Evolution und Polarität in der Primatenhand* von Hugo Debrunner.

Die Normalhand

Die Hauptlinien
Die drei Hauptlinien liegen an stammesgeschichtlich fixierten Stellen.

Die *Daumenfurche* oder Lebenslinie, die den Daumenballen bogenförmig umgrenzt, hat bezüglich ihres Endes drei Möglichkeiten des Verlaufs:
- Sie umschließt den Daumenballen und verläuft in ihrem Endabschnitt radialwärts (Normale 86% – Menschen mit Downsyndrom 41%).
- Sie verläßt den Daumenballen in ihrem mittleren Abschnitt und zieht gegen den Hypothenar auf der Kleinfingerseite (Normale 0% – Menschen mit Downsyndrom 22%, siehe Seite 86 oberstes Bild).
- Sie verläßt den Thenar oder Daumenballen in ihrem Endabschnitt und verläuft ulnarwärts (Normale 9% – Menschen mit Downsyndrom 36%).

Die *Kopflinie*, Cerebralis oder Fünffingerfurche beginnt am radialen Handrand. Sie hat als Anfang vier Möglichkeiten:

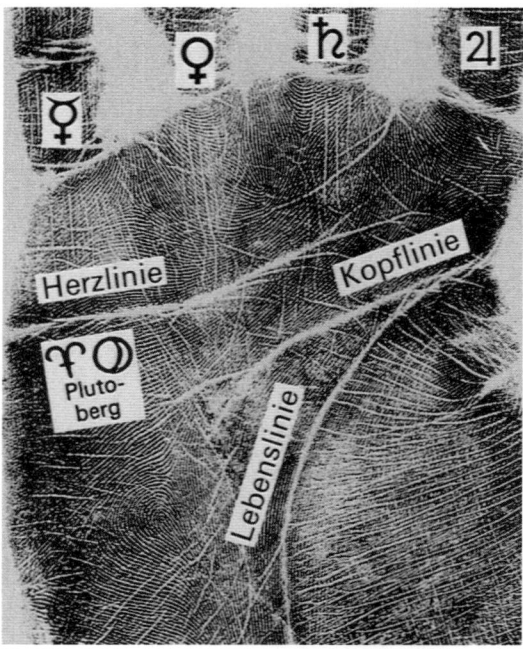

- zusammen mit der Lebenslinie,
- getrennt von der Lebenslinie, verschoben zum Jupiterberg,
- getrennt und zum Handinnern verlagert,
- innerhalb der Lebenslinie im Marsberg.
  Die Kopflinie – ob kurz oder lang – durchquert die Hand zur Kleinfingerseite und kann wie folgt verlaufen:
- horizontal oder abfallend
- gerade oder gebogen
- innerhalb ihres Verlaufs sich verästelnd und/oder
- sich an ihrem Ende gabelnd.

Die *Herzlinie*, Emotionalis oder Dreifingerfurche beginnt an der Ulnarseite der Hand und schwingt sich Richtung Zeigefingerberg. Ihr Ende kann
- in den Saturnberg verlaufen,
- sich im Saturnbereich gabeln,
- im Zwischenbereich von Saturn- und Jupiterberg enden oder
- auf dem Jupiterberg, meistens sich verzweigend, oder
- sich an ihrem Ende zur Kopflinie neigen.

Die gesperrte Hand, die Vierfingerfurche
Bei teilweiser oder vollständiger Verbindung von Herz- und Kopflinie spricht man von einer «gesperrten Hand». Die Mediziner nennen sie Vierfingerfurche. Sie ist gar nicht so selten – die gesperrte Hand. Und sie hat auch nicht so tragische Auswirkungen, wie dies in der älteren chirologischen Literatur beschrieben wird. Ebensowenig ist sie pathologisch noch ist sie Kennzeichen von Trisomie 21. Sperrhände haben auch nichts mit der Lebenslänge oder -kürze zu tun. Dafür sind die Vitalitätsverhältnisse der Lebenslinie und die Substanz des Daumenballens zuständig. Bei der gesperrten Hand geht es primär um das Emotionalleben, das von Höhen und Tiefen geprägt ist. Astrologisch fällt bei der Sperrhand eine Betonung der fixen Zeichen und/oder Häuser auf sowie die Halbsumme Pluto = Sonne/Mond. Ersteres heißt, dass ein bestimmtes Schicksal zur

Auslösung kommen wird, letzteres dass eine hochgradige Sensibilität besteht und außergewöhnlich starke Gemütsbewegungen.

Das Maximum in der Verbindung und Wirkung ist gegeben, wenn in beiden Händen Kopf- und Herzlinie vereint wie ein dicker schnurgerader Strich die Handfläche durchqueren.

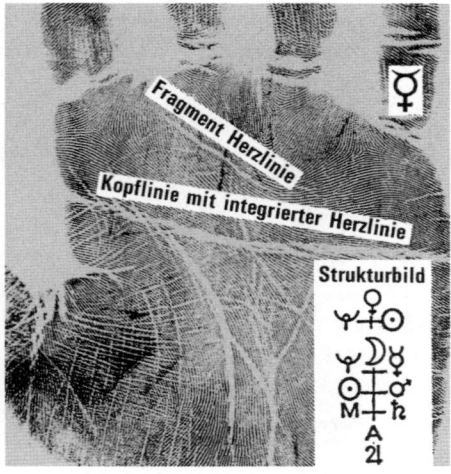

Abdruck rechte Hand. Feinerer Spatelrumpf. Astrologische Aspekte: AC-Stier (fixes Zeichen) -150° Uranus. Pluto-Konjunktion Sonne-90°-Mond, Mond in 2 (fixes Haus). Venus in Skorpion (fix)-45° Pluto-Konjunktion-Sonne. Saturn-Opp.-Neptun (in fixen Zeichen). Saturn-135°-Uranus. Schüler.

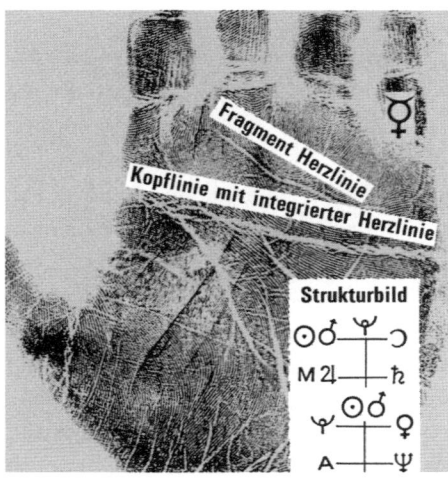

Abdruck rechte Hand. Querschnittgelähmt seit Geburt. Astrologische Aspekte: Pluto-Astrologische Venus 45°-Sonne-Konjunktion Mars-Konjunktion Mond. Sonne, Mond, Mars in Löwe (fixes Zeichen). Saturn in Stier Spitze 8 (fixes Zeichen und Haus. Saturn 135°-Uranus. Die Sonne spiegelt sich auf Saturn. Schüler.

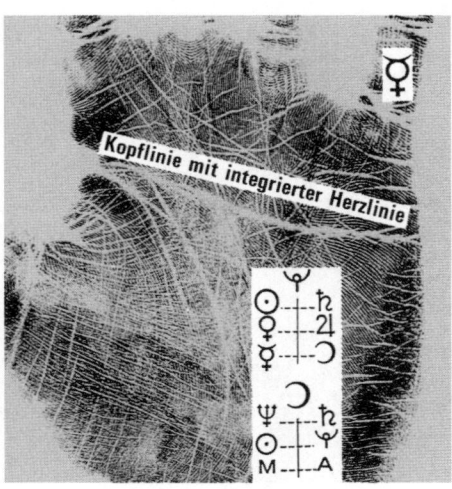

Abdruck rechte Hand. Eckiger Handrumpf. Oberhalb der Sperrlinie Herzlinienfragmente verbunden mit dem Venusring. Astrologische Aspekte: AC-Löwe-Konjunktion Pluto-150°-Venus; Uranus Opposition Venus, Neptun-Opposition-Mars (als karmisches Kreuz). Jupiter-Opp.-Mond (in 2/8 = fixe Häuser). Sonne-90°-MC/IC (fixe Zeichen). Krankenschwester.

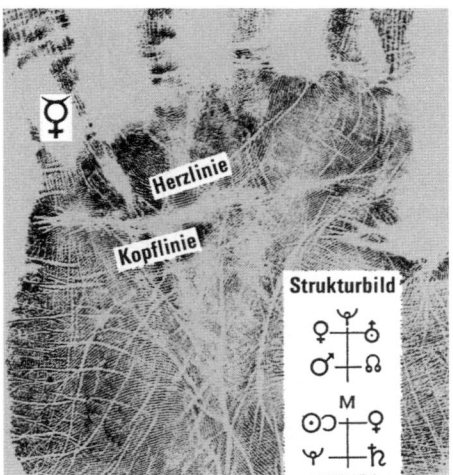

Abdruck linke Hand. Linkshänder. Geb. 30.12. 1923, 22.15h.–27. 4. 1979, 12.20 Uhr. Astrologische Aspekte: Pluto-Opposition Sonne-90°-Mond (T-Quadrat-Kardinal), Venus-90°-Saturn (fixe Zeichen und Häuser). Mars-90°-Neptun (fixe Zeichen). M = Pluto/Saturn = Magier. Mitglied Saturnloge und Mitarbeiter von Gregor Gregorius. Hobby-Gemmologe.

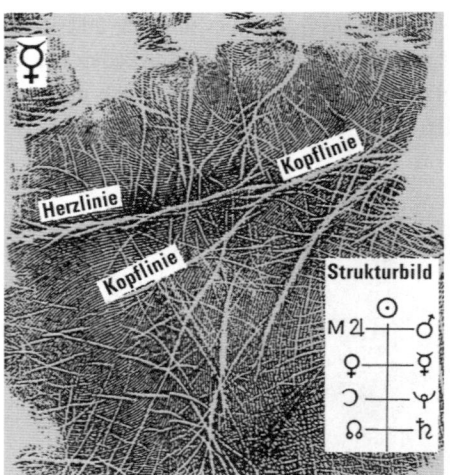

Abdruck linke Hand. Beide Hände gesperrt. Astrologische Aspekte: Mond-135°-Pluto, Mond vor Spitze 8; Pluto-150°-Venus-150°-Neptun (YodFigur = Finger Gottes), Mars-Opposition-Jupiter 90°-Sonne (T-Quadrat); Neptun-90°-ab- und aufsteigender Mondknoten. Pluto spiegelt auf Saturn, Neptun auf Merkur und Mond auf dem AC.

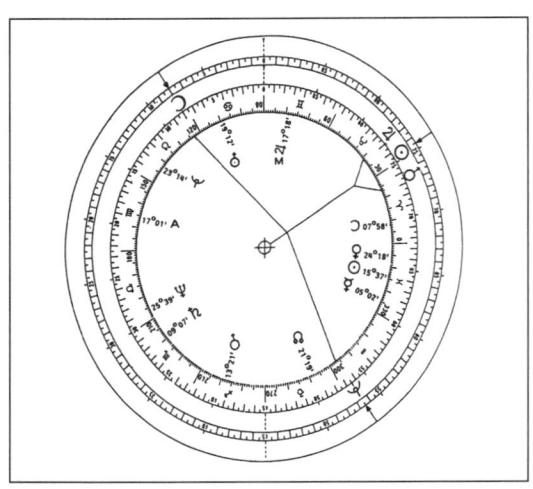

Das Ebertin-System

Innen 360°-, außen 90°-Kreis

Dreier-Strukturbild Sonne = Mond = Pluto im Geburtsbild der Eignerin des nebenstehenden Handabdrucks.

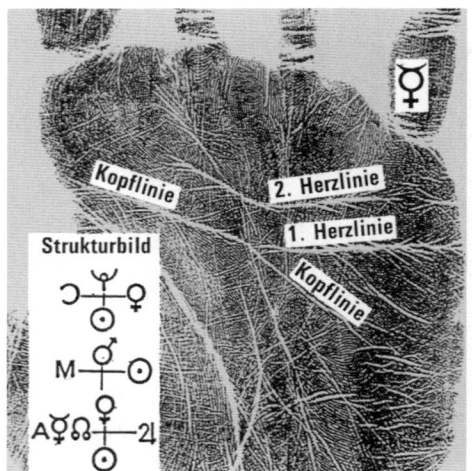

Abdruck rechte Hand. Handrumpf eckig. Nur rechte Hand gesperrt. 1. Herzlinie mit Normbeginn endet vor Kopflinie. 2. Herzlinienbeginn im Merkurberg. Astrologische Aspekte: Pluto-Opposition Mond-90°-Venus (T-Quadrat in fix. Zeichen). Sonne/Mars 90°-M, Uranus-90°-Saturn/Neptun; Venus-150°-Saturn/Neptun. Sozialarbeiterin.

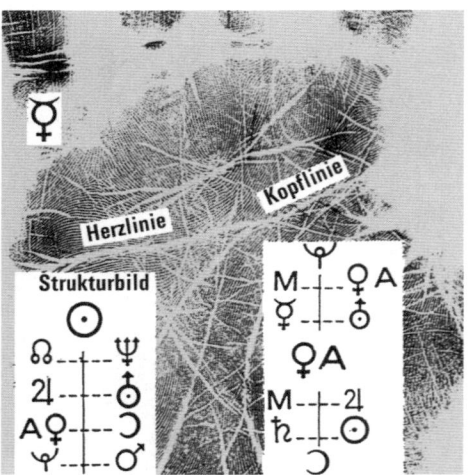

Abdruck linke Hand. Linkshänderin. Beide Hände gesperrt. Astrologische Aspekte: Pluto Konjunktion Venus-90°-AC in fixen Zeichen. Mond Opposition Mars/Merkur/Uranus Achse 2/8 (fix), Mars an Drachenspitze M/Knoten, Kopflinie sich aus Sperrlinie lösend. Sonne-90°-Neptun. Sonne 90°- auf- und absteigender Mondknoten. Heilpädagogin.

Die Linien der emotionalen Bindungen

1 Zwischen Emotionalisbeginn und Kleinfinger-
basis, an der Perkussion des Merkurberges,
verlaufen parallel zur Emotionalis die Linien
der mitmenschlichen Kontakte, die, wenn sie
gefühlsmäßig gefärbt sind, eine Vertiefung aufweisen. In der mantischen Literatur tragen sie
den Namen «Ehelinien». Diese kleinen Linien
geben Aufschluss über das gemüthafte Verhalten in den Beziehungen zur näheren Umwelt. Sie sind für ihre Beurteilung von der
Beschaffenheit der Emotionalis (Gemütslinie/
Herzlinie siehe Seite 80) und von der Saturnlinie, als Linie der sozialen Einordnung und
des Pflichtbewusstseins (siehe Seite 92f.), abhängig.

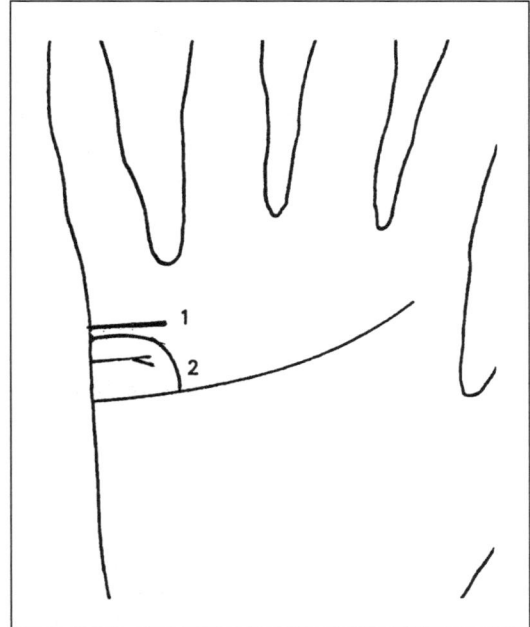

• Die Linien der gemüthaften Beziehungen
und Bindungen symbolisieren in der Jugend
eher das Verhalten gegenüber Eltern und Bezugspersonen, im Erwachsenenalter Tiefe und
Stetigkeit der Gefühle in den Beziehungen zur
näheren Umwelt. Dazu gehört auch der Partnerbereich.

• Je tiefer und klarer die Bindungslinien gezeichnet sind – manchmal sind es deren zwei
oder mehr –, um so tiefer, eindeutiger und dau-
erhafter versprechen die Beziehungen zur
Umwelt zu sein.

• Viele dünne Linien offenbaren zahlreiche
Kontakte, oft aber nur im Sinne des astrologischen Prinzips Merkur/Zwillinge/3. Feld (siehe
Seite 58). Meist ist der Zwillingstyp kontakt-
freudig, benötigt Abwechslung, will sich aber
dabei emotional nicht festlegen.

• Die Linien der emotionalen Kontakte und
Bindungen haben nichts mit der Anzahl Ehe-
schließungen zu tun, können aber unter Umständen solche anzeigen. Ich besitze Handabdrücke katholischer Geistlicher mit und ohne
Bindungslinien. Dabei hat sich in meiner Praxis ergeben, dass jene mit einer gutausgepräg-
ten Bindungslinie die besseren Seelsorger sind,
weil sie sich in ihren Beziehungen zur Umwelt

emotional engagieren. Anderseits kenne ich einige verheiratete Menschen, die keine Bindungslinien besitzen. Hier hat sich gezeigt,
dass meist die gefühlsmäßige Bindung an Partner und Umwelt zu wünschen übrig lässt.
Durchgestrichene oder gegabelte Kontaktli-
nien deuten auf Störungen in den Um-
weltbeziehungen. Dazu gehören auch die Partner sowie die eigene und die angeheiratete
Familie.

2 Eine emotionale Bindungslinie, die sich bis
über die Herzlinie neigt, deutet auf den Verlust
einer Bezugsperson/Partner, der dem Linieneigner sehr zu schaffen macht.

Die drei Vertikalen

Die drei vertikal verlaufenden Linien werden Sekundärfurchen oder Nebenlinien genannt, weil sie einerseits nicht lebensnotwendig sind und sich anderseits nicht in jeder Hand befinden. In der Regel prägen sie sich auch weniger stark aus als die horizontal beginnenden Hauptlinien. Die drei Vertikalen liegen – ausgenommen die Mittelfingerlinie – fast ausschließlich auf der Ulnarseite der Hand.

Ursprungsort der Vertikallinien ist die Handbasis. Sie tragen die Namen jener Berge, denen sie zustreben. Schwerpunkte sind Beginn und Ende der Linien und der Raum, den sie dazwischen durchlaufen.

Da die Nebenlinien den seelischen Energiefluss des Menschen anzeigen, können sie sich dauernd ändern, denn die seelische Energie ist nichts Konstantes. Daher sind sie völlig individueller Art. Außerdem offenbaren sie bewusste oder unbewusste Strebungen oder zeigen ein Betätigen von Anlagen an im Sinne des Übens und Ausübens von Fähigkeiten der diesen Linien zugehö-

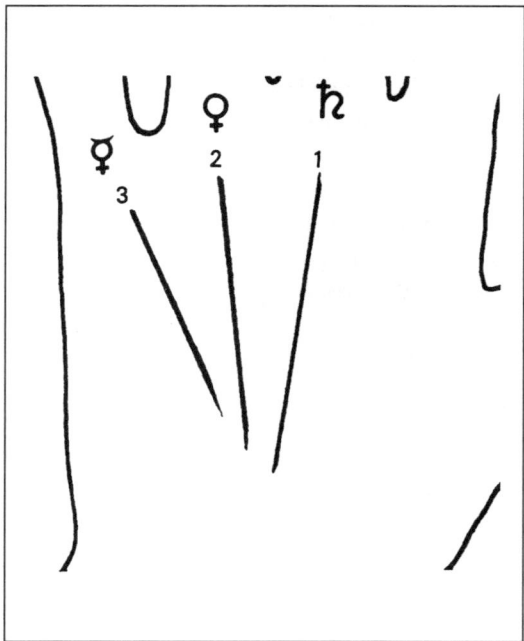

renden Finger oder Handregionen, die von ihnen durchflossen werden.

In der Literatur übliche Bezeichnungen

1 Mittelfinger-, Saturn-, Schicksals-, Kultur-, Traditions-, Persönlichkeits- oder Über-Ich-Linie, Linie des sozialen Verhaltens, Hauptvertikale, Longitudinale, Saturnalis.
Astrologisch: Saturn. Regent des Tierkreiszeichens Steinbock.

2 Ringfinger-, Kunst-, Apollo-, Sonnen-, Ruhmes-, Venus-, Glücks-, Gold-, Ehren- oder Projektionslinie. Talentfalte.
Astrologisch: Venus. Regentin des Tierkreiszeichens Waage.

3 Kleinfinger-, Merkur-, Magen-, Leber-, (Hepatika), Milz- oder Gesundheitslinie. Als effektive Milzlinie gilt aber eher eine stark zum Mondberg verschobene Kleinfingerlinie. (Milz = Englisch «spleen», in unserem Sprachgebrauch ein Spinner, weil der Durchschnitt den Spleen, die Ideen des Spinners, nicht verkraftet. (Im Englischen hat spleeny eine andere Bedeutung.)
Astrologisch: Merkur. Tagdomizil Zwillinge, Nachthaus Jungfrau. Als Herrscher von Jungfrau wird in astrologischen Kreisen bereits Chiron, Ceres und Vesta gehandelt.

Die Hauptvertikale oder Saturnalis

Aus der Saturnalis, auch Saturn- oder Schicksalslinie genannt, sind je nach Verlauf und Ausprägung Stabilität, Konzentrationsfähigkeit, Schaffensdrang, Leistungswillen, Zielstrebigkeit, Ausdauer, Pflichtbewusstsein, Selbstdisziplin und Verantwortungsgefühl ersichtlich. Außerdem ist die Saturnalis eine kulturbezogene Linie.

Die Schicksalslinie hat mit der Bewältigung der Realität und der Leistungsbezogenheit zu tun. Sie offenbart aber auch das Verhältnis zur Umwelt und die Wechselfälle des Lebens, indem sie das soziale Einordnungs- und Anpassungsvermögen verrät. Ebenso lässt sich aus ihr auf das Maß an Traditionsgebundenheit und Über-Ich-

Stärke schließen. Mit dem Begriff Über-Ich ist die Freudsche Version gemeint: der Niederschlag der Erziehung, die Kontrollinstanz, das Gewissen.

Was die Handtypen betrifft, findet sich die Hauptvertikale in sensitiven und weiblichen Händen meist besser ausgeprägt als in spateligen und eckigen.

Kinder entwickeln oft erst ab dem 12. Lebensjahr eine Saturnlinie.

Kriminelle haben selten eine. Ein Fehlen der Saturnlinie deutet auf geringe Charakterstärke, Beeinflussbarkeit und mangelndes Fundament für berufliche Belange.

Die Bedeutung des Saturnalis-Ursprungs
Die Saturnalis hat verschiedene Ausgangsmöglichkeiten:

1 Steigt sie aus der Lebenslinie auf, so besteht eine starke Bindung an das Elternhaus, mitunter ein Abhängigkeitsverhältnis von einem Elternteil oder eine Sorgepflicht. Oft bedeutet diese Linienverbindung auch eine Hemmung oder eine Verzögerung der Selbständigkeit. Nach Überwindung der Hindernisse zeigt der Handeigner ausgesprochenes Verlangen nach beruflicher Durchsetzung. Mitunter wird ein elterlicher Betrieb übernommen. Diese Linieneigner sind immer irgendwie der angestammten Familie verhaftet im Sinne der Herkunft, Traditionsgebundenheit, Sorgepflicht oder eines Abhängigkeitsverhältnisses.
Astrologisch besagt ein Saturnaliskontakt mit der Vitalis einen Sonne/Saturnbezug. Das können Aspektverbindungen sein, Saturn in Löwe oder im 5. Haus, Steinbock in fünf, ein Quadrat des Saturns zum AC (dabei AC oft in Feuerzeichen) sowie betonte Sonne/Saturn-Halbsummen.
2 Verläuft die Saturnlinie dicht entlang der Vitalis und verbindet sich kurzfristig mit ihr, um dann später selbständig weiterzulaufen, besagt auch sie eine schicksalshafte Gebundenheit an

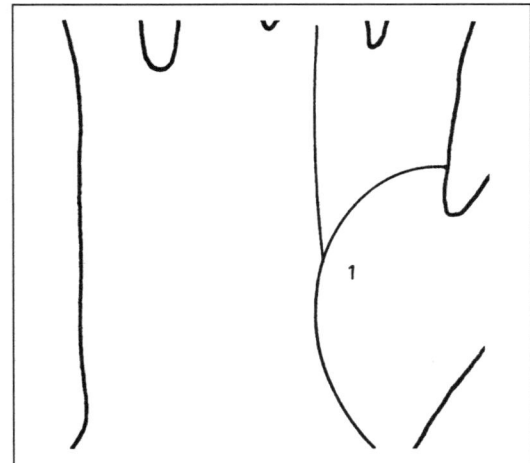

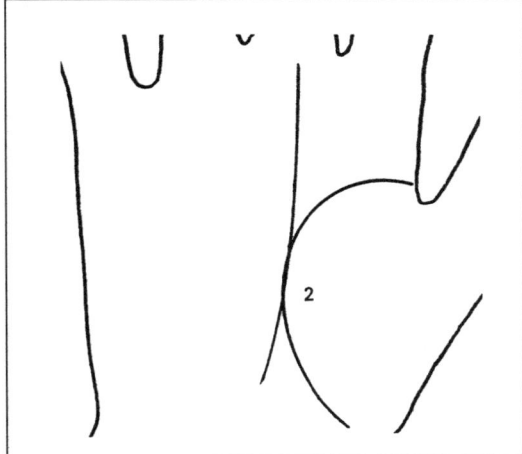

die angestammte Familie. Zusätzlich wird sich der Linieneigner nur unter vielen persönlichen Anstrengungen und mit einigen Verzögerungen durchsetzen. Häufig fühlt er sich unfrei, abhängig durch innere oder äußere Umstände.

3 Entspringt die Saturnalis im Neptunberg, dem Ort des Ursprungs, verrät sie eine starke Verwurzelung in der Erbmasse. Der Linieneigner ist traditionsgebunden und wünscht Stabilität in seinem Lebensverlauf. Er ordnet sich sozial ein, will selbst sozial abgesichert sein und strebt einen klaren, im voraus berechenbaren Werdegang an. Im innersten Wesen konserva-

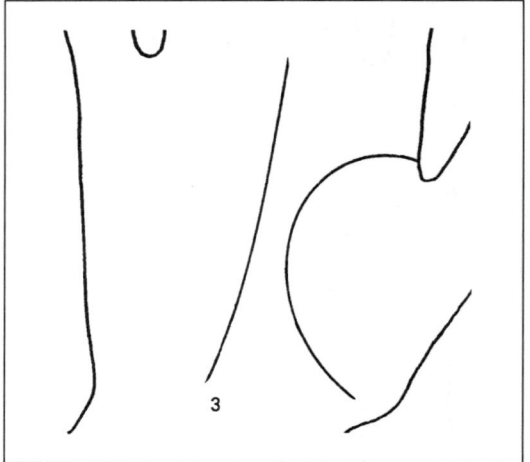

tiv, ziemlich in sich geschlossen, eigenständig und beständig, liegt ihm daran, seine Anlagen verwirklichen zu können. Er will weder von der Umwelt noch vom Elternhaus abhängig sein. Meist stammt der Linieneigner aus stabilen Verhältnissen oder arbeitet sich in solche empor.

Eine ausgeprägte Saturnlinie vermag auch Gefühle in Schach zu halten. Eine lange, kräftige, vom Ort des Ursprungs aufsteigende Saturnlinie besagt immer Zielstrebigkeit als Charakteranlage. Ob sich diese Charakteranlage durchsetzt, hängt vom Gesamteindruck der ganzen Hand ab. Die eckige Hand kommt dieser individuellen Charakteranlage entgegen.

Astrologisch sind bei eckiger Hand und langer Saturnlinie oft Konstellationen zu finden wie: Steinbock oder Saturn im 4. Haus, Jupiter/Saturn-Konjunktionen, Jupiter in Steinbock oder 10. Haus, Saturn in Schütze oder dem 9. Haus, Saturn in Steinbock.

Bei der konischen Hand handelt es sich um zwei sich widerstrebende Prinzipien. Die konische Hand wirkt dem zielstrebigen Verhalten einer langen, starken Saturnlinie entgegen. Die Zielstrebigkeit besteht zwar trotzdem, dringt aber nicht durch, weil das Gleichgewicht fehlt (Grundverhalten = Handform, individuelle Charakteranlage = Linie).

Je gerader und ausgeprägter der Verlauf der Saturnalis, desto zielstrebiger, aber auch kompromissloser ist der Mensch. Handeigner mit klargezeichneter gerader Saturnlinie zeigen bei Schwierigkeiten keine Unsicherheit. Eine schnurgerade Saturnalis, gekoppelt mit einer linear verlaufenden Kopflinie, weist auf einen sachlichen, nüchternen Charakter, auf einen Menschen, der berechenbar ist. Eine starke, kräftige Schicksalslinie findet sich meistens in den Händen wirtschaftlich Erfolgreicher.

• Eine *lange, gut gezeichnete* Saturnlinie besagt, dass der Mensch zielstrebig und diszipliniert genug ist, um sich von einer einmal eingeschlagenen Richtung nicht abbringen zu lassen. Der Linieneigner ist bestrebt, die Gaben des Saturnfingers voll zu nützen. Ist der Mittelfinger stark und auch der Daumen genügend groß, sind meist alle Wünsche realisierbar. Vor allem deshalb, weil der Saturngeprägte nur Machbarem seine Aufmerksamkeit schenkt.

• In einer *langen, tiefen* Saturnlinie mit ausgeprägtem geradem Mittelfinger liegt auch der Drang, Verantwortung zu übernehmen und mit bestem Wissen und Gewissen eine Sache konsequent durchzufechten oder zu verfolgen. Bei zu starkem Zeigefingerberg (Geltungstrieb) leidet die Konsequenz etwas. Dadurch wird die Zielstrebigkeit einer langen Saturnlinie beeinträchtigt.

- Bei *kurzem* Mittelfinger schlägt die gutgeführte Saturnalis ins Gegenteil um: in ungenügendes sittliches Verantwortungsgefühl und Gewissenlosigkeit.
- Die Saturnlinie als inneres Getriebensein zu Arbeitsamkeit oder Fleiß führt stark und lang gezeichnet in *zarter Hand* zu belastender Schwere. Alle Lebenskräfte werden aus einem inneren Zwang heraus auf ein Ziel hin konzentriert. Dadurch entsteht wegen der entzogenen Vitalkraft eine Verkrampfung und innere Unfreiheit.
- Eine *doppelte* Saturnlinie ist während der Zeit ihrer Zweifachführung Hinweis auf die Möglichkeit zweier Berufstätigkeiten oder besonderer beruflicher Chancen. Sie verspricht vielseitiges Können, Fleiß und Gewandtheit. Der Handeigner ist selten verlegen um einen Ausweg. Ferner besteht für die Dauer des Parallellaufes eine Duplizität (Gesetz des doppelten Vorkommens) der Ereignisse. Beispielsweise erhält ein Stellensuchender zwei gleichwertige Angebote; ein Wohnungsinserat bringt zwei Offerten mit gleicher Hausnummer und symbolisch gleichen Straßennamen usw.
- Ist die Saturnlinie *zu kurz, zerstückelt oder schwach ausgeprägt*, wird die Zielstrebigkeit beeinträchtigt. Diese Menschen wissen nicht, was sie wollen. Es mangelt ihnen an innerem Halt. Das seelische Rückgrat ist geschwächt.
- Die *fehlende* Schicksalslinie besagt eine fehlende soziale Eingliederung (es sei denn, die Hand wäre eine eckige), ferner die Unfähigkeit, ein geregeltes Leben zu führen oder dass der Handeigner sonstwie mit dem Leben nicht zurechtkommt.

4 Liegt der Ursprung der Saturnalis im Mondberg, weichen die Anschauungen des Handeigners von den Überlieferungen der angestammten Familie meist ab. Obwohl sich diese Menschen stets schnell neuen Umweltbedingungen anzupassen vermögen, sind günstige Umweltverhältnisse für sie wesentlich. Mit etwas erhöhtem Mondberg und gut ausgeprägtem Daumen werden sie mit ihrer Vielseitig-

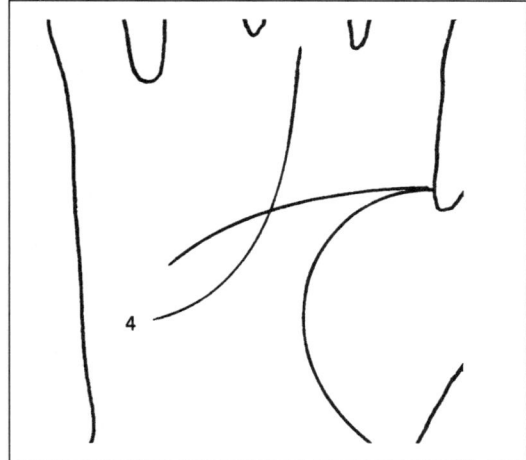

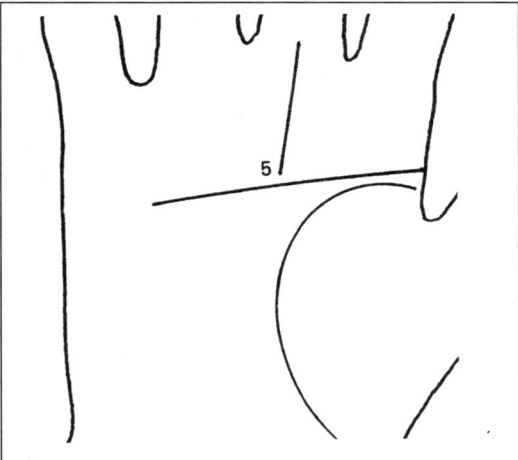

keit und ihrem Einfallsreichtum Umweltsituationen zu ihrem Vorteil selbst zu gestalten wissen. Da sie sich mit ihrer Arbeit seelisch identifizieren, möchten sie vor allem gerne ihre Arbeit mit Freude verrichten und auch deren Ergebnis genießen. Wenn gleichzeitig die Kopflinie sich dem Mondberg zuneigt, ist eine phantasiereiche, künstlerische Anlage gegeben. Eine starke, aus dem Mondberg kommende und im Saturnberg endende Schicksalslinie weiß alle Vorstellungen konkret zu gestalten.

5 Steigt die Saturnalis aus der Erdebene auf, gestaltet sich der Schicksalsweg etwas mühsamer und bedarf einiger vermehrter Anstrengungen.

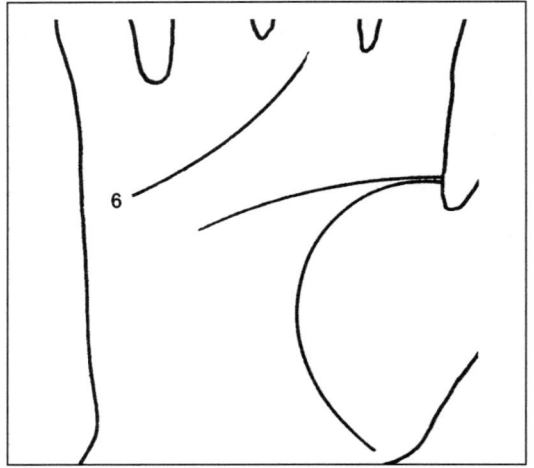

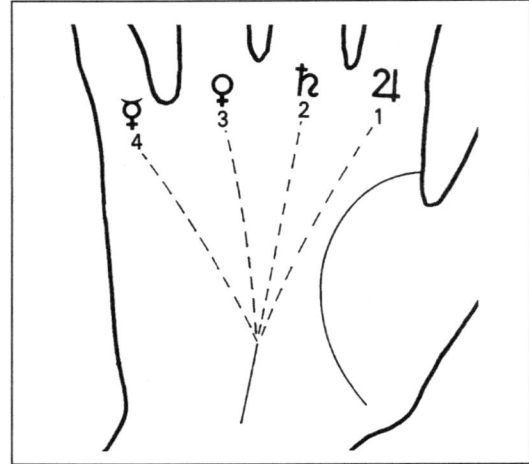

Das Saturnalis-Ende

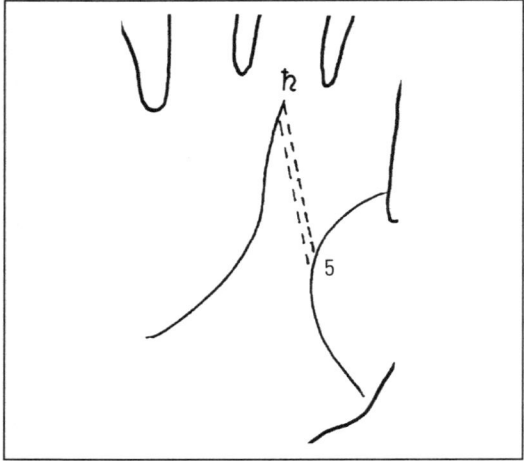

Öfters ist der spätere Beginn nur Hinweis, dass der Handeigner erst zu diesem Zeitpunkt beginnt, sich bewusst mit der Realität des Lebens auseinanderzusetzen oder sich sozial einzuordnen. Jedenfalls wird er sich, wenn auch etwas verspätet, den Problemen des Lebens stellen. Doch stets wird dazu ein genügend starker Daumen mit entsprechendem Thenar benötigt. Die Zielstrebigkeit der Saturnlinie genügt nicht, auch Tatkraft ist erforderlich.

6 Fast etwas Zwanghaftes hat eine aus dem Plutoberg aufsteigende Saturnalis. Sie zeigt Zähigkeit, schwerste Arbeit zu verrichten. Hier ist besonders die vitale Substanz eines guten Thenars und die Tatkraft eines genügend langen Daumens wichtig, um den gestellten Umweltforderungen gewachsen zu sein.

Das Saturnalis-Ende

Nicht nur der Saturnalis-Beginn, auch deren Ende ist aussagekräftig:

1 Wendet sich die Saturnlinie zum Jupiterberg, stehen eigene Ziele im Vordergrund. Ein fülliger Jupiterberg verstärkt zusätzlich das Geltungsstreben.

2 Endet die Traditionslinie im Saturnberg, konzentrieren sich alle Kräfte auf einen bewussten Einsatz für eine Sache. Die Selbstverwirklichung liegt in einer praktischen oder wissenschaftlich ausgerichteten Tat. Bei langer, kräftiger Saturnalis ist auch ein gutes seelisches Rückgrat zu verzeichnen. Die Verwirklichung der Gesamtpersönlichkeit ist aber vom Mittelfinger sowie vom Daumen und Thenar abhängig. Astrologisch gesehen können sich die Anlagen nur insoweit verwirklichen, als es die Sonne zulässt. Was im Horoskop die Sonne, sind chirologisch Thenar und Daumen.

3 Der Verlauf zum Ringfinger offenbart die Ausrichtung auf ideale Ziele. Die leitbildhaften Strebungen sind künstlerischer Natur oder Du-bezogen.

4 Bevorzugt die Saturnalis den Weg zum Merkurberg (was selten ist), steht ein Kommunikationsbedürfnis, welcher Art auch immer, im Vordergrund.

5 Zusätzliche, aus der Vitalis aufstrebende dünne Linien zu einem bereits saturnalisbesetzten Saturnberg, zeigen außergewöhnliche Anstrengungen für eine Sache oder ein Spezialgebiet, das in selbständiger Tätigkeit ausgeübt oder gelehrt wird. Meine astrologischen Forschungen haben ergeben, dass sich diese Linienkonstruktion aufgrund eines aktivierten Sonne/Saturn-Halbsextils bilden können. Allerdings nur in uranischen Händen, das heißt Händen mit Tannenbogenmustern, einer in den Uranusberg verlaufenden Jupiter-Triradie oder einer Uranuslinie.

Alle aus der Lebenslinie zusätzlich aufsteigenden Saturnlinien zeigen Erfolge aus eigener Kraft.

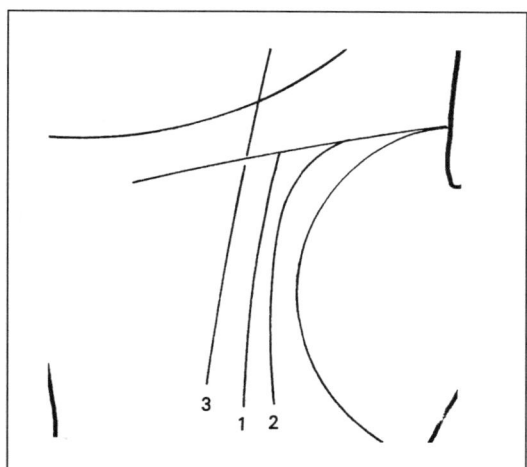

Saturnalis-Ende, Unterbrechungen, Verschiebungen

1 Endet die Saturnalis an der Kopflinie, wird die Zielstrebigkeit durch Erwägungen des Verstandes behindert.

2 Wird die Saturnalis von der Kopflinie aufgenommen, bedeutet sie eine konzentrierte Energie, die der Eigenwilligkeit kaum entbehrt.

3 Bei Linienunterbruch knapp vor der Kopflinie und Weiterführung im Denkraum sind die Beharrungskräfte stärker als die Schwierigkeiten, die den Unterbruch verursachten. Die Zeit ist mantisch bestimmbar.

4 Wird die Saturnalis an der Emotionalis angehalten, erfährt die Zielstrebigkeit eine Behinderung durch die Gemütskräfte.

5 Nimmt die Emotionalis die Schicksalslinie in sich auf, ist es wesentlich, ob dies mehr im Saturn- oder im Jupiterbereich geschieht. Unter dem Saturnberg betrifft die emotionale Färbung die Sache, unter dem Jupiterberg das Persönlichkeitsgefüge.

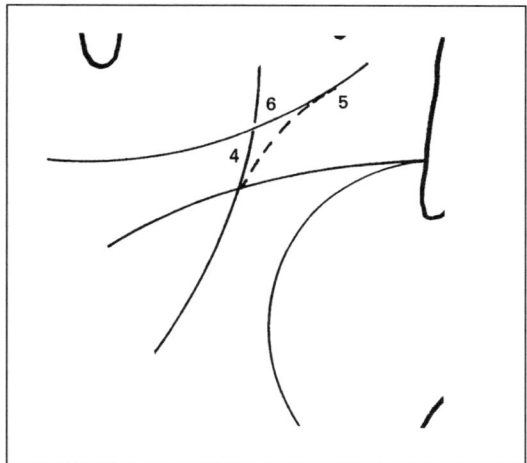

Saturnalis-Ende, Unterbrechungen, Verschiebungen

6 Bei Linienunterbruch vermag sich die Zielstrebigkeit nach einigen Behinderungen wieder durchzusetzen.

Der Zweiteilung der Hand entsprechend in Aktiv/Passiv, Materiell/Ideell, Ich/Du ist es von Wichtigkeit, welchen Bereich der Hand die Saturnalis bei ihren Abweichungen vom einmal eingeschlagenen Weg bevorzugt.

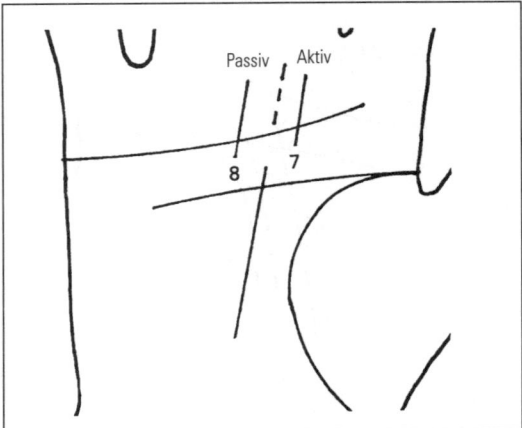

Saturnalisende Verschiebungen

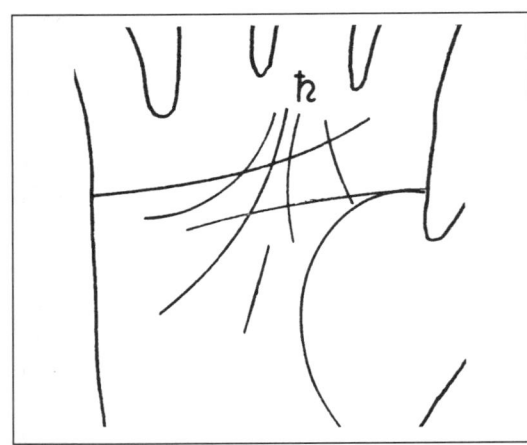

Affinität zu Saturn

7 Geht die Abweichung zur Daumenseite, sind praktisch-materielle und persönliche Wünsche oder aktive Entschlüsse Veränderungsgrund.

8 Schlägt die Saturnalis den Weg zur Du-Seite ein oder beginnt neben der Hauptsaturnalis zur Du-Seite verschoben eine neue Linie, liegen die ursächlichen Veränderungen in ideellen, intellektuellen, kommunikativen Strebungen, seelischen Gründen, Du-Rücksichten oder sonstigen Umwelterfordernissen.

Linke Hand. Abdruck eines 36-jährigen Selbständigerwerbenden. Unterhalb der Kopflinie zeichnet sich während des Zeitraums der vier Ausbildungsjahre als Zahntechniker (16. bis 20. Lebensjahr) auf der Saturnlinie (Berufslinie) als Hinweis bestandener Schwierigkeiten eine Insel ab. Die Lehre wurde zwar abgeschlossen, noch drei Jahre in der Branche gearbeitet, dann aber der Beruf gewechselt. Bereits mit 21 Jahren entwächst dem Inselende ulnarwärts aus der Kopflinie ein Zweig, auf dem eine zweite Saturnlinie ansetzt. Das ist jener Zeitpunkt, wo der Handeigner begann, sich intensiv nach einer anderen Berufstätigkeit umzusehen, und zwar mit Publikumskontakt. Gleichzeitig entwickelten sich ulnarwärts Kopflinienfragmente. Die Insel zeigt sich übrigens nur in der linken, seelischen Hand. Die Realitätshand, die Hand der nackten Tatsachen, hat keine. – Mit etwa 34 Jahren steigt aus der Lebenslinie ein gutgezeichneter Erfolgsast hoch. Zu diesem Zeitpunkt machte sich der junge Mann selbständig.

Alle Linien, die Richtung Saturnberg laufen, haben eine Affinität zu Saturn.

Finden sich mehrere Schicksalslinien in der Hand, so deutet dies zwar auf eine gewisse Unrast, aber auch auf Vielseitigkeit und die Möglichkeit der Ausübung mehrerer Berufe, vielerlei Chancen sowie rascher Anpassung an Menschen und neue Verhältnisse. Eine Parallele besagt immer eine Unterstützung der Hauptlinie und eine Sonderbegabung.

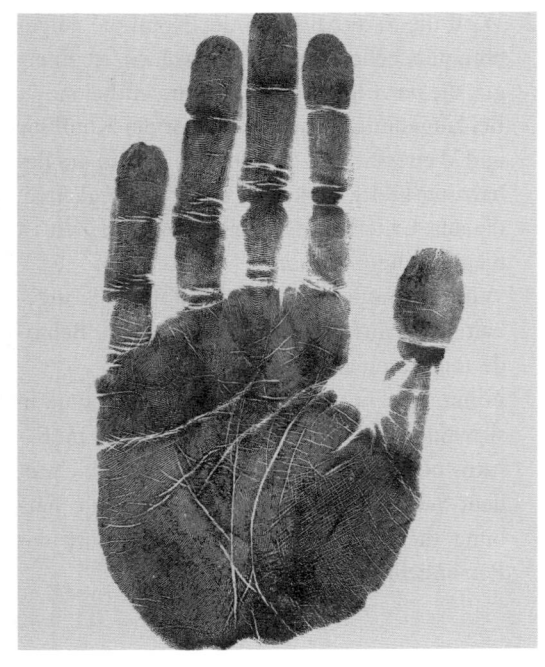

Allgemeine Regeln zur Saturnalis bezüglich Berufstätigkeit:
Saturnlinie in der Lebenslinie entspringend: Zeitpunkt der Übernahme des elterlichen Betriebes oder des sich Lösens aus Familienabhängigkeit.

Saturnalis freistehend und parallel zur Lebenslinie verlaufend: Fähigkeit zur Vorgesetztenfunktion und zum selbständigen Handeln.

Saturnalis im Mondberg entspringend: meist Publikumskontakt, sei es als Selbständigerwerbender oder als Angestellter.

Der Siebenerrhythmus der Saturnalis (Saturnphasen)
Die Saturnalis ist zeitlich einteilbar. Die nachstehende Zeiteinteilung soll als Orientierungshilfe dienen. Zeitliche Aussagen gehören zur Mantik. Die Zeiteinteilungsschemata sind von Autor zu Autor verschieden. Einige kompetente Fachleute wie Papus, Nestler, Issberner (11. 6. 1886 –1966) und Brobeck (2. 5. 1905–21. 12. 1988) benutzten das nebenstehende Schema.

An der Kreuzung Saturnlinie/Kopflinie liegt ungefähr das 21. Lebensjahr. Die Jahre zuvor liegen unterhalb der Kopflinie. Zum Zeitpunkt, wo die Saturnlinie die Kopflinie erreicht, wird der Mensch volljährig, verlässt meist das elterliche Heim oder geht sonstwie seinen eigenen Weg.

Die Kreuzung Saturnalis/Herzlinie symbolisiert ungefähr das 42. Lebensjahr. Die aktivste

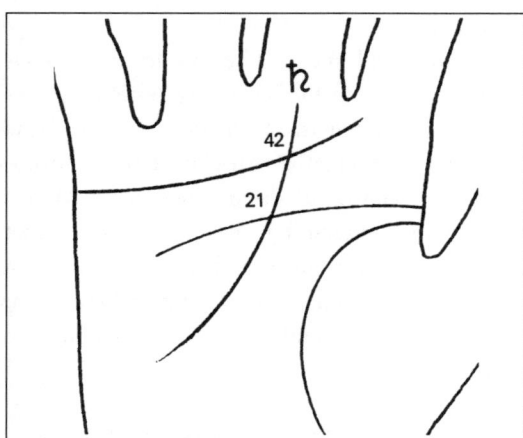

Siebenerrhythmus der Saturnalis

Zeit des Lebens, die hervorgehobene bewusste Auseinandersetzung mit der Realität, befindet sich zwischen Kopf- und Herzlinie. Was an Saturnlinien oberhalb der Herzlinie liegt, hat mit dem Einbezug von Erfahrungsmaterial zu tun. Mit dem 42./45. Lebensjahr zeigen sich mitunter bereits Umstrukturierungen, da um diese Zeit auch astrologisch die Opposition des Uranus zu seiner Radixposition wirksam wird. Die Icherfahrungen sind bis dahin in das Selbst integriert und das Wirkliche im Menschen kommt etwas mehr zum Zuge. Es zeigt sich mehr der Kern der Persönlichkeit.

Die Ringfinger- oder Venuslinie

Alle Linien, die in Richtung Ringfingerberg zielen oder sich auf ihm befinden, haben venusischen Charakter. Die Bezeichnung dieser Sekundärfurche als Venuslinie* scheint mir daher folgerichtiger als die üblichen Namen der Literatur wie Apollolinie oder Sonnenlinie.

Die Ringfinger- oder Venuslinie hat verschiedene Möglichkeiten ihres Beginns: im Neptun-, Uranus-, Mond- oder Plutoberg, innerhalb des Thenars, an der Lebens-, Kopf- oder Herzlinie. Der Start in der Mitte des Handtellers ist der häufigste, jener im Handgelenk der seltenste.

Die Ringfingerlinie steht in Beziehung zu ideellen Bestrebungen und sagt etwas über das Einfühlungsvermögen aus. Auch Talente lassen sich aus ihr ersehen: Ästhetik, Kunstempfinden, künstlerischer Geschmack, Musikalität, Bühnenkunst, das Sicheinfühlen in eine Rolle, Kunstgenuss, Selbstdarstellung und Du-Projektionen. Es braucht nicht immer eine ausübende Kunst zu sein, die in der Öffentlichkeit Beachtung findet. Geschick für feine Handarbeiten, Innenarchitektur, Geschmack für Modisches, Formensinn, Ausgleichsbestrebungen und Taktgefühl sind aus ihr

---

* Astrologisch gesehen, versucht neuerdings der Kleinplanet Pholus (ein Kentaur), die Venus bei ihrem Job zu entlasten (siehe *Astrologie*, 11. Auflage, Seite 232, Oesch Verlag 2005).

ebenso ersichtlich wie Auszeichnungsverlangen, Eitelkeit und das Genießen des Augenblicks.

Die Ringfingerlinie ist von der Gestalt des Ringfingers und dem Energiepotenzial des Ringfingerberges abhängig. Art, Länge und Tiefe der Ringfingerlinie zeigen ausschließlich, ob und inwieweit die durch Form und Gliederung der im Ringfinger ausgeprägten Begabungen bewusst oder unbewusst gepflegt werden. Effektiv künstlerische Gestaltungen sind nur bei gleichzeitig guter Kopf- und Saturnlinie möglich. Ein Bildhauer beispielsweise benötigt wohl eine Ringfingerlinie, ebenso wesentlich für ihn ist eine ausgeprägte Saturnalis. Für einen Schriftsteller wiederum ist eine positive Merkurlinie das Primäre. Das zusätzlich venusische Moment verleiht dem schriftlichen Ausdruck lediglich eine gefällige Form.

Dass Künstlerhände meist eine betonte Ringfingerlinie besitzen, beweist, dass sich die Strebungen des Handeigners am stärksten auf die venusischen Begabungen konzentrieren. Zu kreativem Denken gehört zusätzlich eine leicht bogenförmig sich dem Mondberg zuneigende Kopflinie. Auch ein positiver Venusgürtel wäre nützlich.

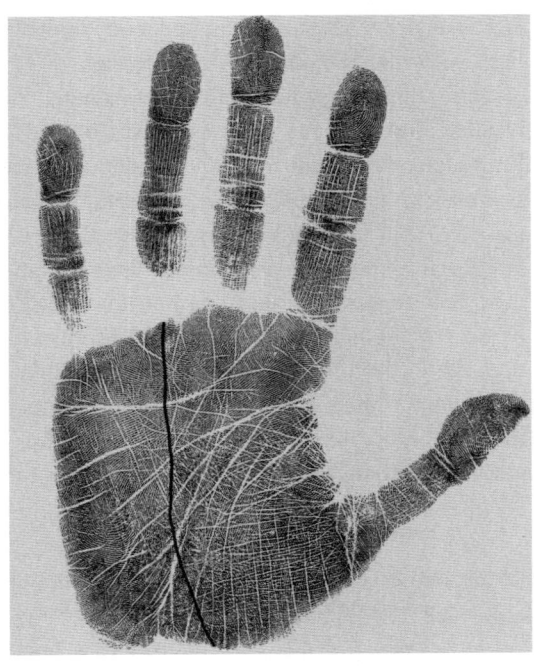

Läuft die Ringfingerlinie doppelt, offenbart sie immer Talente, die trainiert werden. Wird das Training einige Jahre unterlassen, verschwindet die zweite Linie. Eine zweifach geführte Venuslinie kann aber auch zwei verschiedene Dinge verraten: einerseits eine künstlerische Bezogenheit, anderseits eine Selbstbespiegelung. So spricht denn die Ringfingerlinie nicht immer nur von eitel Freuden. Oft sind es Wünsche und Traumbilder, die in ein Du oder ein Objekt hinein projiziert werden. Bei Projektionsverdacht ist stets das Geltungstrieb-Potenzial des Jupiterberges zu betrachten sowie der Gesamtbefund der Hand.

Auch Menschen mit einer Berufstätigkeit in der Vergnügungsindustrie können mit einer Venuslinie ausgestattet (belastet) sein. Die Ringfingerlinie hat nicht nur die Bedeutung des leichten, frohen Sinnes, sondern auch des Leichtsinns.

In jeder Hand, deren Eigentümer durch ein venusisches Talent hervortritt, zeichnet sich eine Ringfingerlinie ab. So zeigen Schauspieler immer eine Ringfingerlinie. Einerseits zeigt der Schauspieler eine Schau und andererseits eine Einfühlung in ein Du.

1 Eine unterhalb der Emotionalis in der Venuslinie liegende Insel besagt zu geringes Selbstvertrauen, oberhalb der Gemütslinie liegend Schüchternheit, Lampenfieber oder Platzangst.
2 Beginnt die Linie im Thenar oder an der Vitalis, so kommen zur Begabung des Ringfingerprinzips Vitalität, Dynamik, gestalterische Kräfte und kreative Möglichkeiten (astrologisch 5. Haus), die durch einen guten Mondberg noch unterstützt werden. Meistens findet sich diese Kombination bei liebenswürdigen Persönlichkeiten, von herzlicher Wesensart, froher Natur und fast unwiderstehlichem Charme.

Linke Hand, weiblich, 46jährig, mit feinerem Spatelrumpf und selten langer Ringfingerlinie.

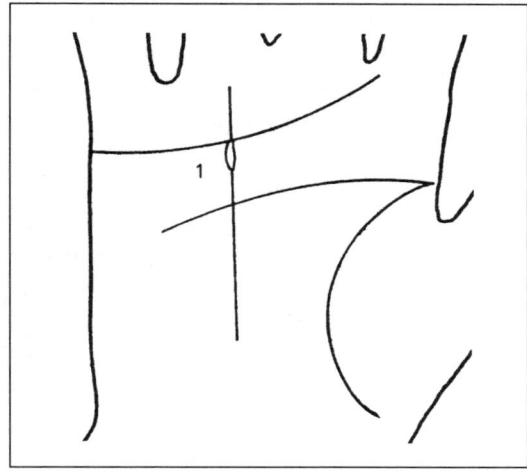

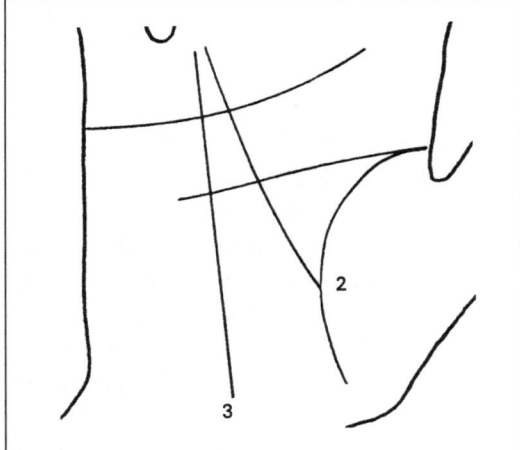

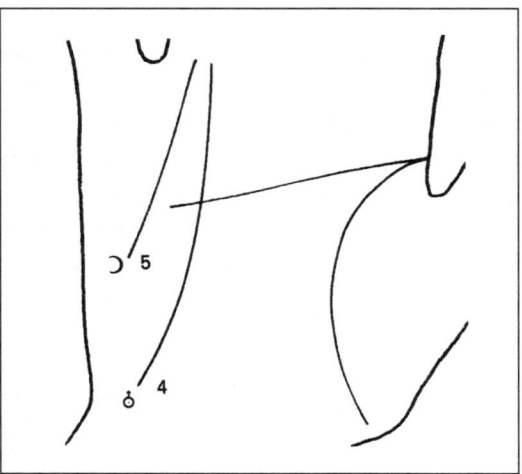

3 Entspringt die Ringfingerlinie im Neptunberg und setzt ihren Weg bis zum Ringfingerberg fort, so zeigt sich schon in der Erbmasse ein Talent zu einer auszuübenden Kunst oder die Tendenz zum Bekanntwerden in der Öffentlichkeit. Finanzielle Erfolge werden kaum ausbleiben, falls die Linie selbst nicht bereits materielle Güter als Mitgift verheißt. Meistens sind die Vorfahren begütert.

4 Aus dem Uranusberg aufsteigend, sind es die Ideen des Uranus, die praktische venusische Talente unterstützen.

5 Beginnt die Ringfingerlinie im Mondberg, so verbinden sich die Phantasiekräfte des Mondberges mit den venusischen Bestrebungen. Bei erhöhtem Mondberg deutet der venusische Strom auf einen harmonischen *Du*-Bezug, ein starkes Gefühlsleben und Mütterlichkeit. Bei überhöhtem Mondberg überwiegt das Launische, Bequeme. Künstlerische Umsetzungen des Mondberges sind nur bei guter Saturn- und Kopflinie möglich.

6 Steigt die Ringfingerlinie aus der Saturnalis auf, sind künstlerische Bestrebungen mit viel Fleiß und Anstrengung verbunden. Öfters handelt es sich um eine handwerkliche Kunst. Die unten abgebildete Hand gehört einem Kunstschmied, der sich auch dichterisch betätigt.

Ringfingerlinie steigt aus Saturnalis auf.

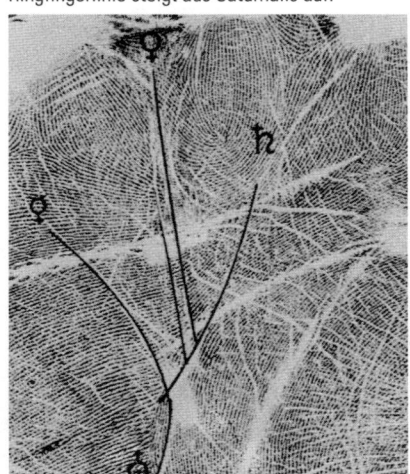

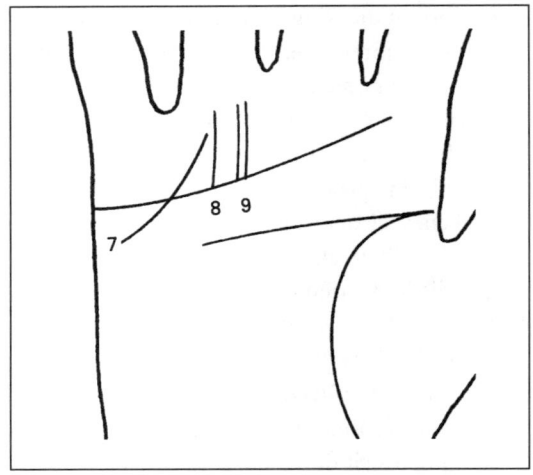

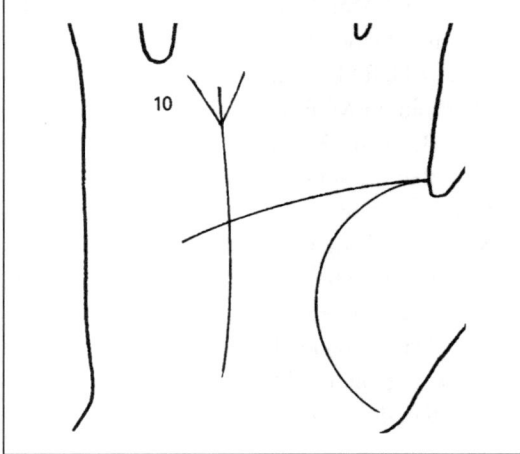

kation mit dem *Du*. Die Mantik verspricht eine seelische Sicherheit durch die Ehe.

9 Die zweifach geführte Linie verrät Kunstinteresse und zeigt stets verstärktes Einfühlungsvermögen. Die Doppellinie braucht nicht auf der Bergmitte zu liegen. Mehr zum Merkurberg verlagert, kann der künstlerische Einschlag merkantil verwertet werden, mehr zum Saturnberg verschoben, ist öfters ein wissenschaftlicher Einschlag (z. B. Kunsthistoriker) zu verzeichnen.

Viele kleine Linien im Ringfingerberg deuten Freude an schönen Dingen an.

10 Die Venuslinie kann sich im Ringfingerberg auch verzweigen. Gerne gesehen ist die dreifache Gabel, weil sie ein vielseitiges, erfolgreiches Einsetzen der venusischen Potenzen anzeigt.

Die Kleinfinger- oder Merkurlinie

Die Merkurlinie als Linie der willentlichen oder unbewussten Eindrucksoffenheit vermittelt in langer, ausgeprägter Form eine Häufung von Eindrücken. Dadurch wird der Linieneigner sensibilisiert, das heißt mit einer Feinnervigkeit ausgestattet, die bei ständiger Übung einem besonderen Gespür gleichkommt. Gleichzeitig gibt die Merkurlinie Hinweise auf den Gesamtnervenzustand, die Drüsentätigkeit und die Verdauungsorgane.

Voraussetzung für eine positive Deutung der Merkurlinie ist ein gutgeformter Kleinfinger, der nicht zu tief angesetzt sein sollte. Eine weitere Bedingung ist das Erreichen des Ansatzes des Ringfinger-Nagelgliedes. Nur so sind ausreichende Fähigkeiten vorhanden, die von der Merkurlinie konkretisiert werden können. Ebenso wichtig ist ein gutausgeprägter Merkurberg, weil dieser der Fülle entsprechende seelische Energien oder Wunschkräfte symbolisiert.

Eine *fehlende* Merkurlinie besagt keine Minderung der Begabung des Merkurfingers, wohl aber einen Mangel an Feinspürigkeit sowie intellektueller und/oder körperlicher Gewandtheit.

7 Dem Plutoberg entspringend, zeigt die venusische Linie große persönliche Tatkraft von fast magischem Zwang. Die künstlerische Leistung wird unter Einsatz aller Kräfte und eventuellen Verzichtleistungen, mitunter mit fanatischem Eifer betrieben. Gleichzeitig wird der Linieneigner mit Überzeugungskraft die Ergebnisse seiner Anstrengung präsentieren, was jedoch zusätzlich Merkurkräfte voraussetzt. Diese Kombination entbehrt kaum der suggestiven Note und auch an erotischer Strahlkraft wird es nicht mangeln.

8 Eine aus der Emotionalis aufsteigende venusische Linie offenbart Fähigkeiten der Identifi-

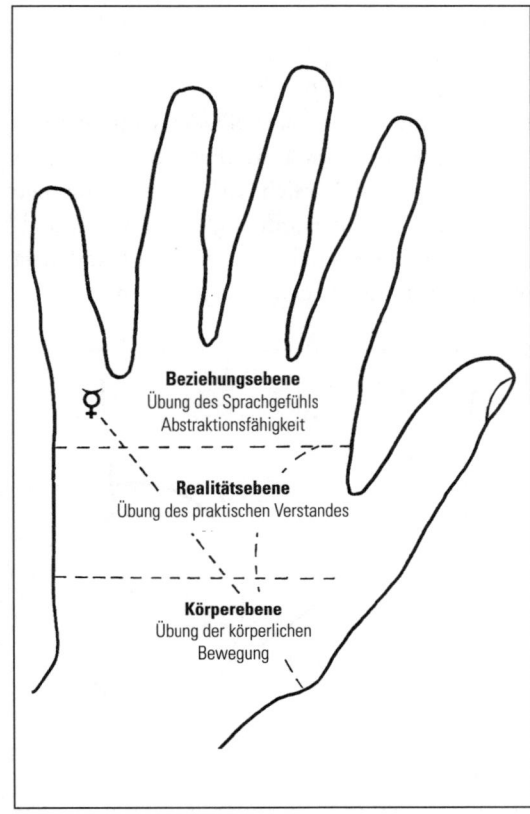

Beziehungsebene
Übung des Sprachgefühls
Abstraktionsfähigkeit

Realitätsebene
Übung des praktischen Verstandes

Körperebene
Übung der körperlichen
Bewegung

Zeichen und Haus, in dem er sich aufhält. Merkur ist Reporter Olymps. Merkur legt im Geburtsbild die Ebene des Denkens fest. Auf dieser Ebene besitzen wir Wahlfreiheit. Die Merkurverbindungen mit Planeten, Haus oder Zeichen verraten auch die Gesinnung. Von Bedeutung ist dabei die Einsichtsfähigkeit.

Die Merkurlinie symbolisiert den Gebrauch der Merkurfinger-Fähigkeiten, sei es eine geistige, wissenschaftliche, vermittelnde oder kaufmännische Tätigkeit sowie unter Umständen körperliche Beweglichkeit.

Wenn die Merkurlinie voll ausgebildet ist, verbindet sie diagonal die Hand durchquerend die Vitalis mit dem Kleinfingerberg. Die Merkurlinie offenbart, dass der Versuch gemacht wird, die im Kleinfinger symbolisierten Fähigkeiten zu gebrauchen.

Da dem Merkurprinzip eine neutrale Funktion zukommt und es vor allem ein vermittelndes, kommunikatives Prinzip verkörpert, also Beweglichkeit oder Gewandtheit offenbart, zeigt die horizontale Dreiteilung der Hand, wo dem Kleinfinger-Prinzip entsprechend etwas bewusst oder unbewusst in Bewegung gebracht wird. Das gleiche gilt für das Geburtsbild, wo sich Merkur nach demjenigen Planeten richtet, mit dem er eine Verbindung eingeht sowie nach Haus und Zeichen, in dem steht. Merkur kann überhaupt nichts anderes vermitteln als das Planetenprinzip, mit dem er fusioniert und/oder die Färbung von

1 Bei ausgeprägter Merkurlinie besteht die Möglichkeit, rasch auf den Kern der Sache zu kommen und Hintergründe zu durchschauen. Sprachensinn ist vorhanden sowie eine gute Ausdrucksfähigkeit, meist auch psychologisches Verständnis und Menschenkenntnis sowie Gewandtheit in der Gestaltung von Umweltbeziehungen. Bei reichem theoretischem Wissen ist die Merkurlinie lang und kräftig oder hat eine Parallele, was gleichzeitig eine gute Aufnahme- und Äußerungsfähigkeit offenbart.

2 Vier bis sechs gutgezeichnete Parallellinien werden in der Literatur als Samariterlinien bezeichnet. Sie offenbaren eine wohlwollende

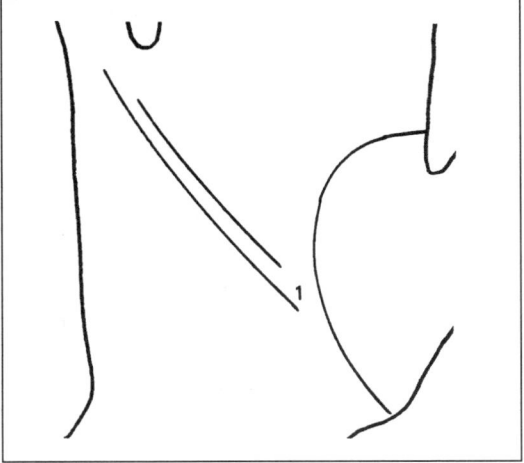

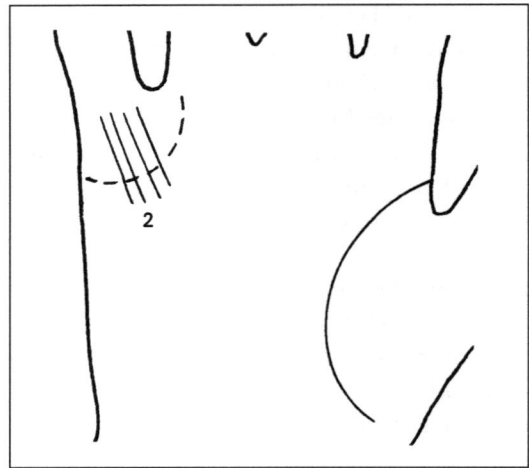

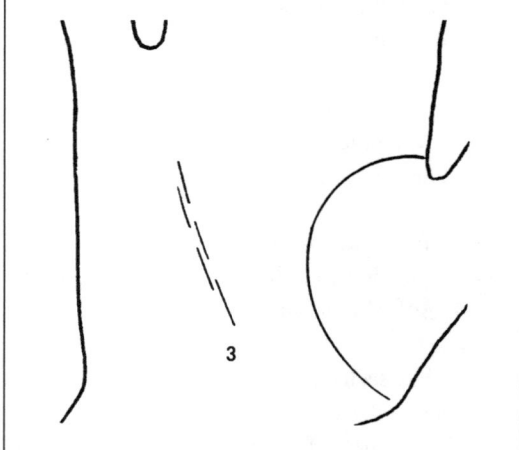

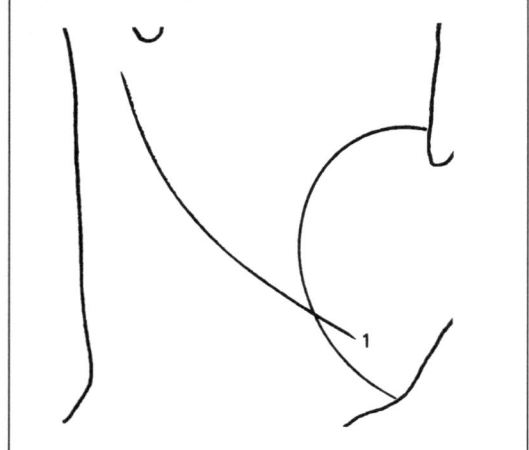

Grundsätzlich zeigt die Merkurlinie primär Gewandtheit auf dem Gebiet, worauf die Grundhand angelegt ist. In der Spatelhand Geschicklichkeit im materiellen (finanziell oder körperlich), in der eckigen im organisatorischen, lehrhaften oder kommunikativen Bereich und in der konischen Hand weist sie auf Feinfühligkeit und Empfindsamkeit im Du-Kontakt. In sensiblen Händen ist die Merkurlinie oft auch geistige Antenne.

Bereitschaft, Mitmenschen körperlich und/oder seelisch zu betreuen (Ärzte, Pflegepersonal, Sozialarbeiter, Berufe karitativer Art). Helferlinien sind aber nur in jenen Händen zu finden, die ihren Job aus Berufung ausüben.

3 Eine zerrissene Merkurlinie weist auf ein anfälliges Nervensystem. Zeigt sich dies im Bereich der Peripherie des Mondberges, sind nervöse Magenstörungen möglich oder der Darmbereich lässt zu wünschen übrig. Ist die Merkurlinie gänzlich in kleine Linien zerstückelt, muss eine organische Erkrankung des Nervensystems angenommen werden.

1 Entspringt die Merkurlinie im Thenar/ Daumenballen, also hinter der Lebenslinie ist der Mensch stimmungsmäßig vom körperlichen Befinden abhängig. Zusätzlich erfährt die merkurische Urteilskraft eine zu starke Subjektivität in persönlichen Angelegenheiten. Dieses Liniengebilde findet sich oft in Händen von Menschen, die im Geburtsbild den Merkur zu nahe der Sonne stehen haben. Wo immer im Geburtsbild der Merkur zur Sonne zu wenig Distanz aufweist, verliert die Urteilskraft an Objektivität, sobald eine Sache zur Diskussion steht, mit der sich der Horoskopeigner nicht identifizieren kann.

2 Eine Kleinfingerlinie, welche die Handwurzel mit dem Merkurberg verbindet, zeugt von einer spekulativen Anlage. Die Auswirkungen in der Realität sind vom Handtyp abhängig. In der Spatelhand betrifft die Kleinfingerlinie den

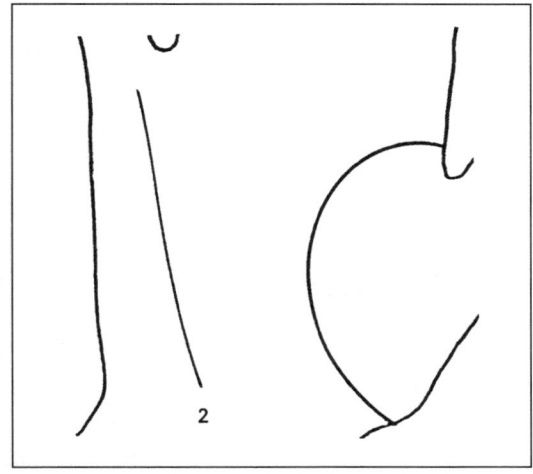

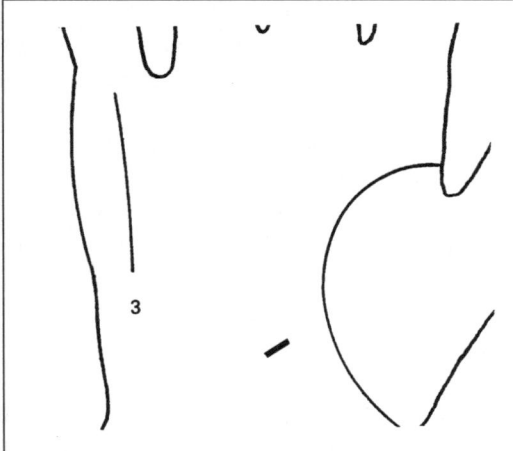

doch begünstigt sie ein gefühlsmäßiges Gespür in *Du*-Angelegenheiten. Gleichzeitig wird eine suggestive Note in Du-Auseinandersetzungen wirksam, besonders, wenn gleichzeitig die Perkussionsseite eine Ausbuchtung aufweist.

Gesamthaft gesehen offenbart die Merkurlinie den Grad der geistigen und intellektuellen, meistens, aber nicht immer, auch den Grad der körperlichen Beweglichkeit.

Die Plutolinien

Es gibt *horizontale* und *vertikale* Plutolinien mit unterschiedlicher Bedeutung: die *horizontalen* liegen auf dem Plutoberg und haben öfters Sperrcharakter (siehe Plutoberg Seite 50f.).

Die *vertikale(n)*, von Issberner Isis-, von Brenner-Kruckenberg Religionslinie genannt, verläuft auf dem äußersten ulnaren Handrand. Sie verbindet auf der Handkante den Uranus- mit dem Plutobereich. Bereits 1932 hat der Astrologe/Chirologe Engelhardt vorgeschlagen, sie als Plutolinie zu bezeichnen. Die vertikale Plutolinie ist in der Regel zart und wird häufig von feinen Parallelen begleitet sowie von dünnen horizontalen Mond-

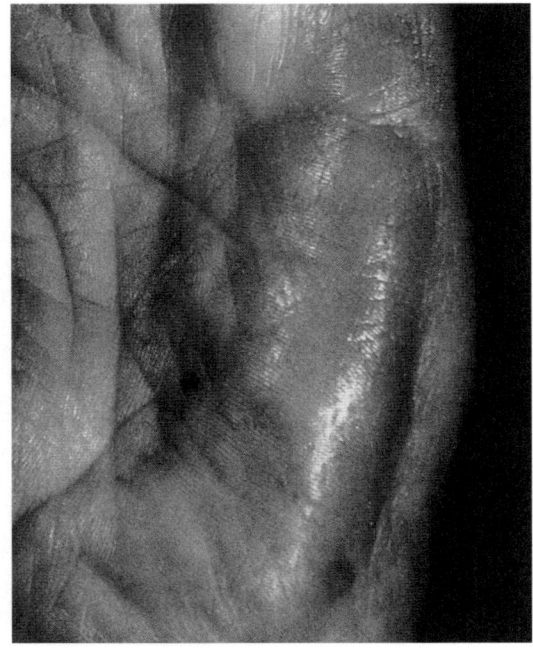

materiellen Bereich und vermittelt dem Handeigner ein Gespür für den richtigen Augenblick, in der eckigen Hand ein leichtes Zustandekommen intellektueller Denkprozesse und in der konischen oder sensiblen Hand offenbart sie einen philosophischen oder mystischen Einschlag (Uranus/Neptunbereich).

3 Läuft die Merkurlinie straff vertikal über den Plutoberg zum Mondberg, vermögen die Phantasiekräfte in die Kleinfingerlinie einzudringen. Ohne positive Kopflinie und Saturnalis kommt es aber zu keiner künstlerischen Leistung,

Foto linke Hand. Seltene Einkerbung der Plutolinie.

berglinien durchschnitten. Das Vorhandensein einer vertikalen Plutolinie zeigt an, dass ein intensiver Wandlungsprozess stattgefunden hat, eine Metamorphose. Der Mensch bemühte sich um die Vervollkommnung seines Wesens, suchte Zugang zu anderen Dimensionen oder hatte sich gründlich mit Stirb- und Werdeprozessen auseinandergesetzt, zumeist bedingt durch Schicksalsschläge. Die bildlich dargestellte Plutolinie entspricht nicht der Norm. Sie hat etwas Magisches.

Die Mondberglinien

Der Mond erfreut sich keiner eigentlichen größeren Linie. Sein Prinzip ist auch viel zu flüchtig, launisch und veränderlich. Der Mond begnügt sich mit kleineren auf dem äußersten Rand seines Berges gelegenen Zeichnungen. Um diese Linien zu erkennen, ist der Mondberg im Profil zu betrachten. Die Mondberglinien werden in der Fachliteratur meist Reiselinien genannt (im Bild vergrößert).

Wie jede Linie auf ein bewusstes oder unbewusstes Streben hinweist, so deuten die Mondberglinien auf einen Drang nach Bewegung oder

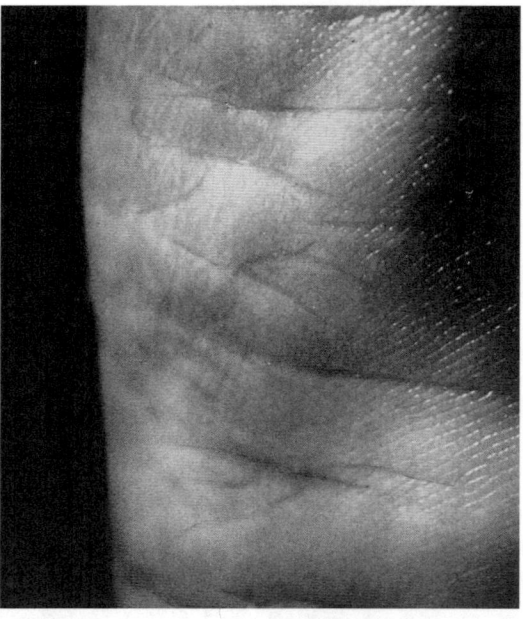

Die Mondberglinien

Veränderung, haben also mit Reisen nur indirekt zu tun. Willensstarke Menschen können ihre Veränderungswünsche in Reisen realisieren, willensschwache dagegen werden Reisen, die doch immer mit einer gewissen Anstrengung verbunden sind, nur in der Phantasie erleben.

Die großen geometrischen Figuren der Innenhandfläche

Der Raum zwischen Kopflinie und Emotionalis wird Handtisch genannt. Der Handtisch sollte regelmäßig gebaut sein, im Zentrum mittelweit und gegen den Jupiterberg und den Plutoberg sich verbreiternd. Die Weite des Handtisches ist Sinnbild der individuellen Großzügigkeit, Fairness und Toleranz des Handeigners. Ein gutausgebildeter Handtisch weist auf eine gute Ausgewogenheit zwischen Gefühl und Intellekt, auf geistige Klarheit und großzügiges Denken.

In der Regel verrät der Handtisch der linken Hand in Form, Weite oder Enge den Charakter des in der Erziehung dominierenden Elternteils. Das ist meistens die Mutter, von der vorzugsweise auch das Erbgut der linken Hand stammt.

1 Ist der Zwischenraum von Emotionalis und Kopflinie zu weit, sind Gefühl und Verstand nicht koordinierbar. Es kann nach zwei Richtungen gelebt werden, entweder rein verstandesmäßig oder rein gefühlsmäßig. Es zeigen sich Widersprüchlichkeiten, weil die Mitte nicht gefunden wird. Diese Menschen kennen weder das richtige Maß für Gefühlsäußerungen noch die Grenzen materieller Mittel. Die Pläne des Handeigners sind meist überdimensioniert und kaum mehr realisierbar. Die Großzügigkeit kann bis zur Nachlässigkeit ausarten.
2 Bei schmalem beziehungsweise engem Handtisch bestehen Tendenzen zu inneren Ängsten, zu einem materiellen Absicherungsbedürfnis und zu konservativer Denkweise. Sie kann wegen Steckenbleibens bei einer einmal gefassten

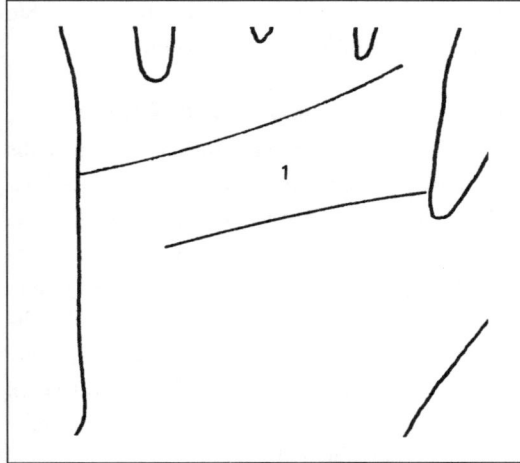

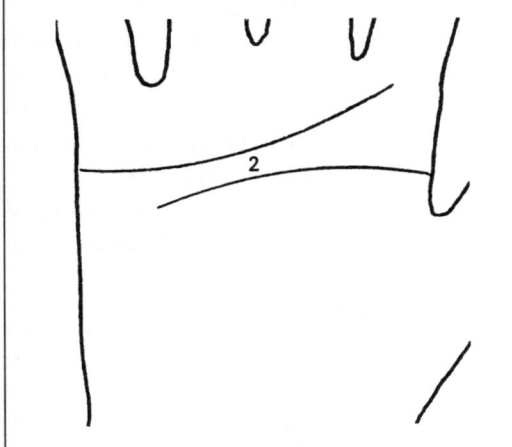

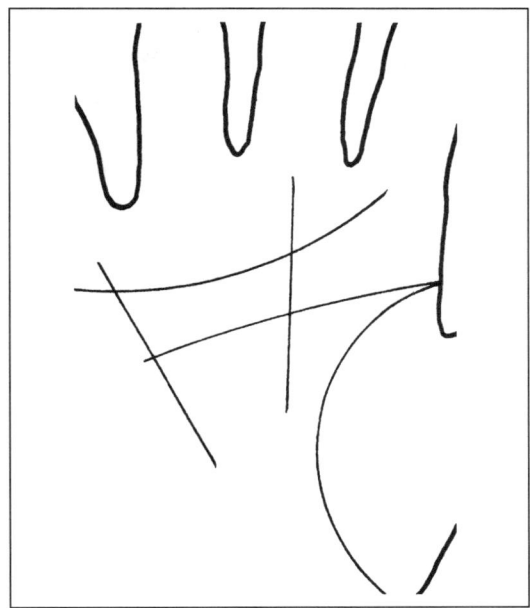

Das Handtisch-Viereck

Meinung von Sturheit nicht weit entfernt und zu Fehleinschätzungen geneigt sein. Die gegenseitige Behinderung von Verstand und Gemüt hat meist eine gewisse Enge der Lebensauffassung zur Folge, was im extremen Fall zu Kleinlichkeit, Ängstlichkeit, Pedanterie und Geiz führt. In pathologischem Sinn zeigt sich Neigung zu Beklemmungen und asthmatischen Beschwerden.

Das Handtisch-Viereck
Die Kreuzungen der Hauptlinien durch die Vertikalen bilden geometrische Figuren, die von besonderer Bedeutung sind. Werden Emotionalis

und Kopflinie durch die Saturnalis und die Merkurlinie verbunden, entsteht das Handtisch-Viereck. Ein gutgezeichnetes Handtisch-Viereck offenbart moralische und soziale Eigenschaften sowie intellektuelle Beweglichkeit.

Stellt nur die Saturnalis die Verbindung zwischen Emotionalis und Kopflinie her, herrschen Sachlichkeit und nüchternes Denken vor. Diese Linienkombination offenbart einen Realisten, einen von Gefühlsmomenten unbelasteten Menschen. Andererseits hat, wenn die Saturnalis fehlt und nur die Merkurlinie Intellekt und Gefühl verbindet, die Empfindungsseite das Übergewicht.

Das große Dreieck
Wenn Vitalis, Cerebralis und Merkurlinie eine Verbindung eingehen, entsteht das große Dreieck. Das große Dreieck zeugt von bestem Zusammenwirken vitaler, intellektueller sowie nervlicher Faktoren und bringt dem Denken große Intensität. Das große Dreieck, auch Triangel genannt, ist Sinnbild guter Vitalität, praktischen, lebensnahen Verstandes, gekoppelt mit Vernunft und Gespür. Es offenbart das Zusammenfließen

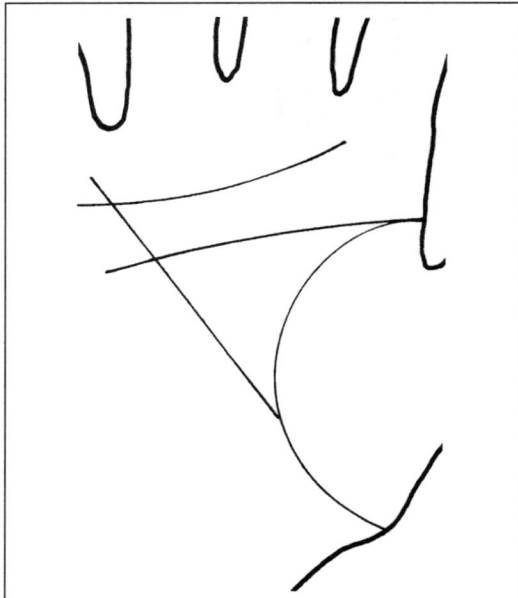

Das große Dreieck

vitaler Kraft, klarer Begrifflichkeit und Ausdrucksfähigkeit. Wichtig sind die sich bildenden
Winkel; je exakter sie gezeichnet sind, umso eher
ist das harmonische Zusammenfließen der verschiedenen Kräfte gewährleistet.

Beim Zusammentreffen von Kopf- und Merkurlinie wäre ein 90°-Winkel der vorteilhafteste.
Je schärfer und genauer ein rechter Winkel gebildet wird, desto besser ist die intellektuelle Beweglichkeit und das sensible Gespür. Lomer nennt
den 90°-Winkel das Intelligenzkreuz. Menschen
mit dem Intelligenzkreuz werden immer an ihrer
Weiterbildung interessiert sein. Doch auch ohne
Intelligenzkreuz ist ein Hochschulabschluss möglich. Aber es fehlt das Gespür und es mangelt an
intellektueller Vielseitigkeit und Beweglichkeit.
Die Kopflinie symbolisiert die bewusste Verarbeitung. Sie ist konkret, praktisch und lebensnah.
Die Merkurlinie bezieht sich auf Gespür, Einsichten und vermehrte Abstraktionsfähigkeit.

Je klarer dieses Dreieck gebildet wird, desto
besser das Zusammenwirken vitaler (Lebenslinie),
bewusster (Kopflinie) und geistig-seelischer oder
abstrakter Kräfte. Innerhalb des Dreiecks sollten

keine unruhigen Linien oder Brüche liegen. Sie
würden das Bild des Dreiecks stören.

Das kleine Dreieck und das hohe Dreieck

1 Wird der große Triangel durch die Saturnalis
geteilt, entsteht, gebildet durch Kopflinie,
Merkurlinie und Saturnalis, das *kleine Dreieck*.
Ist das kleine Dreieck gut ausgebildet, offenbart es Talent für Studien. Durch die Dreierkombination vereinigen sich Intellekt (Kopflinie), Einfühlungsvermögen (Merkurlinie) sowie
Fleiß und Verantwortungsgefühl (Saturnalis).
Das kleine Dreieck begünstigt auch eine selb-
ständige berufliche Tätigkeit.

2 Sind die Schenkel des kleinen Dreiecks verlän-
gertbeziehungsweise liegt der Beginn des sich
durch die Saturn- und Merkurlinie bildenden
Dreiecks auf deren Bergen, so ergibt sich das
Bild eines Trichters oder Füllhorns, manchmal
auch «Tulpe» (D. Riedel, München) genannt.
Der Trichter besagt gestalterische Fähigkeiten, insbesondere, wenn sich auf dem Ringfingerberg noch venusische Linien zeigen.

Das kleine Dreieck und das hohe Dreieck

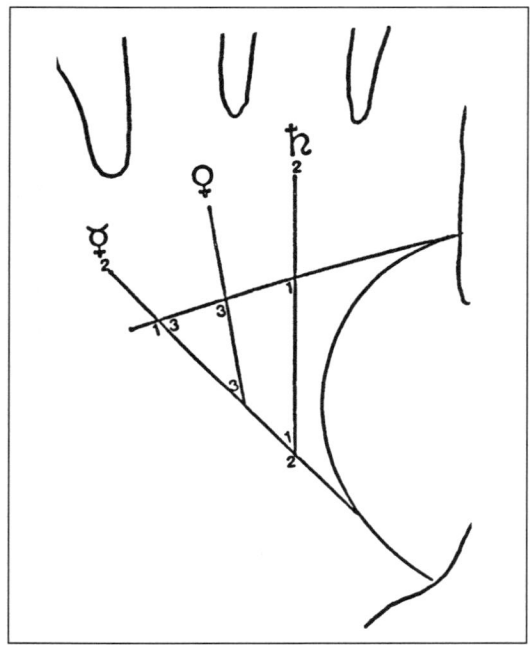

3 Selten kommt die Dreierkombination Kopflinie, Ringfingerlinie und Merkurlinie zum
Zug. Ein durch diese Linien gebildetes Dreieck wird *hohes Dreieck* oder *Auge Gottes* genannt. Dieses Dreieck offenbart Intellekt,
künstlerische Geschicklichkeit sowie Einfühlungsvermögen und zeugt auch davon, dass
diese drei Gaben ausgeübt werden.

Die drei bogenförmigen Nebenlinien

Die drei meist bogenförmigen Linien sind Symbole höherer Schwingungsebenen. Sie haben astrologisch einen Bezug zum Oktavenverhältnis
der Siebenerreihe. Für Menschen auf niederer
Entwicklungsstufe wirkt sich das Erscheinen dieser sensiblen Linien eher chaotisch aus.

In der Literatur übliche Bezeichnungen
1 Der Venusgürtel. Er wird auch Erosgürtel oder
Cingulum veneris genannt. In meiner Planetenhand steht die Venus als Symbol für den Ring-

Die drei bogenförmigen Nebenlinien

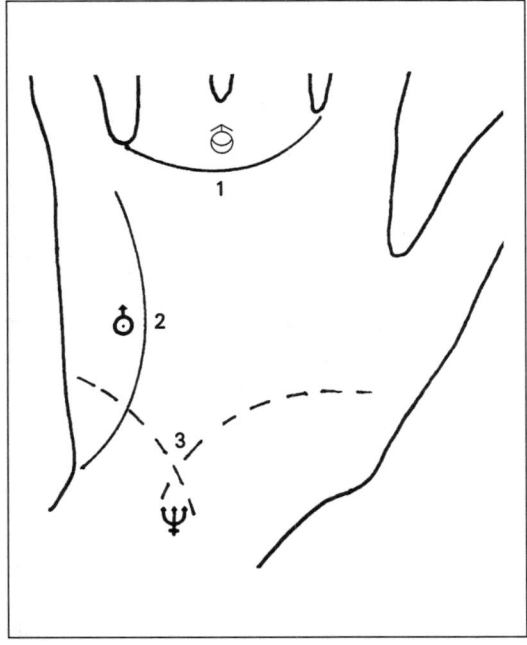

finger, seinen Berg und die auf den Ringfingerberg zulaufenden Linien. Auf diesem Ringfingerberg befindet sich ein Teil des Venusgürtels.
Die astrologische Parallele zum Venusgürtel
ist nicht geklärt. Der Venusgürtel könnte sublimierte Mars/Venuskräfte im Sinne einer
Transpluto- oder Isislinie darstellen. Beim Venusgürtel handelt es sich um ein außergewöhnlich sensibles Gebilde. Meine vergleichenden
Forschungen, die ich aufgrund ausgeprägter,
gutgezeichneter Venusgürtel vornahm, zeigen
im jeweils zugehörigen Geburtsbild immer
kosmische Strukturbilder wie Venus = Merkur/
Neptun; Neptun= Venus/Uranus; Venus/Nep-
tun = Merkur/Uranus; Merkur = Pluto/Venus;
Venus/Pluto = Neptun/Uranus; Uranus = Pluto/
Neptun = Venus; Merkur = Transpluto/Nep-
tun. Meist ist in den Strukturbildern Transpluto noch mitenthalten. Ähnliche Hinweise,
wie sie die kosmischen Strukturbilder eines
Venusgürtels zeigen, finden sich in der Trans-
pluto-Ephemeride von Landscheit/Hausmann
(Weiteres siehe Seite 110).

2 Der Uranusring, die Uranus-, Intuitions-, Me-
dialitäts-, Anschauungs-, Hellseherlinie oder
Intuitionssichel. Astrologisch ist Uranus die
Oktave Merkurs (Weiteres siehe Seite 111f.).

3 Die Neptunlinie, Giftlinie (Linea toxica), Sucht-
linie, Milchstraße oder Via Lasciva. Früher
hieß sie auch teilweise Mond- oder Traumli-
nie. Astrologisch besteht ein Oktavenverhältnis zwischen Neptun und der Venus. Von der
Rune her könnte Neptun auch eine Oktave Jupiters sein, stellt doch Neptun graphisch einen
doppelten Jupiter dar. Mythologisch ist der Fall
geklärt, indem Poseidon/Neptun und Zeus/ Jupiter Brüder sind. In der Vulgärastrologie wird
Zeus/Jupiter das große Glück und der Venus
das kleine Glück zugesprochen, wobei sich die
Frage stellt, ob mit der Venus die schaumgeborene Tochter des Uranus, die Venus-Urania,
oder die von Zeus/Jupiter mit der Dione gezeugte Tochter, die Venus-Pandemos, gemeint
ist (weitere Ausführungen siehe Seite 114f.).

Der Venusgürtel

Der Venusgürtel gehört zu den sensiblen Nebenlinien und findet sich nicht in jeder Hand. Er liegt oberhalb der Herzlinie, entspringt zwischen Zeige- und Mittelfinger und umschließt folglich Saturn- und Ringfingerberg. Er kann sich aber auch zum Merkurberg hin öffnen und in diesen hineinlaufen. Im ersten Fall verläuft er *gerundet* und ist *gefühlsorientiert*, im zweiten *gerade* und somit *intellektuell* gefärbt, was das Ende im Merkurberg noch unterstreicht. Ein positiver Venusgürtel ist gleichförmig gezeichnet, aber leicht gebrochen und etwas verzweigt. Manchmal bildet der Venusgürtel eine Parallele zur Herzlinie.

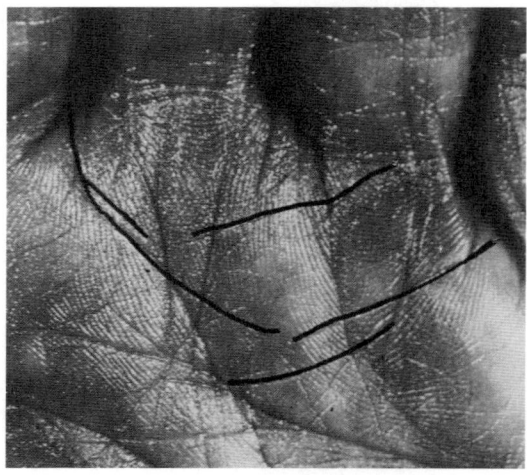

Der Venusgürtel

In der Regel drückt der Venusgürtel nervöse Empfindsamkeit aus, die schöpferischen Künstlern eigen ist und Gelehrten, die ohne persönliche Interessen zur Forschung gedrängt werden. Ebenso sind Venusgürtel-Besitzer Menschen, die in tiefere seelische Bereiche einzudringen vermögen. Sie nehmen auch die Umweltschwingungen radarähnlich wahr. Für den Innenraum ist der Venusgürtel annähernd das, was die Tautropfen für die Finger (siehe Seite 152). Das ist noch verstärkt der Fall, wenn die Finger Längslinien aufweisen (siehe Seite 123). Wer einen Venusgürtel besitzt, ist fast immer leicht erregbar. Zweifach oder drei-

fach gezeichnet, verstärkt er Unruhe und Überempfindlichkeit. Der Venusgürtel hat auch eine Beziehung zur verfeinerten Erotik.

Diese Wesensmerkmale kommen den Grundaussagen, die dem Planeten Transpluto/ Isis zugesprochen werden, überraschend nahe. Das sind beispielsweise außersinnliche Wahrnehmungen; höchste Sensitivität für alles Geistige wie Sprachen, Formen, Farben, Klang und Sinneswahrnehmungen; Empfindlichkeit und Empfänglichkeit für Schwingungen; kosmisches Verständnis; Intuition und Inspiration. Als Organ wird Transpluto/Isis die Bauchspeicheldrüse zugeordnet.

Wie Engelhardt in seinem Buch «Das Wissen von der Hand» klarstellt, ist der Venusgürtel in «drei verschiedene Abschnitte einzuteilen, und zwar in jene Teile, die sich auf den einzelnen Bergen befinden».

Astrologisch interessant ist, dass der Venusgürtel dem Neptunberg gegenüberliegt und Neptun der höheren Oktave der Venus entspricht. Ferner ist es so, dass nach meinem System der Dreiheit Venus/Waage/7. Haus, zu der Ringfingerlinie, Ringfingerberg, Ringfinger sowie der ulnare Teil des Venusgürtels gehören, sich in Neptun/Fische/ 12. Haus spiegeln. Beides ähnelt einer Konjunktion von Venus und Neptun. Außerdem ist nach uralten Regeln die Venus in 27° Fische erhöht. Die Reflexe in der Waage verleihen vielen Fischegeborenen künstlerische und musikalische Anlagen, worin sie oft Geniales erreichen und populär werden.

Die Transsaturnier entsprechen dem Venusgürtel sehr gut, und zwar in der Kombination von Neptun als höherer Oktave der Venus; Uranus als höherer Oktave von Merkur sowie Pluto als höherer Oktave von Mars. Und damit ist wieder Transpluto/Isis angesprochen. Ohne Mars können keine Energien für Handlungen fließen, in diesem Falle sublimierte Energien für die feinnervige Ausrüstung der Venusgürtel-Eigenschaften.

Eher ungünstig wirkt sich ein zersplitterter, zerrissener, drei- bis vierfach überlagerter Venusgürtel aus. In fast allen Fällen sind Störungsanfäl-

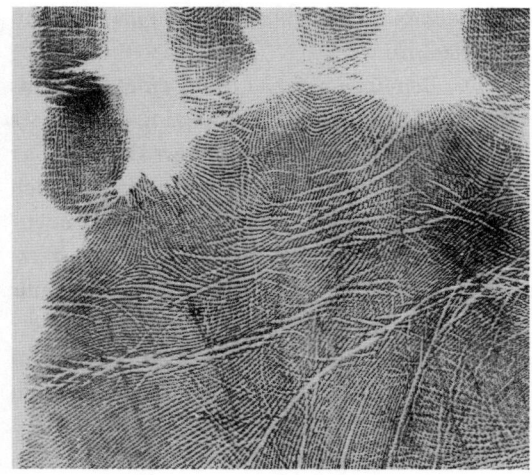

ligkeiten des Nervensystems zu beobachten. Der Gürtel offenbart einen übersensiblen, unruhigen, meist neurasthenischen (nervenschwachen) Handeigner. Hierhin gehört auch die Prüfungsangst. Trotz bestem Beherrschen der Materie ist in Prüfungssituationen oft der gefragte Stoff nicht präsent, weil die zuständigen Nervenleitungen blockiert sind. Maturanden mit dem «neurasthenischen Venusgürtel» sollten ihre Prüfungen in zwei Teilen ablegen können, was heute meist auch der Fall ist.

Ein geöffneter Venusgürtel, der unter dem Kleinfinger endet, gehört zu den wesentlichsten Zeichen geistiger Wissbegier und Forschungseifers. Wenn sich der Gürtel mit einer Bindungslinie vereint, deutet diese Kombination auf eine karmische Beziehung zu einem Partner oder Hörigkeit in einer gemüthaften Bindung. Fast an der Handkante unter dem Kleinfinger endend, drückt der Venusgürtel verstärkte Nervosität aus, öfters verbunden mit einer Rückgratsschwäche.

Wichtig ist, dass bei allen Gürtelformen diese durch die Ringfinger- und Saturnlinie durchbrochen werden. Die künstlerischen Fähigkeiten (Venus) haben dadurch die Möglichkeit der Realisation (Saturn).

Die Aussagen des Venusgürtels modifizieren sich entsprechend den einzelnen Handtypen:
* Beim gröberen Spatelhandtyp mit ausgeprägtem Daumenballen deutet der Venusgürtel auf das Verlangen nach sexueller Überlegenheit.
* Die eckige Hand hat die besten Möglichkeiten, einen Venusgürtel umzusetzen. In der eckigen Hand ist der Venusgürtel meist Zeichen von Genie in Richtung Kunst, Musik, Literatur oder auch leidenschaftlicher Wissbegier. Der Venusgürtel fügt der Intelligenz ungewöhnliche Aufnahmefähigkeiten hinzu. Meist ist zusätzlich noch eine virtuose Fingergeschicklichkeit vorhanden.
* In der konischen Hand entspricht der Venusgürtel öfters – aber nicht immer – einem Unbefriedigtsein, weil das Ersehnte keine Erfüllung findet. Daher sind hysterische Ausbrüche möglich (Konversionsneurose).

Der Uranusgürtel oder die Uranuslinie

Die Uranuslinie entspringt dem untersten Teil des Hypothenars, dem Uranusberg – Symbol des intuitiven Urgrundes –, und schwingt sich bogenförmig – selten gerade – zum Kleinfingerberg oder zwischen Kleinfinger- und Ringfingerberg. Diese halbkreisförmig verlaufende Linie erreicht ihr Ziel nur selten in vollendeter Form.

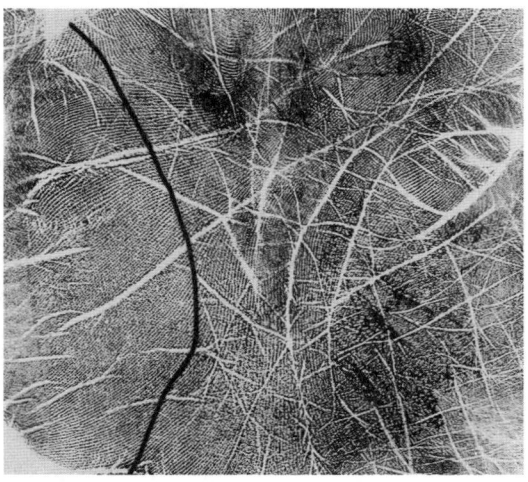

Uranuslinie. Abdruck linke Hand,
Unternehmer

Auch kürzere senkrechte oder schräge Linien, die aus dem Uranusberg aufsteigen, haben Uranus-Charakter. Dabei ist zu beachten, ob diese Linien zur Saturn-, Ringfinger- oder Merkurlinie gehören. Je nach Verlauf erhalten Saturn-, Ringfinger- oder Merkurlinie einen uranischen Einschlag, d. h. die uranischen Ideen können den Anlagen der Hauptlinie entsprechend umgesetzt werden, sofern die Beschaffenheit der Kopflinie dem nicht widerspricht.

Uranus-Entsprechungen sind: Intuition, schöpferische Intelligenz, Forscher- und Erfindergeist, die Idee, der Geistesblitz, die Plötzlichkeit; Emanzipation, Reformbewegungen; Umsturz und Neuorientierung in Politik, Kultur, Kunst, Heilmethode, Sport und Technik, umwälzende Erfindungen. Uranus steht für beachtenswerte und unerwartete Leistungen des Intellekts. Intellektuelle Begabungen werden durch blitzhafte Erkenntnisse ergänzt.

Uranus als höhere Oktave Merkurs hat die Fähigkeit, angesammeltes merkurisches Detailwissen zu ordnen und in blitzartig erkennender Zusammenschau, als Intuition, als vollzogene Synthese von Einzelheiten, ins Bewusstsein zu bringen im Sinne einer Erleuchtung, einer plötzlichen Eingebung, einer Erkenntnis in Form einer lange gesuchten Lösung, im optimalen Fall einer Erfindung. Das Uranische ist sprunghaft und blitzartig, wie ein Blitz aus heiterem Himmel. Uranus ist ja in der Mythologie der Himmel.

Wenn sich bei einem Handeigner uranische Hinweise zeigen wie Linien oder Papillarleistenmuster, und er mit Fleiß, eingehendem Studium und angestrengtem Durchdenken eine Sache, ein Projekt oder ein Spezialgebiet bearbeitet hat, dann hat er die Voraussetzungen geschaffen, die Frequenz des Uranus zu erreichen und aus der kollektiven Mentalebene die zündende Idee oder Lösung aufzufangen, allenfalls auch Gedanken, die schon einmal jemand gedacht hat. Das ist ein Geistesblitz, eine Intuition. Dies geht aber chirologisch nie auf direktem Weg, sondern funktioniert über die Umschaltstelle Mondberg, das

Unbewusste, vergleichbar dem Thalamus im Zwischenhirn.

Das Bemühen um die Lösung eines Problems setzt das Unbewusste in Bewegung und dieses bringt die spontanen Eingebungen hervor. Die besten Erkenntnismöglichkeiten ergeben sich chirologisch durch eine Uranus-Merkur-Linienverbindung. Merkur hat die Fähigkeit, die blitzhaften elektrischen Signale des Uranus nicht nur aufzufangen, sondern zusätzlich diese zu übersetzen und via Thalamus als Idee, als Intuition dem Stirnhirn und damit dem Intellekt zu übermitteln beziehungsweise bewusst zu machen.

Die Uranuslinie hat einen Bezug zum 6. Sinn bzw. zur 4. Dimension oder anders gesagt zur kollektiven Mentalebene. Uranus steht jenseits von Raum und Zeit und entspricht einer höheren Frequenz. Er ist die höhere Oktave Merkurs. Uranus ist der Blitz aus heiterem Himmel. Da, wo sich im Radix-Horoskop Uranus befindet, in den Belangen des betreffenden Hauses, besteht die beste Möglichkeit, dass Uranus blitzartige Erkenntnisse ins Bewusstsein schleusen kann.

Wie bereits an anderer Stelle erwähnt, hat Merkur Beziehung zu den motorischen Nerven, den Sprach- und Hörorganen, und Uranus zum zentralen Nervensystem, der Rhythmik, der Hirnhaut, der Hypophyse und dem Rückenmark.

Bleiben uranische Linien ohne Anschluss im Mondberg hängen, wirkt sich das Uranische auf der Gefühlsebene aus. Das sind nicht integrierbare Durchbrüche aus dem Unbewussten mit Umsturzqualität wie Erregungszustände, Kurzschlüsse, Unruhe, Nervosität und Überspanntheit. Der Handeigner sucht nach Befreiung von ihn einengenden Zuständen.

Menschen, die uranische Einfälle nicht bewältigen, sind in psychiatrischen Kliniken zu finden. Sie können uranische Offenbarungen nicht integrieren. Merkur steht im Geburtsbild nicht an der richtigen Stelle oder (die Nervenleitung) ist überlastet, um die Blitze aufzufangen. Oft ist Merkur etwas verschoben, von der richtigen Stelle gerückt. Er hat sich «ver-rückt». Darum glaubt

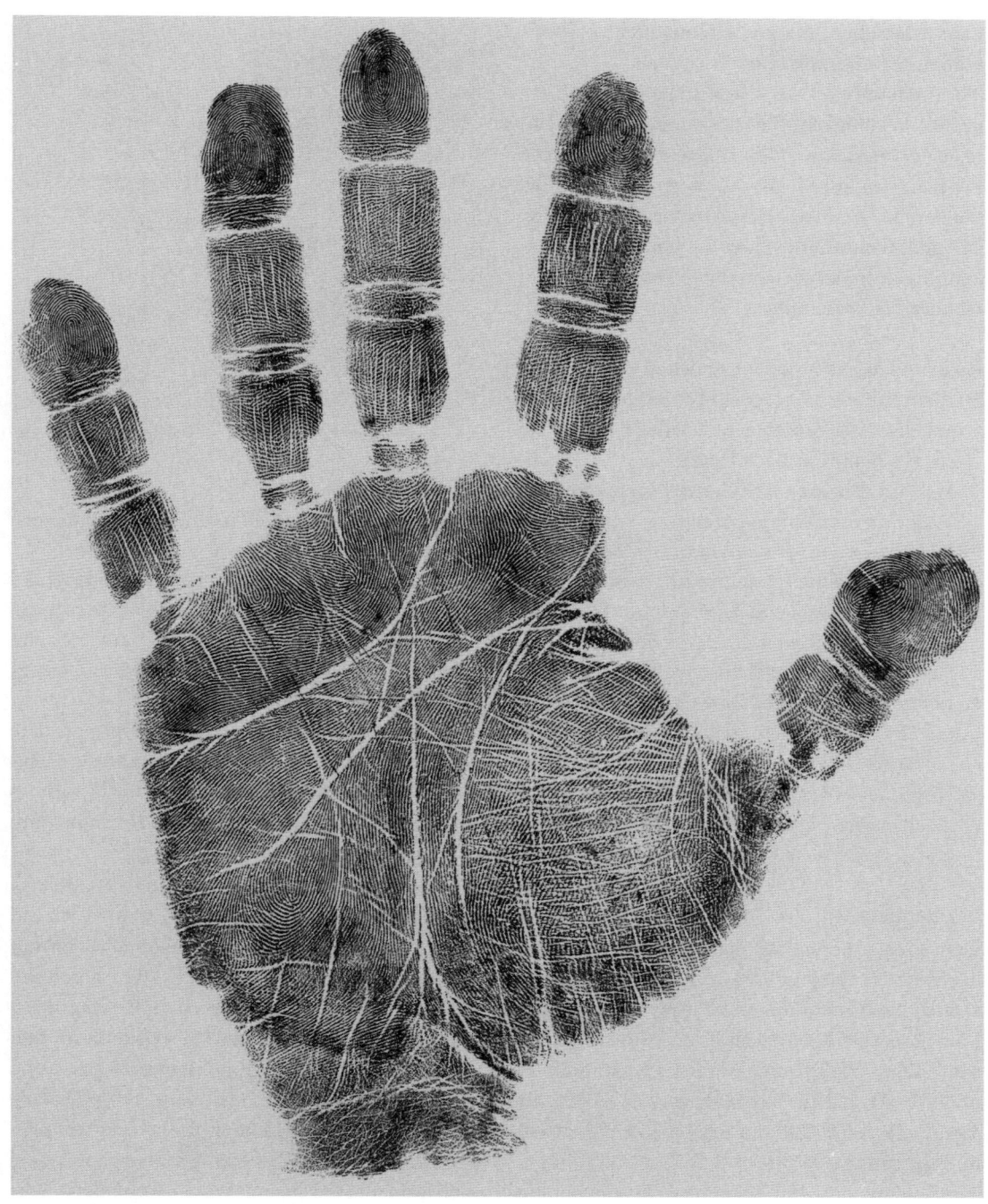

Linke Hand eines 38-jährigen Mittelschullehrers mit Uranuslinie und Jupiter-Diagonalleistenverlauf in den Uranusberg.

man, Menschen, die mit Uranus nicht zurecht-kommen, wären verrückt.

Für uranische Menschen ist die Kopflinie von großer Wichtigkeit. Sie gibt Auskunft über Unterscheidungskraft und Realitätsbezogenheit. Von ihr hängt es ab, ob die Ideen realisiert werden können. In der linken Hand (rechte Gehirnhälfte) ist eine Uranuslinie Hinweis für intuitive Erkenntnisse, in der rechten (linke Hemisphäre) auf technisches Verständnis.

Zu den Handtypen ist Folgendes zu sagen:

- Beim *Spatelhänder*, der auf Daseinsbewältigung angelegt ist, deutet eine Uranuslinie auf ein starkes Bedürfnis nach Freiheit und Unabhängigkeit. Ebenso ist Geistesgegenwart und Wagnisbereitschaft angezeigt.
- In der *eckigen, normorientierten Hand* verrät eine Uranuslinie Spannungen zwischen dem Ordnungsprinzip und der seelischen Dynamik. Bei guter Kopflinie werden die Spannungen in Leistungen gestalterischer Art umgesetzt.
- In der *konischen* Hand ist die Uranuslinie Symbol für Spannungen zwischen Passivität und seelischer Dynamik. Das kann zu seelischen Krisen und/oder Entgleisungen führen, sofern die Kopflinie kein Gegengewicht signalisiert und gestalterische Möglichkeiten anzeigt.

Die Neptunlinie

Dem Geheimnisvollen, nicht Erfassbaren zugehörig ist die Neptunlinie. Alles auf eine transzendentale Welt Bezogene, parapsychologische Phänomene wie außersinnliche Wahrnehmung, Medialität, Hellsehen, Ahnungen, Inspiration und Mystik haben Neptuncharakter. Auch die Agape, die All-Liebe und der Ur-Instinkt stehen in Beziehung zu Neptun.

Zu den negativen Neptuneinflüssen gehören Trugbilder, Halluzinationen, Illusionen und nebulöse Vorstellungen. Außerdem verlockt Neptun zu Genüssen berauschender Art bis zur Süchtigkeit, hauptsächlich für jene Menschen, die mit den Gefühlsplaneten Mond und Venus nicht zu-

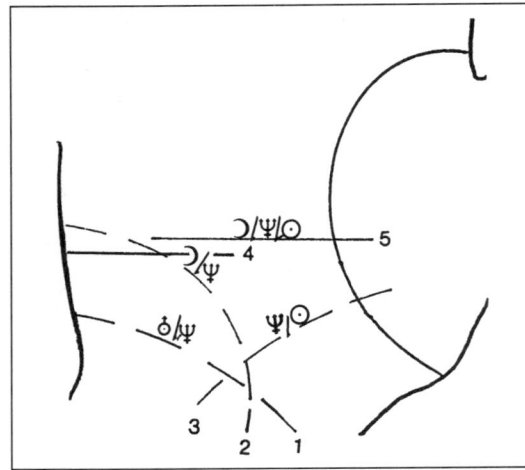

Die Neptunlinie

rechtkommen. Die Neptunlinie trägt denn auch den Beinamen Giftlinie.

Es ist der Chirologe Issberner-Haldane, der dieser Linie den Namen gab, und er ist es auch, der als Erster bemerkte, dass bei Auftreten der Neptunlinie sich Gifte im Körper des Linieneigners befinden.

Die typische Neptunlinie entspringt dem Neptunberg, der Grube des Wassers, wie die Chinesen sagen, früher auch als Ort des Ursprungs bezeichnet. Sie hat bezüglich ihres Endes fünf Möglichkeiten des Verlaufs:
1) zum Uranusberg, 2) zum Mondberg, 3) zum Thenar/Daumenballen. 4) Ebenso wird ein auf dem Mondberg liegender Horizontalbalken mit Neptun in Verbindung gebracht, weil durch ihn sowohl die neptunischen als auch die uranischen Ströme angehalten werden, 5) wobei dieser Balken auch Thenar und Mondberg verbinden kann. Ebenso vermag die Neptunlinie ihren Anfang nahe dem Ende der Lebenslinie im unteren Thenar zu nehmen und diesen großbogig mit dem mittleren/oberen Mondberg zu verbinden (siehe Seite 116).

Die Summation Neptun/Mond kann parapsychologische Phänomene hervorbringen. Hellsehen gelingt mit dem Mondberg allein nicht, dazu werden zusätzlich neptunische Ströme benötigt. Diese werden im Mondberg als verschleierte bildhafte Eingebungen wahrgenommen. Merkur nimmt die Übersetzung vor. Er erspürt, was mit dem Bild gesagt werden will, und vermittelt die innere Wahrnehmung dem Intellekt, dem Stirnhirn, chirologisch der Kopflinie. Auch hier hängt es astrologisch gesehen weitgehend von der Merkurposition im Geburtsbild ab, inwieweit die Inspirationen Neptuns entziffert werden können, und ob der Intellekt, chirologisch die Kopflinie, fähig ist, die von Merkur übermittelten Botschaften intellektuell zu verarbeiten. Neptunisches ist traumhaft verschwommen Erfühltes. Darum können die meisten Medialen die Bilder zeitlich nicht ausmachen, das heißt keine genauen Termine angeben, wann sich die Bilder erfüllen, die sie schauen.

Das Planetenprinzip Neptun steht nur in der Theorie für sich allein. Für die Bildung einer Neptunlinie ist Neptunisches mit Uranischem und/oder Mondischem vermischt.

Verbindet sich der Hypothenar mit dem Thenar, so schließt sich noch der Fixstern Sonne an sowie die Erde, die sich im Geburtsbild immer in Opposition zur Sonne befindet und sich somit im Strukturbild mit der Sonnenposition deckt.

Die Neptunlinie hat einen Bezug zum 7. Sinn beziehungsweise zur 5. Dimension oder anders gesagt zur kollektiven Ebene des seelischen Bereichs, der Welt der Gefühle. Die Energien Neptuns liegen jenseits der individuellen Persönlichkeit. Wie Uranus und Pluto gehört das Neptun-Prinzip zu den geistigen, überpersönlichen oder kollektiven Planeten. Saturn, der Hüter der Schwelle zu den überpersönlichen Planeten, sollte uns eigentlich vor dem Übergreifen anderer Dimensionen in die unsrige schützen, solange wir nicht (oder nicht mehr) fähig sind, mit diesen Kräften umzugehen. Medial Veranlagte haben eine durchlässige Milz. Sie ist durch Saturn, der für dieses Organ zuständig ist, zuwenig gegen den Kosmos abgeschirmt. Aus spiritistischen Sitzungen, wo plasmatische Formen sichtbar werden, weiß man, dass dieses Plasma aus der Milz aus-

tritt. «Medialität wird mit dem Vorhandensein von Fremdstoffen im Körper erklärt. Körpergifte erzeugen große Empfindlichkeit des Nervensystems. Daraus entsteht eine erhebliche Sensibilität» (Rudolf Engelhardt).

Trotz dieser Erkenntnisse und Erfahrungen stelle ich fest, dass, um Medium zu sein, keine dieser hier beschriebenen Neptunlinien/Giftlinien nötig sind. Die meisten beruflich medial tätigen Menschen, von denen ich Handabdrücke besitze, haben keine. Dafür findet sich eine mit dem Neptunberg verbundene wurzelausgestattete Vitalis und/oder Saturnalis, oder die Neptuntriradie (siehe Papillarleisten) zeigt Kontakt mit der Merkurlinie, oder ein Mandelmuster (von mir als Neptunmuster ermittelt) oder ein Doppelwirbel besetzen den Mondberg oder es sitzt ein Mandelmuster auf Daumen oder Zeigefinger.

In der Regel zeigen Menschen mit Neptunlinie ungewöhnliche Reaktionen auf Chemikalien, Drogen und Medikamente, haben eine Allergie auf Penizillin, Antibiotika jeder Art, aber auch auf Blütenpollen und bestimmte Nahrungsmittel. Einige sind geradezu süchtig auf Lebensmittel, die ihnen nicht bekommen, wie beispielsweise Milch, Schokolade, Hühnereiweiß. Wieder andere haben eine Vorliebe für nebelhafte berauschende Mittel wie Opium, Morphium, Kokain, Heroin oder Alkohol. Zur Summe der Körpergifte treten noch Impfstoffe, Bestandteile von Vergiftungsstoffen, Ätherisierung, Narkotisierung. Damit wird auch ihr anderer Name, Giftlinie, bestätigt. Die Neptunlinie zeugt aber nicht nur von Giften, für die der Linieneigner selbst verantwortlich ist. Sie kann ebenso Gifte anzeigen, welche die werdende Mutter während der Schwangerschaft auf den Embryo übertrug.

Wenn immer sich in einer Hand eine Neptunlinie befindet, wäre im Krankheitsfall eine homöopathische Behandlung angezeigt. Am besten ist ein Mensch mit Neptunlinie von einem Mediziner beraten, der sich auch in naturärztlichen Heilmethoden auskennt. Homöopathen gibt es heute mehr als allgemein bekannt ist.

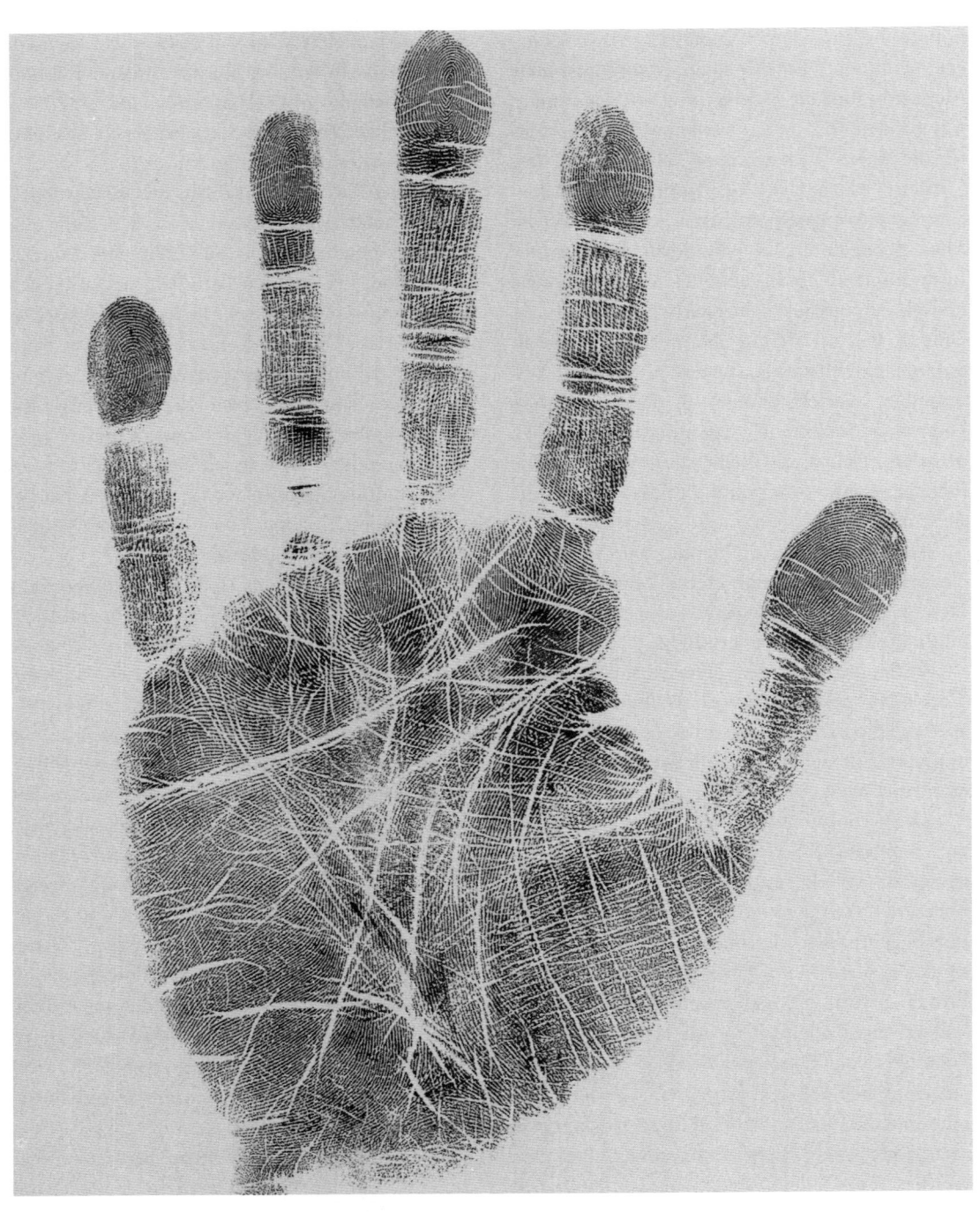

Linke Hand, weiblich, mit Neptunlinie. Daumen, Zeige- und Ringfinger mit Mandelmuster.

Astrologisch: Neptun dominant an Achse DC (Opp. AC, Quadrat MC/IC).

Strukturbild: Neptun = Knoten/Mond = Mars/Jupiter/Uranus = Merkur/Saturn.

1 Steuert die Neptunlinie in den Uranusberg, besteht in der Regel Interesse an Grenzgebieten, Parapsychologie, Medialität oder Sozialarbeit, bevorzugt in der Drogenszene. Bei weicher Hand, schwammigem Neptunberg und/oder zerfaserter Saturnlinie überwiegt die Neigung zu Übersensibilisierung und Überreizung, mit der Tendenz zu Abhängigkeit von Psychopharmaka und Drogen.

2 Verläuft die Neptunlinie in Richtung Mondberg, weist sie auf eine hochgradige Empfindsamkeit, unterbewusste Erscheinungen, Feinfühligkeit, Sensitivität, inneres Schauen, Inspiration, ein starkes Traumleben, aber auch auf Einbildungen, Selbsttäuschungen, Haltlosigkeit, eine Neigung zum niederen Spiritismus und mediale Täuschungen, auf einen Menschen, der sich in der Welt ungeschützt fühlt. Somatisch lässt das Lymphsystem zu wünschen übrig.

3 Eine in den Thenar laufende Neptunlinie, welche die Lebenslinie durchschneidet, ist empfänglich für Eindrücke. Eine reiche Phantasie ist gegeben mit einem Hang zu Mystik, aber auch zu Genussgiften und zu Selbsttäuschungen. Somatisch liegt eine Neigung zu Herz- und Kreislaufstörungen vor und zu Ödemen. Ferner besteht Verdacht auf alkoholanfällige Vorfahren, wobei sich die Tendenz zeigt, dass der Linieneigner selbst mit Alkohol oder einem anderen Suchtproblem konfrontiert wird.

4 Eine Linie, die sich quer über den unteren Mond- oder oberen Uranusberg legt, trägt die Bezeichnung Hypothenarbalken. Auch bei diesem Balken lassen sich Interesse an Grenzgebieten, Parapsychologie, Pendeln, Trancezustände und anderes mehr erkennen. Es zeigen sich Ahnungsvermögen und Wahrträume. Diese Menschen sind suggestiven Einwirkungen zugänglich, oft auch brauchbare Medien. Wo es Mittel und Zeit erlauben, wird zur Kompensation der Sehnsüchte eine Weltreise unternommen. Konstitutionell besteht eine mangelhafte Filterwirkung des Lymphsystems, eine Durchlässigkeit für Toxine. Sie ist die klassische Gift- oder Allergielinie und befindet sich etwa zwei Zentimeter oberhalb des ulnaren Handgelenks.

5 Ein Balken, der Mondberg und Thenar/Daumenballen verbindet, findet sich zumeist bei Personen, die nebst Überempfindlichkeit, schnellem Enttäuschtsein, hochgradiger Körpersensibilität auch einen geringen Tonus aufweisen. Eventuell bestehen mysteriöse Familienverhältnisse. In der Regel zeigt sich eine suchtähnliche Abhängigkeit von physischen und psychischen Vergnügungen. Die Linie wird auch Abhängigkeitslinie genannt.

Was *Störungen* betrifft, so ergeben sich solche vor allem bei einem von einer Neptunlinie abgeriegelten Mondberg, wenn dieser mit zersplitterten Linien und Zeichen besetzt ist. Diese Gebilde können auf Verdrängungen, Komplexe oder Neurosen hindeuten. Die Neptunlinie kann sich öffnen und der Wirrwarr im Mondberg sich lichten, wenn das Problem des Handeigners angegangen wird, wie dies bei einer Psychoanalyse geschieht, in der die verdrängten seelischen Inhalte bewusst gemacht werden.

Je nach Handtyp ergeben sich bezüglich der Neptunlinie andere Aussagen. Dazu folgende Richtlinien, wobei zu beachten ist, dass die Neptunlinie nur in Verbindung mit einer Saturnlinie und einer realitätsbezogenen Kopflinie positiv zu werten ist:

- Dem *Spatelhänder* bringt die Neptunlinie Instinktsicherheit. Seine Ahnungen bestätigen sich in der Realität. Möglich ist auch ein Ansprechen auf Erdstrahlen.
- Die *eckige Hand* weiß Neptunisches zu gestalten und ihm Form zu geben.
- Die *konische Hand* besitzt öfters eine Neptunlinie, doch bedeutet sie meist ein Zuviel für die bereits von ihrer Form her auf Transzendentes ausgerichtete Hand.

Die Ringe Salomons, Jupiters, Saturns und der Venus

Die Ringe drücken gesammelte Kräfte der Bergeigenschaften aus.

Als *Salomonring* wird ein halbkreisförmiges Gebilde bezeichnet, das sich auf dem Zeigefingerknöchel der Außenhand befindet. Salomonring-Träger sind philosophisch und sozial interessiert. Doch das Erfassen sozialer und philosophischer Wirklichkeiten erfolgt mehr hellfühlend denn realistisch wahrnehmend. Menschen mit einem Salomonring besitzen nicht nur eine auf Erfahrung basierende, sondern auch eine innere Weisheit. Außerdem sind sie für viele menschliche Bedürfnisse immun, weil sie ihnen unwichtig erscheinen.

Der *Jupiterring* befindet sich als kleiner Halbkreis auf dem Jupiterberg. Primär zeichnen sich diese Ringeigner durch ein besonderes Einfühlungsvermögen und Verständnis für die Sorgen und Nöte ihrer Mitmenschen aus. Sonst aber offenbart der Jupiterring ähnliche Anlagen wie der Salomonring, entbehrt jedoch der Weisheit und des Hellfühlens Salomons.

Der *Saturnring* erscheint als Halbkreis oder formt sich aus zwei auf dem Saturnberg befindlichen schrägen Linien. Menschen mit Saturnring sind meist mit sich und der Welt unzufrieden, weil sie auf den Kern sozialer Missstände des Weltgeschehens stoßen, ohne sich dessen so richtig bewusst zu werden. Nur eine einwandfreie Kopflinie vermag die durch den Saturnring vermittelten Erkenntnisse zu formulieren, um sie anderen mitzuteilen. Oft wird auf viele Annehmlichkeiten des Lebens verzichtet, damit die gesteckten Ziele erreicht werden können.

Der *Venusring*, der halbkreisförmig auf dem Ringfingerberg liegt, ist kein häufiges Zeichen. In fester Hand hebt er ausschließlich die Eigenschaften der Venus-Urania hervor. Er offenbart ideelle Strebungen, die für die meisten Menschen

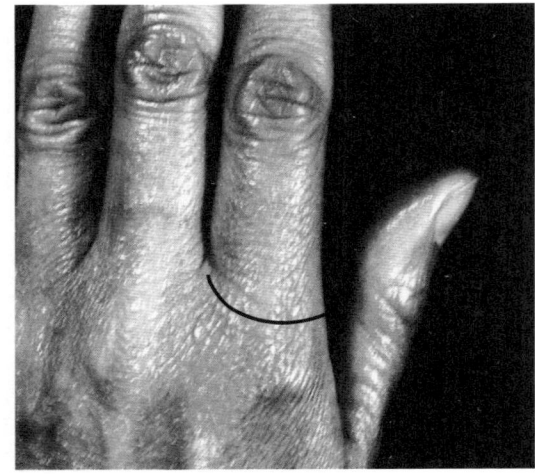

Salomonring

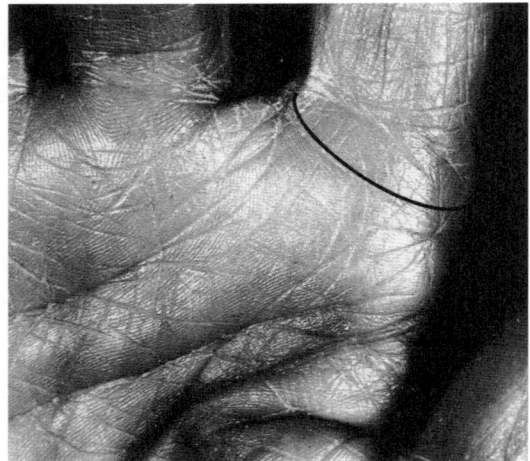

Jupiterring

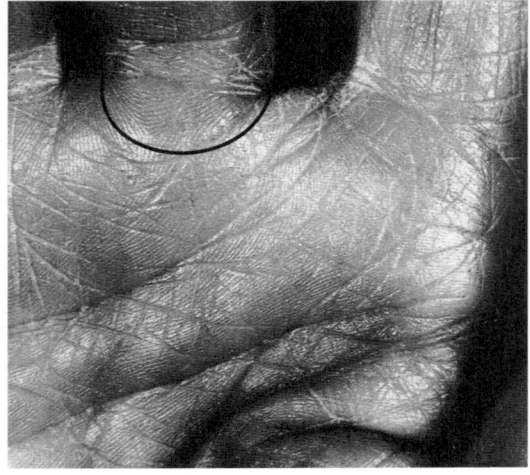

Saturnring

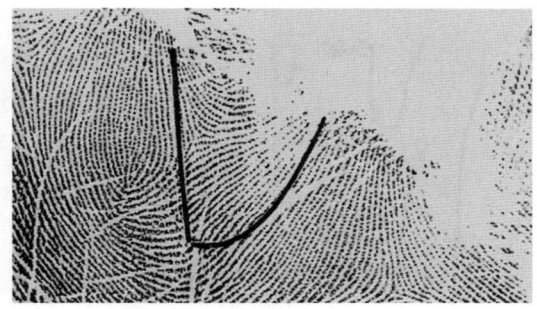

Bild: Abdruck rechte Hand. Venusring eines jungen Mannes mit Sonne, Venus, Merkur und absteigendem Mondknoten in Stier 9. Feld.

zu hoch gegriffen sind. Gleichzeitig verspricht er glückliche «Zufälle» oder «bügelt» weniger glückliche Umstände aus. Bei weicher Hand dringen die Züge der Venus-Pandemos durch. Es mischen sich ideelle Bestrebungen mit genussfroher Sinnlichkeit, Bequemlichkeit und Ruhebedürfnis.

Die Raszetten: das Maß an ererbter Lebenskraft

Die Linien, welche zwei- bis dreifach, selten vierfach um das Handgelenk laufen, tragen in der Fachliteratur verschiedene Namen. Sie werden als Gesamtheit Raszetten genannt. Einzeln heißen sie Restrictae, aus dem Lateinischen «restringere» = zubinden, beschränken, begrenzen. Mitunter führen sie auch die Bezeichnung «discriminalis linea» = Trennungslinie, da sie die Trennung von Arm und Hand vollzieht.

Die Raszetten haben vorgeburtliche Bedeutung – sie liegen vor dem Ort des Ursprungs – und stehen im Zusammenhang mit der für diese Existenz gewählten oder zugesprochenen Erbmasse. Man könnte auch sagen, sie beziehen sich auf die notwendige Vitalität, Willens- und Handlungsintensität, die nötig sind, um die Lebensaufgabe zu meistern. Astrologisch gesehen gehört hierzu auch das, was der aufsteigende Mondknoten fordert, um nicht jenes zu tun, was der absteigende Mondknoten symbolisiert, nämlich das, was man von den letzten Leben her bestens beherrscht und für die gegenwärtige Existenz nicht gefragt ist. «Der Südknoten (Drachenschwanz

oder absteigender Mondknoten) steht symbolisch für die Vergangenheit des Menschen. Er stellt die angesammelten Ergebnisse von Verhaltensweisen, Ereignissen und Gewohnheiten aus früheren Inkarnationen dar und ist zweierlei, einmal die Grundlage, auf die sich das gegenwärtige Leben aufbaut, und ein Punkt der potenziellen Schwäche. Der Nordknoten (Drachenkopf oder aufsteigender Mondknoten) steht symbolisch für die Zukunft des Menschen und zeigt den Bereich an, wo der Mensch seine höchste Ausdrucksform im gegenwärtigen Leben erreichen kann.» (Martin Schulman)

In der französischen Literatur werden die Raszetten mit dem Tierkreiszeichen Löwe in Verbindung gebracht und figurieren daher als «Lion». Das Tierkreiszeichen Löwe gilt als «königliches» Zeichen. Es symbolisiert die einsatzfreudige Vitalität, das sich Macht und Geltung verschaffende Prinzip, das unternehmungsfreudige Ausgreifen in das Umfeld, das kraftvoll beharrliche Festhalten an den Dingen. Die Sonne, Regentin des Zeichens Löwe, entspricht dem Gesamtlebensantrieb, der Kernreaktion, dem zentralen Ansatz des Handelns. Sie ist Mittelpunkt aller Strebungen. Löwe- und Sonne-analog ist das 5. Feld. Es gibt Auskunft über die Dynamik, die Selbsterprobung und die Risikofreudigkeit. Nicht verwunderlich, daß frühere Autoren (Papus, Nestler) drei wohlgeformte «restrictae» als königliches Bracelet oder als dreifach magischen Armring bezeichneten.

Deutungen

1 Nach der Literatur sind wohlgeformte, gut sichtbare Raszetten höher einzustufen als zarte, dünne. Oft sind es keine eigentlichen Linien, sondern winzige, gliederähnliche Gebilde. Diese sollen ein arbeitsreiches Leben verheißen, das sich im Alter auszahlen lasse.

2 Der Wölbung oder steigenden Tendenz der ersten Armlinie spricht Lomer eine erhabene Gedankenrichtung beziehungsweise hochgesteckte Lebensziele zu. Issberner betrachtet die Armbänder vom gesundheitlichen Standpunkt. Nach seiner Erfahrung besagt die gewölbte Raszette eine vererbte Bindegewebsschwäche und verursacht bei der Frau die Tendenz einer erschwerten Geburt. Nachfragen in meiner Praxis haben ergeben, dass letztere Aussage nur in jenen Fällen zutraf, wo zugleich das Handgelenk zart war.

3 Reichtum und Ehren verspricht eine aus der Raszette aufstrebende Linie, die zum Ringfingerberg verläuft (Venuslinie).

4 Eine in der Raszette entspringende und zum Merkurberg verlaufende Linie soll gute Aussichten in Handelsgeschäften verheißen (gerade Uranus-/Merkurlinie).

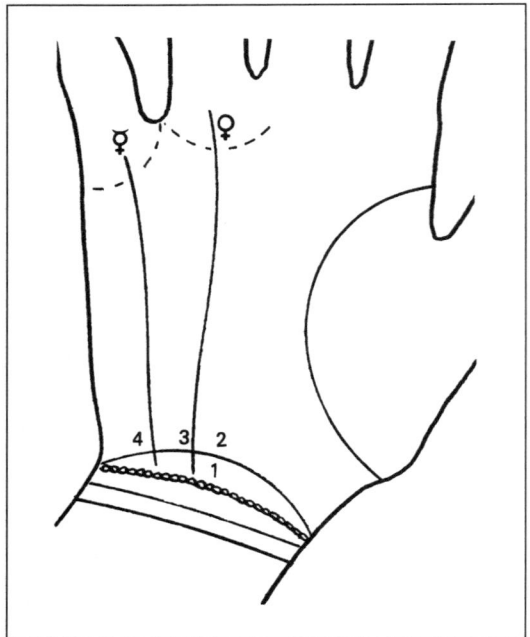

Dass aber stark eingeprägte Raszetten und eine gut gezeichnete den Daumenballen umlaufende Lebenslinie kein langes Leben garantieren, illustriert die nebenstehende Zeichnung der Hand eines am 4. Lebenstag verstorbenen Säuglings, von der ich fotografisches Material gesehen habe.

Als kritisch muss die aus der Lebenslinie aufsteigende «Giftlinie» mit der gleichzeitig tiefen Furchung des Kopflinienbeginns (Kleinhirn, Motorik) sowie die gekörnte Emotionalis/Herzlinie (Anlage zu Gallen- und Nierengrieß) bezeichnet werden.

Auch der Übergang vom Handgelenk zur Hand ist wesentlich.

• Ein *stark ausgeprägtes* Handgelenk mit unverengtem Übergang zur Hand symbolisiert energiegeladene Dynamik, körperliche Kraft, gekoppelt mit grobstofflicher, realitätsbezogener Sinnesart.

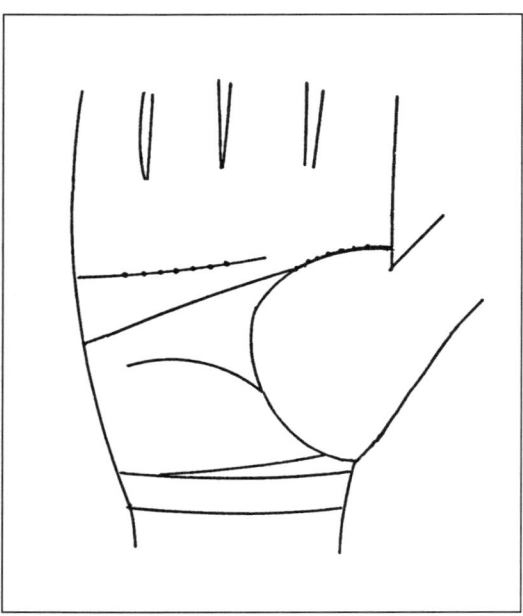

• Die *verengte* Handfessel dagegen findet sich eher bei einer Erbmasse, der eine gewisse Verfeinerung eigen ist.

• Ein *zu schmales* Handgelenk soll ein Dekadenzmerkmal sein.

Die Finger

Die Finger, die das Bild der Außenhand erheblich mitprägen, sind bewusstseinsnaher als der Handrumpf. Sie sind geistig akzentuiert und stellen eine höhere Stufe der bereits im Handrumpf symbolisierten Grundanlagen dar. Die Finger, zwar primär Fühler und Tastorgane, offenbaren auch Begabungen sowie das äußere Auftreten. Sie haben verschiedene Funktionen. An den Fingern ist ersichtlich:

– die geistige Zielrichtung und die Gefühlsanlage im Sinne des Einfühlens in die Umwelt (Nagelglied);
– die Wahrnehmungsfähigkeit als bewusster psychischer Vorgang (Mittelglied) sowie
– die Anstrengung, das Wahrgenommene aktiv zu verwerten (Wurzelglied).

Die geistige Zielrichtung und die Art, wie das Einfühlen in die Außenwelt geschieht, auf welche Umwelteindrücke ein Mensch anspricht, welcher Art die Wahrnehmungskräfte sind und ob das Wahrgenommene intellektuell oder materiell umgesetzt werden kann, ist erkennbar an der Fingerlänge, dem Größenverhältnis der einzelnen Fingerglieder, Fingerendungen und Nagelform sowie Fülle und Breite der Fingerglieder. Die Länge der Fingerglieder wird an der *Innenhand* gemessen.

Die Dreiteilung der Finger

Schon optisch ist die Dreiteilung der Finger in drei Räume ersichtlich. Die Dreiteilung hat folgende Bedeutung:

Das Nagelglied

Die Nagelglieder haben Bezug zur gefühlsmäßigen geistig-seelischen Aufnahmefähigkeit. Sie symbolisieren die eigentlichen Antennen oder Fühler. Die Fingerkuppen sind Tastorgane. Die Nagelglieder haben die Aufgabe, sich in die Umgebung einzufühlen und die Umwelt nach geeigneten Eindrücken abzutasten. Die Nagelglieder als Fühlorgane verraten auch die Art des Herantastens an ein Objekt oder an einen Menschen. Die Fingerkuppen nehmen die Schwingungen der Außenwelt auf, holen die Impressionen herein und geben sie zur Verarbeitung an das Innere weiter. Die Nagelglieder sind «die Augen» der Hand (D'Arpentigny).

Alles, was dem Fingercharakter nicht konform ist, kann das Nagelglied nicht aufspüren, weil es darauf nicht anspricht oder es für die im Finger liegenden Begabungen nicht wichtig erscheint. Selbst auf realistische Begebenheiten reagiert ein Mensch nicht, wenn in ihm keine Resonanz erzeugt wird oder die zeitliche Synchronizität fehlt.

Die Nagelglieder haben astrologisch Bezug zu den beweglichen Zeichen des Tierkreises. Sie entsprechen dem «labilen» oder dem «geistigen Kreuz». Die Nagelglieder korrespondieren immer mit dem dritten Zeichen einer Triplizität, dem Trigon, dem der Finger angehört.

Das Mittelglied

Das Mittelglied ist, wie der Bereich der Kopflinie, symbolhaft der Ort der größten Bewusstheit. Es zeigt die Stärke der bewussten Wahrnehmungskraft, die praktische intellektuelle Begabung, das Gedächtnis für Tatsachen. Gleichzeitig ist der Bereich der bewussten Wahrnehmung der Ort der rationalen Gestaltungsfähigkeit oder bewussten Formung. Die Mittelgliederbegabungen sind rein rational. Sie haben weder einen geistigen Bezug im Sinne von spirituell noch sind sie materiell. Das Mittelglied ist Sitz des objektiven, konkreten, realistischen, lebensnahen Wahrnehmungsvermögens.

Das Mittelglied symbolisiert die intellektuelle «Substanz» des jeweiligen Fingers, das Maß an bewusst, intellektuell zu fixierenden, konsolidierbaren Möglichkeiten im Sinne von stapelbaren Erfahrungswerten.

Diese Erfahrungswerte werden gespeichert und sind bei ständigem Gebrauch jederzeit abrufbar. Sie befinden sich nach Freudscher Theorie im Vorbewussten, auf die Hand übertragen im oberen Mondberg, astrologisch symbolisiert durch Merkur/Jungfrau/6. Feld (siehe Seite 215ff., das GIH-System). In der Regel läuft die Kopflinie in oder durch diesen Handteil. Bei längerem Nichtgebrauch der Erfahrungswerte sinken diese ins Unbewusste, chirologisch gesehen in den Mondberg. Auch der Mondberginhalt, astrologisch Mond/Krebs/4. Feld, kann relativ schnell hochgehoben werden, solange es sich nicht um Verdrängungen handelt. Doch dauert es etwas länger, weil Zeit benötigt wird, um sich an die damaligen Umstände zu erinnern.

Der Unterschied des astrologischen Zwillinge-Merkurs gegenüber dem Jungfrau-Merkur liegt darin, dass der Zwillinge-Merkur das Kontaktprinzip der Finger betrifft und mehr oder weniger interessiert die Dinge aus der Außenwelt bewußt hereinholt. Der Jungfrau-Merkur hat das Hereingeholte zu integrieren und bei Bedarf wieder herauszuholen. Er sortiert die Bilder, analysiert und überlegt, welches Material für die vernünftige Steuerung der Lebensprozesse benötigt wird.

Der Jungfrau-Merkur kann aber seine Auswahl nur in dem Sinne treffen und der Kopflinie,

dem Intellekt zurückgeben, als das Material seinerzeit von der Kopflinie verarbeitet und im Handrumpf bzw. im Gehirn deponiert worden ist. Darüber orientiert das Kopflinien-Ende. Die Reaktionsweise aber und wie schnell das Erfahrungsgut hervorgeholt und verwendbar ist, zeigen die Qualität der Kopflinie und die Fingerkuppenmuster. Letztere offenbaren sogar, ob das Erfahrungsgut mehr praktisch oder theoretisch verwendet wird. In diesem Zusammenhang muss vorgreifend gesagt werden, dass ich aufgrund gemachter Erfahrungen und logischer Überlegungen, den Papillarleisten Merkur/Uranusfunktion zuschreibe.

Das Mittelglied ist intellektuell nur auf diejenigen Bereiche fixiert, die das Nagelglied erfüllt. Astrologisch entsprechen die Mittelglieder dem fix-stabilen Kreuz, den fixen Tierkreiszeichen des dem jeweiligen Finger zugehörigen Trigons.

Das Grund- oder Wurzelglied

In den Grundgliedern liegt analog dem Handrumpf der materielle Bereich. Da den Fingern aber keine Körpersubstanz innewohnt, betrifft das Materielle nicht die Substanz, sondern die Aktivität und Ausdauer für materiell Machbares. Die Grundglieder zeigen, mit welcher Intensität der Handeigner die materielle Auswertung des vom Nagelglied Erfüllten und vom Mittelglied intellektuell Wahrgenommenen und verstandesmäßig Verarbeiteten angeht. Astrologisch entsprechen den Grundgliedern die Kardinalzeichen derjenigen Triplizität, der der jeweilige Finger angehört.

Da sich in den Grundgliedern die Frage der materiellen Auswertung oder die Durchsetzung einer Sache entscheidet, sind auch die Fingeransätze bedeutsam.

• *Schmale*, *zarte* Fingeransätze offenbaren eine Begabung für Tätigkeiten, die Sinn für Tatsachen und Wissen, feinste Beobachtung, gute Definitionsfähigkeit und kritische Einfühlung in Geschehnisse und Schriftstücke verlangen.

- *Verdickte* Grundglieder verraten rein materielle Bedürfnisse. Diesen Menschen mangelt jeglicher Feinsinn. Ebenso fehlt die intellektuelle Beweglichkeit und damit die Voraussetzung für eine vernünftige Diskussion.

Die Länge der einzelnen Fingerglieder

Die Fingerglieder sind im gegenseitigen Verhältnis zu betrachten.

- *Lange Nagelglieder* besagen Unmittelbarkeit des Urteils, gute Auffassungsgabe, schöpferisches Denken, geistige Beweglichkeit in jenen Belangen, die der Finger symbolisiert. Intellektuelle und Denker haben lange Nagelglieder.
- *Lange Mittelglieder* offenbaren logisches Überlegen, gutes Wahrnehmungsvermögen, Nachdenklichkeit, ein natürliches Verständnis für Dinge, die auf Erfahrung beruhen, richtige Kritik, Begabung für Ausdruck und Ausdeutung, bewusste Gestaltungs- und Organisationsfähigkeit, kaufmännisches Talent und Geschäftstüchtigkeit in jenen Belangen, die der Finger symbolisiert. Gleichzeitig besteht für den Fingereigner die Aufgabe, viele Erfahrungen zu sammeln.
- *Lange Wurzelglieder*, die zusätzlich breit und fleischig sind, deuten auf vorzügliche Fähigkeiten, das in den beiden oberen Fingergliedern Angelegte praktisch und sinnennah umzusetzen. Sie zeugen von starker Aktions- und Realisationskraft.

Die Finger-Längsfurchen

Die Finger als Fühler sind Kräfteempfänger, die Fingerlinien Energieleiter.

Vertikallinien auf *Wurzel- und Mittelgliedern* entsprechen der Norm. Durch sie werden die empfangenen Reize dem Handinnern zur Verarbeitung weitergeleitet. Je klarer, regelmäßiger, ungebrochener und parallel durchlaufender diese Längslinien sind, desto ausgeglichener und besser ist der Energiefluss, der die dem Finger entsprechenden Fähigkeiten speist.

Vertikallinien auf den *Nagelgliedern* sind weniger üblich. Sie sollen mit der Drüsentätigkeit

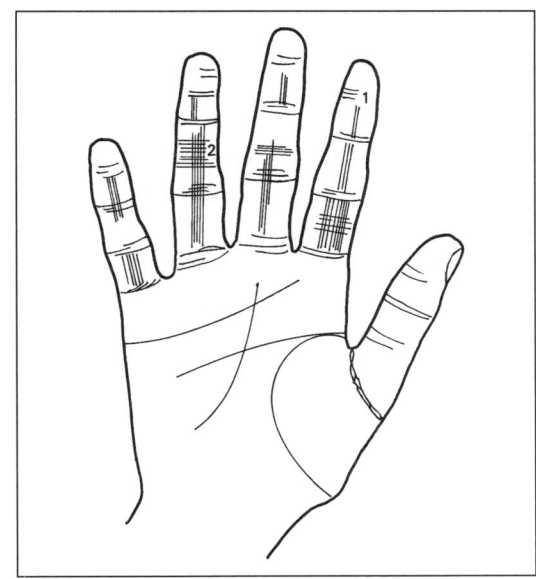

Vertikallinien auf Nagelgliedern (1) und Wurzel- und Mittelgliedern (2), sowie Querlinien.

des betroffenen Fingers zu tun haben. Meist ist es eine Überfunktion der entsprechenden Drüse, was sich positiv wie negativ auswirken kann. Welcher Finger welche Drüse vertritt, ist bis heute nicht eindeutig geklärt. Bereits Henri Mangin, Claude Sigaud, Dr. J. A. Huet, Spezialist für endokrine Drüsen, und Dr. Mac Auliffe haben sich mit diesem Thema auseinandergesetzt. Die heutigen Spekulationen basieren auf der Reflexologie. Sie erscheinen größtenteils recht akzeptabel.

Deutungen
Vertikallinien auf den Nagelgliedern

- Jupiterfinger: Übermäßiges Streben nach Pionierleistungen.
- Mittelfinger: Ausgeprägte philosophische Interessen.
- Ringfinger: Übermäßige Sensibilität, die eine Fülle von Eindrücken aufnimmt, enorme geistige Kraft zu schöpferischer Vorstellung.
- Kleinfinger: Übermäßige Feinfühligkeit, starke geistige Aufnahmefähigkeit und betont gute verstandesmäßige Auffassungsgabe, intuitive und inspirierende Kräfte, Phantasie.

Querlinien auf den Nagelgliedern, in der Erbbiologie «weiße Linien» genannt, symbolisieren Stresserscheinungen, die das Thema des jeweiligen Fingers betreffen.

- Zeigefinger: Das Selbstwertgefühl ist angetastet, möglicherweise durch das Umfeld, in das der Handeigner gestellt ist.
- Mittelfinger: Objektive Werte wie Sicherheit, Arbeitsplatz oder Wohnungsprobleme können Kummer bereiten.
- Ringfinger: Beziehungs- und/oder Öffentlichkeitsangelegenheiten sind angesprochen. Man muss möglicherweise zuviel Kritik einstecken.
- Kleinfinger: Kommunikationsschwierigkeiten, eventuell sexuelle Probleme.

Querlinien auf den Mittel- und Grundgliedern offenbaren Widerstände gegen die Ausübung jener Fähigkeiten, die der Finger vertritt. Das mag manchmal sogar positiv sein, denn Querlinien auf den Mittelgliedern von Jupiter- und Merkurfinger können auf im Laufe des Lebens erworbene diplomatische Fähigkeiten hinweisen, um nicht mehr so oft «anzuecken».

Die knotigen und die glatten Finger

Die Chirologie teilt die Finger in zwei weitere Kategorien ein: in knotige und glatte. Bei den Knoten, den Verdickungen an den Fingergelenken, sind deren zwei zu unterscheiden:

Philosophischer oder geistiger Ordnungsknoten wird der obere Knoten genannt, der sich zwischen Nagelglied und Mittelglied befindet. Er hat folgende Bedeutung.

Positiv: analytische, theoretische Fähigkeiten; logisches, prüfendes, überlegendes, kritisches Denken: präzises, geistiges Arbeiten; Probleme werden zuerst von der abstrakten Seite her angegangen; Hang zum Philosophieren.

Negativ: Misstrauen, Grübeleien.

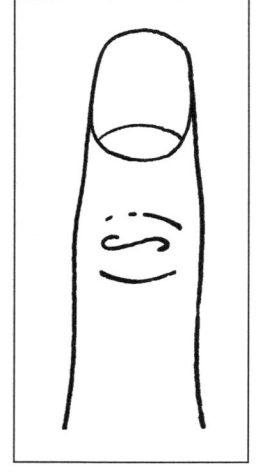

Philosophischer oder
geistiger Ordnungsknoten

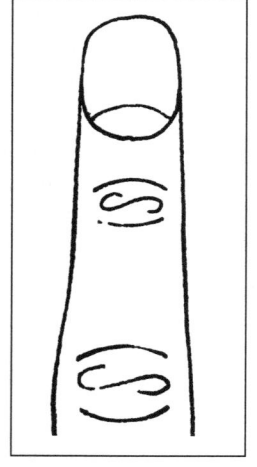

Materielle Ordnungsknoten

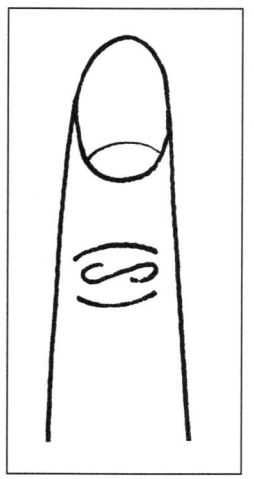

Knotenlose Finger

Der *materielle Ordnungsknoten* oder untere Knoten verbindet das Mittelglied mit dem Wurzelglied. Menschen mit dem unteren Knoten reagieren praxisnah. Sie treffen ihre Entscheide aufgrund praktischer Erfahrung, kennen die Gesetze und Ordnungsprinzipien des Handelns und halten sich an das Erreichbare und Mögliche.
Positiv: Sammlung und Sichtung der Fakten.
Negativ: Kleinlichkeit und Missgunst.
Die Philosophenhand zeigt beide Knoten.

Knotenlose Finger
Die Künstlerhand und die sensible Frauenhand sind meistens knotenlos. Knoten sind für künstlerisches Schaffen und frauliche Qualitäten eher hemmend.
Positiv: Anpassungsfähigkeit, Beeindruckbarkeit, Empfindsamkeit, künstlerische Anlagen, Unmittelbarkeit, Phantasie, spontane Reaktionen.
Negativ: ungeordnet, sorglos, leidenschaftliche Erregtheit, beeinflussbar, Anstrengung abgeneigt.

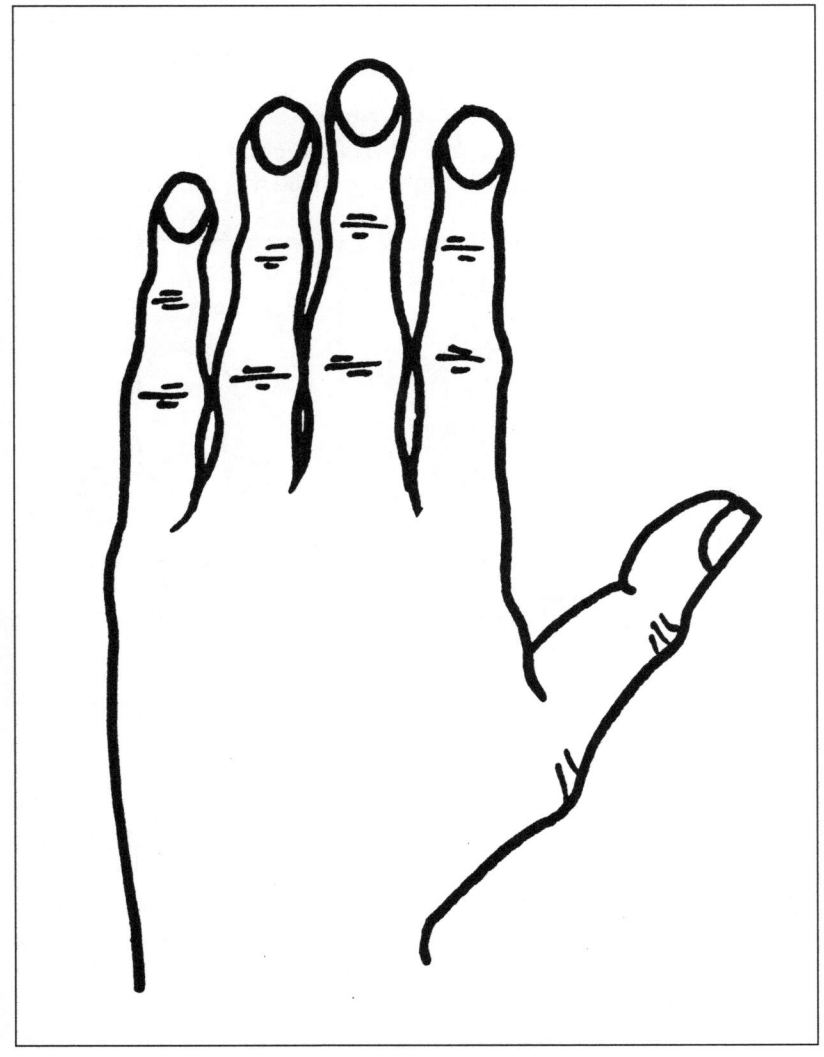

Ausgeprägt knotige Hand

125

Die Fingerformen

Genauso wie es drei Handformen gibt, nämlich die spatelförmige, die eckige und die konische, gibt es *spatelförmige* Finger, *eckige* Finger und *konisch-spitze* Finger. Die Finger offenbaren die Art des Umweltabtastens, die Einfühlung in die Außenwelt und das Benehmen. Gleichzeitig ist das, was der Handeigner in der Umwelt zu ertasten vermag, nicht nur das Ziel seines Interesses, sondern, sofern es sich um Begabungen handelt, auch seine Aufgabe.

Der spatelförmige Finger
Spatelförmig sind Finger, deren Nagelglieder sich schaufelförmig nach oben verbreitern. Menschen mit Spatelfingern sind nur an materiell umsetzbaren Werten interessiert. Automatisch werden ihre Fingerspitzen nur das ertasten und dem Intellekt

Der eckige Finger
Der eckige Finger hat parallellaufende Seitenlinien. Der eckige Finger offenbart ein Gefühl für Ordnung, für rhythmisches Gleichmaß, mit einer Neigung zur Förmlichkeit. Menschen mit eckigen Fingern sind nüchterne Naturen. Sie haben Sinn für Methodik und Systematik und die Gabe der vernünftigen Beurteilung von Menschen und Situationen. Der eckige Finger nimmt eine Mittelstellung ein. Er neigt sowohl zum Realen als auch zum Idealen, vor allem zur Ethik sowie zu sozialer Gerechtigkeit und ist auch wissenschaftlich interessiert. Der eckige Finger bringt das Wahrgenommene bereits systematisch geordnet dem Verstand zur Verarbeitung.

Der konische Finger
Beim konischen Finger laufen, wenn ein Lineal zur Verlängerung angesetzt wird, die Seitenlinien

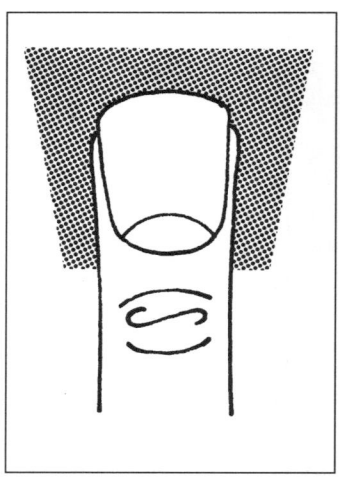
Der spatelförmige Finger

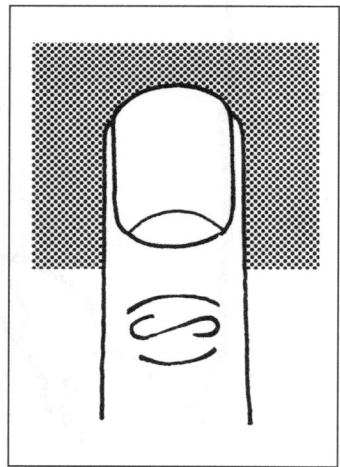
Der eckige Finger

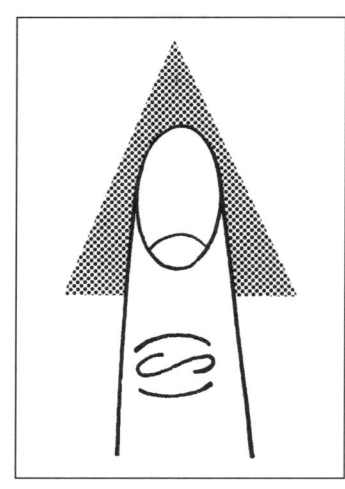
Der konische Finger

zur Verarbeitung anbieten, was für sie wirtschaftlich interessant erscheint. Der Spatelfinger zieht seine Antenne nur zur Erlangung materieller Güter aus oder wo ihm das Irdische Genüsse verspricht. Der Spatelfinger ist ein aktiver Finger. Er lässt keine Möglichkeit außer Acht, sein Ziel zu erreichen.

zusammen. Menschen mit konischen Fingern sind ästhetisch empfindsam. Sie besitzen großes Einfühlungsvermögen, künstlerisches Verständnis, Sinn für Poesie und Lyrik. Menschen mit konischen Fingern haben ihre Ideale oder Theorien. Sie verfügen über die Begabung, Transzendentes zu erspüren. Konische Finger sind ungeeignet, sich mit sachlichen Werten auseinanderzusetzen.

Beim spitzen Finger findet sich eine Übersteigerung der erwähnten Wesensmerkmale.

Die Nägel

Nicht nur die Endungen der Nagelglieder, auch die Länge der Nägel ist aussagekräftig. Primäre Aufgabe der Nägel ist es, die Endglieder der Finger zu schützen. Jeder Nagel hat sein eigenes Gepräge; er kann sich im Laufe der Zeit verändern. Aus Größe, Festigkeit und Farbe der Nägel können Schlüsse bezüglich Anlage, Wesenseigentümlichkeiten, Gesundheit und Krankheitsneigung gezogen werden. Auch die Nagelmonde sind zu beachten.

Nägel können *kurz*, *mittellang* oder *lang* sein. Die Nagellänge wird nur nach der Strecke gemessen, auf welcher der Nagel mit der Haut verwachsen ist.
• *Kurze* Nägel tendieren zum Stofflichen, Materiellen. Sie offenbaren Energie und Tätigkeitsfreude, aber auch Unruhe, Kritik und Skepsis. Der kurze Nagel hat eine Analogie zur Spatelhand.
• Der *mittellange* Nagel zeugt von einem vernünftigen, verständnisvollen Menschen, der Verlässlichkeit und Ausgeglichenheit besitzt. Der mittellange Nagel, der eine Mittelstellung einnimmt, entspricht der eckigen Hand.
• Der *lange* Nagel hat eine ideelle Note. Er weist auf Geschmack, Höflichkeit und Takt seines Besitzers. Ist der lange Nagel zu schmal, deutet er auf einen leicht beeinflussbaren Menschen.
• Der *normale* Nagel steht in harmonischem Verhältnis zur Gesamtgestalt der Hand. Seine Ränder laufen parallel. Er ist von mittlerer Größe und halb so lang wie die Rückseite des Nagelgliedes.

Nägel können nicht nur kurz, mittellang oder lang sein, sie haben auch die Möglichkeit verschiedener Formen. Die Nagelform ist größtenteils vererbt. Wie immer werden nur die drei Grundformen besprochen.

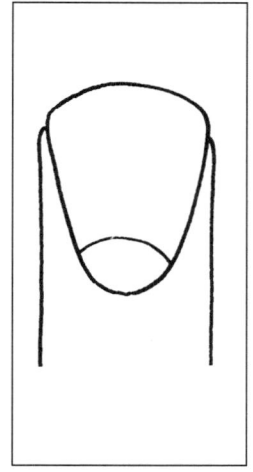 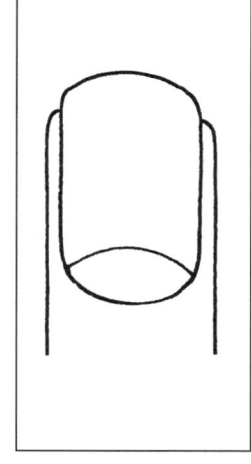

Der dreieckige Nagel   Der rechteckige Nagel

Der dreieckige Nagel

Der *dreieckige Nagel* verbreitert sich zu seinem Ende hin. An der Nagelwurzel ist er schmal, manchmal wie zugespitzt. Der dreieckige Nagel hat eine Beziehung zur Spatelhand. Wie bei dieser stehen praktische, reale, wirtschaftliche Interessen im Vordergrund. Der Nageleigner ist fleißig und regsam, manchmal etwas ungeduldig oder hastig. Diesen Nagel zeichnen aktive Tendenzen aus.

Der rechteckige Nagel

Der *rechteckige Nagel* besitzt eine Analogie zu den Charaktereigenschaften der eckigen Hand und des eckigen Nagelgliedes. Diese Nageleigner sind vernünftig, ruhig, besonnen und beherrscht. Sie zeigen Systematik und Methodik in ihrer Arbeitsweise. Sie sind etwas förmlich in ihrem Wesen, wenn gleichzeitig das Nagelglied eine eckige Form aufweist. Ein konisches Fingerglied beispielsweise macht der eckige Nagel realitätsbezogener.

Der mandelförmige Nagel

Mandelförmige Nägel sind von länglicher ovaler Form. Meist findet sich dieser Nagel bei schlanken Händen mit langen Fingern. Der Nagel gehört zur konischen Hand und weist wie sie auf Äs-

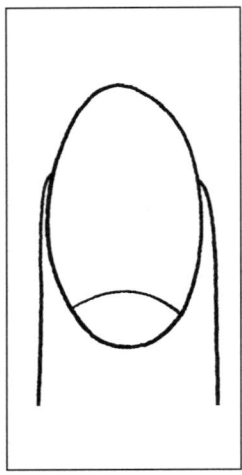

Der mandelförmige Nagel

che Symptom zeigt sich bei Müdigkeit und Erschöpfungszuständen sowie bei Andächtigen, In-sich-Gekehrten.

Astrologisch entspricht nach meinem System der Daumen dem Fixstern Sonne und den Planeten Erde, Mars und Jupiter. Das Grundglied, der Daumenballen oder Thenar, hat Bezug zum Gesamtlebensantrieb, zum existenzbehauptenden Willen. Dieser ist, weil vitalitätsabhängig, solar. Die Konsistenz des Daumenballens korrespondiert mit dem Substanzplaneten Erde.

Mars, das Energieprinzip, symbolisiert den Gradmesser des Willens für die Ich-Durchsetzung, der individuellen Selbstbehauptung. Er regiert das Nagelglied. Sein dynamischer Anteil ist zu unterscheiden von der Sonne als ganzheitlicher Ausrichtung sowie von Jupiter, der ethischen

thetik, Harmoniebedürfnis, Freude an schönen Dingen und künstlerisches Empfinden. Menschen mit mandelförmigen Nägeln sind stark gefühlsbetont und auf einen liebevollen *Du*-Bezug angewiesen.

Obwohl jeder Nagel einer Grundhandform entspricht, kann jeder Finger eine andere Nagelform aufweisen, genauso wie sich in einer Hand verschiedene Fingerformen befinden können. Verschiedene Formen weisen immer auf Vielseitigkeit, dafür auf weniger Einheitlichkeit.

Der Daumen

Der Daumen, der stärkste und beweglichste aller Finger, nimmt seinen Platz auf der Aktiv-Seite der Hand, der Ich-Seite, ein. Seine Stellung entspricht einer Schlüsselposition, denn er dominiert die Hand. Der Daumen, mittelhochdeutsch Duomen (von domare= bezwingen, beherrschen) hat nicht umsonst seinen Namen erhalten. Etymologisch bedeutet der Daumen der Dicke, der Starke.

Erst bei der Ich-Entwicklung öffnet sich der Daumen (Widder/Mars/1. Haus/Aszendent = Ichheit). Säuglinge, geistig Zurückgebliebene und kranke Menschen halten den Daumen meist eingezogen, von den Fingern umschlossen. Das glei-

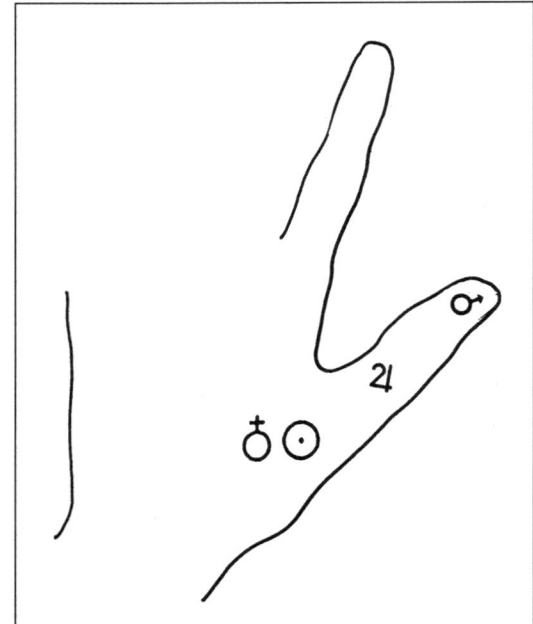

- Grundglied (Sonne und Erde):
  körperliches Ich-Erhaltungsvermögen
- Zweites Glied (Jupiter):
  Überlegung zum Zweck der Ich-Behauptung
- Nagelglied (Mars):
  Willens-Energie zur Ich-Behauptung

Wertverschiebung. Sonne und Mars sind Antriebssymbole. Beide verkörpern die Motorik und benötigen ein Regulativ.

Das Regulativ des Daumens stellt sein zweites Glied dar. Diesem untersteht die Vernunft, die Überlegung und die Methodik zum Zweck der Ich-Behauptung. Nach der Lehre der Chinesen symbolisiert das zweite Daumenglied den Saal der Studien, den gesunden Menschenverstand. George Soulié de Morant wies ihm die Logik zu, was die späteren Chirologen übernahmen und mit Vernunft ergänzten.

Astrologisch gehören diese Begriffe zu Jupiter/Schütze/9. Haus. Somit hat der Daumen Bezug zu den astrologischen Persönlichkeitshäusern 5, 9 und 1, die sich im Zeigefinger in sublimierter und bewusstseinsnäherer Form wiederholen, außerdem zum 2. Haus, dem Substanzhaus.

Zusammenfassend kann gesagt werden: Über die Durchsetzungsfähigkeit und das Wie der Durchsetzung, auch über die Verwirklichung des Anlagegefüges, entscheidet in letzter Instanz der Daumen. Sämtliche Fingerbegabungen können sich nur über den Daumen umsetzen. Darum ist die Ausprägung des Daumens sehr wesentlich.

Der Daumenansatz
Der Daumen kann tief, mittelhoch oder hoch angesetzt sein. Die Mittelstellung gilt als Idealansatz.

Der tief angesetzte Daumen
Tief angesetzte Daumen deuten auf einen extravertierten Einstellungstyp. Diese Menschen sind umgänglich, meist freundlich, aufgeschlossen und geeignet für Publikumskontakte. Ist der tief angesetzte Daumen beweglich und stark, gilt das Hauptinteresse des Daumeneigners dem beruflichen Fortkommen. Solche Daumen gehören materiell Erfolgreichen. Oft verrät dieser Daumenansatz auch Nachahmungstrieb und ein Kopieren der Ideen anderer.

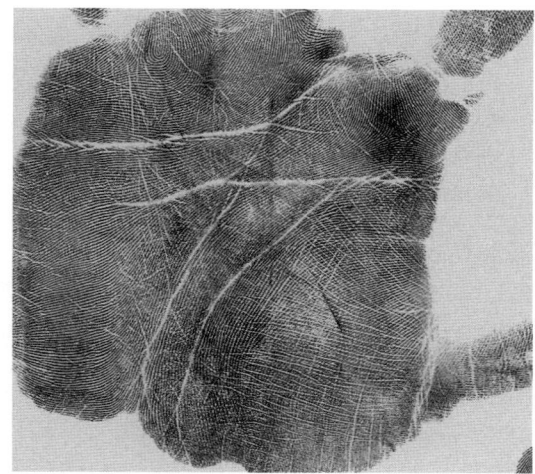

Der tief angesetzte Daumen

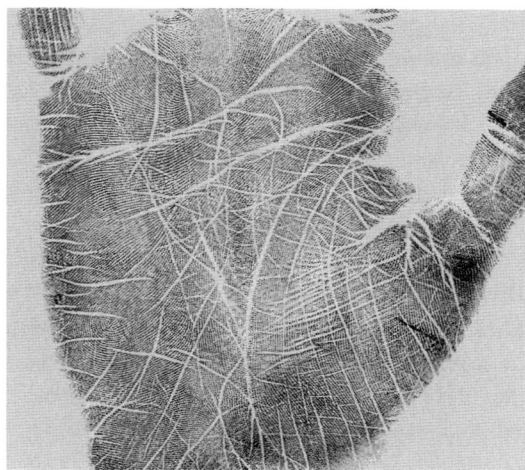

Der mittelhoch angesetzte Daumen

Der mittelhoch angesetzte Daumen
Das Ideale wäre ein mittelhoch angesetzter, in harmonischem Verhältnis zur Hand gehender Daumen. Das Nagelglied sollte gleich lang oder knapp länger als das zweite sein sowie leicht zurückbiegbar. Gut proportioniert, verrät ein Daumen dieser Art einen Menschen von ausgeglichener Wesensart, der bei der vitalen Durchsetzung seiner Ich-Wünsche auf das Du Rücksicht nimmt.

Der hoch angesetzte Daumen
Der hoch angesetzte Daumen offenbart meist einen etwas starren, unbeweglichen Charakterkern,

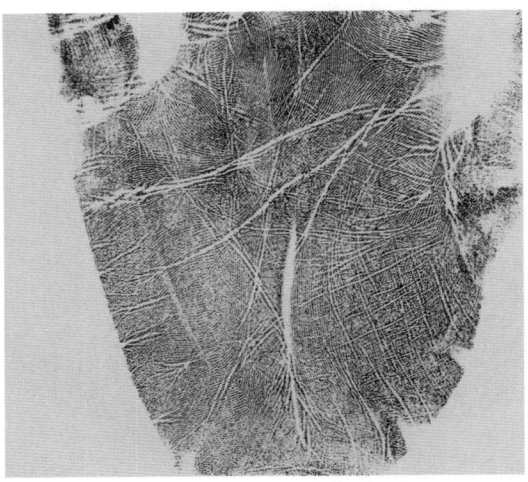

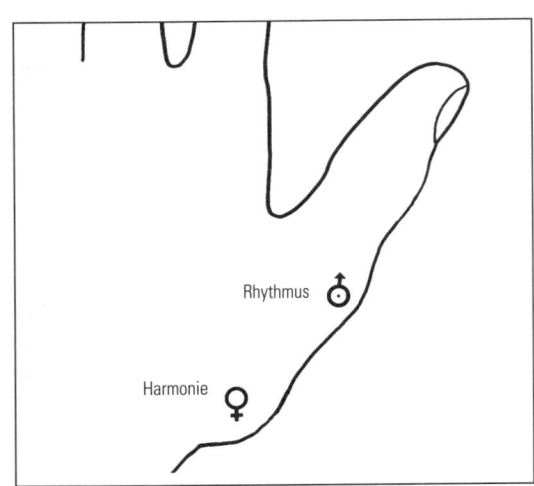

Der hoch angesetzte Daumen

nicht aber unbedingt einen eigensinnigen. Deutet der Gesamteindruck der Hand auf Steifheit, so ist eher Langsamkeit, Befangenheit oder Gehemmtheit zu erwarten. Der Eigner hat seine Ideale, ist aber nicht gerade großzügig, in welchen Bereichen auch immer sich dies manifestieren mag.

Die Daumenwinkel

Öfters zeigt der Daumen zwei Ausbuchtungen, die vom ersten Mittelhandknochen gebildet werden: der Harmonie- und der Rhythmuswinkel.

Der Harmoniewinkel (Venus)

Eine ausgeprägte Ausbuchtung unterhalb des Thenars, am Übergang des Handgelenkes zum Handrumpf, Harmoniewinkel genannt, weist auf ein entwickeltes Ton- oder Formgefühl. Häufig sind Harmoniewinkelbesitzer musikalisch oder zeigen künstlerische Begabungen. Ein zu stark hervortretender Harmoniewinkel, manchmal vergesellschaftet mit einer teilweisen Muskelatrophie des Daumenballens, deutet außer auf Wahrnehmungsfähigkeit paranormaler Schwingungen auch auf weniger erwünschte Anlagen. Die Skala reicht von Geräuschüberempfindlichkeit bis zum Auffangen von Frequenztönen elektrischer Installationen aus Maschinenräumen oder Pumpwerken. Diese Winkeleigner sind sehr feinfühlig und auf

eine harmonische Umgebung angewiesen. Auf disharmonische Strömungen reagieren sie sehr empfindlich, öfters verbunden mit gesundheitlichen Störungen.

Der Rhythmuswinkel (Uranus)

Auf ein ausgesprochenes Rhythmus- oder Zeitgefühl deutet der Winkel des Knöchels am Übergang der Daumenwurzel zum Daumenglied, wenn er besonders kräftig ausgebildet ist. Er trägt den Namen Rhythmuswinkel. Rhythmus ist ein Gleichmaß von Wiederholungen in ähnlichen Zeitabständen, das heißt, es handelt sich beim Rhythmus um harmonische Aufeinanderfolgen, die etwas Lebendiges und nichts von «militärischem Takt» an sich haben. Menschen mit Rhythmuswinkel besitzen häufig auch eine innere Uhr oder einen unbewusst gesteuerten Zeiteinteilungssinn. Das wirkt sich in der Realität als Pünktlichkeit und in arbeitstechnischer Hinsicht in termingerechtem Abliefern von Arbeiten, im Einhalten von Terminen, aus. Zusätzlich scheint im Rhythmuswinkel noch eine ähnliche Tugend wie im unteren Fingerknoten zu liegen (siehe Seite 124), nämlich Ordnungssinn in materiellen Belangen. Bei Vorhandensein beider Winkel, des *Harmonie-* und des *Rhythmuswinkels*, vorausgesetzt, die übrigen Merkmale der Hand weisen auf einen intelli-

genten Menschen, darf auf schöpferische, kreative Fähigkeiten geschlossen werden. *Astrologisch*
hat der Harmoniewinkel eine Beziehung zur Venus, der Rhythmuswinkel zum Uranus, wobei der
Venus zusätzlich auch etwas Rhythmisches eigen
ist. Es sei dabei auf die Umlaufbahn der Venus
verwiesen, in der genaue 72°-Winkel beschrieben
werden, woraus sich als Zeichnung das Penta-
gramm ergibt. Ich will damit keineswegs sagen,
dass der 72°-Winkel ein venusischer sei. Hans-
Jörg Walter ordnet in seinem kosmischen Code
den 72°-Winkel dem Mars zu (Walter 1981).

Wie aber kommen diese Ulnarplaneten, Venus und Uranus, auf die Radialseite der Hand?
Um sich auf der Radialseite manifestieren zu können, müssen Verbindungen zu einem der aktiven
Gestirne Sonne, Mars, Jupiter oder dem Aszendenten vorhanden sein. Falls dies aus dem 360°-
Kreis nicht ersichtlich sein sollte, helfen das 90°-
System und die KdG von Ebertin weiter (Ebertin
2002).

Manchmal müssen bevorzugt die Schnittpunkte beachtet werden, zum Beispiel die Schnittpunkte von Jupiter oder Mars zu Uranus. Dabei
beobachtete ich, dass im 90°-Kreis dieser Schnitt-
punktachse gegenüber öfters der Schnittpunkt
von Venus/Saturn liegt, das heißt, Saturn (die Zeit)
ins Strukturbild kommt.

Die Daumenabspreizung
Hinweise für die dem Handeigner innewohnen-
den Eigenraum-Behauptungskräfte gibt der Winkel der Daumenabspreizung.
• Die Abwinkelung von nur 30° zeugt von An-
lehnungsbedürfnis, Unselbständigkeit, Ängstlichkeit oder Minderwertigkeitsgefühlen sowie vor-
sichtigem, zögerndem Verhalten.
• Der Normalwinkel beträgt 60° bis 90°. Er bedeutet Toleranz, Verständnis für die Freiheits-
ansprüche anderer, Großzügigkeit, will aber auch
die eigenen Freiheitswünsche gewahrt wissen.
• Spreizt sich der Daumen über 90°, ist der Frei-
heits- und Unabhängigkeitsdrang zu stark ausgeprägt. Diese Menschen vertragen keinerlei Zwang

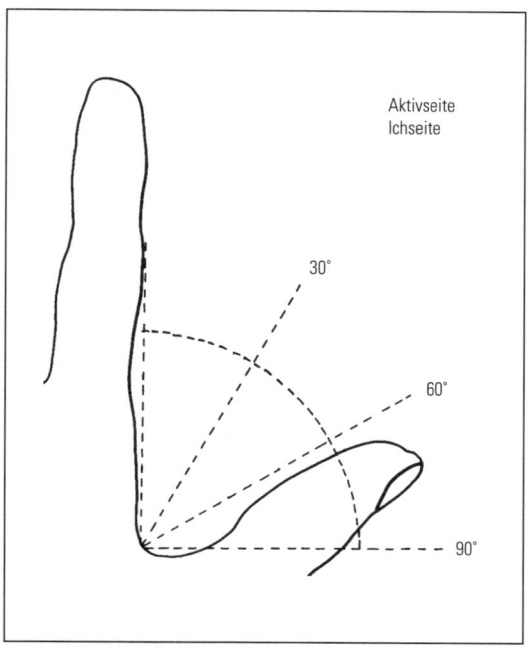

und haben auch in Partnerschaftsverhältnissen
Schwierigkeiten, sich ein- und anzupassen.
Nebst der Abwinkelung des Daumens und seiner
Ansatzhöhe ist auch seine Abdrehung im Verhältnis zu den Fingern wesentlich. Ein Daumennagel,
der beim Hinlegen der Hand voll zu sehen ist,
weist auf einen Menschen, der Pläne und Einfälle
mit Begeisterung durchzuführen versteht. Wird
nur ein Drittel des Daumennagels sichtbar, unterliegen alle Handlungen einer eingehenden Kontrolle. Verschwindet auch der letzte Rest des
Nagels, macht sich eher eine Hemmung bemerkbar. Nimmt die Daumenhaltung die Form einer
Krebsschere an, deutet dies nicht nur auf eine
Sperre der Selbstentfaltung, sondern auch auf
eine Sparsamkeit, welche die Formen des Geizes
annimmt.

Die Daumenglieder

Die zwei herausragenden Daumenglieder zeigen, wie es um den Willen zur Ich-Behauptung und die Überlegung zum Zweck dieser Ich-Behauptung bestellt ist. Entscheidend ist bei der Beurteilung das gegenseitige Verhältnis.

Das Nagelglied

Das Nagelglied (Mars/Widder/l. Feld) symbolisiert die Stärke oder Schwäche der Ich-Behauptung. Es offenbart die Initiative, die Unternehmungslust, die Aktionskraft (Mars), die dem Daumeneigner anlagemäßig für die Durchsetzung im Außenraum zur Verfügung steht.

• Ist das Nagelglied des Daumens lang, so verfügt der Mensch über eine rasche Entscheidungsfähigkeit, wenn nicht andere Merkmale dieser Grundanlage widersprechen, wie dies beispielsweise eine längere Zusammenschaltung von Vitalis (Aszendent/Sonne) und Kopflinie (Aszendent/Mars) anzeigen würde. Dabei ist zu bedenken, dass genau im Raum des längeren Zusammenlaufens nach meinem System das Zeichen Stier steht und eine Schnellentscheidung nicht dem Stierhabitus entspricht.

• Bei kurzem Nagelglied fehlt es an Entschlusskraft (Mars-Manko). Diese Menschen weichen Widerständen mangels Aktionskraft aus. Sie haben keine ehrgeizigen Wünsche, werden niemals

Führer, fühlen sich wohl in abhängiger Rolle und überdecken ihre Schwäche oft mit Sturheit.

Das zweite Daumenglied

• Dem zweiten Daumenglied (Jupiter/Schütze/ 9. Feld) werden in der chirologischen Fachliteratur Verstand, Vernunft sowie Logik einerseits und Phantasie und Talente anderseits zugesprochen. Steindamm-Ackermann fügen noch die Überlegung zum Zweck der Ich-Behauptung hinzu. So symbolisiert denn das zweite Daumenglied ganz allgemein die Kernhaltung des Menschen beim logischen oder weniger folgerichtigen Vorgehen zur Lebensbehauptung.

• *Aus Länge, Stärke, Breite, Fülle* und *Form* des zweiten Gliedes kann auf die Art oder Unart des Vorgehens bei der Ich-Behauptung geschlossen werden. Das zweite Daumenglied zeigt die angeborene Taktik. Es offenbart, ob sich der Daumeneigner eines diplomatischen Weges oder der Holzhammermethode bedient.

• Bei *ungestalteter, dicker* Form des *zweiten Daumengliedes* zeigen sich bei der vitalen Ich-Durchsetzung übermäßig starke Eigeninteressen. Je gröber und dicker sich das Nagelglied ausnimmt, desto gröber, schwerfälliger und materialistischer ist die Kernhaltung des Betreffenden.

• Ein *gerader* Daumen weist auf einen Menschen, der von seiner eigenen Meinung überzeugt ist, der möglicherweise nicht allzu große Rücksicht bei seiner Vital-Durchsetzung auf andere nimmt und mitunter als eigensinnig eingestuft werden muss.

• Anderseits besagt ein steifer, fester, nicht biegsamer Daumen eine erhebliche Dosis Wollen, Durchführungskraft und Ausdauer, die für die Ausübung ernsthafter und strenger Lebenspflichten notwendig ist.

Kombinationen: kurze, lange, schmale, breite Daumenglieder

• Bei *kurzem Nagelglied gegenüber einem langen zweiten* mangelt es an der Durchführungskraft, die Reichhaltigkeit der Ideen und Pläne des lan-

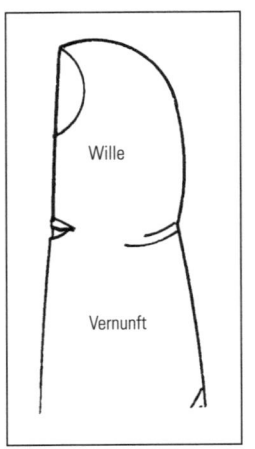

Das Nagelglied

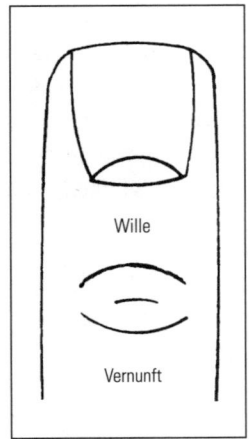

Das zweite Daumenglied

gen zweiten Daumengliedes in die Realität umzusetzen (Mars-Manko). Der Verstand entwickelt zu viele Einzelheiten, Nebensächlichkeiten, Bedenken und Befürchtungen. Es besteht eine Hemmung bei der Ich-Durchsetzung, weil die Spontaneität fehlt und der Daumeneigner sich von Natur her Mittel und Wege zu lange überlegt.

• Ist das *zweite Daumenglied bedeutend länger als das erste* und ausgesprochen tailliert, so gehört der Daumen einem Menschen, der so logisch denkt, dass er mit der überraschendsten Argumentation zu begründen vermag, warum er dieses oder jenes nicht tun kann.

• Ist das *Nagelglied länger,* dominiert der Wunsch nach Betonung des eigenen Willens. Der Daumeneigner stellt sich in den Vordergrund. Vernunft und bessere Einsicht (Schütze/9. Feld) kommen zu kurz.

• Ein *kleines zweites Daumenglied* zeugt von bescheiden angelegter Vernunft und wertmäßiger Abstimmung (Jupiter-Manko). Bei *zu kurzem zweiten Glied* ist der Daumeneigner mit logischen und Vernunftgründen kaum zu beeinflussen. Ist das *zweite Glied sehr stark verkürzt,* so ist dies Anzeichen geistiger Armut.

• Bei *kurzem zweitem Daumenglied* einerseits und *langem Nagelglied* andererseits geschieht die Vitaldurchsetzung rücksichtslos, indem der Vorgang zur Ich-Behauptung der Charakteranlage entsprechend zu wenig überdacht wird.

• Die *Breite* ist Ausdruck der Stärke der organischen Widerstandskraft, kann aber, je nach Form, auch das Maß an Eigensinn anzeigen (2. Substanzhaus Stier).

• Ein *breites Nagelglied*, das zugleich *kleiner* ist als das *zweite,* verrät eine Ballung an Vitalkräften, die nicht in Einsatz gebracht werden können. Die Ballung entspricht einer Stauung. Ein gestautes Nagelglied ist Zeichen von Unausgeglichenheit. Es fehlt die Durchschlagskraft (Mars) eines langen Nagelgliedes.

Das Zeichen von Gastin

• Öfters scheint es, als besäße der Daumen drei Glieder: Nicht organisch, sondern rein optisch. Da Louis Gastin als Erster auf dieses Merkmal hinwies, wird es «Das Zeichen von Gastin» genannt. Gastin und sein Nachfolger Jacques Marion machten die Beobachtung, dass sich aus Größe und Breite dieses Zwischenraumes auf die Stärke rein triebhafter Naturkraft schließen lasse. Stark betont sei es Ausdruck von körperlichem Mut, der leicht zu unüberlegten Handlungen führen könne.

• Astrologisch fand ich Pluto dominant in Verbindung zu AC, Sonne, Mars oder Jupiter sowie Mars und/oder Jupiter mit hohen Entfernungswerten, das heißt erdnah. Auffallend viele Hände der Jahrgänge 1938–1958 mit Pluto im Löwen besitzen das «Zeichen von Gastin».

• Nach dem Chirologen Richard Unger, San Rafael, Kalifornien, symbolisiert dieser Zwischenraum das Kehlkopfchakra. Ist er groß, deutet dies auf die Fähigkeit, sich gut auszudrücken, was wichtig für Redner und Sänger ist. Abstand und abschließende Linien können wechseln, sich öffnen und die Zeichen sich verändern. Ein konkreter Hinweis zu einem Zusammenhang von Hals und Daumenansatz kommt aus der Reflexzonentherapie.

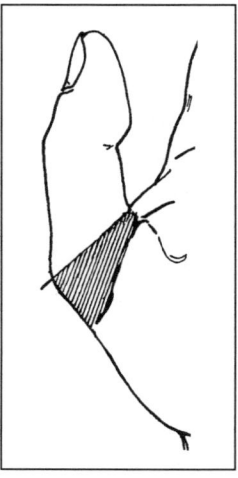

Bild aus *«Die Hand, ein Sinnbild des Menschen»* von Henri Mangin.

- *Bewegliche* Daumen offenbaren geschickte Anpassungsfähigkeit. Aufgrund des eigenen positiven Verhaltens kommt es mit der Umwelt zu harmonischen Kontakten.
- *Ungewöhnlich bewegliche* Daumen gehören meist nervösen Menschen, für die eine harmonische Umgebung Bedürfnis ist. Außerdem verraten *zu bewegliche* Daumen eine schwankende Verhaltensweise. Der Daumen, der sich *weit nach*

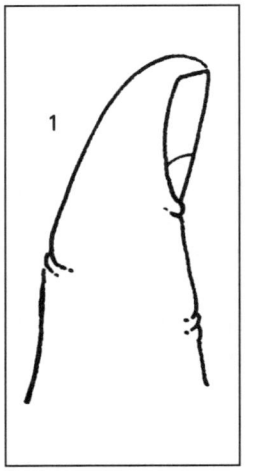 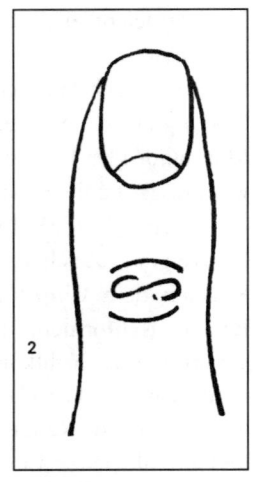

Der lange bewegliche Daumen.   Der taillierte Daumen.

außen umzulegen vermag, besagt dem Maß der Biegung entsprechende Anpassungs- und Nachgiebigkeit, entbehrt aber in der Willensfunktion der Ausdauer und Durchsetzungsfähigkeit.

1 Der *lange bewegliche* Daumen zeugt von einem Idealisten. Bei leicht abgeflachtem Nagelglied sind die Aktivitäten mehr geistig denn körperlich-materiell ausgerichtet, und die Lebensenergien erschöpfen sich rascher als bei voller Fingerkuppe.
2 Ist der Daumen *tailliert*, gehört er einem Menschen mit diplomatischem Geschick und kultiviertem Benehmen.

Große und kleine Daumen
- *Große* Daumen gehören Menschen mit guter vitaler Durchschlagskraft, die nach Unabhängig-

keit und Selbständigkeit streben. Im großen Daumen liegt eine gewisse Suggestionskraft, der Menschen mit kleinerem Daumen unterliegen. Eigner von großen Daumen halten es für selbstverständlich, dass die anderen sich ihnen unterordnen. Betrifft es Frauen, werden sie in der Ehe dominieren. Auch sind Besitzer großer Daumen anspruchsvoll und nie ganz zufriedenstellbar. Wenn aufgrund der Fülle des Daumenwurzelgliedes genügend Vitalkraft zur Verfügung steht, verrät ein großer Daumen Leidenschaftlichkeit. Ein Mensch mit großem Daumen will seine Vitalkräfte in Taten umsetzen oder sich im Triebbereich ausleben. Bei ungenügender Thenarfülle zeigen sich bei Menschen mit großem Daumen Erschöpfungszustände, weil die Vitalkraft überzogen wird.
- Der *zu lange* Daumen gehört ungeduldigen und herrschsüchtigen Handeignern, die Machtansprüche hegen und Autorität erstreben. Falls das Wurzelglied genügend Fülle aufweist und der Zeigefinger lang und fest ist, wird ihnen dies auch gelingen. Herrscher und Führernaturen sowie Menschen von Ehrgeiz und Ausdauer besitzen immer lange und starke Daumen. Die Literatur sagt, dass Galilei, Newton, Leibniz und Voltaire sich durch besonders lange Daumen auszeichneten.
- Der *kleine* Daumen zeugt von schwächerer physischer Kraft. Meist können Menschen mit kleinem Daumen ihre Ideen und Pläne nicht verwirklichen, weil es ihnen an vitaler Durchsetzungskraft fehlt. Viele kleindaumige Menschen sind misstrauisch und ängstlich. Sie sind eher gefühlsbetont denn realistisch und meiden in der Regel Meinungsverschiedenheiten, weil sie erfahrungsgemäß doch stets «den Kürzeren ziehen». Frauen mit kleinerem Daumen passen sich in der Ehe an, ebenso Männer, die eine Partnerin mit größerem Daumen aussuchen. Da Eigner mit kleinem Daumen vitaler Durchschlagskraft ermangeln, träumen sie eher von Erfolgen, als dass sie sich realistisch darum bemühen. Als Kompensation lieben sie das Zeremonielle und legen Wert auf Äußerlichkeiten.

Die Form des Nagelgliedes

Aber nicht nur die Daumenglieder sind bezüglich Länge und Breite aussagekräftig, auch die Form der Nagelglieder ist von Bedeutung:

• Hat das Nagelglied des Daumens *Spatelform*, so symbolisiert es eine geballte Lebensenergie. Schlimmstenfalls kann es Brutalität und Grausamkeit bedeuten.

• Zeigt das erste Daumenglied eine *eckige* Form, so verfügt der Daumeneigner über eine praktische Veranlagung, die nicht angelernt, sondern naturgemäß gegeben ist. Außerdem wird er bei der Vital-Ich-Durchsetzung die Form wahren.

• Bei *konischem* bis spitzem Nagelglied ist der Mensch aufgrund mangelnder Vitalkraft nachsichtig und nachgiebig.

• Im Weiteren muss die jeweilige Fingerform noch mit der Nagelform kombiniert werden.

Linien auf den Daumengliedern

• Vertikallinien auf dem *Nagelglied* des Daumens besagen ein aktives Bemühen zur Durchsetzung im Außenraum.

• Waagrechte Linien, die das Nagelglied durchqueren, offenbaren eine zur Zeit geschwächte Widerstandskraft.

• Vertikallinien auf dem *zweiten* Daumenglied symbolisieren gesteuerte Vitalkräfte, fließende Energien für folgerichtiges Vorgehen entsprechend der Kernhaltung.

• Querstriche auf dem *zweiten* Daumenglied besagen, dass der Grundhaltung Hindernisse individueller Art entgegengestellt werden. Meistens sind es zu viele Dinge, die der Handeigner gleichzeitig erstrebt, statt seine Wünsche auf einen Nenner zu bringen. Die Querstriche können aber auch die Anzahl wesentlicher Enttäuschungen zeigen, die aufgrund der angeborenen Charakteranlage gemacht wurden. Sie mahnen zur Vorsicht, nicht wieder die gleichen Fehler zu begehen.

Der Zeigefinger

Der dem Daumen nächstliegende Finger ist der Zeigefinger. Da die Finger den gleichen Prinzipien unterstehen wie die darunter liegenden Berge, und der Berg unterhalb des Zeigefingers den aus der Mythologie entlehnten Namen des Zeus/Jupiters trägt, wird der Zeigefinger in der Chirologie wie Chiromantie Jupiterfinger genannt. Jupiter-Entsprechungen sind: Autorität, Eigenständigkeit, Ehrgeiz, Geltungsanspruch, Expansion, Machtwillen, aber auch Ethik, Selbsteinsicht, Würde und Weisheit. Das zur Verfügung stehende Energiepotenzial für die Zeigefingeransprüche ist aus der Ausprägung des Jupiterberges ersichtlich.

Der Jupiterfinger als Symbol des bewussten Willens, Indikator des Selbstbewusstseins und Selbstwertgefühls zeigt, ob der Handeigner in der Lage ist, reale Lebenssituationen zu bewältigen, auf welche Art und Weise er dies tut, und was dabei sein Hauptanliegen ist. Dem Jupiterfinger, dem Finger der Persönlichkeit, untersteht die Führung der Kopf- und Denkkräfte. Dazu gehö-

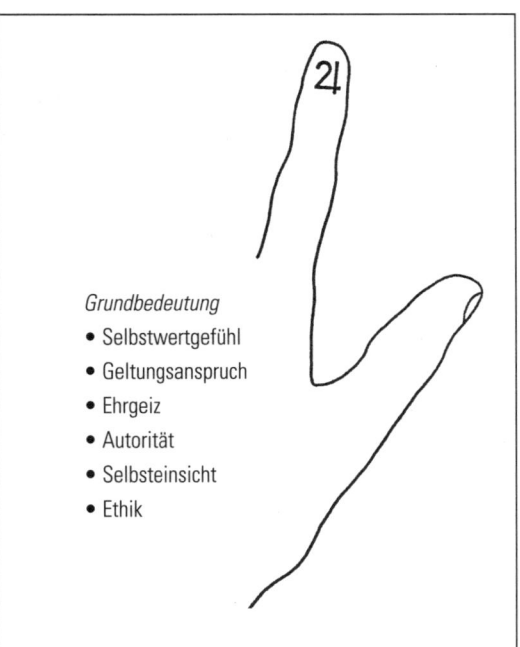

Grundbedeutung
• Selbstwertgefühl
• Geltungsanspruch
• Ehrgeiz
• Autorität
• Selbsteinsicht
• Ethik

ren auch die Wahrnehmungsorgane der Sinne, speziell der Augen sowie die richtige Einschätzung der Kräfte und das Erkennen der eigenen Verwirklichungsmöglichkeiten.

Der Zeigefinger als Wahrnehmungsfinger dient der Orientierung. Wenn wir etwas oder jemanden wahrnehmen und darauf hinweisen, benützen wir den Zeigefinger. Befindet sich der Gegenstand oder die Person hinter uns, vollziehen wir die Geste mit dem Daumen. Dem Jupiterfinger als hinweisendes, sinngebendes Prinzip entsprechen auch soziale, beratende Funktionen, wo Mitmenschen gangbare Wege zur Realitätsbewältigung aufgezeigt werden. Jupitertypen sitzen des Öftern im Rechts- und Sozialdienst.

Astrologisch gesehen zeigt die Jupiterposition, wo die optimalen Werte dieses Lebens liegen. Doch Jupiter steht nicht allein für den Zeigefinger. Wie schon beim Jupiterberg angemerkt, sind es die Persönlichkeitshäuser 1, 5 und 9, die im Jupiterberg und Jupiterfinger zum Ausdruck kommen, denn der Zeigefinger trägt auch den Namen Persönlichkeitsfinger. Sind in diesen Persönlichkeitshäusern Sonne und Mars dominant, besonders wenn sie am Aszendenten stehen, so machen sich Löwe/Widder-Eigenschaften bemerkbar.

Astrologische Dominanten für den Zeigefinger sind: Die Persönlichkeitshäuser 1, 5, 9 und ihre Planetenbesetzungen; die Planetenpositionen von Mars, Sonne und Jupiter; Jupiter in der Halbsumme von Sonne/Mars/AC; die Denkachse 3/9; Quadraturen auf die Existenzachse 6/12.

Und so wie horoskopisch die Verwirklichung der Anlagen sonnenabhängig ist und die Sonne (in meinem System) chirologisch dem Daumen entspricht, muss, um chirologisch zu gültigen Aussagen zu kommen, zusätzlich zum Jupiterfinger auch der Daumen konsultiert werden.

Deutungen

Der *normal* lange Zeigefinger reicht bis zur Mitte des Nagelgliedes des Mittelfingers, der *lange* bis ins oberste Drittel.

• Ein *langer, kräftiger* Zeigefinger findet sich meistens zusammen mit einem starken Daumen. Dies zeugt von einem aktiven, gespannt extravertierten Grundtyp, einer eigenständigen, selbstsicheren Persönlichkeit mit ausgesprochener Durchschlagskraft. Der lange Zeigefinger wird oft im hohen Staatsdienst, der Politik, bei Führungskräften, Unternehmern und zielstrebigen, entschlossenen, ehrgeizigen Menschen angetroffen. Ein langer, starker Jupiterfinger deutet auf Tatkraft und Selbstvertrauen, mitunter auf Stolz auf eigene Leistungen. Je selbstbewusster der Mensch, desto unabhängiger ist er von Umwelteinflüssen. Der lange Zeigefinger verfügt über ein starkes Ego. Sein Besitzer wird sich kaum beeinflussen lassen, sondern wird immer versuchen, die jeweilige Situation zu beherrschen oder die Führungsrolle zu übernehmen. Die Handlungsweise dieser Menschen geschieht aufgrund logisch gezogener Schlussfolgerungen. Sie haben eine gute Beobachtungsgabe (was darauf hinweist, dass der Typus nicht rein extravertiert ist), und ihr Sinn für die Realität ist ausgeprägt. Praktische Grundsätze stehen im Vordergrund.

• Ein *breiter, kräftiger* Jupiterfinger wird automatisch nur konkret Machbares aufspüren. Darauf ist er angelegt. Ist die Fingerkuppe abgerundet, einerlei ob der Finger spatelig oder eckig ist, erfährt die Anlage einen harmonisierenden Einschlag.

• Ist der Zeigefinger *zu lang*, so ist der Ich-Anspruch zu groß. Es besteht die Neigung zur Selbstüberschätzung. Der *überlange* Zeigefinger duldet keine anderen Götter neben sich. Hier kommt astrologisch eine starke Löwekomponente zum Ausdruck, denn meist ist der zu *lange* Zeigefinger hoch angesetzt. Eine Löwe-Sonne, AC-Löwe, Sonne und/oder Mars am AC usw. können Lebenslinie und/oder Kopflinie zum Jupiterberg verschieben, sodass es beim Jupiterfinger zu einem höheren Ansatz kommen kann. *Hoch angesetzt* fordert der Besitzer des Jupiterfingers für sich eine spezielle Behandlung. Er will Prestige aufbauen. Es besteht ein Statusstreben.

• Dem *langen, schmalen* Zeigefinger dagegen fehlt die Kraft, sich in seiner Umwelt auf zufriedenstellende Weise durchzusetzen oder sie zu dominieren, um sich den gewünschten Respekt zu verschaffen. Die dabei entstehenden Spannungen erzeugen in der Regel einen gesteigerten Machtanspruch.

• Ist der Zeigefinger kurz, herrscht Mangel an Selbstbewusstsein. Unsicherheit, Selbstzweifel und ein schnell angekratztes Selbstwertgefühl machen sich bemerkbar. Die Handlungen werden eher gefühlsmäßig denn aufgrund logischer Überlegungen vollzogen. Ein kurzer Zeigefinger offenbart auch Angst vor Kritik. Wenn der kurze Zeigefinger zu wenig kräftig und der Daumen weder groß noch stark ist, gehört die Hand einem Introvertierten.

Die Dreiteilung des Zeigefingers

Das Nagelglied

Das Nagelglied symbolisiert den Bereich des ungeschriebenen Gesetzes, der Ethik sowie der Metaphysik, der Transzendenz. Es verrät, in welcher Art die Einfühlung der Geist-Seele in die Welt geschieht, welche Werte für sie am verbindlichsten sind: die ethisch-religiösen, die überlegenden intellektuellen oder die naturhaft-körperlich materiellen, je nachdem, ob sich die Nagelglied-Gestalt als konische, eckige oder spatelige Form präsentiert. Meist überträgt der Zeigefinger das Erscheinungsbild seines Nagelgliedes (z. B. konisch) auf den Saturnfinger, aber nur auf die ihm zugewandte Seite.

Das Mittelglied

Das Mittelglied des Jupiterfingers bezieht sich auf bewusst gestaltendes Handeln aufgrund gemachter objektiver Wahrnehmungen und Erfahrungen. Im Mittelglied sind die seelischen Ich-Funktionen analog dem Kopflinienbereich am

bewusstseinsnächsten. Es geht im Mittelglied um rein verstandesmäßige Überlegungen und Gestaltungsfähigkeiten im Realitätsbereich. Die Konkretisierung hängt vom Wurzelglied ab.

Das Wurzelglied

Das Grund- oder Wurzelglied des Jupiterfingers zeigt, wie es um die Aktionskräfte für bewusste konkrete Einsätze bezüglich Macht- und Geltungsansprüche steht. Wenn das Wurzelglied in Länge und Ausprägung stark genug ist, verrät es genügend Initiative, um die Anlagen der beiden oberen Glieder zu realisieren, sofern die Ausprägung des Daumens dem nicht widerspricht. Sollte es von den dreien am längsten sein, entspräche dies der Norm.

Die Formen des Nagelgliedes

Die Finger sind Fühlern vergleichbar. Es hängt von der Form des Nagelgliedes ab, worauf die Antenne des Jupiterfingers ausgerichtet ist.

Der spatelförmige Zeigefinger

Das Erspüren der und das Einfühlen in die Umwelt ist grundsätzlich auf Körpernahes, Materielles, konkret Machbares ausgerichtet. Instinktiv wird der Mensch mit Spatelfinger von elementaren Kräften angezogen, die in ihm selbst wirksam sind. Er muss diese Situationen gar nicht suchen. Er wird wie automatisch dorthin gezogen. Menschen mit spatelförmigem Zeigefinger sind ehrgeizig, energisch, aktiv und auf Machtentfaltung ausgerichtet. Das Benehmen ist körpernah.

Der eckige Zeigefinger

Bei eckigem Zeigefinger sind intellektuell zu gestaltende Umweltsituationen gefragt. Der Mensch mit eckigem Zeigefinger ist begabt, die Dinge aus dem Außenraum bereits systematisch geordnet, sachlich nüchtern aufzunehmen. Wie das Wahrgenommene verarbeitet wird, zeigen das Mittelglied, die Kopflinie und die Form der Außenhand als Grundanlage. Das Benehmen der Menschen mit eckigen Fingern ist beherrscht, formbewah-

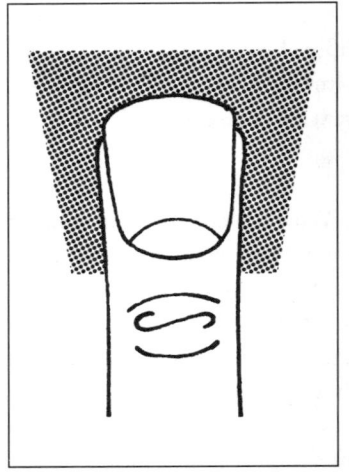 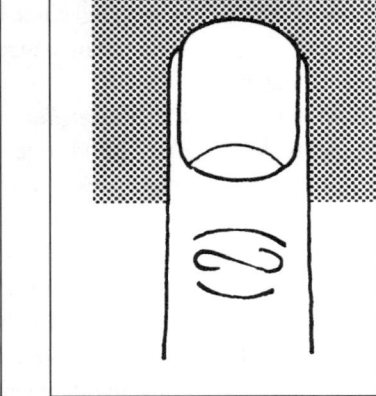 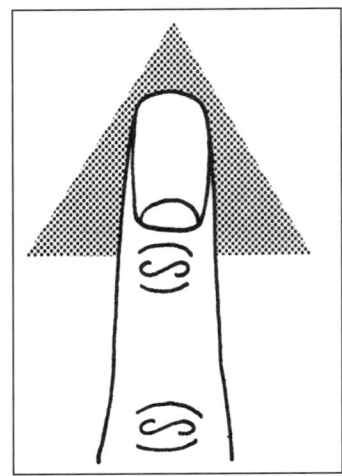

| Der spatelförmige Zeigefinger | Der eckige Zeigefinger | Der konische Zeigefinger |

rend, eventuell sogar förmlich. Der eckige Zeigefinger offenbart Gesetzesorientiertheit und oft
auch eine juristische Begabung. Ein eckiger Nagel (siehe Zeichnung) würde die Anlage des eckigen Fingers noch unterstützen.

Der konische Zeigefinger

Die Skala des konischen Fingers reicht von abgerundet bis spitz. Der konische Zeigefinger verrät
ein starkes geistig-seelisches Einfühlungsvermögen. Je spitzer die Form, desto stärker ist seine
Antenne auf das Erspüren von Sensiblem, Trans-
zendentem oder materiell Ungeordnetem ausgerichtet, sodass alles wahllos in den Finger ein-
strömt. Der Mensch mit konischem Jupiterfinger
interessiert sich primär für Glaubensfragen, soziale Belange, Religionssysteme und Okkultes. Je
konischer der Finger, desto mehr Neptunein-
flüsse enthält das Jupiterprinzip. Der Eigner eines
konischen Jupiterfingers wird die ungeschriebenen Gesetze halten, weil er religiös gebunden ist.
Er hat eine jovische Rechtsauffassung und ein
persönliches Rechtsgefühl. Je spitzer der Finger,
umso sensibler und unmaterieller ist der Ort, wohin der Zeigefinger seine Fühler ausstreckt und
umso schwieriger wird eine intellektuelle Verarbeitung des Erspürten. Bei breiter Abrundung dagegen ist das Einfühlen in die Umweltsituationen

bereits stark auf konkrete Daseinsformen ausgerichtet. Im Falle eines eckigen Nagels (siehe
Zeichnung) käme noch etwas vernünftig Überlegendes, intellektuell Ordnendes hinzu. Er wäre
für die Daseinsbewältigung der optimale Nagel
des konischen Fingers.

Der Mittelfinger

In der Mitte der Achse, zwischen Ich- und Du-
oder Aktiv- und Passivseite der Hand, befindet
sich der Mittel- oder Saturnfinger. Esoterisch ist
Saturn ein Karmaplanet und stellt den Hüter der
Schwelle dar. Saturn/Janus ist doppelgesichtig:
eine Seite ist männlich, die andere weiblich.

Das Gleiche zeigt sich in der Hand. Saturnfinger und Saturnlinie trennen die Hand in zwei
Hälften: in eine aktiv-männliche und eine rezep-
tiv-weibliche.

Saturn-Entsprechungen sind: Stoffliche Bedingtheiten, Sachwerte, materielle Tatsachen; Lebensernst, Verantwortungsbewusstsein, Zuverlässigkeit, Gewissenhaftigkeit, das Gewissen und die
Über-Ich-Funktionen schlechthin sowie Besinn-
lichkeit, Durchhaltevermögen, Lebensernst und
Selbstzucht.

Über die verfügbaren Seelenkräfte für die sachlichen konkreten Werte des Lebens und die Verfestigungstendenzen im Dasein gibt die Beschaffenheit des Saturnberges Auskunft.

Die saturninen Form- und Festigkeitskräfte sind außer im Bild des Mittelfingers noch aus Form- und Spannkraft der Hand- und Hautkonsistenz sowie der Schicksals- oder Saturnlinie ersichtlich. Im Saturnbereich drücken sich die Stabilität und das seelische Gleichgewicht aus. Steindamm-Ackermann nennen den Saturnfinger den Finger des kategorischen Imperativs im Sinne des Gewissens.

Astrologisches: Im Geburtsbild weist die Saturnposition darauf hin, wo uns eine der Hauptaufgaben dieses Lebens erwartet. Saturn ist das Konzentrations- und Verfestigungsprinzip. Darauf, wo Saturn im Geburtsbild steht, haben wir uns zu konzentrieren, dort gibt es etwas zu erlösen. Möglicherweise treten in dem angezeigten Bereich Hemmungen, Ängste oder Schuldgefühle auf, ganz bestimmt aber Prüfungen oder Verpflichtungen. Wesentlich ist dabei unsere Einstellung und Verhaltensweise. Auch Quadraturen im Geburtsbild sind saturnin. Sie stellen ebenfalls Arbeitsaspekte dar und zeigen, wo etwas erarbeitet werden will.

Ein stark gestellter Saturn entspricht chirologisch einem geraden, gutgeformten Mittelfinger. Der Saturn- oder Mittelfinger, in der Normalhand der längste Finger, reicht am weitesten in den Außenraum. Saturn, der Karma- oder Schicksalsplanet, ist gewordene Form. Doch das Schicksal schmieden wir uns stets selber. So ist es kaum verwunderlich, dass in der gegenwärtigen Existenz das Schicksal mehr erlitten denn gestaltet wird. Gestaltet haben wir unser derzeitiges Schicksal im Großen und Ganzen, ehe wir diesmal waren. Was wir jetzt vollführen, wirken und weben, ist für das nächste Sein. Saturn zeigt uns auch unsere Projektionen; er selbst ist Projektion. Es kann uns daher im Außenraum schicksalhaft nichts begegnen, was nicht in uns selbst liegt.

Astrologische Dominanten für den Mittelfinger sind: Die Erdhäuser der sozialen Entwicklung 2, 6, 10 und ihre Planetenbesetzungen; die Zeichen Steinbock, Stier und Jungfrau sowie ihre Regenten; die Individualachse 6/10 (Rückgratsachse).

Deutungen

Normalerweise überragt der Saturnfinger seine beiden Nachbarfinger um die halbe Länge des Nagelgliedes. Je *länger* sich der Saturnfinger präsentiert, desto stärker ist das Verantwortungsgefühl.

• Der *lange, gerade, starke* Mittelfinger offenbart Pflichtgefühl, Verantwortungsbewusstsein, Vorsicht, Vernunft, Klugheit, Umsicht, Überlegenheit, Grundsätzlichkeit und Konzentrationsfähigkeit. Menschen mit positiv gestaltetem Mittelfinger sind in der Lage, die materiellen Werte des Lebens objektiv zu beurteilen. Sie können ihre Pläne realisieren, weil sie dafür intensive Vorarbeiten leisten und erst nach folgerichtigen Überlegungen an deren Verwirklichung herangehen.

• Der *zu lange* Mittel- oder Saturnfinger ist Zeichen einer inneren oder äußeren Überforderung, was Schuldgefühle hervorzurufen vermag.

ħ

Du sollst!

Grundbedeutung
• Materielle Tatsachen
• Stabilität
• Verpflichtungen
• Lebensernst
• Verantwortungsgefühl
• Gewissen

Die objektiven Werte der Welt erhalten ein zu starkes Übergewicht, sodass die Tatkraft des Handeigners eine Beeinträchtigung in Form einer Hemmung erfährt. Die Belastung wird als Leistungszwang empfunden. Menschen mit *zum langem* Mittelfinger neigen zur Melancholie, zum Grübeln und Zaudern, zu übergroßem Ernst oder Gesellschaftsscheu.

• *Zu kurz* weist der Mittelfinger wohl auf eine schnelle Übersicht – wie dies immer bei kurzen Fingern der Fall ist – aber für den Saturnfinger bedeutet dieser Umstand Mangel an Konzentration, Unfähigkeit zu exakter Planung, fehlendes Pflichtgefühl und eventuell asoziales Verhalten. Der Mensch tendiert zu Leichtsinn aus Mangel an Lebensernst.

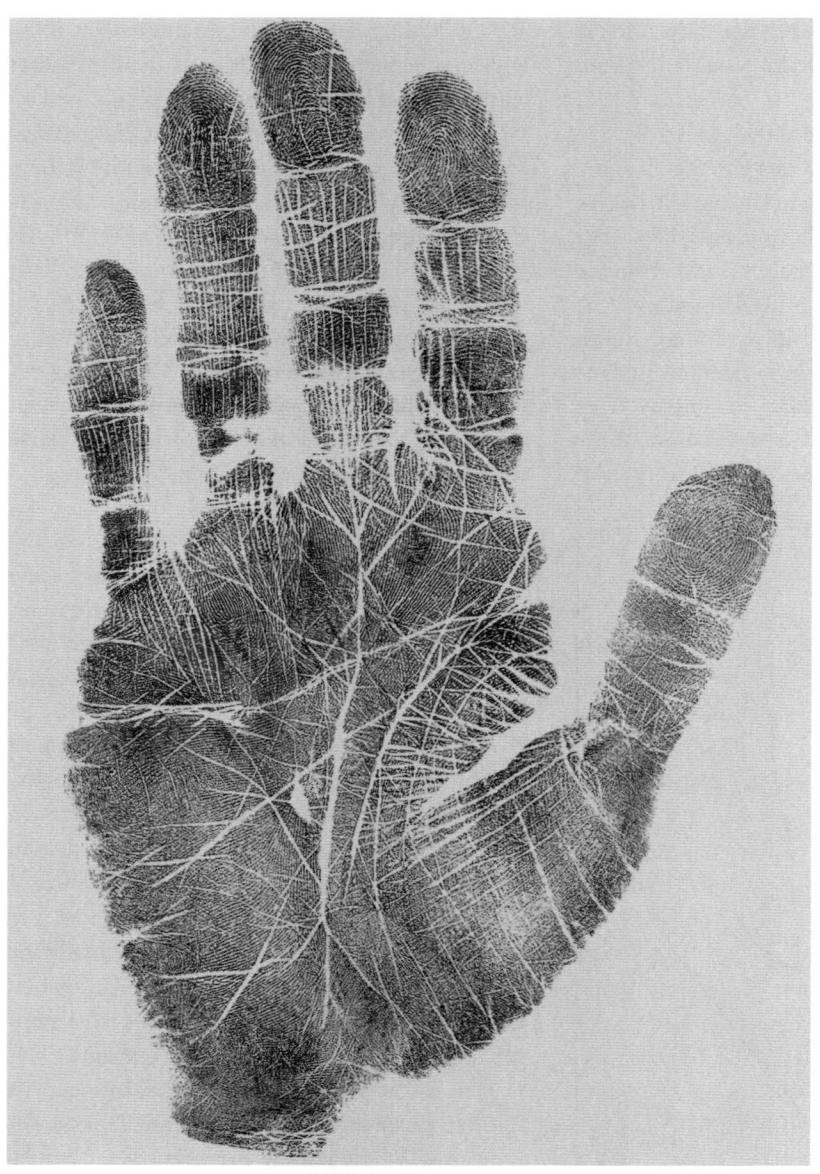

Abdruck der linken Hand einer 72-jährigen Unternehmerin mit optisch vier Saturnfingergliedern und in den Saturnfinger verlaufender Saturnlinie.

- Wenn der Saturnfinger *breiter* ist als seine Kollegen, ist dies ein Zeichen von Bedächtigkeit.
- Ist er *zu schmal*, besteht ein Mangel an Konzentration.

Die Dreiteilung des Mittel- oder Saturnfingers

Das Nagelglied

Alle Nagelglieder haben mit den Nerven-Sinnesorganen zu tun und stehen in Beziehung zur seelisch-geistigen Ebene. Die Fingerbeere des Saturnfingers besitzt ein gutes Tastgefühl, doch ist dieses etwas weniger ausgeprägt als jenes des Zeigefingers. Das Nagelglied zeigt in Finger- und Nagelform, wohin sich die Stabilisierungskräfte des Mittelfingers ausrichten. Die Finger-Endform muss immer noch mit der Nagelform kombiniert werden. So kommt beispielsweise zu einem konischen Finger mit eckigem Nagel stets eine vernünftige Komponente hinzu, die der Labilität des konischen Fingers Halt gibt. Ist das Nagelglied *betont*, besitzt der Eigner ein verantwortungsvolles Gewissen.

- Ist das Nagelglied des Mittelfingers *spatelförmige* und der Finger *geknotet*, so ist das Verstandesmäßige verschärft. Denken und Tun sind völlig auf praktische, greifbare Ergebnisse konzentriert. Öfters haben Naturwissenschaftler diese Fingerform.

Das Mittelglied

Nach Dr. med. Norbert Glas haben alle mittleren Fingerglieder mit dem Atmungs- und Zirkulationssystem des Menschen zu tun (Glas 1994). Organisch wäre es von besonderer Wichtigkeit, wenn das Mittelglied des Saturnfingers das längste wäre. Auch psychologisch gesehen ist ein längstes mittleres Fingerglied dem Saturnprinzip wesensgerecht. Das Mittelglied symbolisiert die bewusste gedankliche Ebene. Lange Mittelfingerglieder zeigen ganz allgemein Nachdenklichkeit, logisches Überlegen, gute Wahrnehmungsfähigkeiten und entsprechende Auffassungsgabe sowie Tatsachensinn, Sinn für Erfahrungswerte und richtig angebrachte Kritik. Auch verrät das lange Mittelglied, sofern es nicht allzu breit ist, Begabung für Ausdruck und Ausdeutung.

- Ist das Mittelglied *schmal*, verfügt der Handeigner über ein bewegliches Denken.
- Eine *übertriebene Breite* des Mittelgliedes deutet auf Lebensernst und Langsamkeit.

Das Wurzel- oder Grundglied

Alle Grundglieder symbolisieren die Aktivität, mit welcher die Fingeranlagen umgesetzt werden. Das Grundglied bezieht sich auf die Stabilisierung materieller Sachwerte oder die Konkretisierung beziehungsweise wirtschaftliche Verwertung intellektueller oder gestalterischer Begabungen. Organisch haben die Wurzelglieder eine Beziehung zum Ernährungs- und Stoffwechselvorgang. Somit ist aus dem Wurzelglied auch die Aktivität des Stoffwechsels ersichtlich. Die psychosomatische Wechselwirkung dürfte kaum erstaunen.

- *Lange* Grundglieder zeigen immer, dass der Fingereigner intensiv bestrebt ist, die Fingeranlagen umzusetzen. Gleichzeitig unterstreicht ein langes Saturnfinger-Wurzelglied die Ausdauer in allen Bestrebungen.
- Wenn ein Fingerglied *sehr lang*, und damit betont ist, besteht die Möglichkeit, dass es optisch eine Unterteilung erfährt (siehe Bild Seite 140).
- Bei *breitem* Grundglied geschehen sämtliche willentlichen oder körperbezogenen Prozesse mit Nachdruck, aber mit weniger Dynamik. Ein *breites* Wurzelglied mag auch ein Gefühl der Belastung anzeigen.

Die Formen des Nagelgliedes

Der spatelförmige Saturnfinger

Die Wahrnehmungsfähigkeit des Mittelfingers ist auf sachliche Werte des Lebens konzentriert. Das trifft für Menschen mit spatelförmigem Endglied in verstärktem Maße zu, denn sie können sich sehr gut mit materiellen Belangen auseinandersetzen. Diese Menschen werden sich im Realitätsbereich nichts vormachen lassen, denn sie wissen

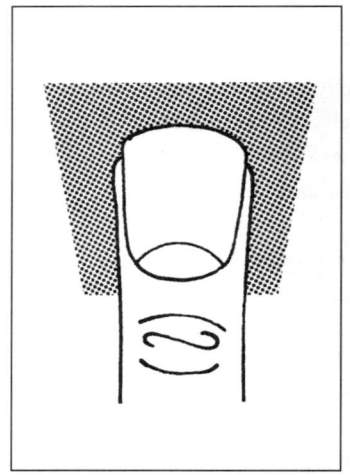

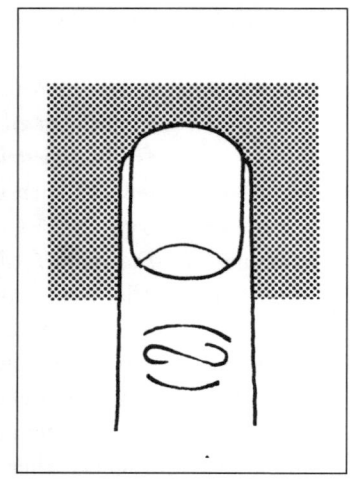

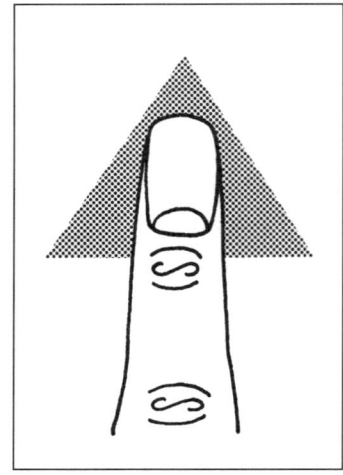

Der spatelförmige Saturnfinger   Der eckige Saturnfinger   Der konische Saturnfinger

instinktiv Bescheid. Ist das Grundglied am längsten, wird keine Aktion zur Erreichung eigener Vorteile unterlassen.

Der eckige Saturnfinger

Ein eckiger Saturnfinger zeugt von praktisch-intellektueller Begabung des Handeigners und dem Wunsch, selbständig zu arbeiten. Diese Menschen haben die Neigung, den Dingen auf den Grund zu gehen und sich mit den Geschehnissen des Lebens konkret auseinanderzusetzen. Sie besitzen Verantwortungsbewusstsein und Pflichtgefühl und haben – wenn der Finger lang ist – ein gutes Gedächtnis sowie die Fähigkeit, sich auf eine Sache zu konzentrieren.

Der konische Saturnfinger

Ein konischer Mittelfinger ist dem Saturnprinzip nicht gemäß. Wenn das Nagelglied gleichzeitig das längste ist, offenbart es einen Menschen, der sich sachlichen Werten gegenüber leichtsinnig verhält. Psychologisch gesehen besteht ein Mangel an Verantwortungsgefühl, denn Verantwortung zu übernehmen, sei es für eine Sache oder einen Menschen, bedeutet eine Last, die zu tragen der Eigner eines konischen Saturnfingers sich nicht gewachsen fühlt. Ein eckiger Nagel würde die Anlage verbessern.

Der Ringfinger

Der Ringfinger befindet sich auf der Du-Seite der Hand, dem Bereich der Ich-Ergänzung, der einerseits den seelisch unbewussten, gemüthaften, gefühlsbetonten Teil der Persönlichkeit und anderseits die seelischen Bindungen an ein Du symbolisiert. Er ist daher sowohl seelisch als auch umweltbezogen.

Der Ringfinger ist meist der am schönsten gestaltete, wohlgeformteste aller Finger, und auch die Fingerkuppe ist stärker gerundet, was einem Mehr an unbewussten Gefühlsregungen entspricht.

Die Regel ist: gleiche Höhe von Ring- und Zeigefinger als gleichgewichtige Verteilung aktiver und rezeptiver Kräfte. Die gleiche Länge der Ich- und Du-Finger offenbart auch eine ausgeglichene Einstellung zu materiellen und ideellen Werten. Die Größenverhältnisse von Ring- und Zeigefinger sind individuell, das heißt von Hand zu Hand verschieden.

Dem Ringfinger, auch Kunstfinger genannt, entspricht unter anderem das seelische Erleben des inneren Eigenraumes. Dieses wird meistens in ein Du hineinprojiziert, das uns im Außenraum in Gestalt eines Menschen oder in einem geschaffenen Werk künstlerischer, ästhetischer oder idealistischer Art entgegentritt.

Der Ringfinger zeigt in seiner *Länge, Breite, Form* und *Ausprägung* das Maß an vorhandenem Idealismus, künstlerischem oder ästhetischem Empfinden, das Gefühl für Formen, das Formgefühl an sich und das Einfühlen in das Wesen anderer Menschen, also alles venusische, subjektive Eigenschaften. Zur negativen Seite des Venusischen gehören Überschwänglichkeit, Hohlheit und Genusssucht.

Organisch hat der Ringfinger mit Herz und Nieren zu tun. Er wird denn in der Literatur auch öfters als Nierenfinger bezeichnet. Bei Nierenbelastung wölbt sich der Nagel noch stärker als es für diesen Nagel üblich ist. Und Formveränderungen des Nagels durch Rillen, Riefen oder verdickte Streifen zeigen, welche Niere in Mitleidenschaft gezogen ist. Der Befund der linken Niere ist aus dem linken Ringfingernagel, jener der rechten aus dem rechten Ringfingernagel ersichtlich (Engelhardt 1987). «Das linke Nieren-Nebennierensystem spricht sehr stark auf energetische Schwankungen in der Umwelt an. Dazu gehören ebenso Wetterwechsel wie auch Änderungen im sozialen Bereich. Das auf die Venusresonanzen reagierende

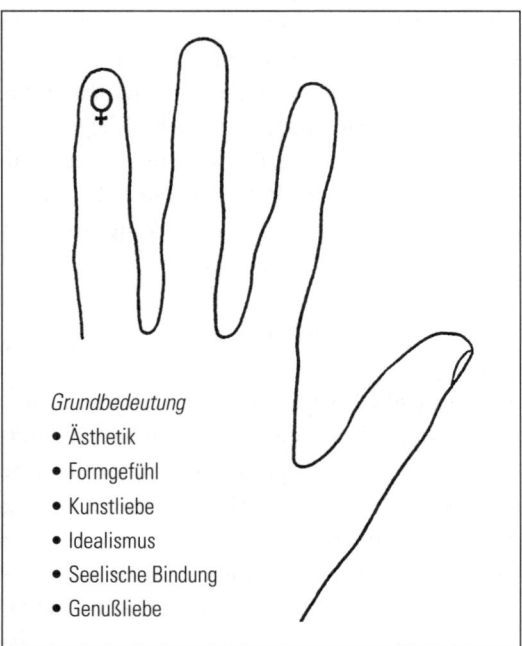

Grundbedeutung
- Ästhetik
- Formgefühl
- Kunstliebe
- Idealismus
- Seelische Bindung
- Genußliebe

rechte Nieren-Nebennierensystem setzt im Unterschied zum linken System die inneren Schwingungen in Bezug zum Außen. Entsprechend werden auch Herz und Kreislauf einreguliert» (Baunger 1984). Partnerschaftsschwierigkeiten gehen oft mit Nierenbeschwerden einher.

Astrologisches: In jedem Tierkreiszeichen erhält die Venus eine andere Färbung, einen anderen Aspekt dessen, was mit dem Prinzip Venus «Liebe, Anmut, Harmonie, Kunst» gemeint ist. Die Mythologie kennt zwei Venus-Varianten: die schaumgeborene Tochter des Uranus, die Venus-Urania, das höhere himmlische Prinzip, und die von Zeus/Jupiter mit Dione gezeugte Tochter, die Venus-Pandemos, das niedere irdische Prinzip. «Die beiden unterscheiden sich nicht dem Wesen nach, sondern nur nach dem Grad, in dem Venus zum Stoff hinabgestiegen ist.» Wenn im Geburtsbild die Venus-Urania dominiert, symbolisiert sie mehr geistige Elemente und lässt mehr den unkörperlichen Belangen Raum wie Harmonie, Schönheit, Musik, Farbe, Klang, friedlicher Ausgleich, Überbrückung von Gegensätzen, Ästhetik usw. Die Betonung auf einer substanzierten Venus, lässt sie mehr zu irdischen Dingen neigen wie Eigentum, Besitz, Geld, Güter, konkrete Kunst (Plakate, Keramik), Schmuck usw. Tizian hat auf seinem Gemälde «Die himmlische und die irdische Liebe» diese Gegensätze dargestellt. Erich von Beckerath bespricht in seinem Buch «Geheimsprache der Bilder», Iberaverlag, Wien, das Tiziangemälde aus astrologischer bzw. esoterischer Sicht. *Astrologische Dominanten* für den Ringfinger sind: Die kontaktschaffenden Lufthäuser der äußeren Beziehungen 3, 7, 11 und ihre Regenten; die Begegnungsachse 1/6; die Spiegelung auf die Existenzachse 6/12, und die Quadraturen auf die Hauptachsen. Als Planeten sind für einen Künstler die Venus und ihre höhere Oktave Neptun wesentlich sowie der Mond und der mythologische Vater der Venus: Uranus. Planetenkombinationen: Venus Konjunktion Mond = Kunstsinn; Venus Konjunktion Neptun = Künstler. Halbsummen: Venus = Mond/Sonne = künstlerische Interessen; Venus = Merkur/Jupiter = Kunstinteresse; Venus = Merkur/Mars = Sinn für praktische Kunst; Venus/Merkur = M = Kunstverständnis, Künstler.

Deutungen

• Ein *langer und schön geformter Ringfinger* drückt nicht nur Möglichkeiten oder Sinn für höhere Künste aus, sondern auch ein Gefühl für Kleiderformen, Formgefühl für Möbel und andere Gebrauchsgegenstände, ein Gefühl für Ästhetik, für Körperformen, die Einfühlung in andere Menschen sowie Freude, Fröhlichsein, Unbeschwertheit und Rhythmik und Musik

• Für künstlerisches Schaffen reicht ein gut ausgeprägter Ringfinger allein nicht aus. Hierzu wird noch ein gut gezeichneter Hypothenar benötigt, der im untersten Teil (Uranusberg) Intuition, im mittleren Teil, der den größten Raum einnimmt (Mondberg), Phantasie und im oberen Teil (Plutoberg) eine magisch-erotische Spannung symbolisiert. Die meisten großen Künstler arbeiten bewusst oder unbewusst aus einer Spannung heraus, viele aus einer erotischen.

• Die meisten Handeigner mit einem langen, gut geformten Ringfinger benötigen Applaus und wollen Gefallen erregen. Darum sind sie in der Öffentlichkeit zu finden als Künstler, Schauspieler, Showmaster, Verkäufer, Politiker usw., sofern sie dem mit ihrem Job verbundenen Stress sowie einer öffentlichen Kritik standzuhalten vermögen. Doch ohne gleichzeitig langen Kleinfinger ist der Handeigner nicht redegewandt. Die beiden Ulnarfinger sind eine Einheit.

• Ist der *Ringfinger länger als der Zeigefinger*, so sind die Kräfte des Gefühls dem logischen Urteil eines längeren Zeigefingers überlegen. Subjektives hat gegenüber realistischen Werten und Begebenheiten den Vorrang oder das Ideale, der gute Geschmack und die Kunstliebe sind stärker.

• Zum langen Ringfinger gehören auch diplomatische Fähigkeiten. Ein taillierter Daumen würde diese Anlage noch verstärken. Auch hier ist zusätzlich ein langer Kleinfinger nötig, sonst

würde es an sprachlicher Wendigkeit fehlen. So hat der Berufsdiplomat, der die Interessen seiner Regierung, der er oft selbst angehört, zu vertreten hat, in der Regel einen größeren Ring- als Zeigefinger. Diese Interessen sind allerdings nicht unbedingt identisch mit dem Wohle der breiten Volksschicht seines Landes.

• Ein *zu langer Ringfinger*, der fast so lang ist wie der Saturnfinger, deutet auf einen Menschen mit Neigung zu Spiel und Spekulation oder zu anderen gewagten Unternehmungen, Oberflächlichkeit, Wirklichkeitsferne, Phantastik oder Eitelkeit. Der zu lange Ringfinger ist auch in Künstlerhänden zu finden.

Kombinationshinweis: In einer konischen Hand muss ein zu langer Ringfinger negativ, in einer Spatel- oder eckigen Hand mit zugleich starkem Daumen und fester Konsistenz positiv gedeutet werden.

• Ein *zu kurz* geratener Ringfinger ist Hinweis, dass der Fingereigner weder idealistische Neigungen hat noch eine harmonische Du-Beziehung anstrebt. Es fehlt an mitmenschlichem Verständnis.

• Ein *schlechtgeformter* Ringfinger verrät ein Unvermögen der Einfühlung und einen Mangel an Geschmack sowie ästhetischem Formgefühl.

• *Verkürzt und schlecht geformt* deutet der Ringfinger auf Schwierigkeiten im Gefühlsleben.

Mantik: Steht auf der Ringfingerspitze ein Stern, verspricht die Wahrsagekunst die Erlangung großen Ruhms, sei es auf künstlerischem oder wissenschaftlichem Gebiet.

Die Dreiteilung des Ringfingers
Das Nagelglied

Das Nagelglied symbolisiert in Gestalt und Ausdruck die Fähigkeit des Einfühlens in künstlerische, ästhetische oder partnerschaftliche Bereiche sowie Formengefühl und Sinn für Rhythmik. Das Nagelglied offenbart auch Wesentliches über das Benehmen in Du-Beziehungen. Ist es am längsten, strebt der Fingereigner nach Vollendung eigener künstlerischer Formen, zeigt seelisch-geistige Feinfühligkeit, Idealismus und hat Sinn für die Schönheiten des Lebens.

Das Mittelglied
Das Mittelglied besagt, besonders wenn es lang und gut ausgebildet ist, künstlerische Gestaltungskraft und weist auf einen Menschen, der nach einer harmonischen Du-Beziehung strebt.

Das Wurzelglied
Das Wurzelglied bezieht sich auf die Aktivität bezüglich künstlerischer oder gestalterischer Bestrebungen. Wenn es lang und gut geformt ist, zeugt es von der Fähigkeit, die Ringfingeranlagen erfolgreich umzusetzen. Ist das Grundglied zugleich füllig, reagiert der Fingereigner auf sinnliche Eindrücke und liebt das gesellschaftliche Leben. Menschen mit stark ausgeprägtem Wurzelglied sind genussliebend und nicht gerne allein.

Der spatelförmige Ringfinger
Die Spatelform offenbart schöpferisch-künstlerische Gestaltungskräfte realistischer Natur. Der Spatel als Symbol birgt immer eine praktisch-stoffliche, aktive Note in sich und enthält den Wunsch nach Darstellung und Ausdruck. Bei künstlerischen Gestaltungen werden in Bewegung begriffene Motive bevorzugt. Zugleich sind die künstlerischen Ideen wechselnder Art. Außerdem wird sich der Eigner eines spatelförmigen Ringfingers seines Daseins erfreuen.

Der eckige Ringfinger
Der eckige Ringfinger zeugt von Wahrheitsliebe im Ausdruck, sei es in der Kunst oder Literatur, Beständigkeit in der künstlerischen Anschauung und einer Neigung zu gesunder Kritik. Der Mensch mit eckigem Ringfinger ist rhythmisch begabt, hat Formgefühl und legt Wert auf Konstanz in partnerschaftlichen Beziehungen. Ist das Mittelglied am längsten, verrät es Nachdenklichkeit in künstlerischen und/oder literarischen Belangen.

Der konische Ringfinger
Ein konischer Finger weist auf einen Menschen mit Hingabefähigkeit in seelischen Beziehungen, Einfühlungsvermögen in künstlerische Belange, Sinn und Geschmack für alles Schöne, auf ästhetisches Empfinden, allenfalls auch auf Luxusbedürfnis und Sorglosigkeit. Konkrete künstlerische Leistungen sind jedoch kaum zu erwarten. Für konkretes Schaffen wird ein eckiger oder spatelförmiger Ringfinger benötigt. Die konische Form symbolisiert Labilität. Es fehlt an praktischem Sinn.

Der spatelförmige Ringfinger

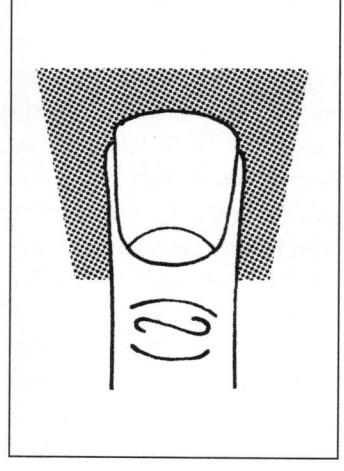

Der eckige Ringfinger

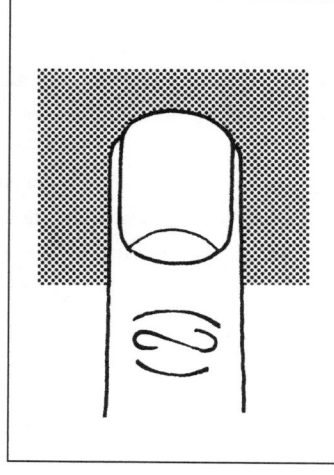

Der konische Ringfinger

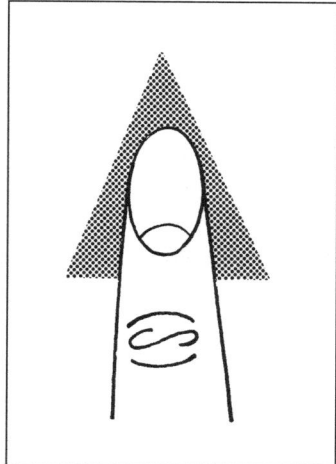

Der Merkur- oder Kleinfinger

Am äußersten Rand auf der Du-Seite, der Ulnarseite, befindet sich der Kleinfinger, auch Merkurfinger genannt. Dem Kleinfingerprinzip entsprechen die Beziehung zur Umwelt, die Vermittlung, Gewandtheit, Anpassung, Redebegabung, wissenschaftliche Interessen, die Kommunikation schlechthin.

Der Merkurfinger offenbart, wie wir es anstellen zu kontaktieren und wie wir uns im Außenraum bewegen. Außerdem steht der Kleinfinger in enger Beziehung zur emotionalen und sexuellen Grundeinstellung. Der Kleinfinger ist aber auch Antenne überpersönlicher metaphysischer Einflüsse. Im Volksmund heißt es doch so schön: Der kleine Finger hat es mir gesagt.

Als normal lang gilt der Merkurfinger, wenn er den Ansatz des Ringfinger-Nagelgliedes erreicht. Gleichzeitig sollte er der Länge des Daumens entsprechen. Stimmt das Längenverhältnis zum Ringfinger nicht, ist zu prüfen, ob der Kleinfinger tiefer als es der Norm entspricht, angesetzt ist.

Biologisch hat der Kleinfinger eine Beziehung zur Schilddrüse und zu den Geschlechtsdrüsen, außerdem zur Zirbeldrüse und zur Lymphtätigkeit. Bei Menschen mit Downsyndrom ist der Kleinfinger immer zu kurz und mitunter – zwar selten – besitzt er nur zwei Fingerglieder. Nachgewiesenermaßen funktionieren bei Menschen mit Downsyndrom die Schilddrüse und die Geschlechtsdrüsen nur mangelhaft. Hier weist der zu kurze Merkurfinger eindeutig auf Infantilität beziehungsweise Infantilismus.

Astrologisches: Nach der traditionellen Astrologie ist Merkur Herrscher zweier Tierkreiszeichen: der Zwillinge und der Jungfrau. Die Rune Merkurs, ein Kreuz (Materie) auf dem ein Kreis liegt (solares oder männliches Prinzip) und als Kopfschmuck Flügelschuhe oder eine liegende Schale (lunares oder weibliches Prinzip) deutet auf die Doppelgeschlechtlichkeit Merkurs. Der androgyne Merkur ist daher vielseitig und anpas-

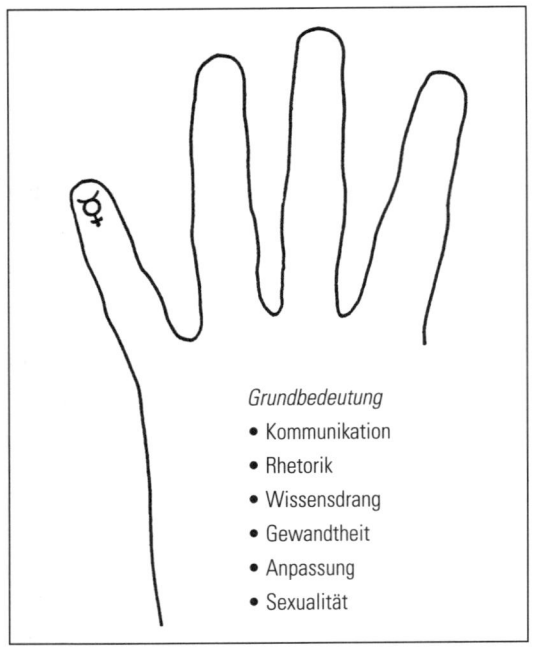

Grundbedeutung
• Kommunikation
• Rhetorik
• Wissensdrang
• Gewandtheit
• Anpassung
• Sexualität

sungsfähig. Er passt sich jeweils dem Planetenprinzip an, bei welchem er im Geburtsbild steht, und nimmt auch die Qualität derjenigen Planeten an, die ihn aspektieren. Das Gleiche gilt für Haus und Position. Merkurberg und Merkurfinger sind analog der kosmischen Stellung im Geburtsbild. Je exakter sich ☿/♆ aspektieren/spiegeln, desto konischer ist der Kleinfinger. *Astrologische Dominanten* für den Merkurfinger sind: Merkur/Zwillinge/3. Haus; die Denkachse 3/9; die Existenzachse 6/12; die Wasserhäuser der inneren Orientierung 4, 8 und 12 bzw. Krebs, Skorpion, Fische und deren Regenten Mond, Pluto, Neptun.

Es mag erstaunen, dem römischen Merkur als dem Gott der Kaufleute, Diebe, Redner usw. auch die Wasserhäuser zuzuordnen. Nimmt man aber Hermes, den Götterboten der griechischen Mythologie, zur Hilfe, kommt man der Sache näher. Hermes, Sohn des Zeus und der Plaiade Maia, hatte zwei unterschiedliche Ämter. Die von seinem Vater Zeus übertragenen Pflichten waren intellektueller, weltlicher Natur wie das Schließen von Verträgen, Förderung des Handels und die Aufrechterhaltung des Wegerechts für alle Reisenden auf allen Straßen der Welt usw. Sein On-kel Hades, Gott der Unterwelt, dagegen, enga-gierte Hermes als Psychopompos, als Führer, der die Seelen der Verstorbenen in den Hades geleitet und, umgekehrt, die zur Geburt drängenden See-len heraufzuholen hat.

Wie bereits erwähnt, ist der Planetengott Merkur von der Rune her aus dem weiblichen Mond und der männlichen Sonne hervorgegan-gen, das heißt *aus den beiden Ur-Polen Wasser und Feuer*, ist also eine ausgesprochene Zweiheit und besteht aus allen erdenklichen Gegensätzen, wird aber stets als Einheit präsentiert.

Deutungen
• Der *normale, gerade, gutgeformte* Kleinfinger, der den Ansatz des Nagelgliedes vom Ringfinger erreicht, offenbart Klangsinn, Sprachgefühl, Re-degewandtheit und Vernunftwaltung in den Um-weltbeziehungen sowie einen gesunden Men-schenverstand.
• Ist er länger ausgefallen, besteht ein großes Maß an intellektueller Beweglichkeit, geistigem Schwung, Redebegabung und Großzügigkeit.
• Ein *übermäßig langer* Kleinfinger ist Anzeichen für eine hervorragende Redegewandtheit, Diplo-matie, aber je nach Niveau auch die Tendenz zu Geschwätzigkeit, Betrug und Überredungskunst. Jedenfalls will ein Mensch mit zu langem Klein-finger oft mehr als ihm zusteht. Gleichzeitig ver-rät das disharmonische Längenverhältnis des Merkurfingers eine nicht integrierfähige Persön-lichkeit oder einen Menschen, der keine harmo-nischen Umweltbeziehungen zu unterhalten ver-mag. Bevor aber endgültige Aussagen gemacht werden können, sind auch Länge und Gestalt der anderen Finger zu berücksichtigen.
• Der *kurze* Merkurfinger weist auf schnelle Auf-fassungsgabe, vielleicht auch auf eine gewisse Vor-eiligkeit. Entscheide werden eher instinktmäßig denn verstandesmäßig getroffen. Bei guter Kopf-linie erfolgt eine mentale Nachprüfung.
• Der *zu kurz* geratene Kleinfinger deutet auf geistige Unreife in den Beziehungen zum Du. Er

offenbart einen Menschen, der konkret zu bewäl-tigenden Umweltsituationen nicht gewachsen ist. Viele sind unfähig, mit negativen Emotionen fer-tigzuwerden und normal auf Frustrationen zu reagieren und neigen zu unerfreulichen oder nur kurz dauernden Freundschaften und Liebesbezie-hungen. Einige zeigen ein verstandesmäßig zu ge-ringes Aufnahmevermögen.
• Fast allen Eignern eines zu kleinen Kleinfin-gers ist gemeinsam, dass sie bis ins hohe Alter ihre Jugendlichkeit bewahren.
• Der *schlecht geformte* Merkurfinger ist Hinweis auf eine unpraktische Lebensgestaltung sowie auf geringes Aufnahme- und Äußerungsvermögen.
• Ein *leicht abstehender* Kleinfinger von harmoni-scher Gestalt hat eine gute Übersicht über das Alltagsleben, selektiert die Alltagskontakte (Merkur/Zwillinge/3. Haus) und demonstriert eine gewisse Distanz zum Gewöhnlichen.
• Der *stark abstehende* Kleinfinger weist auf eine Isolierungstendenz oder es bestehen Part-nerschaftsprobleme, weil sich der Kleinfinger zu stark vom Ringfinger (Du-Prinzip, Venus/Waage/ 7. Haus) entfernt. Trifft dies zu, so zeigt nach meiner Erfahrung die Handschrift vergrößerte Wortabstände.
• Der Kleinfinger ist fast immer *tiefer* angesetzt als die übrigen Finger. Ist sein Ansatz aber *zu tief* ausgefallen, und zeigt sich noch ein auffälliger Abstand zum Ringfinger, so bestanden in der Kindheit ernsthafte Probleme mit dem Eltern-paar oder einem Elternteil. Das Kind erhielt zu wenig Nähe und verbale Kommunikation. Es wurde zu oft sich selber überlassen.

Die Dreiteilung des Merkurfingers
Das Nagelglied
Das Nagelglied offenbart sowohl die geistig-seelische als auch die höhere Stufe, die gefühls-mäßig-spirituelle Aufnahmefähigkeit. Wenn es am *längsten* und eher von *konisch-spitzer* Gestalt ist, symbolisiert es Interesse für spirituelle, meta-physische Belange. Bei *konischem* Nagelglied ge-schehen Einstrom der Schwingungen und Kon-

taktaufnahmen wahllos, bei *eckiger* Finger- oder Nagelform werden die spirituellen Einströme und die konkrete Kontaktnahme zur Außenwelt selektioniert. Besitzt der *konische* Finger einen *eckigen* Nagel, so hat der Eigner die Aufgabe, das wahllos Ertastete oder spirituell Erkannte zu ordnen und begrifflich festzuhalten. Bei *eckiger* Fingerform oder *eckigem* Nagel steht gutes Abstraktionsvermögen im Vordergrund. *Spreizt* sich der Kleinfinger mit größtem Nagelglied leicht vom Ringfinger ab, besitzt er vermehrte Möglichkeit, Außenraumschwingungen aufzunehmen. Bei Erfindern ist das Nagelglied des Kleinfingers besonders gut ausgeprägt.

Ein *verunstaltetes, verdrehtes* Nagelglied kann Hinweis auf verschrobene religiöse Ideen sein. Auch ein *sehr spitzer*, zu kurz geratener Kleinfinger zeigt in diese Richtung. Anatomisch besteht eine Verbindung vom Fuß zum Nagelglied des Kleinfingers. *Astrologisch* sehe ich im Nagelglied des Merkurfingers eine Beziehung zu Fische/Neptun/12. Haus.

Das Mittelglied

Das Mittelglied hat Beziehung zu Darstellungskraft und Rhetorik (Redetalent). Wenn es am längsten ist, gehört es einem Menschen mit intellektuellen Fähigkeiten theoretischer oder gestalterischer Art. Außerdem sind Menschen mit längstem Mittelglied begabt, abstrakte Erkenntnisse zu vermitteln. Sie verfügen über sprachliches Können und besitzen Organisationstalent. Zugleich finden sich ein gesunder Menschenverstand und Vernunftdenken in besonderer Ausprägung. Ein langes zweites Merkurfingerglied deutet auch wissenschaftliche Begabung an, besonders wenn gleichzeitig das Nagelglied lang ist. Bei *fülligem, langem* Mittelglied sind die Begabungen im Wirtschaftssektor einsetzbar. Ist das Mittelglied kurz, zeigt sich die Tendenz, das Leben im persönlichen und wirtschaftlichen Bereich nicht organisieren zu können.

Ein im Mittelglied *verunstalteter* Kleinfinger geht meist konform mit Anomalien der Geschlechtsorgane. Bei Frauen weist ein geknicktes Mittelglied öfters auf eine Gebärmuttersenkung oder eine gestörte Eierstockfunktion. Bei Männern betrifft es den Hodenbereich.

Das Wurzel- oder Grundglied

Das Grundglied bezieht sich auf praktische, realistische Umsetzungsmöglichkeiten der Merkurfingereigenschaften.

Ist es am *längsten*, bestehen Fähigkeiten im Handelsgeschäft, im Bereiche der Heilkunst sowie Möglichkeiten auf der Körperbeweglichkeits-Ebene (Sport). Gleichzeitig offenbart das Wurzelglied den Grad des Familiensinns, denn *astrologisch* hat das Wurzelglied des Kleinfingers Mond/Krebs/4. Haus Bedeutung und weist einen Bezug zur Lymphtätigkeit auf. Viele Mantiker suchen die Anzahl der Kinder nicht aus den Strichen auf den Bindungslinien, sondern aus dem ersten Drittel des Merkur-Wurzelgliedes zu ermitteln. Ein *verdicktes* Wurzelglied mit gleichzeitig *fülligem* Merkurberg verrät einen Menschen mit materiellem Behauptungsvermögen. In *konischer, weicher* Hand bedeuten dieselben Merkmale Bequemlichkeit und Genussfreudigkeit. Sind Mittel- und Wurzelglied in einer *eckigen* oder *spatelförmigen* Hand gleich lang, müssen die Begabungen der beiden Glieder kombiniert werden, d.h. dann bestehen Fähigkeiten sowohl für wissenschaftliche Belange als auch für Funktionen in Handel und Wirtschaft.

Die Formen des Nagelgliedes

Der spatelförmige Kleinfinger

Der Mensch mit spatelförmigem Kleinfinger bewegt sich auf dem Boden der Realität. Bei ihm sind realistische materielle Interessen vorrangig. Ein spatelförmiger Kleinfinger verrät Instinktsicherheit in geschäftlichen Belangen. Astrologisch ordne ich dem Nagelglied des Kleinfingers das Zeichen Fische zu (siehe Seite 218). Für den Spatel bedeutet Fische/Neptun Instinktsicherheit, für den konisch-spitzen Kleinfinger Spiritualität.

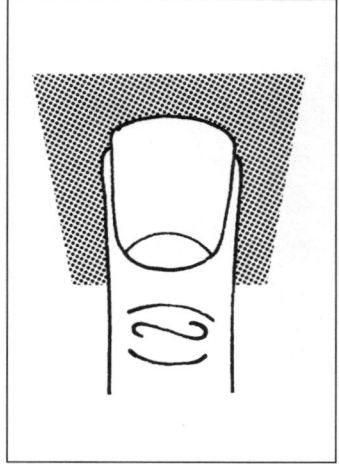

Der spatelförmige Kleinfinger

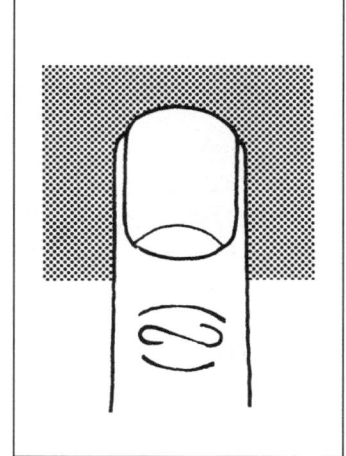

Der eckige Kleinfinger

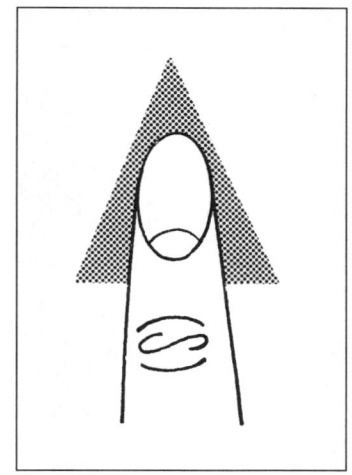

Der konische Kleinfinger

Der eckige Kleinfinger

Ein eckiges Fingerglied offenbart immer einen gesunden Menschenverstand, Methodik, vernünftiges Verhalten sowie das Einhalten eingegangener Verpflichtungen. Außerdem besitzt ein Mensch mit eckigem Merkurfinger Organisationstalent und Klugheit in geschäftlichen Belangen, aber auch wissenschaftliche Interessen und Fähigkeiten sowie Redebegabung. Im Kommunikationsbereich wird stets die Form gewahrt. Ist der eckige Kleinfinger geknotet, besteht Sinn für Forschung und Vorliebe für Studien.

Der konische Kleinfinger

Die konische Form ist die dem Kleinfinger wesensgerechte. Sie vermittelt dem Finger bei seiner Kontaktpflege eine besondere Einfühlungsfähigkeit und Gewandtheit sowie eine gefällige Art des Ausdrucks. Da der Kleinfinger gleichzeitig die Antenne zur Aufnahme geistiger oder spiritueller Schwingungen symbolisiert, sollte er nicht zu spitz sein. Bei spitzem Finger fühlt sich der Eigner überfordert, weil er die Einflüsse, die auf ihn einströmen, nicht zu ordnen vermag.

Embryonale Finger. Etwa 12. Schwangerschaftswoche

Etwa 16. Embryonalwoche

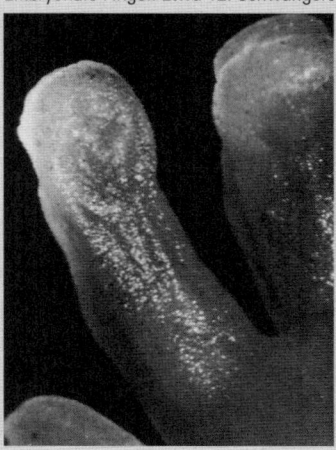

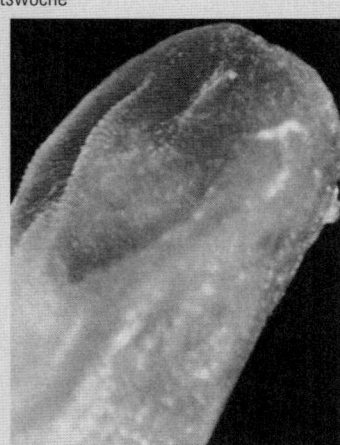

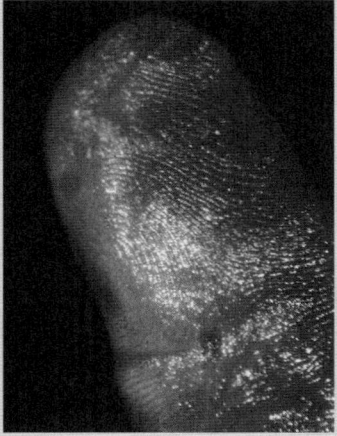

Mit freundlicher Genehmigung des Anatomischen Instituts Zürich. Aufnahmen: Helga Weber-Kahlo

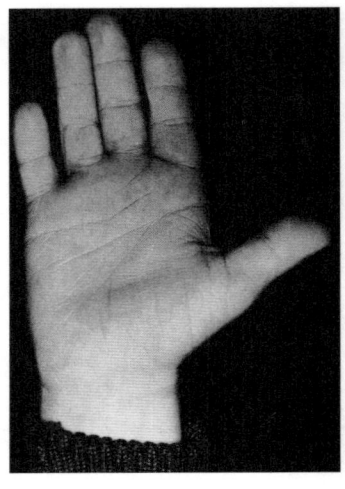  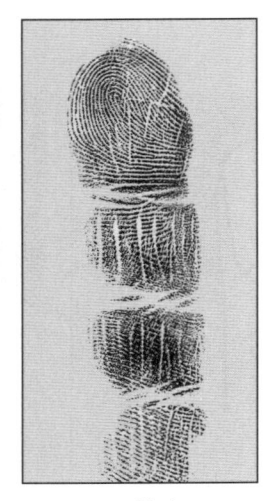

2 Glieder   3 Glieder   4 Glieder

Axiale Verschiebungen, Zwischenräume und Abspreizungen

Normalerweise stehen die Finger gerade. Öfters aber sind sie axial verschoben, neigen sich zu einem Nachbarfinger hin, haben Zwischenräume oder spreizen sich ab.

Deutungen
Neigung des Zeigefingers zum Daumen
Ein Zeigefinger, der sich dem Daumen zuneigt, gehört einem Menschen mit realistischer Lebenseinstellung, verstärktem Ichgefühl, einem Drang nach Unabhängigkeit und egoistischen Tendenzen, wobei er durchaus noch besondere Begabungen aufzuweisen vermag. Vor allem aber ist er stets bemüht, auf das Du Eindruck zu machen und sich im besten Lichte zu zeigen. Ist der *abgespreizte* Zeigefinger zu kurz (mangelndes Selbstwertgefühl) und entbehrt er gleichzeitig als Fingerbeerenmuster einer Radialleiste, so deutet die psychologische Interpretation der Abspreizung auf einen Kompensationsversuch seiner Selbstzweifel. In diesem Falle sucht der Zeigefinger Hilfe beim Daumen.

Neigung des Zeigefingers zum Mittelfinger
Die Neigung des Zeigefingers zum Mittelfinger offenbart, dass die durch den Zeigefinger symbolisierten Strebungen verwirklicht werden wollen. Gleichzeitig erfahren die jupiterhaften Eigenschaften eine ernstere, zurückhaltendere Note, und der Jupiterfinger sucht bei Saturn Stütze und Halt für seine Selbstbestätigung. Bei wissenschaftlicher Tätigkeit des Fingereigners konzentriert sich der Ehrgeiz des Zeigefingers auf Anerkennung im entsprechenden Fachgebiet.

Möglich auch, dass sich der Ich-Finger vom Saturnfinger (Über-Ich-, Pflicht-, Du-sollst-Finger) überfordert fühlt; sodass er nicht mehr in der Lage ist, *gerade* zu stehen und sich unter der Last der geforderten Pflichten zu seinem Verursacher beugt. Es ist denn auch meist nur der konische Zeigefinger, der sich dies bieten lässt.

Steht der Zeigefinger *gerade* und weist einen Abstand zum Mittelfinger auf, so lässt dieser Zwischenraum Entscheidungskraft und damit Managereigenschaften erkennen.

Neigung des Mittelfingers zum Zeigefinger
Mit dieser Stellung erstrebt der Mittelfinger jupiterhafte Qualitäten, und bei allfällig zu langer Ausprägung versucht er, sich um ein Weniges sei-

ner melancholisch-depressiven Note zu entledigen. Hier erhofft sich der Saturnfinger Hilfe beim Ich-Finger, dem Zeigefinger. Es kann aber auch sein, dass der Ich-Finger den Saturnfinger überfordert.

Neigung des Mittelfingers zum Ringfinger

Wenn der Saturnfinger sich zum Ringfinger beugt, der Saturnfinger also nicht (mehr) fähig ist, gerade zu stehen, wird er vom Du überfordert. Bei wenig entwickeltem eigenständigem Denken kann diese Fingerstellung auch Symbol einer zu großen Anpassung an die öffentliche Meinung sein. Weit häufiger aber zeigte sich in meiner Praxis, dass sich die Eigner dieser axialen Verschiebung im Partnerbereich stark bedrückt fühlen und der eingegangenen Bindung am liebsten entfliehen möchten. Oft ist dies aber keine Lösung der bestehenden Schwierigkeiten, weil der Fingereigner sein Schicksal, das der Saturnfinger in dieser Stellung anzeigt, in sich selbst trägt und er somit erneut von Partnern angezogen würde, die ihn mit ganz ähnlichen Problemen konfrontierten.

Astrologisch besteht meist eine Venus/Saturnverbindung, und zwar durch Aspektierung, Spiegelung und/oder Saturn im 7. Haus bzw. im Zeichen Waage.

Der *gerade* stehende Mittelfinger mit Zwischenraum zum Ringfinger ist Merkmal des gefragten Beraters. Der Zwischenraum ist Hinweis auf die Begabung, für sich und seine Mitmenschen in wesentlichen Lebensfragen ein selbständiges Urteil bilden zu können.

Neigung des Ringfingers zum Mittelfinger

Befindet sich diese Position in einer Künstlerhand oder in der Hand eines sonstwie schöpferisch tätigen Menschen werden strengere Kunstformen bevorzugt, mitunter mit wissenschaftlicher Arbeitsmethodik. Das spielerisch Leichte des Venusischen erfährt eine Dämpfung durch die Zucht und Strenge Saturns. Diese Menschen zeigen auch in ihrer Lebenshaltung Ernst und Sachlichkeit, besonders, wenn es sich um eine eckige Hand handelt. Wenn der Saturnfinger *schön geformt* ist und *gerade* steht sowie ein gutes seelisches Gleichgewicht offenbart, wird das Schicksal dieser Existenz geliebt.

Astrologisch besteht auch hier meist eine Venus/Saturnverbindung, aber Saturn befindet sich in starker kosmischer Position und öfters läuft die Venus auf Saturn zu.

Neigung des Zeige- und Ringfingers zum Mittelfinger

Im Falle einer gutgezeichneten Saturnalis ist die gleichzeitige Neigung des Ich- und Du-Fingers zum Saturnfinger Hinweis für Liebe zur Wissenschaft, zum Studieren ganz allgemein, einer ernsten Lebensauffassung und tiefgründigem Denken sowie dem zeitweiligen Bedürfnis nach Zurückgezogenheit.

Neigung des Ringfingers zum Merkurfinger

Die Biegung zum Kleinfinger hin gibt den venusischen gestalterischen Möglichkeiten eine bewegliche Note. In intellektueller Hand werden die sprachlichen Gaben oder organisatorischen Fähigkeiten durch die Leichtigkeit und Rhythmik der Venus untermalt. Oft besteht auch eine künstlerische Begabung für einen handwerklichen Beruf, wobei der Handeigner sich durch eine besondere Geschicklichkeit auszeichnet. Im Falle materieller Interessen lässt sich die praktische Begabung finanziell gut auszahlen.

Neigung des Merkurfingers zum Ringfinger

Die axiale Biegung zum Ringfinger zeugt bei gut geformtem Kleinfinger von einem verfeinerten Ausdrucksvermögen.

Neigung des Kleinfingers zur Handkante

Der abgespreizte Kleinfinger demonstriert seine Unabhängigkeit. Einige mit dieser Fingerstellung sind bindungsunfähig, andere haben emotionale Schwierigkeiten oder Partnerprobleme, etliche sind nicht anlehnungsbedürftig und gehen daher gerne auf Distanz. Welche dieser Varianten zutrifft, werden der Daumenwinkelabstand und die Beschaffenheit der Herzlinie zeigen. Der nur *leichte* Abstand zum Ringfinger gehört heute zur Norm. Ferner offenbart der abgespreizte Kleinfinger nebst möglicherweise emotionalen Schwierigkeiten einen Menschen mit starker intellektueller Aufnahmefähigkeit. Das sich angeeignete Wissen ist verstandesmäßig sehr gut verarbeitet. Menschen mit abgespreiztem Kleinfinger sind wissenschaftlich oder künstlerisch, vorzugsweise aber literarisch sowie praktisch begabt und besitzen die Fähigkeit der schöpferischen Umsetzung ihrer Gaben.

Wenn sämtliche Finger die gleiche Richtung bevorzugen

Zum Zeigefinger (Jupiter)
Es dominieren Ehrgeiz, sicheres Auftreten und praktisches konkretes Handeln. Diese Richtung nehmen selten alle Finger ein.

Zum Mittelfinger (Saturn)
Pflichterfüllung und soziale Einordnung haben Vorrang, werden aber manchmal als Belastung empfunden.

Zum Ringfinger (Venus)
Es dürfen künstlerische Talente vermutet werden, auf jeden Fall empfiehlt es sich, Berufe zu wählen, die einen guten Geschmack, Schönheitssinn oder ästhetisches Formgefühl voraussetzen. Ebenso oft sind musikalische Neigungen vorhanden.

Zum Kleinfinger (Merkur)
Das Beweglichkeitsprinzip wird bevorzugt. Dies besagt ein Übermaß an Gewandtheit intellektueller oder merkantiler Richtung; ob positiver oder negativer Art entscheidet der Gesamteindruck der Hand.

Gerade stehende und verdrehte Finger
Der *gerade* Finger symbolisiert Gerechtigkeitssinn sowie einen allgemeinen guten Gesamtüberblick über die Dinge, sofern der Gesamteindruck der Hand dem nicht widerspricht.

Der *verdrehte* Finger zeugt von einem Unvermögen, Situationen objektiv zu beurteilen und die Zusammenhänge seiner ständigen Umweltkonflikte zu erkennen.

Falls die Finger sich nur vorübergehend ihren Nachbarn zuneigen, kann es sich nebst emotionalen Schwierigkeiten auch um gesundheitliche Störungen handeln.

Die Erhöhungen auf der Fingerbeere
Öfters befinden sich auf der Innenseite der Nagelglieder, dort, wo sich die meisten Nervenenden konzentrieren, kleine Erhöhungen. Sie werden in der Fachliteratur *Tautropfen* genannt. Henri Mangin bezeichnete sie als das «Lächeln» der Finger. Die Tautropfen sind am besten zu sehen, wenn die Hand in Augenhöhe horizontal gegen das Licht gehalten wird.

Die Tautropfen lassen auf ein ausgeprägtes Tast- und Fingerspitzengefühl, Zartheit, künstlerisches Geschick, Handfertigkeit, Geschmack für schöne Dinge, psychologisches Feingefühl und diplomatischen Takt schließen.

Alles hat zwei Seiten: Es gibt auch Handeigner, die ihr «Fingerspitzengefühl» missbrauchen. Es muss daher immer noch die Kopf- und Saturnlinie begutachtet werden.

In träger, weicher konischer Hand symbolisieren die verstärkten Tastballen Freude an sinnlichen Genüssen.

Die Fingeransätze

Ein zarter Fingeransatz weist auf ein gutes Definitionsvermögen, wissenschaftliche oder künstlerische Talente und die Gabe objektiver, genauester Beobachtungsfähigkeit. Der breite Fingeransatz zeigt deutlich praktisches Denken.

Der leicht bogenförmige Ansatz
Wenn Mittel- und Ringfinger auf gleicher Höhe ansetzen und Zeige- und Merkurfinger leicht tiefer im Handrumpf liegen, bilden die Fingeransätze einen sanft geschwungenen Bogen. Diese harmonische Rundung weist auf einen Menschen von ausgeglichener Wesensnatur, der das Leben so nimmt, wie es gerade spielt. Meist kommen Sorgen gar nicht an ihn heran, weil er sich keine unnötigen Probleme schafft. Umweltsituationen beherrscht er durch Vernünftigkeit und Wohlwollen.

Wenn die Bogenform stärker ausgeprägt erscheint, indem Zeige- und Merkurfinger merklich tiefer angesetzt sind, leidet das Selbstwertgefühl einerseits und andererseits ermangelt der Handeigner der Fähigkeit der richtigen Menschenbehandlung. Bei dieser Bogenform ist es sehr wichtig, das gegenseitige Längenverhältnis der Finger zu kontrollieren, da durch den tiefen Ansatz der beiden Finger diese kürzer erscheinen können. Je tiefer die Ansätze von Zeige- und Merkurfinger im Handrumpf liegen, desto eher besteht die Tendenz zu Minderwertigkeitsgefühlen. Der zu kurze Kleinfinger kann Anzeichen von Beeinflussung durch ein Du sein, da der Handeigner über zu wenig Überzeugungskraft verfügt. Bei relativ kurzem, aber festem, gutem Merkurfinger fehlt das Abstraktionsvermögen, dafür ist die Instinktsicherheit ausgeprägter.

Der gerade Fingeransatz
Bei Erfolgreichen bilden die Fingeransätze meist eine gerade Linie. Diese Fingeransatzposition offenbart eine disziplinierte Wesensart mit stabiler Gefühlslage. Öfters zeigen diese Hände auch eine Kopflinie mit gleichem oder ähnlichem Verlauf. Eine lineare Kopflinie zeugt immer von einem scharfen Intellekt. Bei Fingeransätzen auf gleicher Höhe ist die wirkliche Länge der Finger schneller erkennbar. In diesem Zusammenhang ergibt sich, dass meist der Zeigefinger leicht größer ist als der Ringfinger. Dies würde einem guten Selbstwertgefühl entsprechen und lässt beim Handeigner ein sicheres Auftreten erwarten.

Der leicht bogenförmige Fingeransatz

Die Hand- und Fingerleisten (Papillarlinien)

Die ganze Innenhand ist von einem Leistenmuster oder Papillarliniennetz überzogen. In ähnlicher Weise wird auch die Fußsohle überdeckt. Die Papillarleisten sind bereits am Ende des 4. Embryonalmonats fertig ausgebildet (siehe Bild der Handleisten etwa in der 16. Schwangerschaftswoche). Das Einzige, was sich in der Hand nie ändert, sind die Papillarlinien. Nach Verletzungen bildet sich die ursprüngliche Leistenstruktur wieder nach. Bei Erkrankung des Menschen kann der Rhythmus der Leistenanordnung zusammenbrechen. Ist die Gesundheit wieder hergestellt, kehrt das ursprüngliche Leistenbild zurück.

Im 3. Embryonalmonat sind die Fingerbeeren und die Handballen viel stärker vorgewölbt als später (siehe auch Bild Embryonale Finger auf Seite 149 und 156). In dieser Zeit erreicht die Leistenbildung ihren Höhepunkt. Die Strukturen der Papillarlinien haben eine genetische Beziehung zu den Chromosomen, weisen also auf ein gesundes oder krankes Erbgut und geben Hinweise auf das Zentralnervensystem.

Jede Hautleiste, die sogenannte Reibehaut, besteht aus vielen aneinandergereihten Papillen. Es werden zwei Arten von Papillen unterschieden: die Gefäßpapille und die Nervenpapille. Für das gegenwärtige Thema sind nur die Nervenpapillen bzw. die Tastkörperchen interessant. Sie sind an Nervenzellen gebunden. Die Nervenzellen sind auf die Erzeugung und die Leitung elektrischer Ströme spezialisiert. Aus der Dichtigkeit der Nervenpapillen ergibt sich der Grad der Sensibilität.

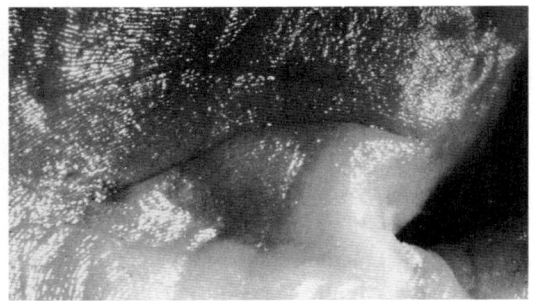

Handleisten in der 16. Schwangerschaftswoche

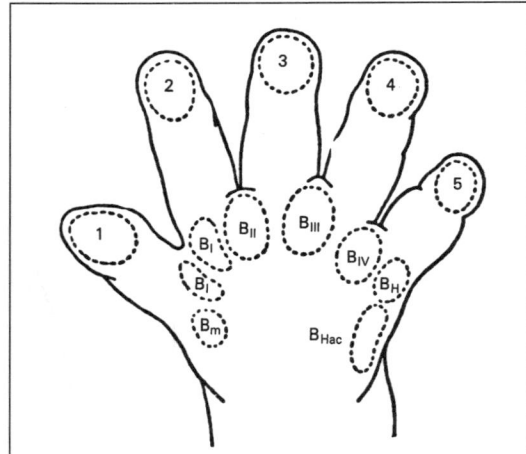

Tastballen der embryonalen Hand (nach Cummins)

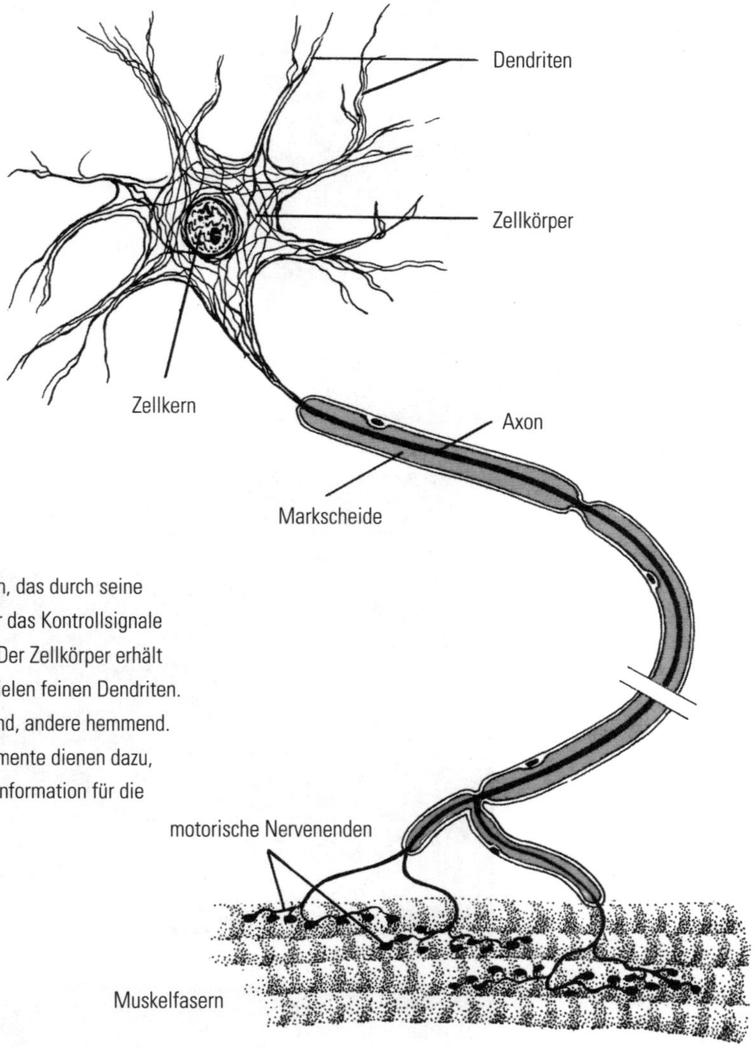

Dendriten

Zellkörper

Zellkern

Axon

Markscheide

Eine Nervenzelle

Der Zellkörper hat ein langes Axon, das durch seine
Markscheiden isoliert ist und über das Kontrollsignale
zu den Muskeln geleitet werden. Der Zellkörper erhält
seine erste Information von den vielen feinen Dendriten.
Einige Dendriten wirken aktivierend, andere hemmend.
Die miteinander verbundenen Elemente dienen dazu,
die Aktivität zu kontrollieren und Information für die
Wahrnehmung zu verarbeiten.
(Gregory, 2001)

motorische Nervenenden

Muskelfasern

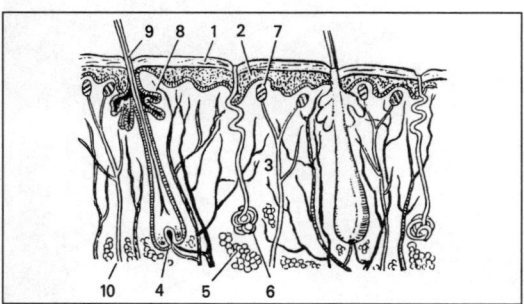

Querschnitt durch die Haut

1 = Oberhaut	6 = Schweißdrüse
2 = Keimschicht der	7 = Tastkörperchen
Oberhaut	8 = Talgdrüse
3 = Lederhaut	9 = einzelnes Haar
4 = Haarpapille	10 = Nerven
5 = Fettträubchen	

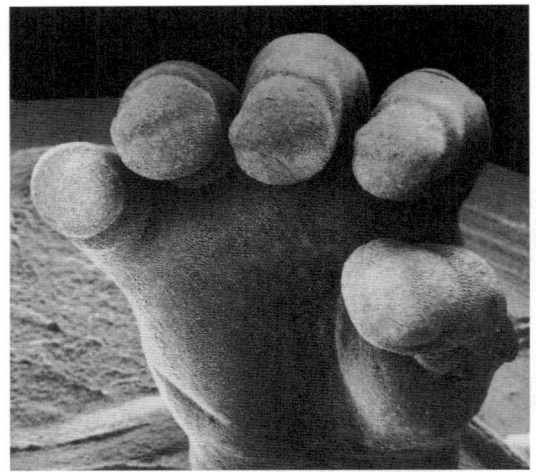

Embryo-Händchen
12. Schwangerschaftswoche
mit vorgestülpten Epidermis-
zellen kurz vor der Formation
der Papillarleistenmuster.
70 x vergrößert.
Elektronenmikroskopische
Aufnahme: Anatomisches
Institut Zürich.

Embryo-Fingerkuppe.
187 x vergrößert.
Elektronenmikroskopische
Aufnahme: Anatomisches
Institut Zürich.

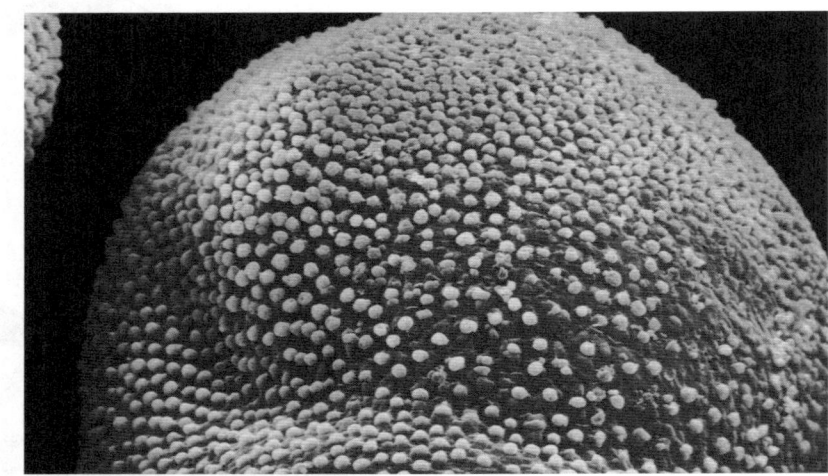

Detail einer vorgestülpten
Epidermiszelle.
5735 x vergrößert.
Elektronenmikroskopische
Aufnahme: Anatomisches
Institut Zürich.

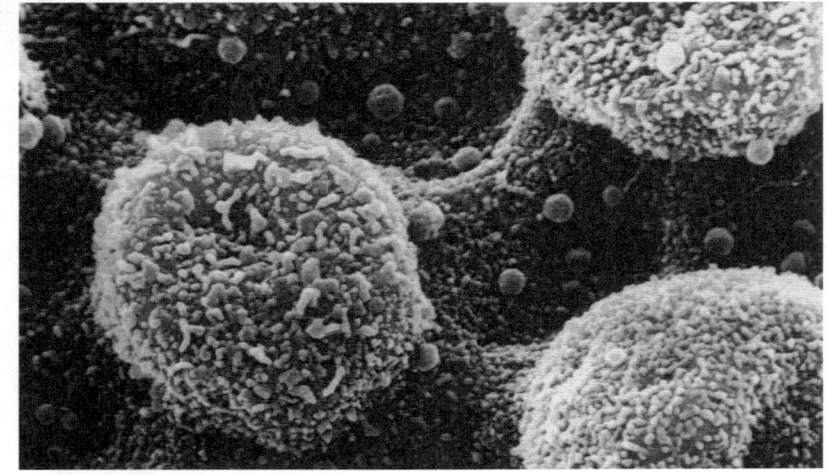

Die Reibehaut

Wie bereits auf Seite 154 erwähnt, ist die Innenfläche der Hände (palma) wie auch die nach unten gekehrte Fläche der Füße (planta) von einer Beschaffenheit, die merklich von der übrigen Körperhaut abweicht. Sie ist mit Riefen, das heißt mit Erhebungen und Senkungen bedeckt, die, kunstvoll geordnet, als parallele Stromlinien erscheinen, aber so, dass diese Ströme sich auch begegnen: entweder um zusammenzufließen oder sich gegenseitig auszuweichen. Auf diese Weise entstehen Liniengebilde. Die so beschaffene Haut wird von den Engländern Friction skin, das heißt Reibehaut, genannt, weil die Stellen, wo sie den Körper bedeckt, beim Greifen, Gehen und Laufen reibende Bewegungen machen, die den an denselben Stellen besonders hoch entwickelten Tastsinn in seiner Wirkungsweise unterstützen.

Galtons Merkmale
Eine genauere Betrachtung der Erhabenheiten – Leisten- oder Reibehaut genannt – zeigt, dass auf ihnen feine Kanäle münden, die von den in die tieferliegende Hautschicht, die Lederhaut, eingebetteten Schweißdrüsen herkommen. Jede dieser Mündungen bildet einen winzigen Trichter, in dem die Schweißtröpfchen sich ansammeln beziehungsweise verdunsten.

Betrachtet man einen Handabdruck unter der Lupe, so sieht man, dass die Leisten sich farbig als dunkle Linien von den nicht eingefärbten Senkungen, den Rillen, abheben. Aber auf den dunklen Linien sind, sofern für den Abdruck nicht zuviel Farbe verwendet wurde, auch hellere Stellen zu sehen, die von gleichfalls nicht voll eingefärbten Schweißporen, jenen Mündungen der Schweißkanäle, herrühren. Bisweilen zeigt eine solche Linie eine Unterbrechung, um – ein kurzes Stück davon entfernt – sich wieder fortzusetzen. Folgt der ersten Unterbrechung kurz darauf eine zweite, so werden auf dem kurzen Stück der Linie nur wenige Schweißporen zu sehen sein, vielleicht gar nur eine einzige. Der englische Anthro-

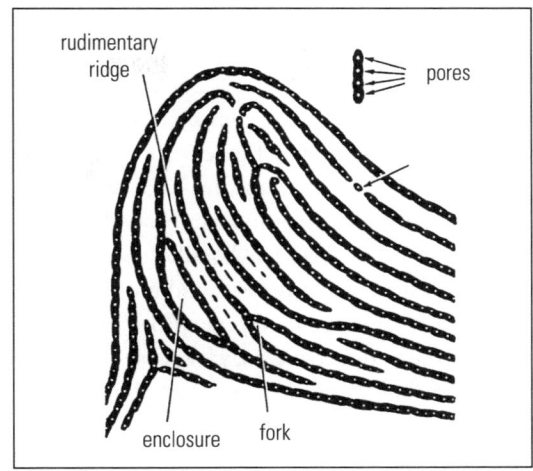

Bild aus: *The Genetics of Dermal Ridges*
by Sarah B. Holt, B.Sc. Ph.D., London

pologe Francis Galton (1822–1911) nannte das kurze Stück der Linie «eine Insel» (island), das freie Ende einer aufhörenden Linie ein «Ende» (end), die Verzweigung einer Linie in zwei weitere eine «Gabelung» (fork), die Gabelung samt einer nahe folgenden Wiedervereinigung einen

Fingerabdruck mit Narben (Holt 1968)

«Einschluss» (enclosure) und den Ansatz einer Leiste «Leistenrudiment» (rudimentary ridge). Mit einem gemeinsamen Namen bezeichnete Galton diese Merkmale zuerst als «minutiae», später aber als «details» (Einzelheiten).

Eine weitere interessante Eigenschaft der Papillarleisten zeigt sich in ihrer besonderen Regenerationsweise. Werden Papillarleistengebilde durch Schnittwunden verletzt und unterbrochen, so «suchen» die abgeschnittenen Enden der Leisten ihre alten Fortsetzungen, verwachsen aufs neue mit ihnen und überbrücken so die Schnittstelle.

Quantitativer und qualitativer Wert

Die Papillarleisten haben einen quantitativen und einen qualitativen Wert.

Der quantitative Wert
Unter quantitativem Wert wird Feinmaschigkeit und Grobkörnigkeit verstanden.

Feinmaschigkeit weist auf eine verstärkte Reizansprechbarkeit und Sensibilität, weil auf der Handinnenfläche eine größere Anzahl Nervenenden liegen als bei Grobkörnigkeit. Feinmaschigkeit entspricht einer seelisch-nervlichen Struktur von intensiver und lebhafter Gefühlswahrnehmung.

Ein grobkörniges Papillarleistennetz ist Zeichen von Zähigkeit, eventuell von Hartnäckigkeit, oder, falls gleichzeitig noch andere Hinweise gegeben sind, von erschwertem Begriffsvermögen und verstärkter Triebverhaftung.

Der qualitative Wert
Der qualitative Wert besteht im Unterschied eines ungestörten zu einem gestörten Papillarlinienverlauf. Mit gestört ist ein Linienstrom gemeint, der Inseln, Einschlüsse oder Unterbrechungen aufweist. Sie figurieren als Galtonsche Merkmale, weil der Erbbiologe Galton sie als Erster entdeckte. Das mittlere Bild rechts zeigt das Handbild einer Minderbegabten mit gestör-

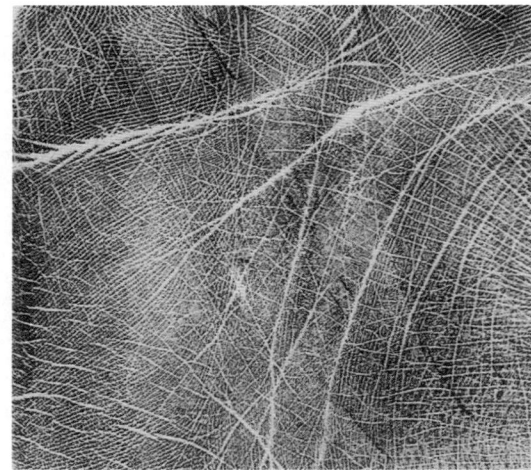
Der quantitative Wert

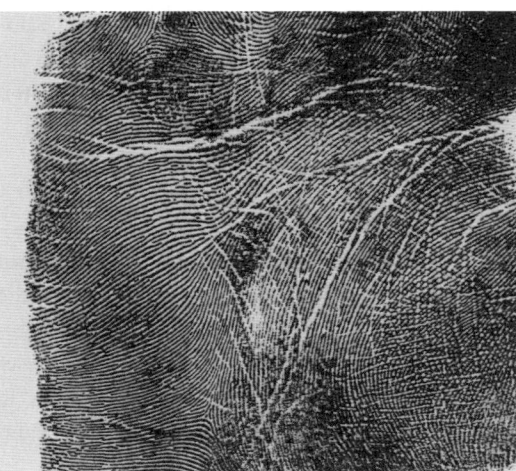
Handbild mit gestörtem Papillarleistenverlauf

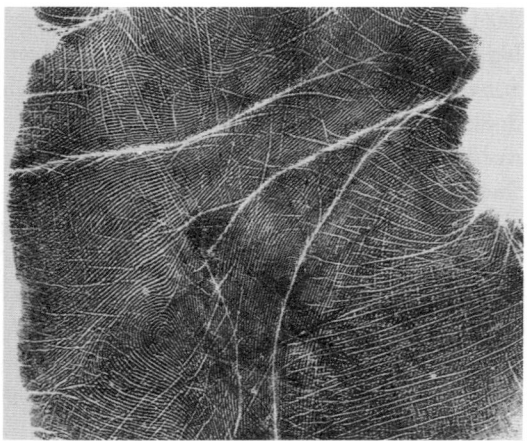
Der qualitative Wert

tem Papillarleistenverlauf in der Realitäts- oder Bewusstheitszone mit gleichzeitig schlecht gezeichneter Kopflinie.

Aus dem Gesamteindruck des Handbildes und dem Verlauf der Papillarleisten ist das seelisch-geistige Niveau ersichtlich; aus den Linien, medizinisch Furchen genannt, die Intensität des Denkens, Fühlens und Wollens. Je harmonischer die Proportionen der Hand und je ungestörter das Leistennetz, desto höher ist das Gesamtniveau des Handeigners.

Die Triradien, Formen und Lage

Die Formen der Triradien

Dort, wo drei Papillarleistenströme zusammenfließen, entsteht ein Triradius, auch Delta genannt. Der Triradius ist ein Energiepunkt.

Es gibt verschiedene Triradienformen sowie ein Zusammentreffen dreier Leistenströme ohne aussparenden Mittelraum.

Das nebenstehende Bild zeigt zwei solcher Mustertypen.

Die Lage der Triradien

Triradien befinden sich in der Innenhand unterhalb des Zeige-, Mittel-, Ring- und Kleinfingers, in der Nähe der Handwurzel, Handwurzel- oder karpaler Triradius genannt, sowie auf den Fingerbeeren mit bestimmten Mustern. Die Lage der Triradien ist sehr wesentlich. Sie haben charakterliche oder gesundheitliche Bedeutung. Die Verschiebung des Jupiterbergtriradius zum Marsberg weist beispielsweise auf eine mehr ichbetonte denn sozialbetonte Charakterstruktur.

Die Lage des Handwurzeltriradius

Der Triradius, der in der Nähe der Handwurzel liegen sollte, ist bei Chromosomen-Anomalien verschoben. Als Erster hat dies der Erbbiologe Penrose entdeckt. Die nebenstehende Zeichnung stammt aus Penrose, L. S.: *Fingerprints, palms and chromosomes*. Sie zeigt typische Lagen des ver-

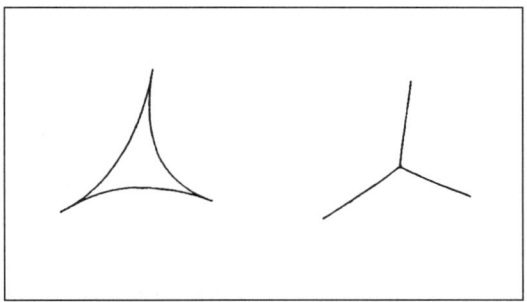

Die Formen der Triradien

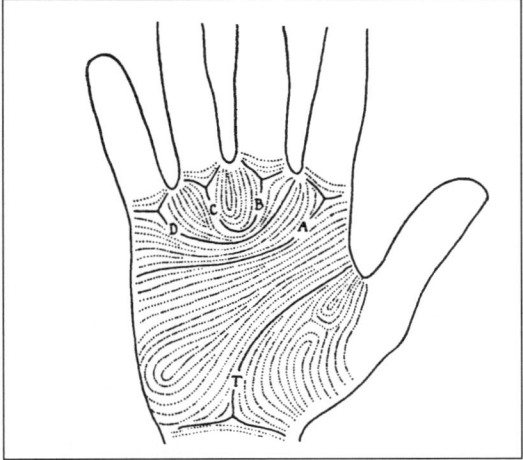

Die Lage der Triradien

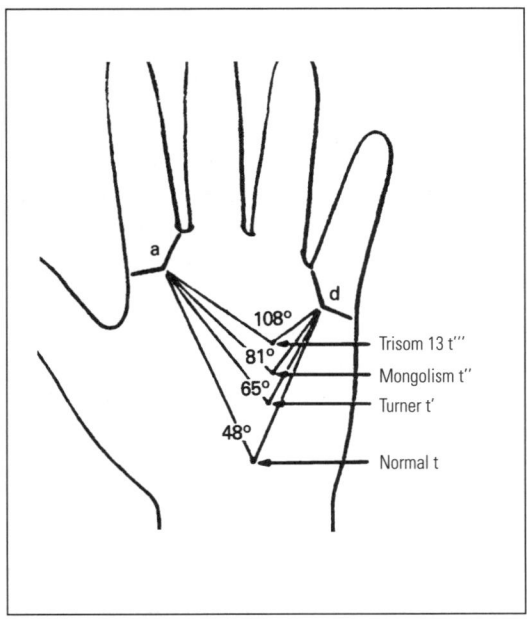

Die Lage des Handwurzeltriradius

schobenen Handwurzeltriradius bei bestimmten Chromosomen-Anomalien. Interessierten empfehle ich das Buch Hautleisten und Krankheiten von W. Hirsch, Große Verlag, Berlin.

Die Verlagerung des Handwurzeltriradius gegen den Mondberg ist aber ohne gleichzeitig niederwertige Papillarleisten der Fingerkuppen keineswegs pathologisch. Bei den Jahrgängen 1948 bis 1956 mit Uranus im Tierkreiszeichen Krebs fand ich diese Verschiebung des Öftern, ebenso bei Mond Konjunktion Uranus.

Die Diagonalleiste

Die Diagonalleiste ist jene Leiste, deren Ausgangspunkt in der Jupitertriradie liegt. Sie kann verschiedene Richtungen einschlagen: in den emotionalen Raum, in die Realitäts- oder Denkebene, in den bildhaften Raum (Mondberg), in den Intuitionsraum (Uranusberg) oder in den Ort des Ursprungs (Neptunberg). Aufgrund ihres Verlaufs sind wesentliche Aussagen über die Persönlichkeitsstruktur möglich. Der Verlauf der Diagonalleiste in der linken Hand entspricht meist nicht jenem in der rechten Hand, genauso wie die linke und die rechte Großhirnhälfte unterschiedliche Fähigkeiten enthalten. Wie früher erwähnt, kontrolliert die linke Hirnhälfte die rechte Hand und die rechte Hirnhälfte die linke Hand. Das Papillarleistennetz steht in engstem Zusammenhang mit der Gehirnstruktur, aber auch jede Bewegung ist gehirnabhängig, somit auch jede Gestik.

Der emotionale Raum
Wenn die von der Jupiterbergtriradie ausgehende Leiste den emotionalen Raum bevorzugt, offenbart sie einen Menschen mit starker gemüthafter Erregbarkeit oder jemanden, für den die Gefühlskomponente vorrangig ist. Außerhalb der Normalhände fand ich in fast allen nicht gesperrten Händen von Menschen mit Downsyndrom diesen Leistenverlauf. Dem LDS-Kind (Langdon-Down-Syndrom) ist dieser Leistenverlauf wesensgemäß.

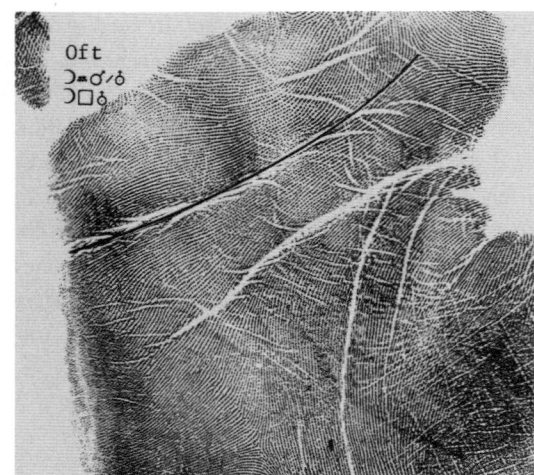

Der emotionale Raum

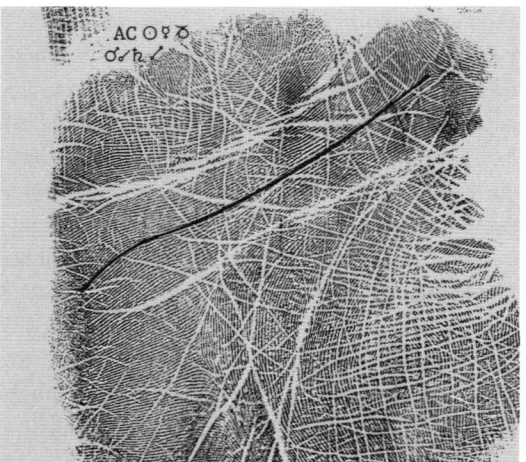

Der Denkraum

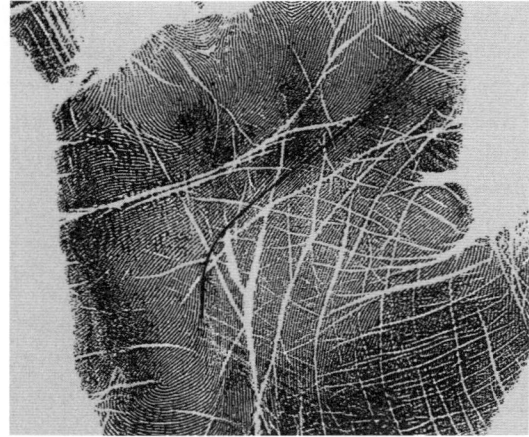

Der bildhafte Raum (Mondberg)

Der Denkraum

Verläuft die Diagonalleiste zwischen Emotionalis und Kopflinie, ist der Denkraum, die Realität, von besonderer Bedeutung. Bei gut gesteuerter Kopflinie ist der Handeigner realitätsbezogen. Dieser Leistenverlauf ist für die rechte Hand der übliche. Wenn dem Handeigner die Realität und nackte Tatsachen sehr viel wesentlicher sind als das Gemüthafte, läuft auch die Diagonalleiste in der linken Hand durch die Realitäts- oder Bewusstheitsebene.

Der bildhafte Raum (Mondberg)

Strebt die Diagonalleiste in Richtung Mondberg, indem sie die Kopflinie durchbricht, befindet sie sich auf die linke Hand bezogen, in ihrem Normalverlauf. Sie weist darauf hin, dass der Handeigner Bewusstes und Bildhaftes gut miteinander zu verbinden vermag, ohne die Realitätsbedingungen zu übersehen. Zeigen beide Hände diesen Leistenverlauf, sind Bildhaftes, Mütterliches und gute Gedächtniskräfte für die Realitätsbewältigung dieses Menschen sehr wesentlich.

Der Intuitions-Raum (Uranusberg)

Verläuft die Diagonalleiste in den Uranusberg, weist sie auf eine uranische Persönlichkeitsstruktur. Um die blitzartig, intuitiven Einsichten im Leben praktisch verwerten zu können, sollte der Zeigefinger – und für einen beruflichen Nutzeffekt auch der Saturnfinger – ein uranisches Leistenmuster, den Tannenbogen (siehe Seite 164), aufweisen. Meine Forschungen haben ergeben, dass eine Hand mit uranischer Diagonalleiste keine Uranuslinie benötigt. Die uranische Anlage ist im Leistenverlauf ererbt.

Der Ort des Ursprungs (Neptunberg)

Es ist auch möglich, dass die Persönlichkeitsleiste in die Handwurzelmitte verläuft, indem der Diagonalleistenfluss rechtwinklig abbiegt. Da die von der Jupitertriradie ausgehende Leiste aufzeigt, wo das Optimum für den *Du*-Bezug dieses Lebens liegt, offenbart die in den Ort des Ursprungs lau-

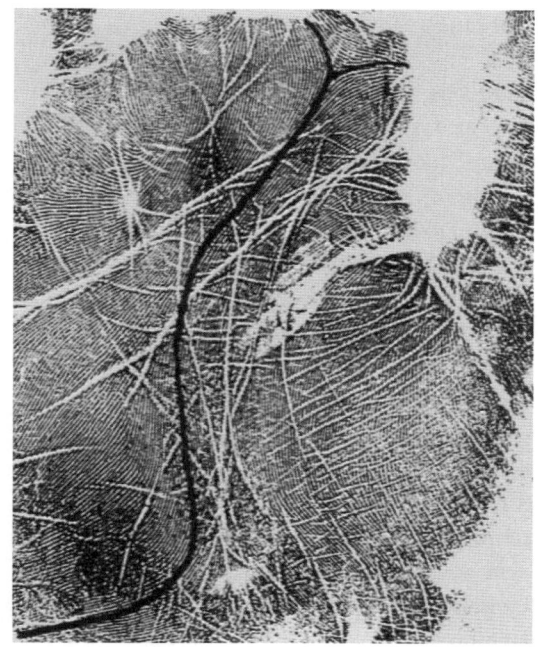

Der Intuitions-Raum (Uranusberg)

Der Ort des Ursprungs (Neptunberg)

fende Leiste, dass der Handeigner auf sich selbst zurückfällt. Bei solchem Leistenverlauf fühlt sich der Handeigner isoliert. Er findet nur schwerlich Kontakt zu seinen Mitmenschen.

Die Fingerleistenmuster

Sämtliche Fingerbeeren sind bemustert. Die Muster auf den Fingerbeeren bestehen, wie die Leisten der Handinnenfläche, aus aneinandergereihten Tastkörperchen. Der Zeigefinger, der Persönlichkeitsfinger, weist die größte Anzahl von an Nervenzellen gebundenen Tastkörperchen auf. Die Leistenanordnung gibt Hinweise auf bestimmte Reaktionseigenarten des Mustereigners, die mit der Hormonzusammensetzung, der primären Temperamentsanlage des Menschen, in Beziehung stehen sowie mit der Eigenart der Hirnwindungen und der Hirnrinde. Die Struktur der Fingerbeerenmuster verrät die Geschwindigkeit der nervlich-seelischen Vorgänge, denn die Gestalt der Muster hat Beziehung zur Umsetzung objektiv empfangener und subjektiv empfundener Reize aus der Umwelt.

Nicht immer weisen alle Fingerbeeren dieselbe Musterung auf. Da jeder Finger andere Funktionen und andere Begabungen symbolisiert, zeigt das Muster auf dem jeweiligen Nagelglied die Emotion der Seele bezüglich der dem Finger unterstehenden Angelegenheiten. Befinden sich in der linken und in der rechten Hand auf den gleichen Fingern dieselben Muster, sodass sie sich handschuhartig decken, spricht man von Erbgleichheit. Bei Erbgleichheit ist die Ausrichtung dessen, was der Finger symbolisiert, einheitlich. Es besteht keinerlei Diskrepanz. Das Unbewusste und das Bewusste sind aufeinander abgestimmt. Sie widersprechen sich nicht. Die Reaktionen des Menschen sind in der zweiten Lebenshälfte jenen der ersten annähernd gleich, da in diesem Fall die Haupttemperamentsanlage zeitlebens ziemlich konstant bleibt. Maßgebend für die Realität sind die Muster der rechten Hand.

In den Fingerleistenmustern, die über die charakteristische Eigenschwingung des Menschen aussagen, liegt die Lebensaufgabe verschlüsselt.

Die Planetenbeziehung zu den Leisten
Meine Forschungen haben ergeben, dass an der Papillarleistenbildung primär Merkur und Uranus beteiligt sind. Diese beiden Planetenprinzipien stehen mit dem Nervensystem in Verbindung, das heißt mit der Motorik, der Rhythmik, der Hirnhaut, dem Rückenmark und bei Drüsen mit der Schilddrüse und der Hypophyse. Für die Rhythmik der Leistenanordnung ist Uranus verantwortlich.

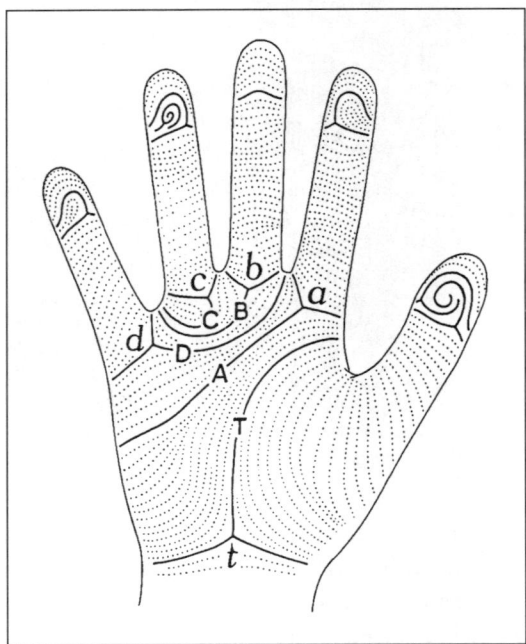

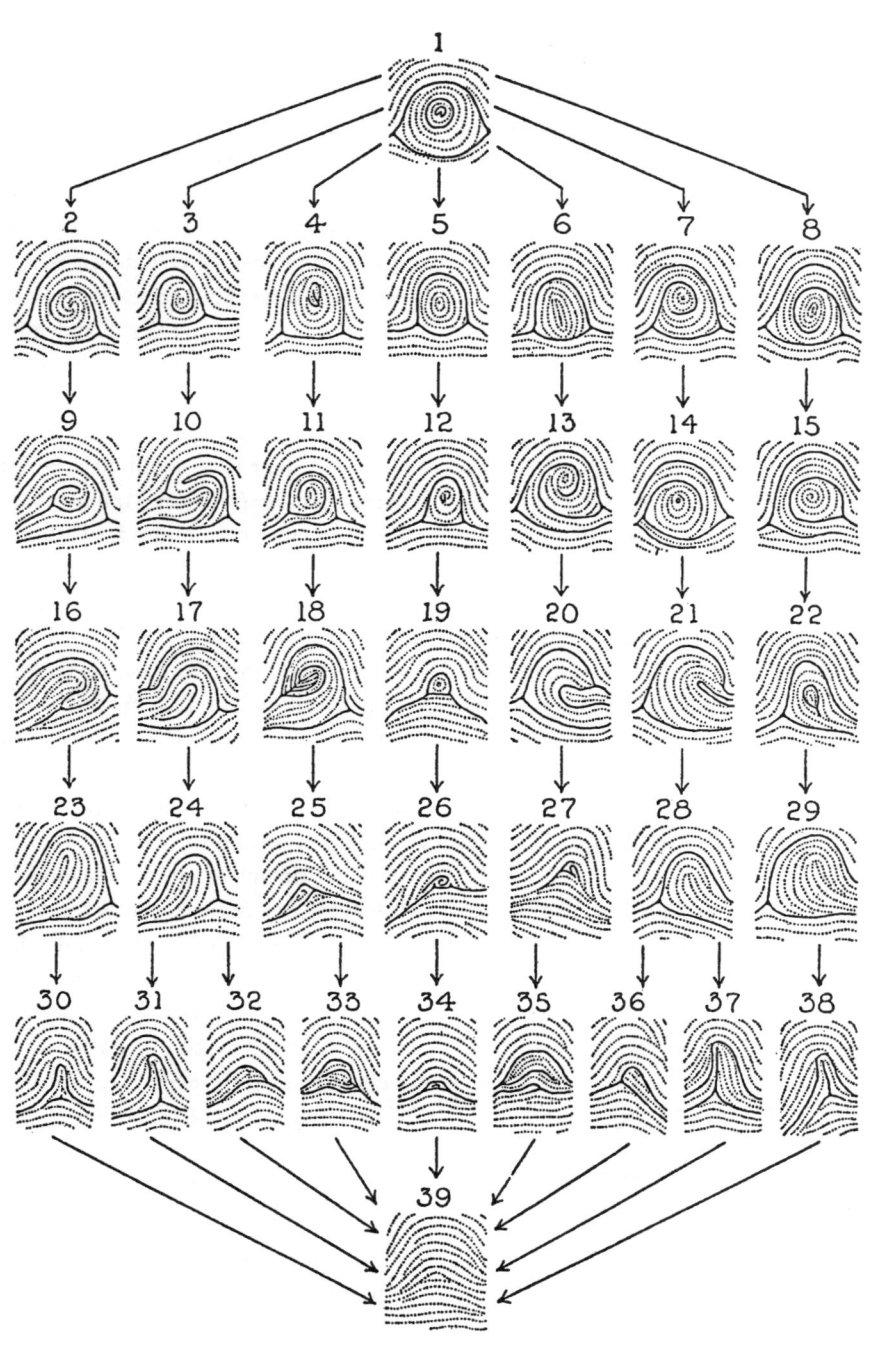

Stammbaum von Fingermuster-Typen (Cummins, Midlo 1943)

Die Typen der Fingerleisten

Es ist zwischen drei Grundtypen von Leistenmustern zu unterscheiden: dem Bogen, der Schleife und dem Wirbel. Alle anderen Musterarten sind zusammengesetzt.

Das Bogenmuster
Der Bogen wird unterteilt in den einfachen Bogen und den Tannenbogen.

Der einfache Bogen
Der einfache Bogen ist ein einfaches Muster, einer Welle ähnlich. Die Fingerleisten laufen quer über die Fingerbeere zum gegenüberliegenden Rand. Zur Mitte hin steigen sie meist etwas an. Das einfache Bogenmuster besitzt keine Triradie.

Die psychologische Deutung des Bogens
Der Einfachheit des Leistenverlaufs entsprechend weist der Bogen auf einen bescheidenen, unkomplizierten, praktisch geschickten, zuverlässigen Menschen, der lieber etwas tut, als um die Dinge herumzureden. Er hat kaum theoretische Fähigkeiten, kann aber praktische, konkrete Aufgaben gut organisieren und auch seine Arbeit gut einteilen.
• Auf dem *Daumen* liegend besagt das Bogenmuster nebst Naturverbundenheit (Erdmuster)

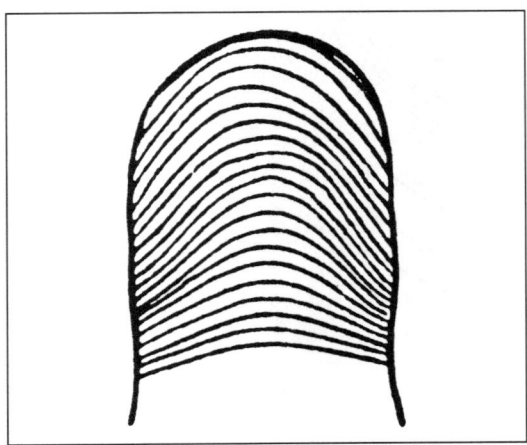

Der einfache Bogen

und Einfachheit auch Verwirklichungskraft für das Vorgenommene, weil sich diese Menschen nicht unnötig ablenken lassen. Der Bogen ist daher das ideale Muster für konische Finger.
• Der Bogen auf dem *Zeigefinger* ist das Merkmal von Unkompliziertheit, Aufrichtigkeit, Vertrauenswürdigkeit und Zuverlässigkeit. Der Bogeneigner anerkennt die bestehenden Ordnungsprinzipien, mit denen er sich identifiziert und notfalls auch verteidigt. Bei konischem Jupiterfinger versetzt das Bogenmuster den Handeigner ferner in die Lage, die Ideen des konischen Fingers zu verwirklichen. Falls *beide Zeigefinger* einen Bogen aufweisen und sich in den Händen außerdem weitere vier oder mehr Bogen befinden, besteht die Tendenz, dass deren Eigner Mühe hat, seine Gedanken zu formulieren und/oder Gefühle auszudrücken.
• Ein Bogenmuster auf dem *Mittelfinger*, dessen Prinzip ihm analog ist, offenbart eine korrekte, realistische Einstellung zu materiellen Werten, Konzentration auf das Wesentliche, Pflichtbewusstsein, Zuverlässigkeit, Beständigkeit, Verwirklichungskraft sowie Respektierung der vorhandenen Sachlage und folgerichtiges Schalten.
• Dem Bogenmuster auf dem *Ringfinger* entspricht Prinzipientreue in Du-Angelegenheiten. Der Besitzer kommt seinen Verpflichtungen nach, wechselt ungern den Partner und will auch selber keine bewährten Gewohnheiten aufgeben.
• Auf dem *Kleinfinger* symbolisiert das Bogenmuster Beweglichkeit in praktisch-konkreten Belangen und verrät eher eine Abneigung gegenüber Abstraktem und Theorien.

Das Tannenbogenmuster (Zeltbogen)
Nehmen die Linien einen in der Mitte steil aufsteigenden und ebenso steil abfallenden Verlauf, sodass jede die Zeltform zeigt, so spricht man im deutschen Sprachraum – wegen der Ähnlichkeit mit herabfallenden Ästen einer Tanne – vom Tannenbogenmuster. In der englischen Literatur wird das Tannenbogenmuster als Zeltbogen bezeichnet. In der Mitte des Musters ist meist eine

Der Tannenbogen

Achse erkennbar, die dem Muster eine gewisse Symmetrie verleiht. Bei vorhandener Achse besteht eine Triradie (Galton).

Die psychologische Deutung des Tannenbogens
Dieses hochgezogene Bogenmuster mit Mittelachse entspricht einer eruptiven Art. Es enthält etwas Begeisterndes und zugleich auch etwas Aufbrausendes. Das Plötzliche, Unerwartete ist diesem Muster als Erbanlage eigen. Menschen mit gut ausgeprägtem Zeltbogenmuster sind begeisterungsfähig, ideenreich, originell, fortschrittlich gesinnt, geistig oder technisch interessiert. Nicht selten werden sie im Leben mit plötzlichen Ereignissen oder Situationen konfrontiert, in denen sie schnelle Entschlüsse zu fassen haben. Meistens reagieren sie dann auch blitzartig, zuweilen voreilig oder explosiv, in Zeitdruckphasen und unbewältigten seelischen Situationen Unfälle bauend. Öfters liegt das Muster auch in Händen von Eigenbrötlern und sogenannten «Spinnern» mit eigenartigen Ideen, Spleens oder Wahnvorstellungen.

Bei gutem Niveau des Mustereigners besteht die Eignung, Verbesserungen und Umgestaltungen vorzunehmen, sich ständig neu zu informieren oder einmal im Leben etwas ganz Neues zu gestalten. Wenn der Mensch mit ausgeprägten, gut gezeichneten Tannenbogenmustern nicht seiner Bestimmung entsprechend lebt, werden Spontanereignisse seine Existenz erschüttern und ihn auf recht unsanfte Art auf die vorgezeichnete Lebensbahn verweisen.

Fühlen sich Eigner des Zeltbogenmusters überfordert oder werden sie gereizt, geraten sie leicht in Erregungszustände. Sie verlieren denn auch öfters wegen eines überreizten Nervensystems das Gleichgewicht, und es ist durchaus möglich, ihnen, sofern sie unfähig sind, ihre Ideen zu gestalten und auszuleben, in einer Psychiatrischen Klinik zu begegnen.

Der Zeltbogen auf dem *Daumen* ist Mangelware. Meine Handabdruckskollektion enthält nur einen einzigen.

Befindet sich das Zeltbogenmuster auf dem *Zeigefinger*, ist dessen Eigner begeisterungsfähig, ideenreich und geeignet, selbst etwas zu gestalten oder Bestehendes auszubauen.

Liegt der Tannenbogen auf dem *Mittelfinger*, verrät das Muster von der Erbmasse her fortschrittliche, eigenwillige oder revolutionäre Vorfahren, die sich nicht um die Meinung der Gesellschaft kümmerten. Befindet sich der Zeltbogen auf dem Mittelfinger beider Hände, so strebt der Eigner dieses Musters nach einer Beschäftigung, die ihn fasziniert, um seinem Wesen gemäß die anfallende Arbeit mit Freude, Eifer und Begeisterung verrichten zu können. Diese Menschen haben Sinn für fortschrittliche Arbeitsmethoden und bedienen sich in ihrem Tätigkeitsfeld gerne der neuesten technischen Errungenschaften.

Dem Tannenbogen auf dem *Ringfinger* entspricht ein ererbtes rhythmisches Talent. Öfters sind Menschen mit diesem Muster tänzerisch oder musikalisch begabt. In die Du-Beziehung sind sie weniger eingepasst; sie neigen zu Extravaganzen. Für konkrete Auswirkungen gestalterischer Art bevorzugt der Tannenbogen eher den Ringfingerberg als das Nagelglied des Ringfingers (siehe Seite 197).

Dem Tannenbogen mit Mittelachse auf dem *Kleinfinger* bin ich bisher erst zweimal begegnet.

Die Temperamentsanlage des Tannenbogens mit Mittelachse ist cholerisch mit leicht sanguinischem Einschlag, der Charaktertyp ist extravertiert, eher nervös gespannt denn gelöst, der Konstitutionstyp überwiegend schizothym mit starker Ansprechbarkeit des Gemütes, raschem Tempo und sehr guter Feinmotorik.

Bei zu *schmalen* Fingern, zu *hochgezogenem* Zeltbogen sowie schwachem Daumen besteht die Gefahr, dass die Gespaltenheit des schizothymen Charakters überwertig wird.

Die astrologischen Beziehungen zum einfachen Bogen und zum Zeltbogen

Ich habe astrologisch primär die Zusammenhänge des einfachen Bogens und des Tannenbogens zum Zeigefinger untersucht, sekundär jene des Saturn- und Ringfingers. Das Prinzip des Bogens entspricht Saturn (Erde), jenes für den Tannenbogen Uranus (kollektive Mentalebene).

Die astrologische Formel für Nerven und Rhythmus heißt Merkur/Uranus. Uranus ist die höhere Oktave Merkurs. Bei Spannungswinkeln von Uranus auf eine der horoskopischen Dreiheiten, welchen der Finger untersteht, werden die Fingerleisten hochgezogen; es bildet sich ein Tannenbogen. Für den Zeigefinger ist es die Dreiheit Jupiter/ Schütze/9. Feld. Zeus/Jupiter ist in der Mythologie der Blitzeschleuderer jener Blitze und Donnerkeile, die ihm die Zyklopen schmieden. Der Jupiterfinger trägt bevorzugt dieses Muster.

Uranus ist ein geistig-mentales Feuer. Uranus entspricht dem Element Luft mit einem Anteil Feuer. Ein uranischer Blitz, der Geistesblitz, das geistige Feuer (dritter Aggregatzustand von Jupiter/Schütze/9. Feld) entsteht nur, wenn Uranus zu Feuerplaneten oder Feuerzeichen in einem Spannungswinkel steht. Dazu gehört auch der Winkel der marsischen Grundkraft, der 72°-Aspekt, die Quintilfigur. Wie meine Forschungen ergeben haben, trägt in der Regel das fixe Luftzeichen Wassermann, das Herrscherzeichen des Uranus, nur indirekt über das Elternpaar zu einem Tannenbogen bei.

Der einfache Bogen

Der einfache Bogen und der Tannenbogen bilden sich auf dem Zeigefinger aufgrund gleicher Planetenverbindungen, nämlich Merkur, Uranus, Jupiter, Sonne und Mars. Doch sind die Winkelbeziehungen beim einfachen Bogen synthetisch und beim Tannenbogen analytisch. Was den einfachen Bogen astrologisch grundsätzlich vom Tannenbogen unterscheidet, ist, dass Saturn ge-

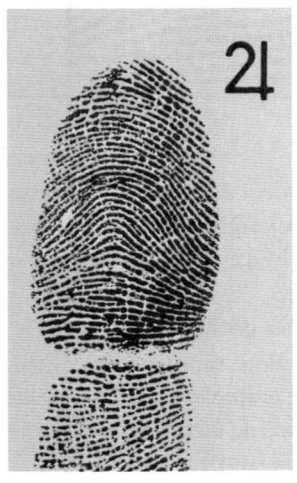

Beispiele zum einfachen Bogenmuster

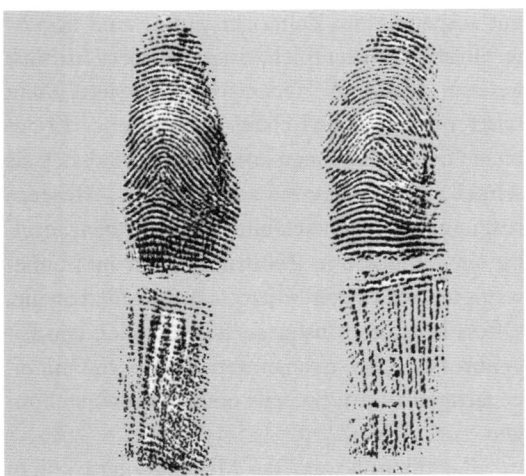

genüber den anderen am Muster beteiligten Planeten kosmisch stärker gestellt ist. Saturn bremst und reduziert das Uranische. Falls Neptunwinkel hinzukommen, legen sie die uranischen Blitze «lahm». Wenn die Planetenbeziehungen im 360°-Kreis anscheinend nicht hinreichen, werden sie in den Strukturbildern im 90°-Kreis erfassbar. Beide Kreise sind zu konsultieren.

1. Geburtsdatum: 23. 10. 1911, 8.00 Uhr. Einfacher Bogen auf allen Fingern außer den Saturnfingern. Dort zieht sich der Bogen fast zu einem Tannenbogen hoch.
   Aspekte: Uranus in Steinbock (saturnanalog) 135°-Mars in Zwillinge (merkuranalog); Merkur Konjunktion Sonne; Mars 72°. MC = steinbockanalog. Strukturbild: Saturn/Jupiter = Uranus/Mars; Uranus = Sonne/Neptun = Merkur = Mars.

2. Geburtsdatum: 1. 1. 1932, 2.02 Uhr, Linkshänderin. Daumen beidseitig, Zeigefinger links, Saturn- und Ringfinger beidseitig Bogen. Geburtsbild: Feuertrigon von Uranus, Merkur und Jupiter. Sonne, Mars, Saturn in Steinbock, genaue Quadratur von Uranus auf Mars (Saturn im Domizil).

3. Geburtsdatum: 5. 5. 1937, 19.30 Uhr. Jupiterfinger beidseitig leicht hochgezogener Bogen.

4. Geburtsdatum: 21. 11. 1943, 10.45 Uhr, St. Gallen, Linkshänderin. Geburtsbild: Sonne 28° Skorpion Quadrat Jupiter 26° Löwe, Merkur 4° Schütze Opposition Uranus 7° Zwillinge, Mars in 18° und Saturn in 25° Zwillinge, AC Steinbock. Strukturbild: Halbsumme Sonne/Merkur = Jupiter/ Uranus, plus Uranus = Mars/Jupiter = Saturn/M. Jupiter- und Saturnfinger links (Seite 166) zeigen ein Muster zwischen einfachem Bogen und Tannenbogen. Drei Tage später, am 24. 11. 1943, wird im gleichen Spital ein Kind mit der Musterkombination Tannenbogen mit Mittelachse/Ulnareinschlag geboren (siehe Bild oben rechts).

Der Tannenbogen

Wie bereits erwähnt bezeichne ich den Tannenbogen als uranisches oder Intuitionsmuster. Als Rune zeigt er den nach oben gerichteten Pfeil des Uranus. In der Regel bilden die am Zeltbogen beteiligten Planeten Spannungswinkel. Im maßgeb-

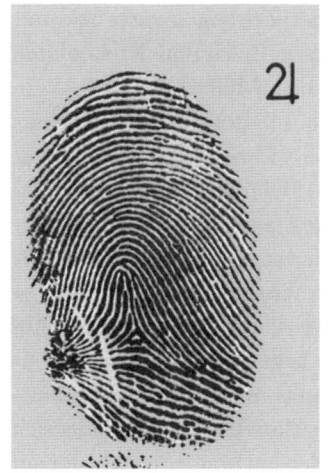

Kombination Tannenbogen/ Ulnarschleife Linker Zeigefinger

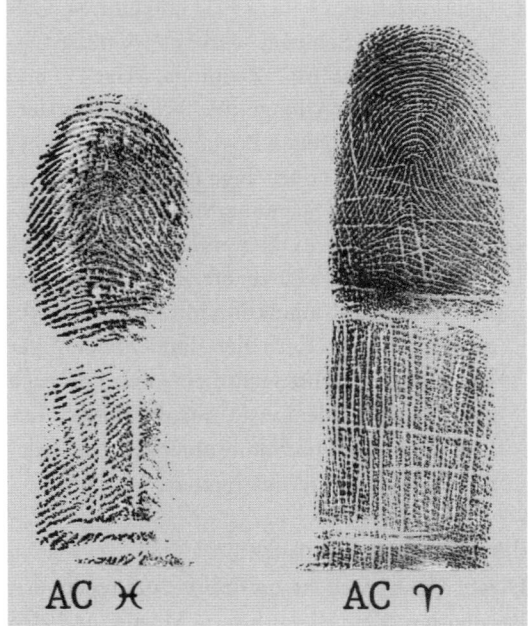

Beispiele zum Tannenbogen (Zeltbogen)

lichen Strukturbild für den Tannenbogen finden sich meist weder Saturn noch Neptun. Ist dies doch einmal der Fall, dann sind die Spannungen von Merkur, Uranus, Mars, Jupiter oder zum Zeichen Schütze übermächtig, oder Saturn ist kosmisch schwächer gestellt als Uranus und Jupiter. Je nachdem wie sich die Spannungen von Merkur, Uranus, Mars, Sonne zu Saturn, dem Medium coeli (MC) oder dem Zeichen Steinbock verhalten, überträgt sich der Zeltbogen auch bzw. nur auf den Saturnfinger, z. B. Uranus Konjunktion Mars-72°-Medium coeli (MC).

1. Geburtsdatum: 28. 11. 1924, Sonne 6° Schütze, Merkur/Jupiter 25° Schütze in Quadratur zu Mars/Uranus 18° Fische. Von diesem Datum besitze ich die Handabdrücke zweier Personen, deren Geburtszeiten eine Stunde auseinanderliegen. Strukturbild: Mars/Uranus = Sonne/Jupiter = Merkur = Venus. Resultat: Auf den Zeigefingern liegt beidseitig der Tannenbogen. Da die Venus im Strukturbild mitenthalten ist (135° zu Mars/Uranus), befindet sich zusätzlich bei beiden ein uranisches Muster auf dem Ringfingerberg (siehe Seite 197f.).

2. Geburtsdatum: 24. 11. 1943, 3.00 Uhr, St. Gallen. Sonne 1° Schütze, Merkur 9° Schütze Opposition Uranus in 7° Zwillinge, Mars 17° und Saturn 24°50 Zwillinge, AC Waage. Aus dem etwas hochgezogenen Bogen vom 21. 11. 1943 wird innerhalb dreier Tage ein Zeltbogen mit Mittelachse. Die Spannung von Merkur zu Uranus ist am 24. 11. exakter und die Sonne hat das Jupiterzeichen Schütze erreicht. Wegen des AC Waage in Konjunktion mit Mond und Venus enthält der Kern der Tannenbogenfigur knapp vor der Mittelachse eine einzelne nach ulnar auslaufende Leiste. Strukturbild: Merkur/ Uranus =Mars/Sonne einerseits und andererseits Sonne = Uranus/Jupiter = Merkur.

Die Schleife oder Schlinge

Dieses Muster besteht aus drei Leistentypen: den Basalleisten, dem eigentlichen Muster und den Mantel- oder Distalleisten. Die untersten Leisten verlaufen quer und bilden die Basis. Sie werden daher Basalleisten genannt. Die Umgrenzungslinien der Fingerendglieder heißen Mantel- oder Distalleisten. Dort, wo sich Basal- und Distalleisten treffen – basal heißt unten, und distal heißt oben –, entsteht ein Delta oder eine Triradie. Dazwischen befindet sich die Figur: die Schleife.

Die von Delta aufsteigende Linie ist die Grenzlinie des Musters. Die aufsteigenden Leis-

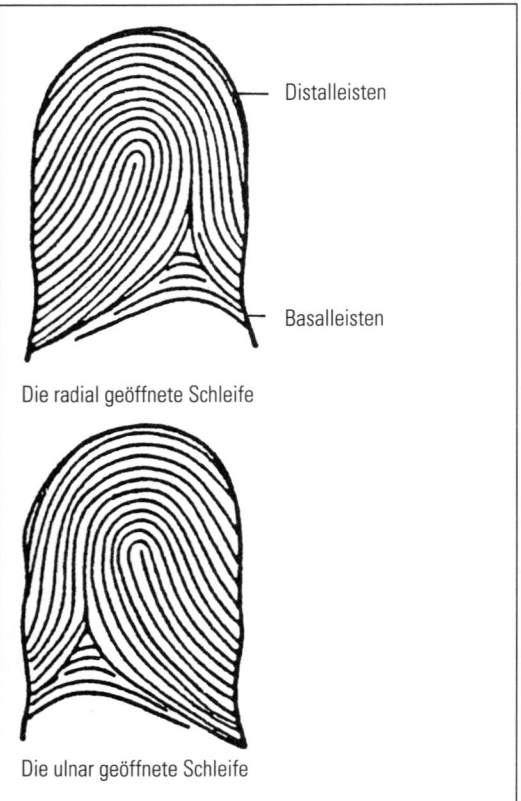

Distalleisten

Basalleisten

Die radial geöffnete Schleife

Die ulnar geöffnete Schleife

ten sind so angeordnet, dass sie nach dem Fingerrande zurückkehren, von dem sie ihren Ausgang nehmen. Es gibt zwei verschiedene Schleifen: Die Radialschleife und die Ulnarschleife. Je nachdem ob die Schleife nach der Daumenseite oder nach der Kleinfingerseite ausläuft, wird sie Radialschleife (RS) oder Ulnarschleife (US) genannt. Radial kommt von radius = Speiche und ulnar von ulna = Elle. Bei Musterbeispielen ohne Hinweise handelt es sich immer um Abdrücke der rechten Hand.

Die psychologische Deutung der Schleife
Die Aufwärtsbewegung der Schleifenfigur symbolisiert die dem Finger zur Verfügung stehende geistige Spannkraft. Die Öffnungsrichtung der Schleife orientiert darüber, ob die Energien mehr ich- oder dubezogen eingesetzt werden. Bei der *Radialschleife* ist die Energie primär auf die Ich-

Durchsetzung ausgerichtet, bei der *Ulnarschleife* stehen Kontaktbedürfnisse im Vordergrund.

- *Astrologisch bzw. von der Wasserströmungs- und Elementenlehre* her gesehen ist die *Radialschleife* ein Marssymbol, die Temperamentsanlage cholerisch, gespannt extravertiert, die Charaktereigenschaften sind ichbezogen, Selbständigkeit oder Führungsansprüche anstrebend. Die *Ulnarschleife* entspricht dem Luftelement, die Temperamentsanlage neigt zum Sanguinischen, der Typus ist mäßig gelöst extravertiert, die Charaktereigenschaften sind dubezogen, teamgeeignet, gewandt, vielseitig, Denkanstöße vermittelnd, intellektuell und emotional geschmeidig.
- Die *Ulnarschleifen* müssen keineswegs die Luftzeichen Waage und Zwillinge mit Planeten bestücken, denen ich primär die Doppelschleife zuordne. Sondern sie halten bevorzugt den III. Quadranten auf der Du-Seite des Horoskops, den Luft/Geistquadranten mit Planeten besetzt, welche die ihnen entsprechenden Finger symbolisieren.

Die Radialschleife
Radiale Schleifen (Marsschleifen) kommen hauptsächlich auf dem Zeigefinger vor, seltener auf dem Daumen und dem Mittelfinger.

- Die Radialschleife auf dem *Daumen* weist auf einen Menschen, der sich immer und überall von seiner Wesensnatur her durchsetzt. Die im Bild gezeigte radiale Daumenschleife hat sich nicht weiter vererbt, aber die Tochter des am 22. 12. 1901, ca. 12.00 Uhr in Straßburg geborenen Mannes hat beidseitig auf dem Jupiterfinger eine Radialschleife sowie beidseitig auf dem Marsberg eine Mutschleife (Geburtsdatum: 20. 2. 1934, ca. 6.00 Uhr in Herne, Westfalen).
- Menschen mit Radialschleifen auf dem *Zeigefinger* passen sich den Umständen nur so lange an, als es unbedingt notwendig und für sie von Vorteil ist. Die Radialschleife weist auf einen dynami-

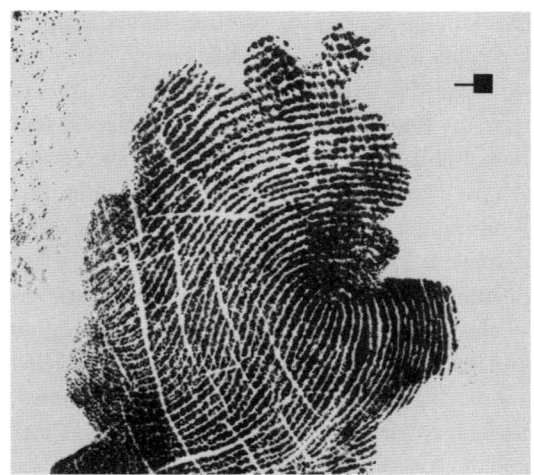

Daumen rechte Hand

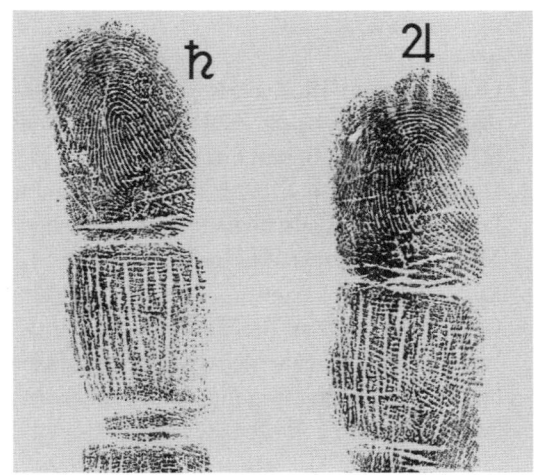

Mittel- und Zeigefinger linke Hand

schen, impulsiven, tatkräftigen Erbcharakter. Die Radialschleife vermag auch einen allenfalls zu klein geratenen Zeigefinger aufzuwerten.
- Selten genug findet sich eine Radialschleife auf dem *Mittelfinger*. Sie offenbart einen Menschen, der sich realistisch mit den materiellen Werten der Welt auseinandersetzt, beruflich sehr tüchtig ist, sehr selbständig arbeitet und sich ungern in ein Team einordnet. Handelt es sich um eine Frau, so ist ihr ein merklich männlicher Einschlag eigen.

Die astrologischen Beziehungen zur Radialschleife
Ich nenne die radiale Figur die Marsschleife, denn sie zeigt die schräggestellte Marsrune. Alle in meinem Besitz befindlichen Handabdrücke mit Radialschleife auf dem Jupiterfinger zeigen horoskopisch einen stark gestellten Mars. Für den Jupiterfinger muss Mars eine Beziehung zum Zeichen Schütze oder zu Jupiter aufweisen, oft in Spannungsaspekten zum Zeichen Schütze, beispielsweise Mars Konjunktion Jupiter in Jungfrau und im 12. Feld/Haus oder wie bei den Beispielen auf der nächsten Seite. Bei gut gezeichneten, beidseits vorhandenen Radialschleifen sind Pluto und der Aszendent mitbeteiligt, oft stellt auch der Knoten eine Verbindung her.

Beispiele:
1. Geburtsdatum: 19. 2. 1954, Jupiterfinger Radialschleifen beidseitig, Geburtsbild: Mars in Schütze Quadrat Sonne Fische.
2. Geburtsdatum: 21. 1. 1925, 14.23 Uhr Luzern, Jupiterfinger Radialschleife links, Geburtsbild: Mars im 3. Dekanat Widder, dem Jupiter-Dekanat.
3. Geburtsdatum: 6. 6. 1937, 20.30 Uhr Zürich, Jupiterfinger Radialschleifen beidseitig, Geburtsbild: Mars in Skorpion Sextil Jupiter, AC Schütze.

Zeigefinger der linken Hand

4. Geburtsdatum 2. 12. 1932, 22.10 Uhr. Das nebenstehende Muster zeigt eine hochgezogene Radialschleife. Öfters sind die Figuren nur in der Vergrößerung einwandfrei zu ermitteln. Auch ist die Abdrucktechnik wesentlich. Aufgrund eines früher angefertigten Handabdruckes wollte ich das Muster als Tannenbogen beschriften, konsultierte aber wegen leichter Verwischungen im Kern der Figur das Geburtsbild. Da Sonne in Schütze in Quadratur zum Mars meist eine Radialschleife ergibt, wurde nochmals ein Fingerabdruck genommen, und siehe da: Es war eine Radialschleife. Durch Uranus im Widder im Trigon zu Merkur im Schützen und einem genauen Trigon zum AC in Löwe (direkte «Feuer»-Halbsumme Merkur/Uranus/AC) kommt die hochgezogene Radialschleife zustande (siehe Bild links).

Die Ulnarschleife

Die Ulnarschleife (US) ist dasjenige Muster, das gegen die Ulnarseite, die Du-Seite, ausläuft. Da alle Menschen sozial aufeinander angewiesen sind, ist es kaum verwunderlich, dass die Ulnarschleife das meist vorkommende Muster ist. Sie hat dubezogene, anpassungsbereite Eigenschaften.
• Das US-Muster findet sich sehr oft auf dem *Daumen* und offenbart als Erbanlage Flexibilität und Anpassungsbereitschaft bei der Ich-Durchsetzung. Die Ulnarschleife vermag einen etwas «sturen» Daumen einigermaßen zu korrigieren.
• Liegt sie auf dem *Jupiterfinger*, zeigt sie einen Menschen, der in der individuellen Persönlichkeitsstruktur ein anpassungsbereites Wesen besitzt, bei dem als Erbanlage nicht primär das Geltungsstreben im Vordergrund steht, der sehr vielseitig ist, improvisieren kann sowie die Fähigkeit hat, verschiedene Tätigkeiten auszuüben. Bei zu *starkem* Zeigefinger und *ausgeprägtem* Jupiterberg vermag die Ulnarschleife mit ihrem sanguinischen Einschlag übermäßige Ich-Ansprüche zu dämpfen.
• Die Ulnarschleife auf dem *Saturnfinger* offenbart Teambereitschaft im Arbeitsbereich und praktische Vernunft.

- Liegt sie auf dem *Ringfinger*, besteht von der Erbanlage her Interesse an den schönen Künsten und/oder Anpassungsbereitschaft in der Partnerbeziehung. Ist das US-Muster hochgezogen, lässt es Kunstbereiche auf höherer Ebene vermuten oder deutet auf idealistische Neigungen.
- Meistens weist der *Kleinfinger* eine U-Schleife auf. Sie ist auch das ideale Muster für diesen Finger. Auf dem Finger der geistigen Auffassungsgabe und deren Modalitäten, dem Finger der Kommunikation, bestehen von der Erbanlage her Geschicklichkeit in der Kontaktaufnahme, die Befähigung zu schneller Reaktion sowie die Gabe, sich bestmöglich auszudrücken. Diese Erbanlage ist mit der Gestalt des Kleinfingers zu kombinieren. Außerdem ist die Ulnarschleife Hinweis darauf, dass die vom Tagbewusstsein ins Unbewusste abgeschobenen Tagesreste (Fachausdruck) ohne nennenswerte Komplikationen gut aufgearbeitet werden können.

Die Lage der Fingerbeerenmuster

Die Fingerbeerenmuster können verschiedene Lagen einnehmen: basal bzw. niedrig, medial bzw.

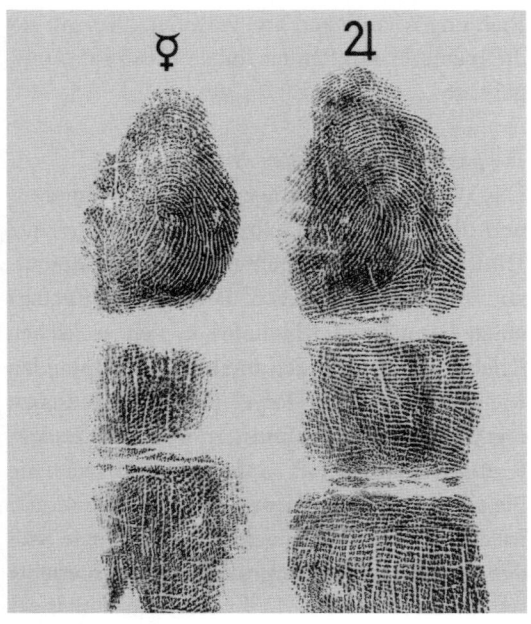

Basale Ulnarschleifen, linke Hand

in der Mitte liegend oder hoch. Fehlen die Basalleisten oder sind nur wenige vorhanden, so liegt die Figur niedrig. Das nebenstehende Bild zeigt gesamthaft niedrig liegende Ulnarschleifen in der Hand eines Kunstschmiedes, geboren am 3.5.1916, 4.00 Uhr, Geislingen.

- Bei *niedrig* liegender Figur besteht die Fähigkeit, die Begabungen des entsprechenden Fingers praktisch, materiell zu verwerten.
- Liegt das Muster *hoch*, hat der Handeigner theoretische, abstrakte Fähigkeiten oder es bestehen höhere Ideale.
- Nimmt das Muster eine *Mittelstellung* ein, so kann sich der Mustereigner beider Möglichkeiten bedienen, der theoretischen Fähigkeiten sowie seiner praktischen Begabungen, je nachdem, was für den Augenblick gerade erforderlich erscheint. Das Muster zeugt von dem Geschick, Theorie und Praxis miteinander zu verbinden.

Der Wirbel

Es gibt verschiedene Wirbelformen: den einfachen Spiralwirbel (rechts- und linksdrehend), die Doppelspirale, den kreisförmigen oder konzentrischen Wirbel, den elliptischen Wirbel (Ovarial) und den gedehnten oder mandelförmigen Wirbel. Die Wirbelfiguren lassen sich nicht immer eindeutig gegeneinander abgrenzen.

Die psychologische Deutung des Wirbels
Der Wirbel ist Zeichen des Individualisten. Das zeigt sich vor allem im Kontakt mit anderen Menschen. Je nach Wirbelform offenbaren sich folgende Eigenschaften: Die *rechtsdrehende Spirale* lässt als Hauptmerkmal Dynamik erkennen, ist energiereich und stets einsatzbereit. Die *linksdrehende Spirale* zeugt vor allem von seelischer Spannkraft sowie von der Gabe, in Notsituationen instinktiv die richtige Spontanreaktion auszuführen. Der *konzentrische* Wirbel deutet auf einen seelisch vorstellungsfixierten Menschen, der mit Erfüllungszwang beharrlich ein Ziel verfolgt. Das *Ovarial* ist Merkmal von Schönheitssinn mit narzisstischen Tendenzen, und der *Mandelwirbel* zeigt

mediale Fähigkeiten und/oder hat konkret oder im weitesten Sinne Interesse an parapsychologischen, spirituellen oder ähnlichen Themen und/oder es besteht die Neigung, neptunische Partner anzuziehen.

• Wirbelträger sind in ihrem innersten Kern sehr empfindsam, auch wenn sie nach außen, wegen einer Spatelhand vielleicht, körperlich robust erscheinen. Seelisch sind sie es mitnichten. Je komplizierter das Wirbelmuster sich präsentiert, desto komplizierter ist das seelische Gefüge.

• Ein Mensch mit Wirbelmustern trifft fast nie vorschnell Entschlüsse. Plötzliche Programmänderungen sind ihm unangenehm. Er muss sich seelisch zuerst auf die neue Situation einstellen können, und diese gedanklich durchspielen.

• Ein scheinbares Paradoxon liegt beim Wirbel jedoch vor: Bei plötzlichen Ereignissen, die Sofortmaßnahmen erfordern, reagieren Wirbelträger extrem schnell. Dies ist aber nicht Folge einer blitzschnellen Überlegung, sondern Gabe eines instinktsicheren Reaktionsvermögens.

Die Spirale

»Die Spirale steht für *die* zentrale Kraft des Universums, die mit den Ursprüngen des Lebens zu tun hat.« Spiralformen begegnen uns in der Natur immer dort, wo Lebenskräfte entstehen und/oder Erneuerungen in zyklischen Abläufen stattfinden. Man denke an die spiralförmige Struktur der DNA, die Spiralnebel der Galaxien des Universums, den spiralförmigen Wasserabfluss, das Spiral- und Rotationsprinzip im Wettergeschehen, zum Beispiel der Taifune etc. Auch das Symbol allein hat schon Wirkung. Den Ureinwohnern Neuseelands (Maori) ist diese Form so wichtig, dass sie sie als Tätowierung im Gesicht tragen. Die *rechtsdrehende* Spirale gibt eine *pluspolare* Odschwingung ab, die *linksdrehende* eine *minuspolare*. Die *Doppelspirale* ist eine Potenzierung der Spiralwirkung und stellt rein symbolisch die unendliche Energie dar.

Astrologisches: Die Spirale scheint eine Affinität zum lebenspendenden Tierkreiszeichen Krebs zu haben, das einerseits zum kardinalen Kreuz (dynamisch) gehört und andererseits als Wasserzeichen Fühlfunktion aufweist. Das Symbol des Krebses ist bipolar: der obere Kreis ist *rechtsdrehend, pluspolar,* der untere Kreis *linksdrehend, minuspolar.*

Der Spiralwirbel

Als Basis dienen der Spirale die Basalleisten. Den Abschluss bilden die Mantelleisten. Dazwischen liegt die Figur, die fast immer zwei Triradien aufweist, manchmal auch deren drei.

Die Erbbiologie kennt eine *rechts-* und eine *linksgewundene* Spirale, je nachdem die Achsenlinien vom Musterkern ausgehend, im Uhrzeigersinn oder entgegengesetzt laufen (Geipel). Die Regel nach Geipel ist: «Rechte Hände tragen linksgewundene, linke Hände rechtsgewundene Muster (Polaritätsausgleich). Ausnahmen sind rechtsgewundene an der rechten und linksgewundene Wirbel an der linken Hand.»

Die rechtsdrehende Spirale dreht in Richtung Daumen, also zum Ich, die linksdrehende Richtung Kleinfinger, also zum Du. Dies gilt für die rechte Hand. Bei der linken Hand ist es umgekehrt.

Die psychologische Deutung der Spirale

Das Wesen des Spiralträgers liegt meist unter einer nicht greifbaren, aber doch vorhandenen Hülle verdeckt, ist gegensatzvoll, sehr empfindsam und leicht verletzlich. Die Spirale offenbart einen besonderen Rhythmus in den seelischen Erlebnisweisen, die sich in ähnlichen Abständen wiederholen. In der Regel verfügen Menschen mit vorwiegend Spiralmustern über eine bedeutende Gedächtniskraft. Daher haben sie auch die Neigung, sich vergangene Begebenheiten immer wieder zu vergegenwärtigen. Einmal erlittene Niederlagen werden nie vergessen, aber auch erlebte schöne Zeiten nicht. Mit Ersteren quält sich der Betroffene, von Letzteren zehrt er. Für die Spirale

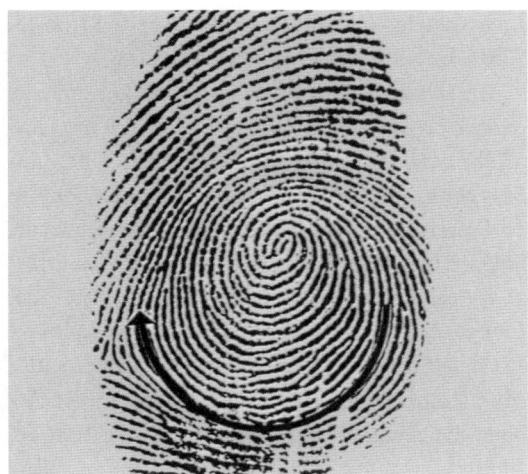

Rechtsgewundene Spirale, rechte Hand.

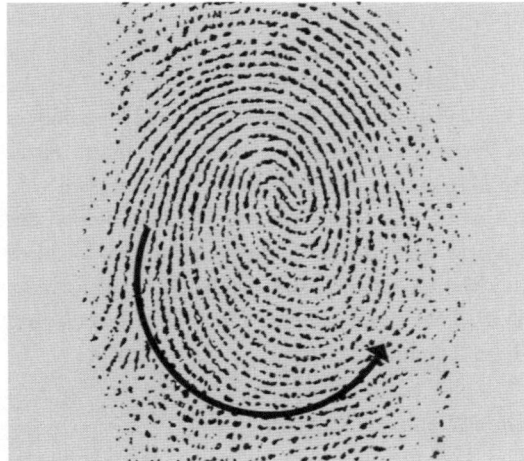

Linksgewundene Spirale, rechte Hand.

sind persönliche Beziehungen und menschliche Werte wichtig. Der größte Teil der Bewertung des Lebens wird auf unbewusster Ebene vollzogen, und zwar bei der *Rechtswindung* als auch bei der *Linkswindung*. Die Reaktionen auf persönliche Situationen sind fast unfehlbar richtig. Die *Rechtswindung* ist mehr intuitiv (Feuer), die *Linkswindung* mehr erfühlend (Wasser).

Das Wasser übt auf Menschen mit Spiralmustern eine große Anziehungskraft aus, sei es das Meer, ein See oder auch nur ein Bächlein. Ebenso würde ein Garten, wenn möglich mit Haus, der Seele des Spiralträgers wohltun, denn

die Spirale birgt mütterliche Eigenschaften in sich. Beide Spiralen haben ganz konkret oder im weitesten Sinne mit der Betreuung von Menschen zu tun. Jedenfalls wäre dies deren Lebensaufgabe oder Lernprozess.

• Eine auf dem *Daumen* liegende *Normspirale* zeugt von guter Gesundheit, Regenerationskraft und einem beachtlichen Gedächtnis. Eine einmal gefasste Meinung wird nur ungern geändert. Dies gilt vor allem, wenn die Spirale beidseitig vorhanden ist.

• *Die Bemusterung des Zeigefingers* ist sehr wesentlich. Der rechtsgewundene Spiralwirbel auf dem *rechten Zeigefinger* (Jupiter-, Wahrnehmungs-, Persönlichkeitsfinger) charakterisiert eine gespannt aktive, dynamische, willensbetonte, initiative, unternehmende, energiereiche, zeitweilig unruhige, das Tun überschätzende Persönlichkeit (pluspolarer Überhang). Die *Linkswindung* (nach Geipel die Normspirale für die rechte Hand) zeigt im Vergleich zur Rechtswindung einen Menschen mit einem etwas weniger hohen Energiepegel und der in der Du-Zuwendung weicher und gelöster auftritt (Polarität ausgeglichen). Ich habe die *beiden Spiralen auf dem Zeigefinger* vor allem bei im Sozialwesen Tätigen gefunden. Dort liegt denn auch die Lebensaufgabe oder der Lernprozess dieser Mustereigner.

• Bei einer *Normspirale* auf dem *Mittelfinger* sollte der Eigner bei guten Leistungen gelobt werden. Er will wissen, ob seine Arbeit, bei der er sein Bestes gibt, gut ist. Wenn seine Arbeit geschätzt wird, gibt ihm dies Mut und Sicherheit. In der Jugend ist der Spiralträger meist scheu, introvertiert, im Alter wird er selbstsicherer. Routinearbeit mag er nicht sonderlich.

• Die *Normspirale* auf dem *Ringfinger* offenbart Empfindsamkeit im Partnerschaftsbereich. Der Spiralenträger legt Wert auf ein gemütliches, schönes Heim. Auf dem Ringfinger ist die Spirale eines der häufigsten Muster.

• Eine *Normspirale* auf dem *Merkurfinger* verrät einen guten Instinkt und ein gutes Gedächtnis. Das Denken mag verstärkt gefühlsbetont sein.

Dafür besteht weniger die Fähigkeit der Abstraktion, sofern die Struktur des Kleinfingers nicht das Gegenteil besagt.

Astrologisches: Meine neueste Auswertung der Horoskope von Handeignern mit Spiralwirbeln auf dem *rechten Zeigefinger* hat, wenn Zeichen, Felderbesetzung und das Kreuzschema untersucht werden, Folgendes ergeben: 1. Beim *rechtsdrehenden* Spiralwirbel wird am häufigsten das *Kardinal-Kreuz* angesprochen, und zwar a) durch Domination des Kardinal-Kreuzes mit Feuerzeichenbetonung, b) durch Domination des Kardinal-Kreuzes mit Wasserzeichenbetonung, zusätzlich einer 1. Quadrantbetonung (= Feuerquadrant). *Varianten:* Im Weiteren fällt die Domination der Feuerzeichen auf oder das Hervortreten der Pluspolarität durch Feuer- und Luftzeichen. 2. Bei der *linksdrehenden Spirale* überwiegen meist die Wasserwerte gegenüber jenen des Feuers oder Wasser und Feuer sind ausgeglichen. Einige Fälle konnte ich nicht zufriedenstellend einordnen (es müssten die Spiralwindungen gezählt werden).

• Die Spirale scheint einen Feuer/Wassermenschen zu kennzeichnen. Beide Elemente sind subjektiv und emotional. Es mischen sich Überzeugungen und Gefühle. Die innere Wahrheit ist wichtig. Ausgeglichene Feuer/Wasserwerte machen warmherzig und fürsorglich, ein zu großer Überhang an Feuer rastlos. Außerdem ist Feuer schnell beleidigt.

• Im Allgemeinen wird vergessen, dass Menschen mit einer Feuergeburtssonne ihre Konzeptionssonne in Wasserzeichen stehen haben. Das fällt vor allem beim Widder ins Gewicht, da das Feuerzeichen Widder und das Wasserzeichen Krebs, in dem sich die Widder-Konzeptionssonne befindet, Kardinalzeichen sind.

• *Geburtsdaten mit rechtsdrehender Spirale* auf dem rechten Zeigefinger: 1) 18. 8. 1932, 19.19 Uhr, Zürich (Handwerkliche Kursleiterin). 2) 30.11.1917, 13.05 Uhr, Spiez. 3) 25. 4. 1943, 18.00 Uhr, Luzern (med. Laborantin). 4) 31. 3. 1937, 8.30 Uhr, Berlin, (Atemtherapeut). 5) 13. 6. 1945, 19.50 Uhr,

Lichtensteig, (Atemtherapeutin). 6) 5. 11. 1945, 4.00 Uhr Schöftland (Sportinstruktorin).

• *Geburtsdaten mit linksdrehender Spirale auf dem rechten Zeigefinger:* 1) 21. 6. 1957, 9.50 Uhr, Liestal (Entwicklungshilfe. 2) 27.12.1965, 17.02 Uhr Stockholm. 3) 7.4.1966, 22.00 Uhr, Zürich. 4) 16.4.1941, 21.10 Uhr Berlin, rechts linkssdrehende, links rechtsdrehende Spirale (Sozialarbeiterin).

• *Doppelspirale* = verstärktes Energiepotenzial. *Linksdrehende Doppelspirale auf rechtem Daumen:* 1) Ohne Geburtsdatum, Halbsumme Mars = AC/MC, (Kardinal Krebs/Waage) = aktiv in der Arbeitswelt stehend, der Macher. 2) 13. 4. 1940, 15.40 Uhr, Olten, Halbsumme Sonne = MC/Mars = willensbetonte, energische Persönlichkeit, Spannkraft.

Der kreisförmige Wirbel

Der kreisförmige Wirbel besteht aus ineinandergelagerten Kreisen, beginnend mit einem Kreis im Herzen der Figur, an den sich sukzessive größer werdende Kreise reihen. Als Basis dienen der Figur wiederum die Basalleisten und als Abschluss die Mantel- oder Distalleisten. Der kreisförmige Wirbel weist immer zwei, manchmal auch drei Triadien auf.

Die psychologische Deutung

Der kreisförmige Wirbel besitzt etwas *Fixiertes* und manchmal Oppositionelles. Die Eigner dieses Wirbels sind schwer durchschaubar. Fast alle geben sich anders als sie in Wirklichkeit sind, und das mit großer Geschicklichkeit.

• Ein eigentümlicher Charme und gleichzeitig etwas magisch Zwingendes geht von jenen Menschen aus, bei denen sowohl der *Daumen* als auch der Zeigefinger einen kreisförmigen Wirbel aufweisen. Sie besitzen eine ausgezeichnete Konzentrationskraft mit fast suggestiver Wirkung und haben die Fähigkeit, ihre Vorstellungen zu realisieren (Daumen). Oft sind die kreisförmigen Wirbelträger mit Begabungen auf Spezialgebieten ausgestattet und Führer kleinerer oder größerer Gruppen. (rechter Zeigefinger = Macht, Führer).

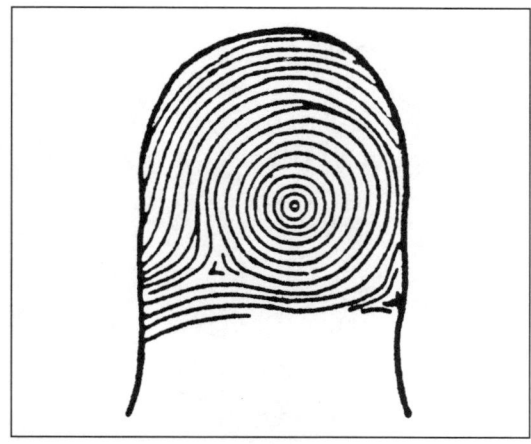

Der kreisförmige Wirbel

• Menschen mit dem kreisförmigen Wirbel brauchen einen auf sie zugeschnittenen Arbeitsbereich. Für Teamarbeit sind sie wenig geeignet, es sei denn, sie wären der Chef. Oft macht sich der Kreiswirbelträger am Arbeitsplatz unentbehrlich, indem er sich einen Spezialbereich schafft. Das ist besonders der Fall, wenn der kreisförmige Wirbel auf *beiden Zeigefingern* sitzt, weil sich der Wirbeleigner leidenschaftlich (linker Zeigefinger) für seine Sache und Anliegen einsetzt. Sollte einer der Zeigefinger kürzer sein als der Ringfinger, besteht Kritikempfindlichkeit. Zusätzliche konzentrische Wirbel auf *Mittel-, Ring- oder, Kleinfinger* – eine gute Kopflinie vorausgesetzt – deuten auf ein den Fingermöglichkeiten entsprechendes Wissen/Können auf Spezialgebieten.

Astrologisch gesehen ist der kreisförmige Wirbel nach meinen neuesten Hand/Horoskopvergleichen plutonisch/solar: ein Feuerwirbel mit einem Anteil Wasser. Das fixe Kreuz ist angesprochen. Dominant Löwe/5. Haus und Skorpion/8. Haus, sekundär Stier/2. Haus und Wassermann/11. Haus, sofern letztere beiden einen Bezug zu Sonne/ Pluto haben. (Pluto selbst ist je hälftig Feuer/ Wasser.)

Beispiele: 1) Konzentrischer bzw. Kreiswirbel auf *Daumen und Zeigefinger:* Die Sonne spiegelt sich auf Pluto, Jupiter steht in Skorpion im 8. Haus. 2)

Kreiswirbel auf *Daumen und Zeigefinger:* AC Stier, Jupiter und Mars befinden sich im 8. Haus. Halbsumme für den *Daumen:* Mars = Sonne/Pluto = Kampf um die Vorherrschaft. Halbsumme für den *Zeigefinger:* Jupiter = Sonne/Uranus = erfolgreicher Reformer, Erfinder oder Techniker. 3) Kreiswirbel auf *Daumen* rechts: Sonne in Wassermann im 2. Haus (2 × fix); Uranus, Regent von Wassermann in Konjunktion Pluto 8. Haus (Pluto + 8. Haus = fix), MC Skorpion (fix). 4) Kreiswirbel auf *Zeigefinger* rechts: Halbsumme Jupiter = Sonne/Pluto = erfolgreiches Machtstreben.

Das Ovarial

Genau wie der kreisförmige Wirbel aus ineinandergelagerten Kreisen besteht, ergibt sich das Ovarial aus ineinandergelagerten Ovalen.

Die psychologische Deutung

Das Ovarial hat einen ästhetischen Einschlag, manchmal auch narzisstische Eigenschaften und sucht Gefallen zu erregen. Es bevorzugt denn auch meist den *Ringfinger.* Die Besitzer von Ovarialen sind gepflegt, kultiviert, kleiden sich gerne elegant und können äußerst charmant sein, Dies fällt besonders bei Männern auf. Meistens interessieren sich Ovarialeigner für die Kunst, ihr verwandte Gebiete, oder ihre Einrichtungsgegenstände zeugen von auserlesenem Geschmack und weisen eine sehr individuelle Note auf.

Das Ovarial

Astrologisch gesehen birgt das Ovarial venusische Eigenschaften. Alle Wirbel haben eine Affinität zum Wasser, so auch das Ovarial. Die Venus ist ein «Fühlplanet». Im Mythos ist sie die mutterlose Tochter des Uranus, die dem Schaum des Meeres entstiegen ist. Als einziges Planetenprinzip anderer Polarität herrscht die Venus in einem männlichen Zeichen, nämlich der Waage, wodurch die Waage zu ihren Ausgleichsfunktionen kommt. Bei der Bildung des Ovarials stehen der Venus die Wasserregenten Mond und Neptun sowie Pluto (je zur Hälfte Wasser/Feuer) und meist auch die Sonne (Feuer) zur Seite. Je nach deren prozentualer Beteiligung zeigt sich die Figur des Ovarials in unterschiedlicher Gestalt.

Beispiel: Mond Konjunktion Neptun in 7 (waageanalog); Sonne Konjunktion Pluto im 2. Quadranten, dem Wasserquadranten, im Sextil zu Mond/ Neptun; Venus im 2. Quadranten, dem Wasserquadranten, im 45°-Aspekt zu Mond/ Neptun. Linke Hand: Daumen rechtsdrehende Spirale, alle Finger Ovariale. Rechte Hand: Zeigefinger rechtsdrehende Spirale/Tendenz Ovarial, Daumen und restliche Finger Ovariale. Beruf: Konzertpianist.

Der mandelförmige Wirbel

Wenn ein Wirbelmuster merklich in die Länge gezogen ist, ergibt sich der mandelförmige Wirbel. Oft füllt die Figur die ganze Fingerbeere aus, sodass die Basalleisten und die beiden Triradien, die zum Wirbel gehören, kaum noch oder überhaupt nicht mehr sichtbar sind.

Die psychologische Deutung
Bei Menschen mit mandelförmigen Wirbeln fand ich entweder
- eine fehlende Verwurzelung im Elternhaus,
- zeitweilig belastende Partnerschaftsverhältnisse oder neptunische Partner,
- neptunische beziehungsweise spirituelle Interessen oder Fähigkeiten

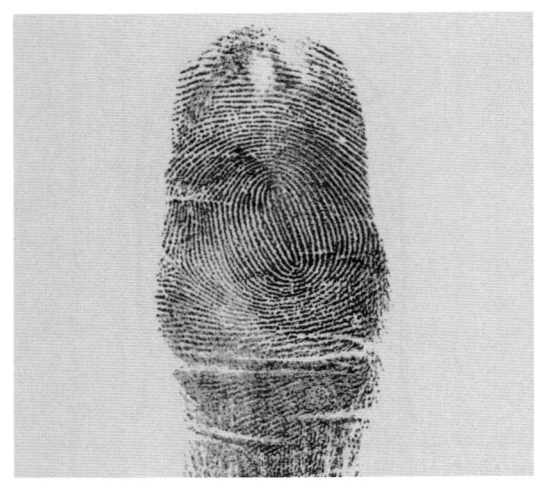
Gut abgegrenztes Mandelmuster mit vielen Basalleisten.

- und/oder wirtschaftliche Verwertung der Interessen parapsychologisch orientierter Menschengruppen.

Das mir zur Verfügung stehende Handabdruckmaterial mit Mandelmustern stammt vorwiegend von aktiven, ideenreichen Menschen oder Personen, bei denen das Plötzliche, auch die plötzliche Änderung einer Situation (Uranuseinfluss), auffällt. Das Mandelmuster selbst ist neptunisch. Uranisch sind die Nebengeräusche.

Oft haben Eigner eines Mandelmusters Zugang zur 5. Dimension, der kollektiven Ebene des seelischen Bereichs. Es ist daher nicht verwunderlich, wenn es in den Händen von Heilern und Seelsorgern zu finden ist, aber ebenso in den Händen von Pendlern, Schriftstellern mit neptunischen Themen, Wahrsagern und Zauberkünstlern. Neptun hat verschiedene Facetten.

Aus dem Muster allein sind keine differenzierten Aussagen, wie sie nachstehend beschrieben werden, möglich. Dazu muss die ganze Hand konsultiert werden. Noch besser wäre ein Horoskopvergleich, wobei letzter zugleich Kontrollfunktion hätte. Meine Erläuterungen zum Mandelmuster sind einzig und allein durch Hand/Horoskopvergleiche dem Geburtsbild entnommen und sind nur durch einen ausgebildeten Astrologen, eine ausgebildete Astrologin nachvollziehbar. Diese vermag denn auch das Muster situationsgerecht zu interpretieren.

Astrologisch sind am Muster beteiligt: Neptun/ Fische/12. Haus in Verbindung mit Mond/Krebs/ 4. Haus, spurweise auch Pluto/Skorpion/8. Haus. Neptun selbst, der Hauptbeteiligte, findet sich in folgenden Positionen: an den Achsen AC, IC, DC, MC oder im 2. Horoskophaus (Substanzhaus). In der Regel bestehen synthetische Aspekte zu Jupiter und Venus. Auffallend oft ist im Strukturbild die Merkur/Uranus/Jupiter und/ oder Sonne/MC-Verbindung enthalten.

Das Mandelmuster offenbart erstrangig neptunisch/mondische Eigenschaften/Begabungen und/oder Situationen. Je undifferenzierter die Umrisse des Mandelmusters, desto dominanter der Neptun-Einfluss gegenüber jenem des Mondes.

Beispiele (Geburtsdaten können nicht genannt werden):

1) Mandelmuster auf Daumen und Zeigefinger beidseitig *Astrologische Aspekte:* Neptun am IC (seelisch unverwurzelt), AC Krebs, Mond in 12 in Krebs in Konjunktion mit der Ende Zwillinge stehenden Sonne. Pluto/Saturn im 1. Haus. Neptun am IC hat ein Trigon zur Venus, Jupiter im Skorpion ein Trigon zu Merkur in Krebs. Die Mustereignerin fühlt sich zu Hause unverwurzelt. Die Mutter dominiert und zeigt sich aus wirtschaftlichen Gründen dem Vater überlegen.

2) Mandelmuster auf den ersten vier Fingern links und rechts auf dem Daumen. *Astrologische Aspekte:* Herr von 1 in 12 im Quadrat zu Mond in Fische, DC (Begegnungen, Partner) in Krebs, Regent vom DC in Fische (meist unzuverlässige Partner), Mond Trigon Pluto, Neptun Sextil Mars. Die Mustereignerin litt jahrelang unter einem chaotischen Partnerschaftsverhältnis.

3) Mandelmuster auf Zeigefinger beidseitig. *Astrologische Aspekte:* Sonne im Neptun-Dekanat des Zeichens Skorpion Trigon Pluto im Krebs. Neptun 144°-Uranus, 45°-Venus, 72°-Sonne.

Chiron Konjunktion aufsteigender Mondknoten in Opposition Sonne. *Halbsummen:* Neptun = Merkur/Uranus = Inspiration, Erkenntnisse auf übersinnlichem Gebiet. Heilerin, Pendlerin, Mal- und Schreibmedium.

4) Mandelmuster auf dem linken Daumen mit drei Basalleisten; rechts Ast von Lebenslinie im Neptunberg verwurzelt. *Astrologische Aspekte:* Neptun Konjunktion MC Quadrat Mond, Neptun Trigon MC Trigon Sonne und Trigon Jupiter. *Halbsummen:* Pluto = MC/Neptun, Sonne = Jupiter/Neptun = AC. Leiter einer esoterischen Studiengruppe.

5) Daumen Mandelmuster. *Astrologische Aspekte:* Neptun in 2 (Substanzhaus) Trigon Uranus/ Jupiter/Venus/Saturn. Neptun 150° MC. *Halbsummen:* Neptun = Venus/ MC, Mond = Neptun/Mars = Knoten/Venus. Unternehmer in der Esoterikbranche.

6) Daumen beidseitig Mandelmuster mit acht Basalleisten. Saturnalis in rechter Hand aus der Lebenslinie entspringend. Lebenslinie im Neptunberg verwurzelt. *Astrologische Aspekte:* Neptun in 3 Trigon Uranus, Neptun Quadrat Mond. *Halbsummen:* Venus = Neptun/Mond, Neptun = Jupiter/Uranus = Sonne/Saturn. Dekan mit spirituellen Interessen.

7) Zeigefinger rechts Mandelmuster mit zwei Basalleisten. *Astrologische Aspekte:* Neptun und Mond in 2 (Substanzhaus) in Konjunktion mit Substanzpunkt im Präzisionszeichen Jungfrau. *Halbsummen:* Neptun = Mondknoten = Transpluto/Pluto/Sonne = übersinnliche Erlebnisse, Imagination, von großen Dingen träumen. Mond = Sonne/ Pluto = M = Merkur/ Transpluto = schöpferische Kräfte. Merkur = Jupiter/ Venus = Sprechkultur. Uranus = Transpluto/A = Merkur/Jupiter = erfolgreiche Werbetätigkeit, einfallsreicher Redner, den richtigen Riecher haben, Schnelldenker. In diesem Horoskop fallen außer dem Neptunisch/Mondischen im Substanzhaus noch die Nonile, die neptunische Grundkraft der 40er- Reihe, die 40°-, 80°- und 160°-Aspekte auf, welche die Horoskop-Figu-

rine beherrschen. Diese Aspekte werden meines Wissens nur im Buch von Hans-Jörg Walter *Entschlüsselte Aspektfiguren*, Ebertin Verlag, behandelt. Bestsellerautor mit mythologischen und ufologischen Themen.

8) Daumen rechts Mandelmuster mit sieben Basalleisten. *Astrologische Aspekte:* Neptun in 1 nahe AC in Konjunktion mit Venus Opposition Mond in 7 (Publikum); Mond Quadrat MC; Mond Trigon Pluto. Geburtsgebieter Pluto, Sonne und Uranus im Präzisionszeichen Jungfrau. *Halbsummen:* Neptun = Transpluto/MC = Merkur/ Jupiter = offen für die Welt der Märchen und Mythen, bildhaftes Denken, Eingebungen haben, erfolgreicher Täuscher. Zauberkünstler.

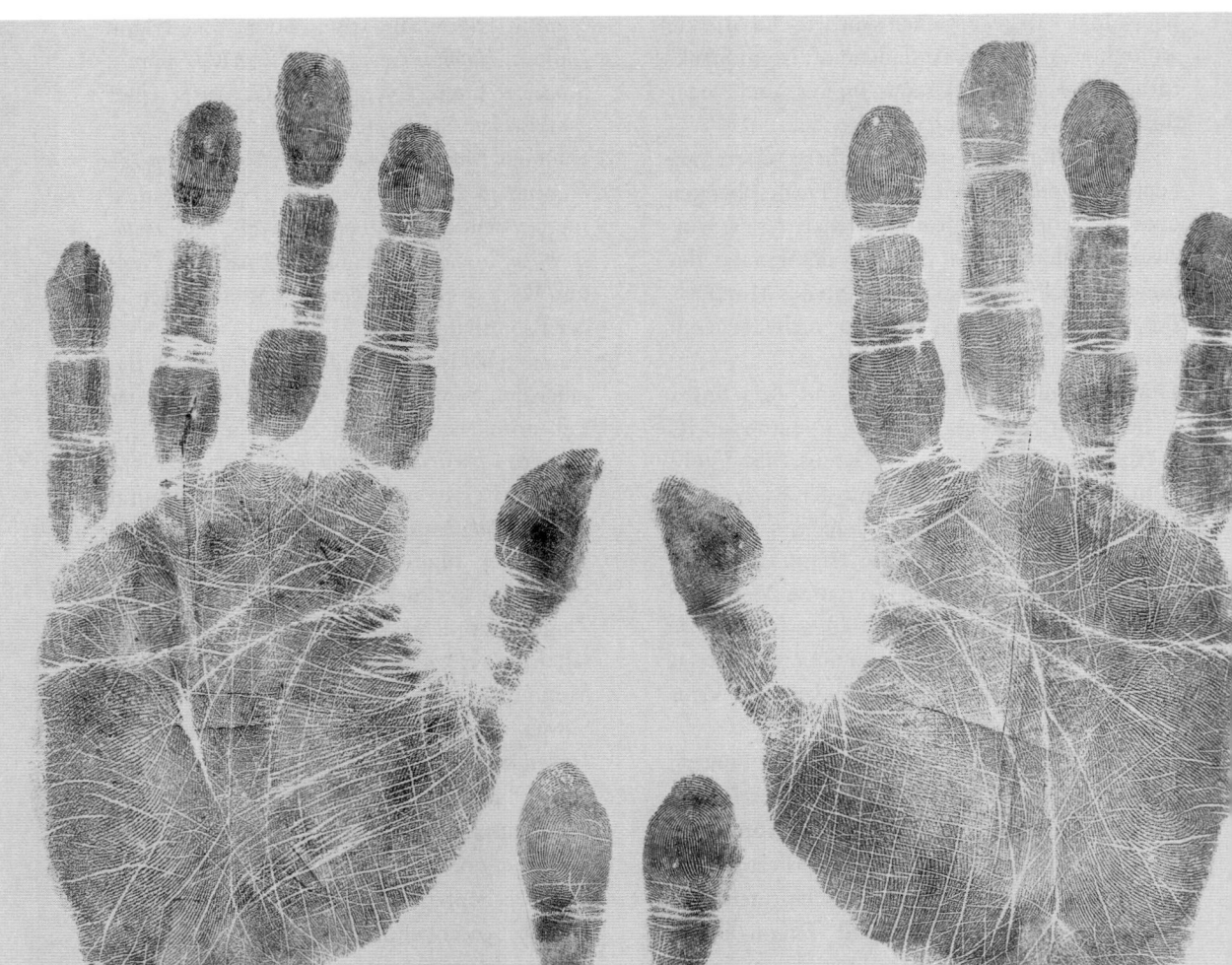

Sämtliche Finger Mandelmuster, außer die Kleinfinger

Horizontale Neptunlinien auf dem Mondberg beidseits. Vor allem links die typische Gift/Allergielinie (siehe «Die Neptunlinie» Seite 114). Astrologisches: Neptun Opposition Mond Achse 5/11. Neptun und Mond spiegeln sich auf MC. Strukturbild: A = Neptun/Mond. Realitätsbezug und Abgrenzungsvermögen sind gewährleistet durch die Saturnlinie = Saturn Konjunktion Jupiter in Steinbock in 8.

Die zusammengesetzten Muster

Die Erbbiologen Heindl, H.H. Wilder, G. Geipel, W. Hirsch und H. Schade unterscheiden folgende zusammengesetzte Muster: die Zentraltasche (sie ist von der Muschelschleife abzugrenzen), die Doppelschleifen (unterteilt in Seitentasche und Zwillingsschleife) sowie unregelmäßige Muster oder zufällige Wirbel.

Zusammengesetzte Muster befinden sich hauptsächlich auf dem Daumen, dem Zeigefinger, hin und wieder auf dem Ringfinger, seltener auf dem Mittelfinger. Zusammengesetzte Muster entbehren der Klarheit der Grundmuster Bogen, Schleife und Wirbel. Mehrere solcher Muster in einer Hand können gedankliche Gespaltenheiten anzeigen.

Die Zentraltasche (Pfauenauge)

Die Zentraltasche besteht aus einer Radial- oder Ulnarschleife, in die ein Wirbel eingebettet ist. Da es sich um eine Schleife und zugleich um einen Wirbel handelt, gilt das Muster als zusammengesetzt und besitzt mindestens zwei Deltas. Die Zentraltasche wird in der englischen Literatur als Pfauenauge bezeichnet, weil die Kernfigur der Zeichnung jener auf einer Pfauenschwanzfeder ähnelt.

Ich zähle die Kernfigur von der Form her zum Ovarialwirbel, mit einer Tendenz zum konzentrischen Wirbel.

Die psychologische Deutung

Das Pfauenauge fand ich bevorzugt auf dem Zeige- und auf dem Ringfinger, vereinzelt auch auf dem Mittel- und Kleinfinger. Besonders wenn dieses Muster auf dem Ringfin-ger sitzt, verfügen die Eigner über Charme und eine gute Beobachtungsgabe.

Alle Mustereigner meiner Handabdruckkollektion mit einem klassischen schöngezeichneten Pfauenauge haben einen ausgeprägten Formen- und Farbensinn sowie ein ausgesprochen ästhetisches Gefühl, und alle setzen ihre Anlagen schöpferisch um, sei es als Modeschöpfer, Innenarchi-

Die Zentraltasche

tekt, Goldschmied, Zahnarzt (siehe Beispiel-Konstellationen) oder Ähnliches.

Astrologisch hat die Zentraltasche venusische, solare und plutonische Eigenschaften. Gleichzeitig besitzt das Muster eine gewisse Zartheit, die von einem neptunischen Einfluss herstammt. Liegt die Kernfigur in einer Radialschleife, so ist im Geburtsbild Mars und/oder Pluto dominant.

Beispiel: Radiale Zentraltasche auf dem rechten Zeigefinger. AC Stier, Regent von 1, die Erde, in Jungfrau/6. Haus Trigon AC, Opposition Sonne/ Merkur. Mond in Löwe/5. Haus Trigon Venus im Widder/12. Haus. Geschlossenes Lufttrigon von Mars, Uranus und Neptun. Mars eleviert sowie dominant durch Quadrat AC und Opposition Pluto. Die Quadraturen von Mars und Pluto auf den AC ergeben die Radialleiste, die ästhetische Venus in Widder/12. Haus im Trigon zum Mond in Löwe/5. Haus erzeugt den Wirbel in der Schleife. Im Strukturbild ist Jupiter (Zeigefinger) mitenthalten: Sonne/Erde = Merkur/ Uranus = Jupiter/ Mond = Neptun/Saturn = Mars/Pluto = Venus.

Die Doppelschleife

Die Doppelschleife besteht aus zwei zusammengesetzten Schleifen. In der Erbbiologie wird die Doppelschleife in die Seitentasche und in die

Zwillingsschleife unterteilt. Bei der Seitentasche laufen die Kernleisten nach der gleichen Seite aus, und der rechte Triradius liegt immer entweder über oder unter den beiden Achsen. Bei der Zwillingsschleife laufen die Kernleisten nach der entgegengesetzten Richtung aus, und der rechte Triradius liegt immer zwischen den beiden Achsenlinien.

Das Bild unten zeigt den sanguinisch harmonischen Mustertyp einer Zwillingsschleife auf dem Daumen.

Die psychologische Deutung der Zwillingsschleife
Die zusammengesetzten Mustertypen sind astrologisch schwieriger auszumachen und zu interpretieren als die einfachen Grundmuster, obwohl auch die Grundmuster nur annähernd das sind, was in der Astrologie als «Sonnenstandsastrologie» verstanden wird. Wollte man die Papillarleistenmuster wirklich individuell deuten, müsste die Harmonie des Musters, die Anzahl der musterbildenden Leisten und die Anzahl der Basalleisten ausgewertet werden. Trotzdem sind, wenn die Grundaussagen eines Musters mit dem Handlinienmaterial kombiniert werden, überraschend gute Aussagen über Charakter und Verhaltensweisen möglich. Von den Doppelschleifen ist die Zwillingsschleife gut zu deuten, weniger die Doppelschleife mit Seitentasche. Es wird nur die Zwillingsschleife besprochen.

Zwillingsschleife eines Unternehmens- und Laufbahnberaters mit Hochschulabschluss.

Astrologisch fand ich die Zwillingsschleife primär bei Waagebetonung, sekundär bei Zwillinge- und spurweise bei Wassermanndominanz, also bei den Luft/Kontaktzeichen. Die Priorität hat immer das Kardinalzeichen. In der Waage herrscht das Gesetz der Polarität: Alles hat zwei Seiten. Denn die Waage ist das einzige männliche Zeichen, das einen weiblichen Planeten, die Venus, als Regenten hat. Der astrologisch Versierte wird bei der Beschreibung der Zwillingsschleife (die Namensgebung stammt von den Erbbiologen und nicht von Astrologen) unschwer die Waage- und/oder Zwillingeeigenschaften erkennen, insbesondere da ich mich wenn immer möglich der Astrologensprache bediene und auch astrologische Termini in die Chirologie eingeführt habe.

Es ist ein Unterschied, ob die Zwillingsschleife aus einer starken Waage- oder Zwillingebesetzung resultiert. Sie kann einerseits auf Harmonie- und Ausgleichsbestrebungen und anderseits auf Vielseitigkeit hinweisen. Im ersten Fall ist sie ein Produkt von Waageeigenschaften, im letzteren ein Gebilde des Merkurzeichens Zwillinge. In den meisten Fällen von Zwillingsschleifenbildung sind horoskopisch beide Zeichen, Waage und Zwillinge, präsent. Allerdings in unterschiedlicher Besetzung.

Die Vorzüge des Zwillingsmusters bestehen in der Befähigung zu taktvollem Ausgleich von Gegensätzen sowie der Gewandtheit im Umgang mit Menschen, was den Musterträger vorzüglich für leitende Stellungen qualifiziert. Die Zwillingsschleife ist auch gut geeignet für «Sandwichpositionen» wie diejenige eines Personalchefs, der die Wünsche des Personals und die Forderungen der Geschäftsleitung in Einklang zu bringen hat. Das Muster bewährt sich ebenso gut für Teamarbeit, denn Waage- sowie Zwillingegeborene sind nicht gerne allein.

Die Zwillingsschleife gehört einem vielseitig interessierten Menschen, der zugleich die Gabe besitzt, Gegensätze zu überbrücken. Der Mustertyp Zwillingsschleife vermag sich gut in andere Menschen einzufühlen, will niemanden verletzen und wartet daher in unangenehmen Situationen gerne, bis sich anstehende Konflikte von selbst lösen. Bei der Zwillingsschleife kann es wegen ihres Ausgleichsbestrebens einerseits und wegen ihrer Vielseitigkeit anderseits zu Entscheidungsschwierigkeiten kommen.

Die Zwillingsschleife ist das optimale Muster für einen Handeigner mit großem Zwischenraum von Lebens- und Kopflinie. Letzterer, der mit Impulsivität und raschen gedanklichen Reaktionen ausgestattet ist sowie zu überstürzten Handlungen neigt, wird, mit einer Zwillingsschleife ausgerüstet, zu treffende Entscheide zu seinem Vorteil nochmals «überschlafen».

Auch verrät die Zwillingsschleife bei schön gezeichnetem, ausgeglichenem Muster einen Menschen mit dem Bedürfnis nach einer harmonischen Umgebung. Der Zwillingsmusterträger kann sich am besten im Kontakt mit anderen Menschen entfalten.

Menschen mit Zwillingsschleifen als Daumenmuster mögen kein Entweder-oder, sondern bevorzugen das Sowohl-als-auch, sind also ambivalent und gehören zu den begabtesten Menschen. Sie haben die Fähigkeit, eine Sache oder ein Problem von allen Seiten zu betrachten und den besten Entscheid zu treffen, was besonders günstig für Menschen mit Beraterfunktion ist. Diese Gabe ist bei guter Hand und entsprechender Ausbildung auch der Zwillingsschleife auf dem *Zeigefinger* eigen.

Eine auf dem *Mittelfinger* sitzende Zwillingsschleife ist Symbol von Anpassungsvermögen an wechselnde Situationen im Berufsbereich, wo abwägendes Entscheiden gefragt ist. Zugleich sind schicksalhaft schwankende Verhältnisse im materiellen Bereich angedeutet.

Sitzt die Zwillingsschleife auf dem *Ringfinger*, versinnbildlicht sie entweder gutes Anpassungsverhalten oder Abwechslungsfreudigkeit im Partnerschaftsbereich, vielseitige Begabungen auf künstlerischem Sektor oder Abwechslungsliebe in Modeangelegenheiten.

Eine Doppel- oder Zwillingsschleife auf dem *Merkurfinger* ist selten. Besonders selten offenbar, wenn die untere der beiden Schleifen eine *radiale* ist. Mit der *ulnaren* unteren Schleife entspricht sie einer forcierten, manchmal «überhitzten» Merkurwirkung: sprachliche oder kaufmännische Interessen stehen im Vordergrund, eine gewisse Wendigkeit und ein betontes Differenzierungsvermögen im sprachlichen Ausdruck sind zu beobachten. Die Vielseitigkeit kann zu Zersplitterung oder Entscheidungsschwierigkeiten führen, welchen der zahlreichen Interessen genauer nachgegangen werden soll. Im Kontaktbereich wird der starke Wunsch nach Austausch, aber auch die Zwiespältigkeit der Unentschlossenheit des Mustereigners zu einer wichtigen Thematik.

Beispiele:
1) Geburtsdatum: 29. 8. 1938, 11.50 Uhr, Berlin, Doppelschleife auf dem Daumen. Mond und Venus in Waage, Jupiter in Wassermann.
2) Geburtsdatum: 20. 12. 1947, 0.10 Uhr, Kovarska/CSSR, Daumen beidseitig Doppelschleife. AC und Neptun in Waage, Uranus in Zwillinge. Tannenbogen auf dem Jupiterfinger: Sonne Schütze, Merkur Schütze Opposition Uranus in Zwillinge, Jupiter in Schütze.
3) Geburtsdatum: 21. 4. 1922, 3.03 Uhr, Zürich, Daumen und Zeigefinger beidseitig Doppelschleife. AC und Mond Wassermann, Jupiter, Saturn und Knoten in Waage. Jupiterfinger links Radialschleife: Mars in Schütze.
4) Geburtsdatum: 22. 9. 1944, 21.30 Uhr, Zürich, Daumen beidseitig Doppelschleife. AC Zwillinge, MC Wassermann, Venus, Mars und Neptun in Waage, Sonne knapp 0° Waage.
5) Ohne Geburtsdatum. Doppelschleife auf dem Kleinfinger. Venus in Waage Nähe IC, Merkur Konjunktion Mars im Skorpion in Quadratur zu Uranus.
6) Ohne Geburtsdatum: Zwillingsschleife auf dem rechten Daumen: Sonne und Merkur in Waage; Neptun, Venus und Mond im 3. Haus (zwillingeanalog).

7) Ohne Geburtsdatum: schlechtgezeichnete Zwillingsschleife auf Zeigefinger beidseitig: Neptun in Waage 3. Haus (zwillingeanalog), Halbsumme M = Neptun/Sonne.

8) Ohne Geburtsdatum: radial auslaufende Zwillingsschleife auf rechtem Mittelfinger: AC und Uranus in Zwillinge; Mars Konjunktion Venus Konjunktion Neptun in Waage, alle drei im Sextil zu Pluto im Löwen und in Quadratur zu Saturn Konjunktion Mond. In der linken Hand Mutschleife auf dem Marsberg. Beruf: Hebamme.

Die Haubenmuster

Eine Haube kann über einem einfachen Bogen liegen, sich über einen Tannenbogen wölben oder Bestandteil eines unregelmäßigen Musters sein. In den beiden ersten Fällen ist die Haube eine über einen anderen Mustertyp gestülpte radiale oder ulnare Schleife.

Der Tannenbogen mit Haube

Zeltbogenfragmente mit Haube – kein häufiges Muster – sitzen zumeist auf dem Persönlichkeitsfinger, dem Zeigefinger, seltener auf dem Daumen. Menschen dieses Mustertyps haben im Allgemeinen nicht alltägliche Neigungen oder Berufe, üben in der Regel zwei Tätigkeiten aus oder wechseln den Beruf.

Personen mit radial auslaufenden Hauben reagieren allergisch auf Fremdbestimmung, mögen keinerlei Vorschriften, sondern lieben freie Arbeitsbedingungen (wie die Radialschleife, siehe Seite 169). Sie versuchen daher, sich wenn möglich selbständig zu machen. Alle haben einen versteckten Machttrieb, den auszuleben ihnen die angestammte Familie (Saturn in 4), Verwandte oder Lehrer (Saturn in 3) zu unterdrücken versuchten. Die Haube symbolisiert ein Hindernis, d. h. einen Schutz, um nicht in alte Verhaltensmuster früherer Existenzen zurückfallen zu können.

Die Haube auf dem Zeigefinger drückt auf das Selbstwertgefühl und wird als Hindernis der freien Entfaltung empfunden. Es besteht eine

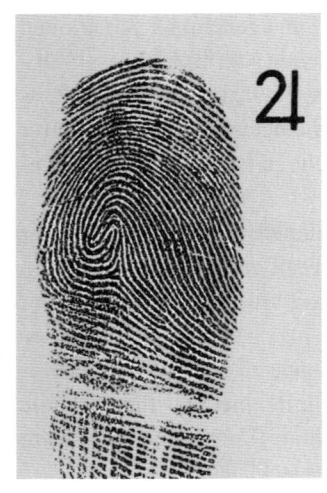

Linker Zeigefinger
Radial auslaufende
Haube

Ambivalenz von Durchsetzungs- bis Machttrieb und Selbstzweifel. Fast alle demonstrieren einen unbeugsamen Charakter, einen Unabhängigkeitsdrang, zeigen Spontanreaktionen am falschen Ort, besitzen seelisch fixierte Vorstellungen und haben scheinbar zeitweilig ein «Brett» vor dem Kopf, denn öfters legt Neptun die uranischen Blitze (Intuitionen und Einsichtsfähigkeit) lahm.

Die *astrologischen* Verhältnisse sind etwas kompliziert, weil das Haubenmuster gegen andere, zusätzlich vorhandene zusammengesetzte Muster abgegrenzt werden muss.

Beispiele:

1) Sonne Zwillinge, AC Steinbock, Sonne-Opposition-Mond-90°-Neptun (T-Quadrat); Jupiter Opposition-MC-90°-Pluto (T-Quadrat). Strukturbild: M/ Jupiter (Saturn) = Mars/ Uranus = Neptun. Radiale Haube auf Zeigefinger beidseits. In Zweitausbildung Heilpraktikerin.

2) Sonne Stier, AC Jungfrau, Sonne-Opposition-Neptun-90°-Uranus (T-Quadrat). Strukturbild: Saturn = Mars/M = Neptun (Uranus). Radiale Haube auf Zeigefinger beidseits. In Zweitausbildung Psychologe/Astrologe.

3) Sonne Stier, AC 29° Schütze, Sonne-Opposition-Mars, Mond-Konjunktion Pluto-Opposition-Jupiter. Strukturbild: M = Merkur/ Uranus (Sonne) = Mars/ Saturn = Neptun/

Mondknoten. Radiale Haube nur auf linkem Zeigefinger, rechter Zeigefinger Zwillingsschleife. Landwirtin/Heilerin.

4) Sonne-Konjunktion-Jupiter-Konjunktion-Neptun in Jungfrau-30°-MC. Uranus-Opposition-AC.90°-Pluto. Konjunktion-Mond-Konjunktion-Venus (T-Quadrat) und Uranus-Opposition-AC-90°-Saturn (T-Quadrat) – kein exaktes karmisches Kreuz. – Strukturbild für Haube: Uranus/ Pluto = M/Mars (Saturn) =

Neptun. Rechter Zeigefinger Radialhaube, linker Zeigefinger Radialschleife. Theatermann, Regisseur.

Fast alle Geburtsbilder meiner Handabdruckkollektion mit der «uranisierten Haube» zeigen eine hohe Besetzung der weiblichen Zeichen (selbst die Männer), alle haben Saturn im 3. oder 4. Haus sowie einen plutonischen Mond, d. h. entweder Mond Konjunktion Pluto, Mond in Skorpion oder Mond im 8. Haus.

Die häufigsten Hautleistenmuster der Fingerbeeren

Einfacher Bogen

Tannenbogen

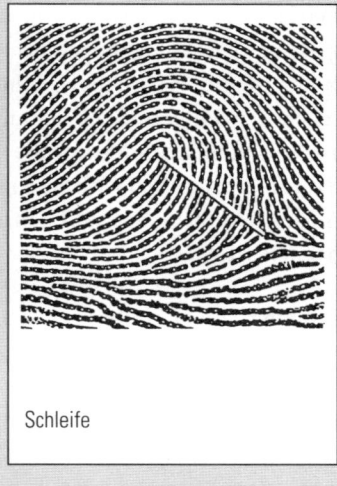

Schleife

Ovarial

Spirale

Doppelschleife

Die Hautleistenmuster auf der Handfläche

Hautleistenmuster treten nicht nur auf Fingerbeeren auf. Sie vermögen sich auch auf den Handbergen zu bilden. Überall, wo sich Muster befinden, konzentrieren sich Energien. Auf dem Thenar sind es Vitalkräfte, auf dem Marsberg motorische Energieimpulse und auf dem Hypothenar seelische Energien.

Auf der Handfläche sind folgende Muster die Regel: auf dem Thenar radiale, ulnare und karpal geöffnete Schleifen sowie Wirbel; auf dem Marsberg die radiale Schleife, auf dem Hypothenar radiale, ulnare und karpal geöffnete Schleifen sowie Wirbel und Doppelschleifen; auf dem Ringfingerberg der Tannenbogen sowie die schrägliegende ulnare Marsschleife. Hinzu kommen zwischen den Fingern Schleifenmuster, ganz selten auch «plutonische» Muster wie der konzentrische Saturn- und der Venuswirbel sowie das «magische Auge». Der bemusterte Thenar ist in Normalhänden selten.

Die Marsbergschleife

Wie der Name es schon sagt, befindet sich diese Schleife auf dem Marsberg, im Raume zwischen Daumeneinschnitt und Lebenslinienbeginn. Die Schleife ist radial geöffnet. Die Marsbergschleife ist kein häufiges, aber auch kein seltenes Muster.

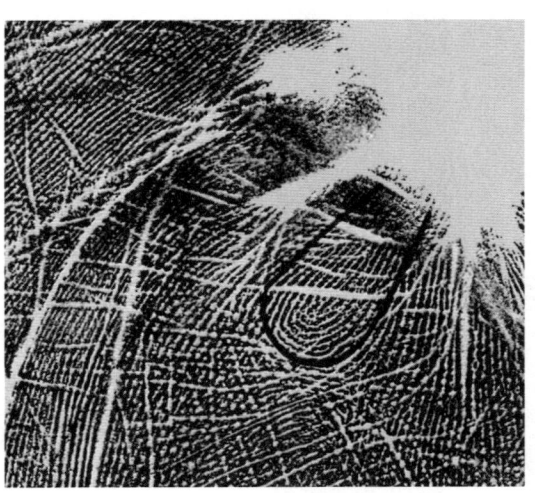

Die Marsbergschleife

Sie zeigt verstärkte Marsenergien und zeugt von einem angeborenen Mut und/oder verrät mutige oder streitbare Vorfahren. In einer starken, festen Hand symbolisiert die Schleife körperlichen Mut, in einer feineren eher Zivilcourage, kann aber selbstverständlich auch beides vereinen.

Astrologisch fand ich immer Mars/Pluto/Uranus/Sonne-Strukturbilder mit AC-Bezug, oft auch mit MC. Auffallend ist die Plutobeteiligung in einem Gebiet, das ich dem Tierkreiszeichen Widder zuordne. In diesem Zusammenhang mag interessant sein, dass sich in neun von zehn Fällen Pluto in Rechtläufigkeit befindet.

Beispiele:
1) Geburtsdatum: 1. 9. 1942, 13.50 Uhr, So. Z, Wels. Strukturbild: Uranus = Sonne/A, plus Pluto = Mars/M.
2) Geburtsdatum: 22. 9. 1944, 21.30 Uhr, Zürich. Strukturbild: Sonne = Mars = Uranus = A = M, plus Pluto = Sonne/A.
3) Geburtsdatum: 6. 8. 1912, 20.00 Uhr, Rotterdam. Strukturbild: Pluto = Uranus/A = Sonne, plus Mars/M = A/Pluto = Uranus (Mirin Dajo, der Fakir).
4) Geburtsdatum: 26. 7. 1956, 9.40 Uhr, Appenzell. Strukturbild: Pluto = Sonne/ Uranus = Mars = A/M.

Die Hypothenarmuster

Das Hypothenargebiet ist sehr oft bemustert. Das häufigste Muster ist vom Typus Schleife.

Die radiale Mondbergschleife

Die radiale Mondbergschleife ist eine Schleife, die im Hypothenargebiet liegt, gegen den Daumen geöffnet ist und einen Teil des Mondberges in sich einschließt. Meist verbindet sich das Muster mit der Kopflinie.

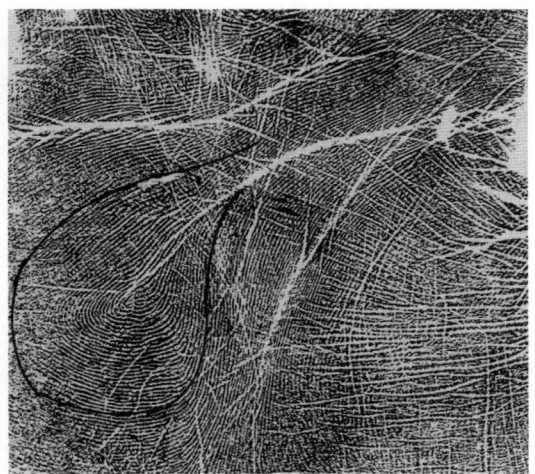

Die radiale Mondbergschleife

Die psychologische Deutung
Alle Mondbergschleifen-Besitzer sind mit speziellen Gedächtniskräften ausgestattet und/oder verfügen über Sonderbegabungen (Bild oben: außergewöhnliche Schleife).

Für die Beurteilung der Mondbergschleifen-Gaben ist es wesentlich, ob sie sich in einer zarten, sensiblen oder in einer starken, kräftigen Hand befinden.

In zarten Händen liegend zeigen sich dichterische, poetische Fähigkeiten, vor allem wenn gleichzeitig die Finger bewirbelt sind. Die Liebe für ein gemütliches Heim ist ausgeprägt, aber auch die seelische Empfindsamkeit. Einmal erlittene Niederlagen sind fast «unverdaulich». Daher ist der Magen meist empfindlich.

In kräftiger Hand wollen die geballten seelischen Kräfte genutzt werden. Wenn gleichzeitig ein Teil der Finger Wirbel trägt, verfügt der Eigner über Heiler-Gaben und meist sind auch mediale, hellseherische Talente vorhanden, eventuell Rückerinnerungen an frühere Leben.

Astrologisch hat die Mondbergschleife eine Beziehung zu Mond/Krebs/4. Haus. In der Regel ist auch Merkur/Jungfrau/6. Haus mitbeteiligt und Pluto/Skorpion/8. Haus.

Beispiele:
1) Geburtsdatum 28. 6. 1945, 11.05 Uhr, Zürich, Linkshänderin, zarte Hand. AC Jungfrau, Regent Merkur in Krebs, Sonne und Saturn in Krebs, Sonne Quadrat Neptun, Venus im Stier im Trigon zu Jupiter. Der Mond in Wassermann bildet ein Quadrat zu Mars in Stier. Die weiblichen Zeichen sind betont. Strukturbild: Saturn = Sonne/Merkur (Krebs), Mond = Mars = Neptun/Jupiter, Neptun = Merkur/Jupiter = Venus/Pluto.
2) Geburtsdatum: 9. 9. 1926, 11.00 Uhr, Zürich. Kräftige Hand. AC Skorpion, Regent von eins in Krebs Quadratur Mond, Sonne und Merkur in Jungfrau, Neptun und Venus in Konjunktion MC in Löwe. Die weiblichen Zeichen sind betont. Strukturbild: Mond = Neptun (Venus) = Mars/ Merkur, Saturn = Mars/Neptun (Venus) = Pluto/ Uranus = Merkur/A, Venus (Neptun) = Merkur/M = Jupiter = Mond/ Pluto = Sonne/A, M = Jupiter = Mars/Saturn = Mond/Uranus.

Die ulnare Hypothenarschleife
Befindet sich die radiale Mondbergschleife eher am Kopflinienende und ist zum eigenen Ich hin geöffnet, so liegt die ulnare Schleife eher im unteren Hypothenargebiet und hat das Radargerät des Mond- oder Uranusberges gegen außen gerichtet.

Die psychologische Deutung
Menschen mit der Ulnarschleife besitzen eine ausgeprägte Instinktanlage für Außenweltangelegenheiten. Sie erfühlen die Strömungen, die von Menschen, Tieren und Dingen ausgehen. Viele haben ein Gespür für Naturzusammenhänge und einige sind begabte Wünschelrutengänger und Pendler. Andere besitzen eine besonders gute Hand für Pflanzen und Blumen. Die gefühlsmäßigen Handlungen dieser Menschen sind besser als die intellektuell überlegten. Die ulnar auslaufende Hypothenarschleife findet sich auch in etwa 70 Prozent der Hände bei Menschen mit dem Langdon-Down-Syndrom.

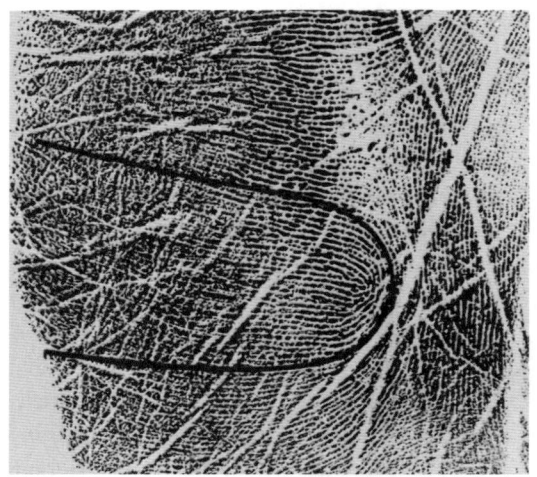
Die ulnare Hypothenarschleife

Astrologisch fand ich in allen in meinem Besitz befindlichen Handabdrücken mit der ulnaren Hypothenarschleife starke Beziehungen zu weiblichen Zeichen einerseits und einen Kontaktbezug nach außen andererseits, sei es zu Menschen oder zur Natur. Zum phlegmatisch/melancholischen Temperament gesellt sich etwas Sanguinisches. Im Vordergrund stehen Mond/Pluto-Verbindungen, sei es durch Mond Quadrat Pluto, Mond Opposition Pluto oder Mond im Skorpion. Zusätzlich sind immer noch Uranus und Saturn im Spiel sowie die sanguinischen Zeichen Zwillinge und Waage, sekundär auch Wassermann, sei es durch den Aszendenten, Mars oder den Sonnenstand.

Beispiele:
1) Geburtsdatum: 23. 10. 1911, ca. 8.00 Uhr, Zürich, Mond in Skorpion 135° zu Pluto und Opposition zu Saturn, Uranus in Steinbock, Mars in Zwillinge, Sonne/Merkur/AC in Waage Quadrat Uranus + Neptun (obiges Bild).
2) Geburtsdatum: 18. 7. 1915, ca. 10.00 Uhr, Zürich. Mond in Waage Quadrat Venus/Saturn/Merkur/Pluto in Krebs, AC Jungfrau (Merkur in Krebs), Sonne und Neptun in Krebs, Uranus in Wassermann und Mars in Zwillinge.
3) Geburtsdatum: 12. 6. 1941. Mond in Wassermann Opposition Pluto, Merkur und Venus in

Krebs, Sonne in Zwillinge, Saturn/Uranus in Stier Trigon Neptun.

Die karpale Hypothenarschleife
Eine karpale Hypothenarschleife ist eine Schleife, die gegen die Handwurzel, astrologisch übersetzt den Neptunberg, geöffnet ist.

Die psychologische Deutung
Die gegen den Neptunberg geöffnete Schleife symbolisiert ein Auffanggefäß für Inspirationen. Die Radarstation des Mondberges ist auf «außerirdischen» Empfang eingestellt. Menschen mit dem Inspirationsmuster besitzen eine lebhaftere Tätigkeit der Zirbeldrüse bzw. der Epiphyse.

Die Eignerinnen aller in meinem Besitz befindlichen karpalen Schleifen zeigen mediale Fähigkeiten, sind aber nicht das, was man unter einer Wahrsagerin versteht. Sie alle haben Wahrträume. Sie sehen im Traum kommende Ereignisse in bildhafter, also symbolischer Art, deren Bilder sie zu übersetzen haben. Die Übersetzung spielt sich mit der Zeit ein, sodass die Träumerinnen genau wissen, was die Bilder bedeuten. Weniger angenehm ist es, wenn eine Träumerin im Traum gleichzeitig die Weisung erhält, das eben Geträumte bestimmten Personen mitzuteilen. Wird der Aufforderung nicht Folge geleistet, weil

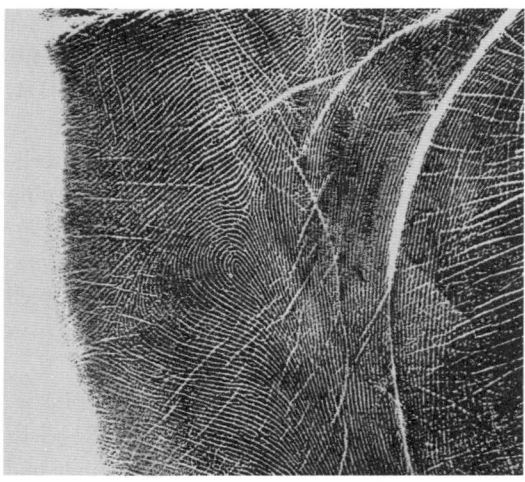
Die karpale Hypothenarschleife

die Mustereignerin nicht gewillt ist, in der Realität als «Spinnerin» dazustehen, wiederholen sich die Träume. Bei beidseitigem Muster sind nicht nur Symbolträume üblich, sondern richtige Sachverhalte, die sich nachher in der Realität genau in der geträumten Reihenfolge abspielen. Es ist offensichtlich, dass diese Musterträger an die Neptun-Ebene, die kollektive Ebene des seelischen Bereichs, angeschlossen sind.

Astrologisch bezieht sich das Inspirationsmuster auf eine Mond/Neptun-Beziehung, oft auch mit Pluto sowie einem uranisierten Mond oder Uranus im Strukturbild.

Beispiele:
1) 30. 5. 1929, 9.45 Uhr, Brugg. Muster beidseitig, Mutter war medial, die väterliche Erbmasse ist uranisch. Mars steht am AC in Löwe, Neptun im 1. Haus in Opposition zum Mond in Wassermann.
2) Geburtsdatum: 28. 8. 1927, 21.05 Uhr, Luzern. Wesentlichstes Strukturbild: Mond = Pluto/ Merkur = Neptun.
3) Geburtsdatum: 6. 7. 1947, 9.40 Uhr, Muster links, rechts radiale Mondbergschleife. Wesentlichstes Strukturbild: Mond/Jupiter = Uranus/Neptun, plus Neptun = Pluto/ Mars = Mond.
4) Geburtsdatum: 9. 3. 1929, Utrecht, Muster beidseitig Sonne Fische; AC und Merkur Konjunktion Mond in Wassermann 144°-Pluto, Neptun 144°-Uranus. Halbsummen: Uranus = Transpluto/Sonne = Merkur/Mond; Pluto = Venus/Mars/Saturn = Neptun.
5) Geburtsdatum: 29. 1. 1953, 20.54 Uhr, Linz. Muster rechts. Sonne Konjunktion Merkur in Wassermann Opposition Mond Konjunktion Transpluto; Uranus Opposition Chiron; Venus 150°-Neptun Konjunktion Saturn; Venus 135°-Mond/Transpluto. Halbsummen: Mond = Neptun/Pluto; Pluto = Venus/Uranus; Neptun = Mars/Pluto; Uranus = Mars/Mond.

Der Mondbergwirbel

Wie bei den Fingermustern beschrieben, vermag der Wirbel verschiedene Formen anzunehmen. Die Wirbel im Hypothenar-Gebiet sind nur im Zusammenhang mit der übrigen Erbstruktur der Handleisten und im Vergleich mit dem Gesamtbild der Hand deutbar, da der Wirbel auf verschiedene Art ausgelebt werden kann.

Es gibt spiral- und kreisförmige Wirbel sowie das Mandelmuster, das sich entweder stehend, liegend oder in verzerrter Form auf dem Mondberg befindet. Die meisten Mondbergwirbel haben Sonderformen und sind oft nicht gut zu bestimmen. Die Spirale ist mondhaft, der kreisförmige Wirbel plutonisch und das Mandelmuster neptunisch bis neptunisch/mondhaft. Die rechtsdrehende Spirale ist primär solar (Feuer), die linksdrehende überwiegend lunar (Wasser), der kreisförmige Wirbel plutonisch/solar (Überhang Feuer) und das Mandelmuster neptunisch/lunar (Wasser).

Die psychologische Deutung
Der Mondbergwirbel symbolisiert eine Konzentrierung seelischer Kräfte. Erbbiologisch ist der Unterschied zwischen seelisch krank und seelisch

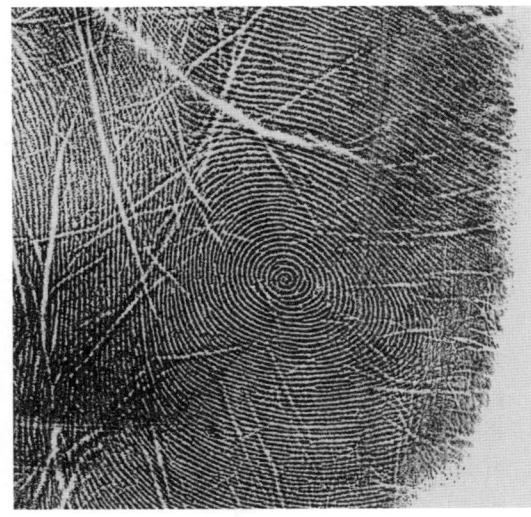

Der Mondbergwirbel. Kern linksdrehende kreisförmige Spirale mit Übergang in einen ovarialähnlichen Umlauf.

gesund nur quantitativer Natur. Wie bei der Schicksalsanalyse von Szondi geht es um die Menge. Die Dosierung kritischer «Triebgene» ist beim normalen Individuum geringer.

Der Wirbel mag in einer Hand mit weicher Konsistenz und schwachem Daumen Komplexe bedeuten, in einer starken Hand mit gutem Selbstwertgefühl und entsprechender Durchsetzungskraft die Gabe, den Ersteren in seinen seelischen Schwierigkeiten zu beraten; ein anderer wiederum benutzt die starken seelischen Ströme des Unbewussten zu künstlerischen Gestaltungen oder vermag sich mit einer Rolle so zu identifizieren, wie es für einen talentierten Schauspieler Voraussetzung ist.

Beispiele Mondbergwirbel

1) AC Skorpion, Pluto in Konjunktion mit Mars, Transpluto und Merkur; Mond in 9 in Löwe (Sonnenhaus) Nähe MC in Quadratur zu Saturn Konjunktion. Jupiter Spitze 7; Sonne in Krebs (Mondhaus). Sonne und Mond stehen daher in Rezeption. Venus in Zwillinge. Doppelspiraliger Mondbergwirbel mit Zwillingsmustereinschlag. Bekannte Autorin, Medium und Heilerin.

2) AC Skorpion, Pluto, Mond, Venus, Uranus im 10. Haus (Berufshaus) in Jungfrau, die logischerweise alle eine Opposition auf das 4. Haus in Fische werfen (Heim, Haus, seelische Substanz). Studentin der Philosophie.

3) AC Widder, Mars in 6 in Jungfrau 144°-Winkel zur Venus in 1 im Stier; Mond in 10 Nähe MC in Steinbock im Trigon zu Saturn und in Quadratur zu Neptun; Neptun in Waage im 144°-Aspekt zu Jupiter in Fische. Halbsummen: Mond = Venus/Uranus; Venus = Mond/Pluto; Neptun = Sonne/Pluto; M = Mond/Uranus = Neptun/Uranus; Uranus = Merkur/Pluto. Es sind Mond, Venus und Pluto, die bei dieser Wirbelprägung dominieren. Die seelischen Spannungen werden künstlerisch umgesetzt.

Die Zwillingsschleife

Die Hautleistenstruktur der Zwillingsschleife im Hypothenar entspricht jener, die auf Seite 180 für den Daumen beschrieben ist.

Die psychologische Deutung

Beim Zwillingsmuster oder der Doppelschleife im Mondberg geht es um einen Doppeleffekt im Gemüthaften, Unbewussten. Es ist sehr wesentlich, in wessen Händen sich die Zwillingsschleife befindet.

In starken, stabilen Händen mit gutem Daumen und Zeigefinger kann sich die Zwillingsschleife vorteilhaft auswirken, weil sich ihr Besitzer psychologisch geschickt den jeweiligen Erfordernissen gegebener Situationen anzupassen vermag. Dies trifft für den Abdruck rechts zu, der von der Hand eines tüchtigen Geschäftsmanns stammt, dem auch die auf Seite 18 abgebildete Rumpfhand gehört.

In Fingerhänden verleiht die Zwillingsschleife die Fähigkeit, seelische Komplikationen aus verschiedenen Gesichtspunkten zu beurteilen. Sie wird öfters bei guten Beratern, Sozialhelfern, Psychologen und Psychiatern gefunden und daher in der englischen Literatur als Psychologen-Twin bezeichnet. Zeitweilig werden diese Fachleute bei sich selbst seelische Komplikationen feststellen. Das scheint mir auch wesentlich, denn die besten Berater und Helfer sind immer die, die um die Schwierigkeiten ihrer Mitmenschen aus eigener Erfahrung Bescheid wissen.

In den Händen zarter, feinnerviger, labiler Menschen offenbart die Zwillingsschleife schwankende Gemütsverfassungen mit der Neigung, sich seelisch zu zersplittern. Sie zweifeln an sich und sind oft am Verzweifeln. Sie sind die Kunden der vorerwähnten Berufsgattung.

Astrologisch fand ich, wie bei der Zwillingsschleife als Daumenmuster, Luft- oder Kontaktzeichenbesetzung, und da es sich um ein Hypothenarmuster handelt, stehen die Hypothenarplaneten Pluto, Mond und Uranus im Vordergrund.

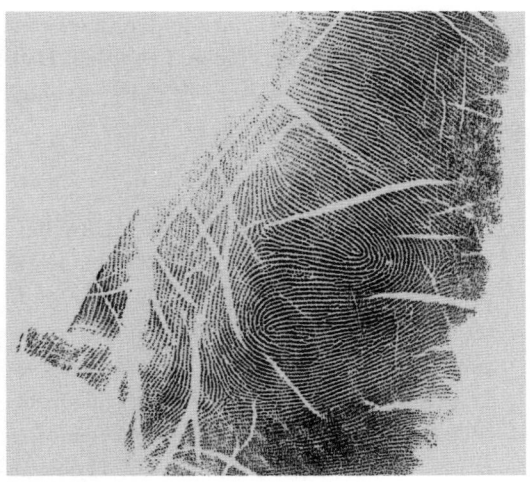

Die Zwillingsschleife

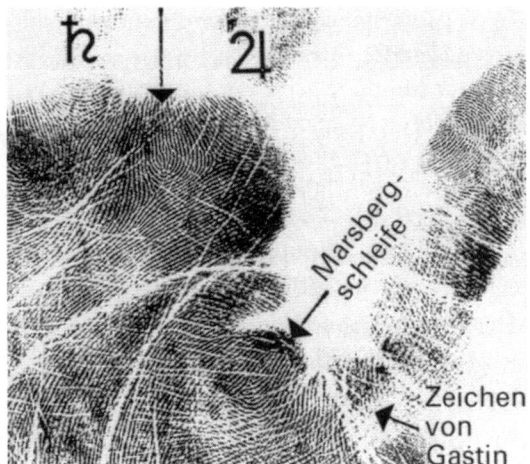

Die Jupiterschleife

Beispiele:
1) Pluto in Krebs, Mond Konjunktion Uranus, Zwillinge-AC sowie Merkur und Mars in Zwillinge.
2) Pluto in Löwe Quadrat Mond in Skorpion, Uranus/Merkur-Konjunktion und Saturn in Zwillinge.
3) Pluto in Krebs Quadrat Mond in Waage, AC Löwe Konjunktion Neptun; Sonne, Merkur und Venus in Wassermann, Uranus Spitze 8 in Fische.

Die Schleifenmuster zwischen den Fingerbergen

Bei den zwischen den Fingerbergen liegenden zum Zwischenfingerraum geöffneten Papillarschleifen handelt es sich, wie immer bei den Papillaren, um Erbmuster: in der Regel in der linken Hand um mütterliches und in der rechten um väterliches Erbgut.

Die Jupiterschleife
Das Muster, das zwischen Zeige- und Mittelfinger liegt, nenne ich Jupiterschleife, weil es einerseits den oberen Jupiterberg gegen den Saturnbereich abgrenzt und anderseits als Erbanlage vor

allem Schütze/Löweeigenschaften verspricht. Das sind: Autorität, persönlicher Magnetismus, Ehrgeiz, Vertrauen auf die eigenen Leistungen, Führungsqualitäten, Selbstbewusstsein, selbstsicheres Auftreten. Mit diesen Erbqualitäten ausgerüstet ist der Mustereigner für leitende Stellungen, als Selbständigerwerbender, für den hohen Staatsdienst und im Bereich Religion und Recht geeignet. Oft steht der Eigner einer Jupiterschleife wegen seiner Leistungen und/oder seines Charismas im Rampenlicht der Öffentlichkeit.

Diese Erbanlagen einer Jupiterschleife können nur bei genügend *starkem Daumen* und gutgestaltetem Jupiterfinger in der Außenwelt umgesetzt werden. Das ist bei der oben abgebildeten Hand der Fall. Zugleich zeigt der Marsberg eine Marsbergschleife (Mutmuster) und der Daumen das Zeichen von Gastin, die optische Andeutung eines dritten Daumengliedes. *Astrologisch* sind die Marsbergschleife und das Zeichen von Gastin im Strukturbild immer durch Mars und Pluto vertreten.

Bei *schwachem Daumen* würde der Mustereigner beim Versuch der Realisierung seiner Pläne auf Schwierigkeiten stoßen. Mit *kurzem* Daumen sind in der Regel die Begabungen nicht zufriedenstellend umsetzbar. Und ist der Jupiterfinger kürzer ausgefallen als der Ringfinger, entspricht das Selbstwertgefühl nicht dem, was die Jupiterschleife vorgibt zu sein.

Das Muster scheint rar zu sein. Debrunner spricht von 6 %. Auch in meiner Handabdruckskollektion ist es mengenmäßig knapp vertreten. Vermutlich deshalb, weil dieser Menschentyp den Weg in eine Beratung oder einen Handlesekurs selten für notwendig erachtet.

In der englischen Literatur trägt die Jupiterschleife den Namen Rajaschleife. Sie wurde in den Händen von Blaublütigen gefunden, die sich durch Mut und königliche Herrscherfähigkeiten auszeichneten, also Menschen, die dem Volk bekannt waren.

Ich habe die Jupiterschleife in den Händen folgender, in den Vierzigerjahren in der Öffentlichkeit bekannter Persönlichkeiten gefunden: Hugo Lederer, Bildhauer; Robert Land, Filmregisseur; Leopold Jessner, Theatermann; Arno Holz, Schriftsteller (Systematiker); Leo Blech, Musiker; Alfred Abel, Schauspieler (Film); Emil Klein, Gelehrter; Hugo Simon, Berliner Bankier; Paul Fuess, Konstrukteur, Erfinder.

Astrologisch hat sich während meiner unzähligen Hand/Horoskop-Vergleiche gezeigt, dass ein Leistenmuster mindestens an eine Dreiheit gebunden ist. Genauso wie der Jupiterberg und der Jupiterfinger die Dreierstruktur Mars/Widder/ 1. Haus, Sonne/ Löwe/5. Haus und Jupiter/ Schütze/9. Haus widerspiegeln, sind diese drei Regenten der Feuer- bzw. Persönlichkeitshäuser 1, 5 und 9 an der Musterbildung der Jupiterschleife beteiligt. Außerdem hat sich ergeben, daß zusätzlich die Dreiheit Pluto/Skorpion/8. Haus ihren Anteil leistet. Pluto ist ein Machtfaktor.

Astrologische Dominanten der Jupiterschleife: Vereinfacht gesagt setzt sich die Jupiterschleife zusammen aus den Planetenprinzipien Jupiter, Sonne, Mars und Pluto. In der Regel ist Jupiter in seinem Domizil Schütze anzutreffen oder im Löwen, vergesellschaftet mit AC, MC oder Spitze 5. Haus. Die Dreiheit Sonne/Löwe/5. Haus und Pluto/ Skorpion/8. Haus scheinen fast zu dominieren.

Ohne einen Faktor der vier erwähnten Dreiheiten bildet sich keine Jupiterschleife. Fehlt dem Daumen das Zeichen von Gastin, ist der Plutoanteil prozentual der kleinste.

Beispiele:

1) Geburtsdatum: 21. 11. 1935, 9.05 Uhr, Bern (Bild auf Seite 189 rechts). AC 12° Schütze, Jupiter 02°45 Schütze, Sonne 28° Skorpion. Jupiter und Sonne haben somit noch eine Konjunktion, aber außer Zeichen. Pluto ist Regent oder Dispositor der Sonne. Die Jupiterschleife befindet sich in beiden Händen, ebenso das Mutmuster und das Zeichen von Gastin. Halbsummen: Mars = Pluto/MC = Jupiter, A = MC/ Merkur = Pluto.

2) Geburtsdatum: 6. 8. 1912, 20.00 Uhr, Rotterdam (Mirin Dajo, der Fakir aus dem Westen). AC 5° Fische Quadrat Jupiter in 5° Schütze, MC 20° Schütze, Sonne 14° Löwe, Pluto 0° Krebs. Halbsummen: M = Mars/Pluto = Sonne/ Uranus; Mars = M/Jupiter, Jupiter = Sonne/ Pluto. Die Jupiterschleife befindet sich beidseits, außerdem beidseits die Marsbergschleife, und beide Daumen tragen das Zeichen von Gastin. Wie könnte es bei einem solchen Beruf anders sein!

3) Geburtsdatum: 21. 4. 1922, 3.03 Uhr, Zürich. MC 9° Schütze, AC 17° Wassermann, Mars 23° Schütze, Sonne 0° Stier, Jupiter im 8. Haus (skorpionanalog), Pluto im 5. Haus (löweanalog). Halbsummen: Sonne = Mars/MC (knapp), Jupiter = Sonne/ Mars, Mars = Pluto/M. Es zeichnet sich nur auf der rechten Hand eine kleine Jupiterschleife ab. Demzufolge ist das Erbmuster nur väterlicherseits zu finden. Eine Nachfrage ergab dessen Richtigkeit. Geburtsdatum Vater: 17. 8. 1896. MC Löwe, Jupiter Konjunktion Sonne im Löwen dominant, Mond im Schützen. Geburtsdatum der Mutter: 22.4.1893. AC Jungfrau, MC Zwillinge. Es sind weder Schütze- noch Löwepositionen vorhanden.

4) Geburtsdatum: 18. 4. 1944, 7.30 Uhr, Zell/
Mosel. Pluto in Löwe 72°-AC, Jupiter in
Löwe, Sonne in Widder 72°-Mars. Das Quin-
til, der 72°-Apekt, entspricht nach Hans-Jörg
Walter der marsischen Grundkraft. Halbsum-
men: Jupiter = MC/Uranus; Sonne = Mars/-
Jupiter; Pluto = Sonne/Jupiter = MC/Jupiter.
Jupiter und Mars Entfernungswert 73. Jupiter-
schleife beidseitig.
5) Geburtsdatum: 16. 3. 1989, 15.30 Uhr, Zürich.
AC 23° Löwe, Sonne in 8 (skorpionanalog),
Mars Konjunkition Jupiter in 10. Halbsum-
men: A = Pluto/Jupiter = MC = Mars; Mars =
Sonne/ MC; Pluto = Sonne/Uranus. Jupiterschleife und Zeichen von Gastin befinden sich
in beiden Händen.

Die Saturnschleife

Die Schleife, die sich zwischen Mittelfinger (Saturnfinger) und Ringfinger (Venusfinger) befindet, bezeichne ich als Saturnschleife, weil sie als
Erbanlage Saturneigenschaften beinhaltet. Das
sind Pflichtgefühl, Verantwortungsbewusstsein,
Realitätsbezogenheit, Sinn für das Machbare, Disziplin, Ernsthaftigkeit, soziale Einordnung und
Berufsbezogenheit. Insbesondere wenn sich diese
Schleife in weiblichen Händen befindet, können
sich die Eignerinnen nur schlecht auf ein Haus-
frauendasein beschränken.

Mit diesen Erbqualitäten ausgerüstet besteht
das Bedürfnis, sich für eine Sache oder ein Werk
einzusetzen, vor allem sozialer Natur. Es ist ein
Muster mittlerer Häufigkeit. Ich fand es vor allem
bei engagiertem Lehr- und Pflegepersonal sowie
Selbständigerwerbenden.

In der Esoterik symbolisiert Saturn ein Kar-
maprinzip. Dort, wo Saturn im Geburtsbild/ Horoskop steht, hat der Mensch sich zu disziplinie-
ren, eine Leistung zu erbringen oder eine Prüfung
zu bestehen. Es ist auffallend, wie viele Saturn-
schleifenbesitzer dies erahnen.

Astrologisch ergab sich bei den gefundenen Saturn-
schleifen im Handbild primär AC oder MC in

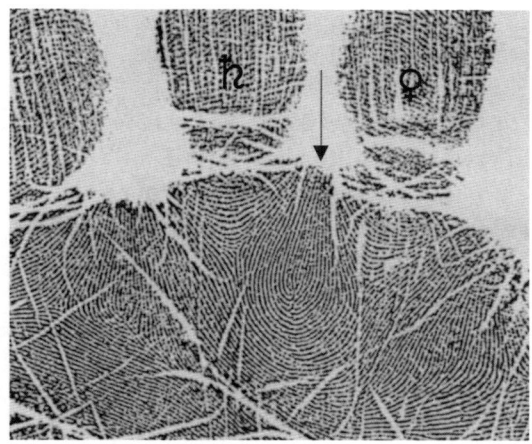

Abdruck rechte Hand, Saturnschleife

Steinbock, Saturn im 10. Haus, eine starke Besetzung des Zeichens Steinbock, sekundär das 2.
Haus (Substanzhaus) in Steinbock oder Saturn im
2. Haus (Substanzhaus).

Beispiele:
1) Geburtsdatum: 28. 11. 1961, 7.15 Uhr, Luzern, Saturn in Steinbock im 2. Haus (Substanzhaus). Muster nur rechts.
2) Geburtsdatum: 11. 4. 1942, 12.45 Uhr, Schüpf-
heim/LU. Saturn Konjunktion Uranus in
Stier im 10. Haus.
3) Geburtsdatum: 21. 7. 1970, 23.14 Uhr, Adliswil. MC in Steinbock, Saturn in Stier im
1. Haus (vor Spitze 2). Saturnschleife nur
rechts.
4) Geburtsdatum: 7. 5. 1942, 5.45 Uhr, Schänis.
MC in Steinbock, Saturn/Uranus in Stier
1. Haus.
5) Geburtsdatum: 13. 1. 1949, 5.19 Uhr, Altstät-
ten. Venus, Jupiter, Sonne in Steinbock, letztere zwei im 2. Haus (Substanzhaus).
6) Geburtsdatum: 10. 9. 1954, 18 Uhr, St. Gallen. Mars Konjunktion Mondknoten in Steinbock. Muster beidseitig.
7) Geburtsdatum: 21. 5.1946, 14.20 Uhr, Mollis.
Saturn im 10. Haus in Krebs, Mond, Regent
von Krebs, in Steinbock. Muster beidseitig.

8) Geburtsdatum: 17. 5. 1936, 5.55 Uhr, Tilsit. Saturn im 10. Haus in Fische. Beidseitig kleine Muster.
9) Geburtsdatum: 26. 6. 1942, 11.30 Uhr, Zuzwil. Saturn Konjunktion MC in Zwillinge. Lange, schmale Saturnschleife nur rechts.
10) Geburtsdatum: 8. 7. 1949, 14.55 Uhr, Zürich. Saturn im 10. Haus in Jungfrau. Beidseitig langgezogenes Muster.
11) Geburtsdatum: 28. 2. 1959, 3.18 Uhr, Zürich. Saturn in Steinbock im 1. Haus. Saturnschleife nur rechts.
12) Geburtsdatum: 1. 10. 1952, 19.15 Uhr, Hemberg. MC in Steinbock.
13) Geburtsdatum: 17. 2. 1957, 9.50 Uhr, Romanshorn. MC Steinbock. Muster bds.
14) Geburtsdatum: 21. 1. 1947, 13.15 Uhr, Düsseldorf. Mond, Mars, Merkur, Steinbock (Sonne bereits in Wassermann). Muster beidseitig.
15) Geburtsdatum: 27. 9. 1913, 14.30 Uhr, Winterthur, AC Konjunktion Jupiter in Steinbock.

Die Venusschleife

Ein recht häufiges Muster ist die Schleife zwischen Ringfingerberg (Venusberg) und Kleinfingerberg (Merkurberg). Sie grenzt den Ringfingerberg gegen den oberen Merkurberg ab. Die Triadie befindet sich seitlich der Schleife zum Merkurberg. Ich nenne sie Venusschleife, weil sie betonte venusische Erbanlagen besagt. Das sind Ausgleichseigenschaften, ein freundliches, umgängliches Wesen und/oder ästhetisches Empfinden. Viele dieser Menschen mögen die heitere Seite des Lebens, lieben harmonische Gesellschaft, sind meist charmant, mehrere lachen gerne und einige haben einen ausgesprochenen Humor. Manche besitzen ein ansprechendes Äußeres oder sind von besonderer Lieblichkeit. Einige haben ein Grübchen in der Wange. Bei fülligem Ringfingerberg besteht ein Hang zu Bequemlichkeit und Luxus.

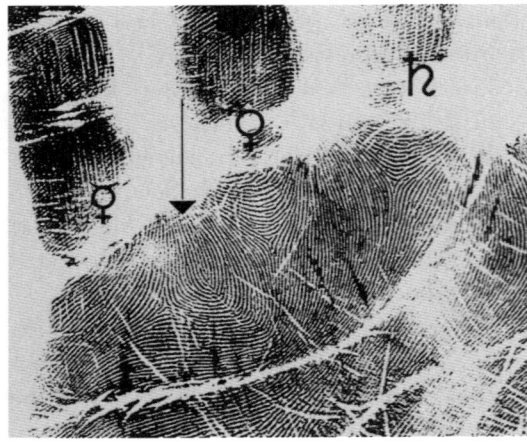

Abdruck linke Hand, Venusschleife

Astrologisch fand ich bei der Venusschleife primär AC Waage oder Stier, MC Waage oder Stier, ein gut besetztes Waagezeichen und/oder Stier, sekundär 2. Haus (Substanzhaus) Stier oder Waage, Venus im 2. Haus (stieranalog) oder im 7. Haus (waageanalog). Der Umstand, dass sich bei einem Venusstand in Stier oder im 2. Haus (Substanzhaus) eine Venusschleife bilden kann, spricht keineswegs für eine Regentschaft der Venus in Stier, sondern dafür, dass sich die Eigenschaften der Venus kraft ihres Anpassungsvermögens sichtbar gut auf materieller Ebene realisieren lassen. Organisch symbolisiert das Venusprinzip die Drüsentätigkeit.

Beispiele:
1) Geburtsdatum: 18. 3. 1937, 13.15 Uhr, Estland. Venus und Uranus im Stier (siehe Bild oben).
2) Geburtsdatum: 17. 3. 1937, 4.30 Uhr, Solothurn. Venus, Uranus und Mond in Stier, Mond in Konjunktion mit dem IC. Muster beidseitig.
3) Geburtsdatum: 24. 11. 1943, 3 Uhr, St. Gallen. AC, Venus und Mond in Waage. Muster beidseitig. Diese drei Faktoren bringen zusätzlich eine Zwillingsschleife auf den Daumen.

4) Geburtsdatum: 20. 4. 1941, 9 Uhr, Gebens-
   torf. Venus, Sonne, Saturn, Jupiter und Uranus im Stier.
5) Geburtsdatum: 31. 3. 1947, 7 Uhr, Aarau. AC
   Stier, Venus in Fische Neptun, Regent von Fische, in Waage. Langgezogenes Muster beidseitig.
6) Geburtsdatum: 26. 2. 1941, 9.40 Uhr, Aarau.
   AC, Jupiter und Saturn in Stier, Venus in
   Wassermann, Uranus, Regent von Wassermann, ebenfalls in Stier. Muster beidseitig.
7) Geburtsdatum: 13. 7. 1942, 13.15 Uhr, Hom-
   brechtikon. AC Waage. Muster beidseitig.
8) Geburtsdatum: 21. 2. 1950, 3.50 Uhr, Altstät-
   ten. Mars/Neptun in Waage, Venus in Wassermann 2. Haus (Substanzhaus). Muster
   beidseitig. Hübsche Erscheinung.
9) Geburtsdatum: 22. 8. 1953, 8.52 Uhr, Zürich.
   AC, Saturn und Neptun in Waage. Muster
   beidseitig langgezogen und füllig.
10) Geburtsdatum: 4. 2. 1957, 18.33 Uhr, Zürich.
    Jupiter rückläufig in Waage 2. Haus (Sub-
    stanzhaus). Muster beidseitig langgezogen
    und füllig. Schwester der Eignerin des Ge-
    burtsdatums 9.
11) Geburtsdatum: 12. 9. 1927, 20.45 Uhr, Ein-
    siedeln. AC Stier Trigon Venus rückläufig
    Konjunktion Sonne, Mars in Waage. Langge-
    zogenes, fülliges Muster beidseitig.
12) Geburtsdatum: 31. 7. 1956, 8.50 Uhr, Zürich.
    Neptun in Waage 2. Haus (Substanzhaus),
    Mond im Stier. Langgezogenes, fülliges Mus-
    ter beidseitig. Sohn der Eignerin des Ge-
    burtsdatums 11.
13) Geburtsdatum: 28. 9. 1959, 21.20 Uhr, Zü-
    rich. Sonne, Mondknoten, Merkur, Mars,
    Uranus in Waage. Langgezogenes, fülliges
    Muster beidseitig. Bruder des Handeigners
    von Geburtsdatum 12.

Die Kombination der Saturn- und Venusschleife

In verschiedenen Händen findet sich das Saturn-
und Venusmuster gleichzeitig. Diese Handeigner
verfügen sowohl über saturnische als auch venusi-

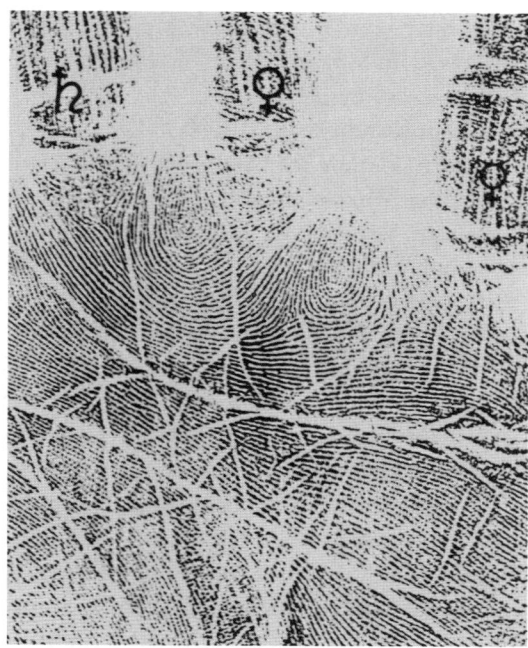

Abdruck rechte Hand, Saturn und Venusschleife

sche Erbqualitäten. Es fiel mir auf, wieviel Lehr-
personal diese Kombination in ihren Händen aufweist. Die Form (Saturn) wird zwar gewahrt, aber
die Vermittlung des Stoffes ist etwas aufgelockert
und der Ton im Kontakt weniger streng als bei
der Saturnschleife allein. Diese Menschen sind
freundlich, entgegenkommend, einfühlsam, aber
trotzdem bestimmt. Sie wissen auch genau, wann
eine Grenze zu ziehen ist. Es besteht eine harmonische Mischung von Ernsthaftigkeit und Fröh-
lichkeit. Die Zuneigungen sind echt und in der
Regel von Dauer.

Fast alle verfügen über eine gute Gestaltungskraft.

Astrologisch fand ich bei der Saturn- und Venus-
schleifen-Kombination die unter der Saturnschleife und Venusschleife aufgeführten Konstellationen gemeinsam.

Beispiele:
1) Geburtsdatum: 22. 3. 1959, 7.10 Uhr, Schwyz.
   Saturn Konjunktion MC in Steinbock, Venus

in Stier in 1, aufsteigender Mondknoten in Waage im 6. Feld, Spitze 7 in Waage. Beide Muster beidseitig.

2) Geburtsdatum: 1. 10. 1950, 0.30 Uhr, Schwyz. Saturn in Jungfrau, Steinbock im 6. Haus (analog Arbeitsplatz), Neptun und Sonne in Waage. Venusmuster beidseitig, Saturnmuster nur links.

3) Geburtsdatum: 08. 4. 1923, 18.55 Uhr, Zürich. AC Konjunktion Saturn in Waage, Mond in Steinbock Konjunktion IC, Mars in Stier. Beide Muster beidseitig.

4) Geburtsdatum: 26. 9. 1931, 17.30 Uhr, Baden. Saturn in Steinbock, Sonne und Venus in Waage. Kleine Muster beidseitig.

5) Geburtsdatum: 4. 7. 1957, 21.10 Uhr, Rheinfelden, AC Steinbock, Saturn in 10 (Berufshaus), Mond und Neptun in Waage. Saturnschleife beidseitig, Venusschleife nur links.

6) Geburtsdatum: 4. 3. 1922, 4.47 Uhr, Berlin. AC Steinbock, Saturn rückläufig, Mondknoten und Jupiter rückläufig in Waage, Mond in Stier. Links beide Muster, rechts nur Saturnschleife.

7) Geburtsdatum: 8. 11. 1938, 1.10 Uhr, Zürich. Saturn in Steinbock 4. Haus, MC Stier, Venus 4. Haus.

8) Geburtsdatum: 9. 8. 1960, 9.40 Uhr, Wädenswil. Saturn in Steinbock, AC Waage. Saturnschleife beidseitig. Venusschleife nur rechts.

9) Geburtsdatum: 31. 5. 1935, 21.50 Uhr, Zürich. AC und Knoten im Steinbock, Mars in Waage, Uranus im Stier. Beide Muster nur links.

10) Geburtsdatum: 9. 9. 1926, 11 Uhr, Zürich. Saturn im 1. Haus, Mond in Waage, Mars in Stier. Beide Muster beidseitig.

11) Geburtsdatum: 20. 7. 1929, 6.20 Uhr, Zürich. Mond in Steinbock, Saturn in Schütze, Jupiter, Regent von Schütze, im 10. Haus, Venus im 10. Haus, Knoten in Stier im 10. Haus. Saturn- und Venusschleife nur links.

12) Geburtsdatum: 22. 9. 1944, 21.30 Uhr, Zürich. Saturn und Knoten im 2. Haus (Sub-

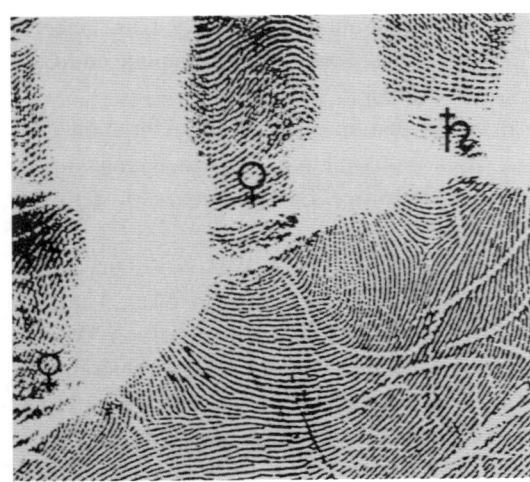

Linke Hand, Mond/Neptun-Leisten

stanzhaus), Venus, Mars und Neptun in Waage. Beide Muster beidseitig.

13) Geburtsdatum: 12. 6. 1911, 3 Uhr, Zürich. Saturn und Knoten in Stier, Mond im 10. Haus (Saturn/Steinbock analog), Uranus in Steinbock. Beide Muster beidseitig (obiges Bild).

14) Geburtsdatum: 26. 7. 1940, 15 Uhr, Großwangen. Saturn/Jupiter-Konjunktion in Stier, Schütze/Steinbock im 2. Haus (Substanzhaus), Uranus in Stier im 7. Haus. Saturn- und Venusschleife nur rechts.

Die Mond/Neptun-Leisten

Als Mond/Neptun-Leisten bezeichne ich eine halbkreisförmige Papillarleistenanordnung, die sich um das Wurzelglied des Ring- oder Saturnfingers ausbreitet. Manchmal verbinden sich durch diese Leisten auch die Wurzeln der beiden Finger.

Die Mond/Neptun-Leisten sind ein musterloses Gebilde. Dadurch ist der Venusberg triradienfrei oder die Venustriradie ist nur ansatzmäßig ausgebildet. Das bedeutet, dass die Venusenergie nur schlecht strukturiert werden kann, es sei denn, der Venusberg verfügt über gutgezeichnete Vertikallinien.

Die psychologische Deutung

Wie alle Leisten auf der Ulnarseite, so haben auch die Mond/Neptun-Leisten mit dem Beziehungsleben zu tun. Und wie der Name Mond/Neptun es schon andeutet, geht es um etwas Unklares, Undefinierbares, nicht Fassbares, nicht Verlässliches.

Menschen mit Mond/Neptun-Leisten haben in der Regel emotionale Schwierigkeiten. Sie besitzen eine rege Einbildungskraft, was unter Umständen positiv genützt werden kann. Aber sie fühlen sich unbewusst bis ganz konkret seelisch verlassen oder mit den Füßen nicht richtig auf dem Boden stehend. Öfters erweisen sich solche Seelenzustände keineswegs als Phantasiegebilde. Da Neptun wie Saturn Karmasymbole darstellen, haben diese Menschen in den vorherigen Existenzen unklare Partnerschaftsverhältnisse erlitten oder selber welche geschaffen. So fühlen sie sich denn auch in der Jetztzeit in einem Meer von Gefühlen schwimmend und wissen nicht wie und wo sie diese anbringen sollen/wollen. Oft ziehen sie einen neptunischen Partner an und lassen sich ausnützen, wenn man sie auf ihr Mitgefühl anspricht. Bei jungen Männern besteht die Tendenz des längeren Haftenbleibens am Elternhaus.

Fast alle Mond/Neptun-Leisteneigner sind in ihren Gefühlen schnell verletzbar; bei einigen bestehen Fluchttendenzen in eine Scheinwelt; andere haben heimliche Romanzen; wieder andere verstricken sich in zweifelhafte Pläne, meist finanzieller Art; etliche schweben in den Wolken oder haben eigenartige religiöse Glaubensvorstellungen, manche befinden sich lebenslang auf der Suche nach einem schwer zu verwirklichenden Glückszustand. Was im Privatleben nicht klappt, wird meistens beruflich mit guten Leistungen kompensiert.

Astrologisch fand ich die Mond/Neptun-Konstellation in harten Winkeln oder Konjunktionen sowie Mond/Neptun in Beziehung zur Venus. Falls in einer Hand, meistens in der rechten, noch eine kleine Saturnschleife in die Mond/Neptun-Leis-

ten eingebaut ist, so fand ich Saturn in die Mond/Neptun/Venus-Komponente miteinbezogen.

Beispiele:

1) April 1953. Mond/Neptun/Saturn-Konjunktion in Waage im 7. Feld Opposition Venus im Widder. Linke Hand: ganz kleine ulnare Marsschleife in den Mond/Neptun-Leisten. Rechte Hand: ganz kleine Saturnschleife in den Mond/Neptun-Leisten.

2) Oktober 1944. Mond/Neptun-Konjunktion in Waage 45° Venus in Skorpion in 7. Saturn Quadrat Mond/Neptun, Saturn 135° Venus. Linke Hand: Mond/Neptun-Leisten. Rechte Hand: ganz kleine Saturnschleife in den Mond/Neptun-Leisten.

3) Juli 1967. Mond/Neptun/MC-Konjunktion in Skorpion, Pluto in 8, 2. Hausspitze in Fische (Substanzhaus), Saturn in 2 im Widder. Strukturbild: Venus = Mond/Neptun/Uranus = Mars = Merkur/Saturn. Linke Hand: Mond/Neptun-Leisten mit angedeuteter Saturnleiste (Bild Seite 194). Rechte Hand: Mond/Neptun-Leisten mit ganz kleiner Saturnschleife.

4) April 1964. Mond in 2 (Substanzhaus), Saturn in Fische in 5, Neptun in Skorpion in 1. Aspekte: Mond Opposition Venus, Mond Quadrat Saturn, Mond Quadrat Uranus, Mond Quadrat Pluto, Venus Quadrat Saturn. Knoten = Venus/Neptun. Linke Hand: Mond/Neptun-Leisten. Rechte Hand: Mond/Neptun-Leisten mit kleiner Saturnschleife. Von Beruf ist der Mann Chemiker!

Mond/Neptun-Leisten mit eingebundener Saturnschleife

Bei diesem Leistenmuster legen sich die Mond/Neptun-Leisten in kleinerem oder weiterem Bogen um die Ringfingerwurzel bis ungefähr Mitte Saturnfingerwurzel oder auch weiter und schließen dabei eine Saturnschleife von kleiner bis mittlerer Größe mit ein.

Die psychologische Deutung

Obwohl wie bei den zuvor besprochenen Mond/
Neptun-Leisten die beteiligten Prinzipien die
gleichen sind, das heißt Mond, Neptun, Venus
und Saturn, ist das Thema anders gelagert, nämlich auf der Proportion der Mond/Neptun-Leis-
ten im Verhältnis zur zusätzlich vorhandenen
Saturnschleife. (Diese Proportion lässt sich bestimmen, wenn die Länge der Saturnschleife ver-
glichen wird mit der Ausdehnung der Mond/
Neptun-Leisten.) Als Begrenzung gilt die letzte
vom Merkurbergtriradius Richtung Venusberg
abzweigende Leiste (siehe Bild Seite 196). Die
Thematik der in die Mond/Neptun-Leisten ein-
gebundenen Saturnschleife kreist um den Zusammenhang zwischen Realität und Vorstellungswelt.
Es können gemäß der Proportionsverhältnisse
drei Charakteristiken unterschieden werden:

a) Die Saturnschleife ist lang, die Mond/Neptun-
Leistenausdehnung eng: Dieser Fall stellt genau genommen die normale Saturnschleife dar
(siehe Seite 191). Die Handeigner dieser Formation sind ausgerichtet auf Selbständigkeits-
entwicklung und Realitätsbewältigung und sie
meiden Abhängigkeiten. Ihr Beruf (z. B. Lehrer, Pfleger) hat oft mit Führung oder Anleitung Abhängiger zu tun.

b) Proportion zwischen Saturnschleife und
Mond/Neptun-Leistenausdehnung etwa 1:1.
Die Thematik kreist hier um erschwerte Selb-
ständigkeitsentwicklung. Verantwortung wird
nicht leicht übernommen. Meist besteht eine
Spaltung zwischen Realität und Vorstellungswelt. Die Inspirationen müssen einer Wirk-
lichkeitskontrolle unterzogen werden. Interessanterweise befinden sich in meiner Kollektion
mit dieser Mond/Neptun/Saturn-Proportion
einige Mustereignerinnen, die ein eigenes Un-
ternehmen für Fußpflege und Reflexzonentherapie (Neptunbetonung!) auf die Beine gestellt
haben (Saturn).

c) Kleine Saturnschleife, weite Mond/Neptun-
Leistenausdehnung: Oft besteht bei dieser
Muster-Kombination ein Gefühl der Unzu-

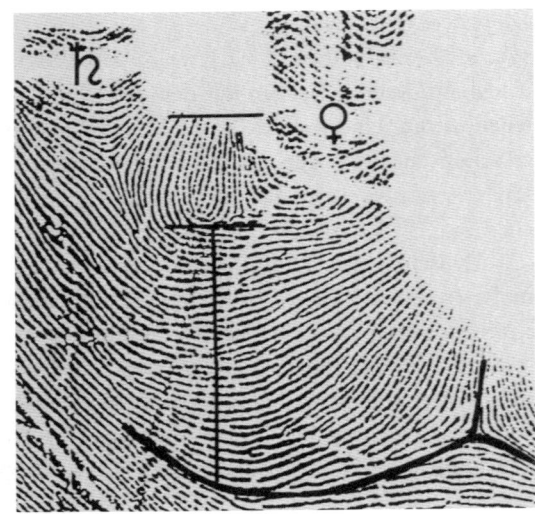

Rechte Hand mit kleiner Saturnschleife, vergrößert.

länglichkeit. Manche haben Minderwertigkeitsgefühle, beispielsweise als «Nurhausfrau» keinen Zahltag nach Hause bringen zu können.
Andere wiederum drücken sich davor, Verantwortung zu übernehmen, bis sie eines Tages
vor der Tatsache stehen, dass das Schicksal jenes von ihnen fordert, was sie zuvor nicht frei-
willig getan haben.

Wieder anderen gibt das Schicksal Gelegenheit,
etwas Eigenes aufzubauen, wobei sie zuvor möglicherweise einen Verlust erlitten haben. Verschiedene «verlieren» lediglich einen Partner, um
dadurch ihre Eigenständigkeit zu gewinnen. Wieder anderen gestattet der Lebenspartner nicht, einer Tätigkeit außer Haus nachzugehen und sie
müssen ernsthaft darum kämpfen.

Astrologisch besteht bei dieser Musterkombination
in der Regel eine Dominanz von Mond/Neptun
gegenüber Saturn wie bei c) beschrieben, oder
beide Faktoren sind wie bei b) gleichwertig. Es
müssen vor allem nicht nur AC, MC, Zeichen und
Häuser (wie bei der gut ausgebildeten Saturnschleife), sondern auch die Aspekte von Mond,
Neptun und Saturn berücksichtigt werden.

Beispiele:

1) Januar 1940. Pluto Opposition Sonne Quadrat Mond/absteigend. Mondknoten/Saturn, Venus 150° Neptun Spitze 12. Feld. Mustereigner hat ein eigenes Geschäft und ist ausgesprochen telepathisch begabt. Links: Mond/Neptun-Leisten, rechts: eingebundene Saturnschleife.

2) August 1953. MC in Fische, Neptun Konjunktion Saturn in Waage in 4. Quadrat Venus/AC. Uranus in 1. Trigon Mond, Mond Quadrat Sonne/ Pluto, Mars in 2 in Löwe. Links: uranisches Leistenherz, rechts: eingebundene Saturnschleife.

3) Juli 1945. Mond, Neptun in Waage, Mond Quadrat Saturn in Krebs, Neptun 90° Mondknoten, absteigender Mondknoten in Steinbock im 2. Haus, Venus/Uranus Spitze 8. Eingebundene Saturnschleife beidseitig.

4) März 1922. AC Steinbock, Saturn rückläufig/Mondknoten in 8 in Waage, MC in Skorpion, Pluto in Krebs 90° Saturn rückläufig/Mondknoten: Mond in Stier 90° Neptun, Venus in Fische. Eingebundene Saturnschleife beidseitig.

5) Oktober 1941. Mond/Neptun/Mondknoten Trigon Saturn rückläufig Konjunktion Uranus Spitze 8, Pluto 90° AC in Skorpion; Venus im 2. Feld in Schütze; Jupiter, Regent von Schütze, 90° Mond/Neptun/Mondknoten. Eingebundene Saturnschleife beidseitig. Kleinunternehmer.

Zu den Zwischenfingerschleifen
• Nach dem zu den Zwischenfingerleisten Gesagten könnte nun der Eindruck entstehen, dass man ohne Saturnschleife kein ernsthafter oder selbständiger Mensch wäre. Dem ist natürlich nicht so. Viele Menschen haben keine Zwischenfingerschleifen. Papillarleistenformierungen wie beispielsweise die Saturnschleife sind Erbmuster; über die Realisierung der Saturn-Erbanlagen entscheidet in letzter Instanz die Hauptvertikale: die Saturnlinie.

• Umgekehrt ist im Falle von mehrheitlichen Mond/Neptun-Leisten zu kontrollieren, ob durch einen wohlgeformten spatelförmigen oder eckigen Saturnfinger und durch eine gute Saturnlinie ein Gegengewicht geboten wird.

• Der Vorteil der Handmuster ist, dass man sehr schnell bestimmte Anlagen feststellen kann, um dann nach sie unterstützenden oder ihnen widersprechenden Merkmalen zu suchen. So kommt man relativ rasch zu einer Diagnose. Das ist beispielsweise in der Berufsberatung von besonderer Bedeutung.

Die Sondermuster im emotionalen Raum

Das uranische Papillarleistenherz
Mit uranischem Papillarleistenherz meine ich ein Tannenbogenmuster, das, gegen die Finger geöffnet, auf dem Ringfingerberg liegt.

Die psychologische Deutung
Da die Hautleistenfigur auf der Du-Seite sich im emotionalen venusischen Bereich befindet, muss sie sich logischerweise auf konzentrierte Energien im *Du-* oder künstlerischen Bereich beziehen, die mit Gemüts- oder subjektiven Wahrnehmungssituationen in Verbindung stehen. Das ist denn

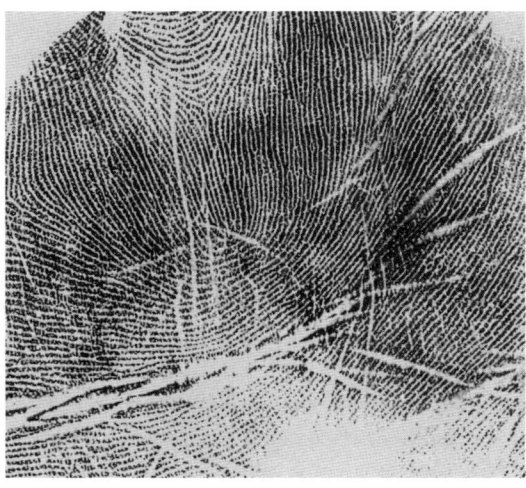

Das uranische Papillarherz

auch bei diesem Muster der Fall. Es besteht die Erbanlage zu rascher Reaktion auf Sinnesreize, hochgradiger Erregbarkeit, Gestaltungskraft, künstlerischen Fähigkeiten, intuitiven Erkenntnissen, Interesse an Mystik oder an parapsychologischen Phänomenen.

Gleichzeitig ist die Tendenz gegeben, in rhythmisch sich wiederholenden Abständen intensive Du-Beziehungen zu pflegen, sei es im Partnerschafts- oder Öffentlichkeitsbereich oder zu Personen mit gleicher Geisteshaltung. Plötzliche Krisen im Partnerschaftsbereich werden kaum ausbleiben, wobei – wenn man sich arrangiert – es keineswegs zu Trennungen kommen muss. Organisch sind nervös bedingte (funktionelle) Herzrhythmusstörungen möglich sowie Schwankungen im Kreislaufsystem (Neptun/Uranus-Beteiligung). Frauen mit beidseitigem Papillarleistenherz sind eher der Typus Geliebte denn Ehefrau.

Astrologisch besitzt das Muster die Formel: Venus = Uranus/Mars = Pluto/Neptun. Wenn das Papillarleistenherz nur in einer Hand liegt oder schlecht gezeichnet ist, sind wohl die gleichen Planeten beteiligt, aber im Strukturbild meist anders geordnet.

Beispiele:
1) Geburtsdatum: 14. 11. 1929, 2 Uhr, Lausanne. Papillarleistenherz rechts. Strukturbild: Venus = Mars/Uranus, plus Pluto/Mond = Venus/Uranus = Neptun (wegen des Mondes im Strukturbild und starker Skorpionbetonung liegen außer dem uranischen Leistenherz beidseitig radiale Mondbergschleifen im Handbild).
2) Geburtsdatum: 28. 11. 1924. Leistenherz beidseitig. Strukturbild: Venus = Mars/Uranus = Pluto/Neptun.
3) Gleiches Geburtsdatum: Leistenherz nur links. An den Beispielen 2 und 3 soll die Wirkung des Geburtsgebieters veranschaulicht werden. Bei Beispiel 2 liegt das uranische Leistenherz beid-

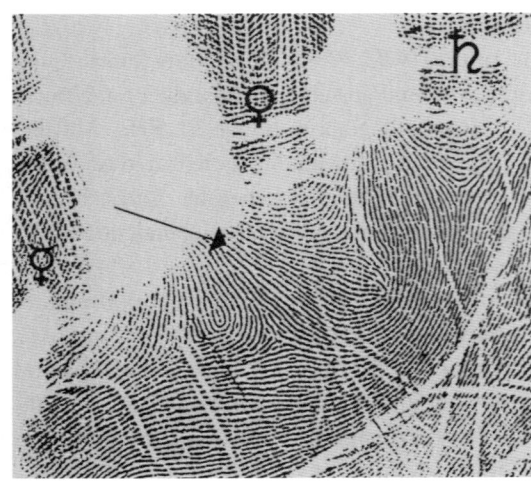

Abdruck linke Hand, ulnare Marsschleife

seits unter dem Ringfinger. Geburtsgebieter ist Mars, das Aktivitätsprinzip, in Konjunktion mit Uranus. Bei Beispiel 3 des gleichen Geburtstages ist Geburtsgebieter Neptun. Das Leistenherz liegt nur links. Gleichzeitig bestätigt dieser Umstand die primäre uranische Vererbung mütterlicherseits.
4) Geburtsdatum: 10. 10. 1932, Leistenherz nur links.
5) Geburtsdatum: 12. 6. 1941, Leistenherz rechts gut gezeichnet, links schrägliegende ulnare Marsschleife.

Die ulnare Marsschleife

Mit ulnarer Marsschleife meine ich ein Muster, das gegen den Zwischenfingerraum geöffnet, schräg an der Ringfingerwurzel verlaufend, auf dem Ringfingerberg (Venusberg) liegt.

Die psychologische Deutung
Schon optisch wirkt dieses Muster dynamischer, lebendiger als das uranische Papillarleistenherz. Diese Dynamik kommt in der Du-Beziehung zum Tragen. Es ist auffallend, wie oft sich dieses Muster nur in der linken Hand befindet. Anscheinend wirken diese Erbanlagen primär bis ungefähr zum 30. Lebensjahr. Zwar bleibt die Anlage weiter bestehen, aber das Leben hat den Muster-

eigner zwischenzeitlich gelehrt, seine bisherige Verhaltensweise und die dabei gemachten Erfahrungen zu überdenken.

Bei den ulnaren Marsschleifen konnte ich drei Eigentümlichkeiten unterscheiden:

a) Menschen mit der ulnaren Marsschleife im emotionalen Raum haben eine starke physische Ausstrahlung, sind lebhaft, sinnlich, erotisierend im Kontakt, manchmal direkt sexy, haben eine magische Anziehungskraft und wecken meist in ihrem näheren Umfeld den Wunsch, ihnen näherzukommen. Einige offenbaren zu schnell ihre Gefühle. Doch oft fällt es den Mustereignern schwer, in eine wirklich harmonische Beziehung von Dauer zu gelangen. Es fehlt an Kompromissbereitschaft. Manchmal bestehen narzisstische Eigenschaften, in einigen Fällen zeigt sich Eitelkeit.

b) Je nach Musterbeschaffenheit können sich noch zusätzliche Anlagen bemerkbar machen wie beispielsweise ein Freiheitsbedürfnis, das man in einer Du-Beziehung nur sich selber gestattet, oder dass das Altgewohnte schnell langweilig wird; Extravaganzen des Geschmacks; gelegentliche Verrücktheiten; aus dem Rahmen fallende Liebesgeschichten. Gesundheitlich zeigt sich eine gewisse nervöse Reizbarkeit, meist weil sich der Mustereigner zu wenig Ruhe gönnt. Astrologisch besteht hier ein uranischer Einschlag.

c) Eine weitere Variante ist, dass das Gefühlsleben mehr Probleme beschert denn eine Befriedigung; Sex als Mittel benutzt wird, um sich materielle Vorteile oder eine finanzielle Sicherheit zu verschaffen; gesellschaftliche Umstände, die das persönliche Glück oder die emotionale Erfüllung durchkreuzen; heimliche Liebesaffären; magische Anwendungen. Die leidbringenden Partnerschaften sind in der Regel karmisch bedingt, meist wird man aus ihnen nur durch höhere Gewalt entlassen. Astrologisch besteht hier ein Plutozuschuss.

Ich habe die Horoskope dieser Mustereigner untersucht und bin zu folgendem Ergebnis gekommen: Wie bereits aus dem bisherigen Text hervorgeht, besteht bei a) primär eine Mars-Venus-Komponente, bei b) eine Mars/Venus/Uranus-Verbindung und bei c) ein Mars/Venus/Pluto-Bezug. Beispiele (verständlicherweise ohne genaues Geburtsdatum):

1) Dezember 1940. Venus/ Mars Konj. Skorpion, Muster nur links.
2) September 1922. MC Stier, Sonne Waage, Venus im Skorpion, Mars im 5. Haus. Aspekte: Venus Trigon Uranus, Venus Trigon Pluto, Venus Quadrat Neptun. Muster beidseitig. Die Aspekte als dynamischer Faktor = Energiefluss unterstützen die Erbanlagen = Papillarleisten (statischer Faktor). Die Papillarleisten verändern sich zeitlebens nicht.
3) Juli 1940. Venus 45° Mars.
4) August 1942. Venus 45° Mars.
5) April 1957. Venus 45° Mars, nur links.
6) Juli 1930. Mars in Stier Quadrat Venus in Löwe.
7) August 1939. Venus 45° Mars, Muster bds.
8) Juli 1948. Venus im 2. Haus Quadrat Mars in 5.
9) November 1929. Venus in Waage 90° Pluto und 30° zu Mars in Skorpion. Ulnare Marsschleife und Venusschleife beidseitig.

Der plutonische Saturn/Venuswirbel

Mit Saturnwirbel bezeichne ich ein konzentrisch kreisförmiges, in die Mond/Neptun-Leisten eingebundenes Hautmuster, das zwischen Saturnberg und Venusberg (Ringfingerberg) liegt. Saturn- und Venusfinger sind darüber hinaus fast flossenähnlich miteinander verbunden.

Die psychologische Deutung

Dieser außerordentlich seltene Wirbel in dieser Position besagt ein Kreisen um da Saturn/Venusprinzip, wobei dieses Drehen magisch fixe, das heißt plutonische Formen annimmt und einer gewissen Tragik nicht entbehrt. Wie es die Mond/

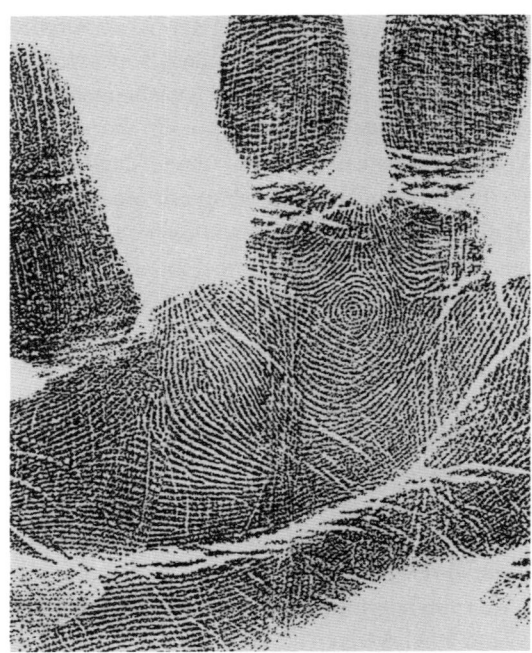

Linke Hand, Saturn/Venuswirbel, Beispiel a)

Neptun-Leisten andeuten, in die der Wirbel eingebaut ist, finden die Fixierungen im seelischen Bereich statt.

Die zwei mir bekannten Mustereigner besitzen beide den Saturnwirbel lediglich in der linken, seelischen Hand, was einerseits die seelische Komponente unterstreicht und andererseits besagt, dass die seelischen Schwierigkeiten sich im Laufe des Lebens verarbeiten und beheben lassen. Außer dem Saturnwirbel findet sich bei beiden Mustereignern in der linken Hand zusätzlich ein fast aufgelöster Venuswirbel. Ferner haben beide in der linken Hand eine radiale Mondbergschleife, im Beispiel a) sogar beidseitig. Und auf dem linken Kleinfinger zeigen beide das gleiche Papillarleistenmuster: eine Ulnarschleife mit auffallend ähnlichem Einschlussmuster. Fast könnte man erbbiologisch annehmen, die beiden wären miteinander verwandt.

Der Saturnfinger und sein Berg haben mit Pflicht und Reduzierung auf das Notwendige zu tun, gegebenenfalls auch mit Angst und pathologisch mit Verdrängungen und Blockaden. Saturn ist aber auch Erziehungsprinzip (mitunter Symbol für die alleinerziehende Mutter). Esoterisch gilt Saturn als Karmaplanet. Der Venusfinger und sein Berg sind Sinnbild für das Beziehungs- und Liebesleben, stehen aber auch für die Kunst. Das sind astrologische Zusammenhänge, welche beim Saturnwirbel besonderes Gewicht erhalten.

Astrologische Grundlage des Saturnwirbels ist wie beim auf Seite 203f. folgenden Venuswirbel die Mondknotenachse. Hauptfigur ist Saturn in plutonischer Position, das heißt entweder im 8. Haus oder im Skorpion. Hinzu mischen sich Mond/ Neptun-Konstellationen und eine saturngeprägte Venus. Bei beiden Saturnwirbeleignern ist die Achse 2/8 und die Dreierstruktur Saturn = Venus/Mondknoten beteiligt. Wegen des in Auflösung begriffenen Venuswirbels klingen horoskopisch noch Venuswirbeleigenschaften an. Übersetzt man die für den Saturnwirbel maßgeblichen astrologischen Faktoren in eine psychologische Sprache, so ergibt sich folgende Kurzaussage: starkes Gefühlsleben, starke Gefühlsimpulse; eine hochgradige Empfindsamkeit; frühe massive Enttäuschungen bzw. das Erlebnis, existenziell abgelehnt worden zu sein; Entwurzelung, zu wenig körperliche Wärme bekommen zu haben; Enttäuschungen in geschlechtlicher Hinsicht; Ernüchterung, Schwierigkeiten oder Sorgen in einer bedeutsamen Liebesverbindung.

Beispiele:

a) Eine Saturnwirbel-Eignerin kam wegen unerklärlicher Schuldgefühle bzw. wegen eines chronisch schlechten Gewissens, das ihr sogar Kopfschmerzen verursachte, in meine Praxis. Einen Zusammenhang zwischen diesen Schuldgefühlen und ihrem bisherigen Leben konnte sie einfach nicht herstellen. Sie fühlte sich seelisch angeschlagen, bezeichnete sich als nicht partnerfähig, frigide, sollte jedoch in Partnerschaft und Geschäft möglichst «gut und gescheit» tun, fühlte sich dazu aber zur Zeit unfähig. Sie sei gehemmt, unfrei, könne nicht tanzen und sähe sich in einer Sackgasse. Ein

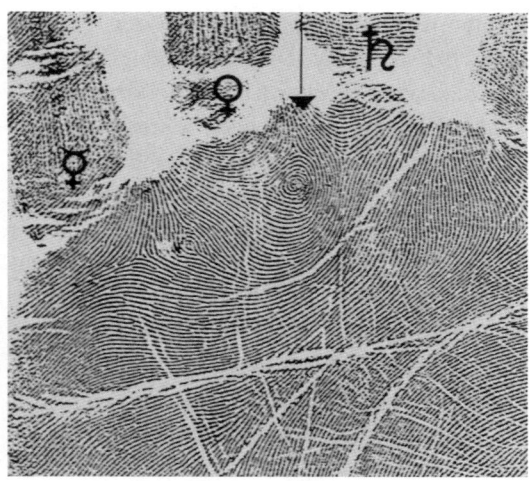

Linke, gesperrte Hand Beispiel b), Seite 202. In der Handmitte sich herauslösende, auf die Merkurlinie zustrebende Kopflinie, die dort einen Intelligenzwinkel bildet. Verkleinert.

früheres graphologisches Gutachten, das ihr zwar künstlerisches Flair attestierte, sie aber sonst als unzuverlässige Person bezeichnete, war auch nicht dazu angetan, ihr Selbstwertgefühl zu heben. So fand sie sich vor einem Scherbenhaufen stehend und war der Meinung, ihre Umgebung würde durch sie nur belastet. Dabei war sie völlig willens, Ordnung in ihr Leben (besser: in ihre Seele) zu bringen. Ich solle ihr beim «Sortieren» helfen. Die Frage nach dem Verhältnis zu ihren Eltern beantwortete sie dahingehend, dass sie sich mit der Mutter nicht sonderlich gut verstünde, und was den Vater betreffe, dieser sie vor der Geburt am liebsten «zurückgeschickt» hätte.

Astrologisch waren die Schuldgefühle schnell auszumachen: Der rückläufige Saturn (Schuldgefühle) steht zusammengestirnt mit dem absteigenden Mondknoten (Bilanz früherer Existenzen) an Spitze 8 (fixes, plutonisches Haus) im kardinalen Zeichen Widder (das Thema «kann Kopfschmerzen bereiten»). Bei diesem Beispiel bin ich versucht zu sagen, dass die Schuldgefühle aus einem früheren Leben stammen. Hinzu kommt, dass der Regent von Saturn, Mars, das

Energieprinzip, in Konjunktion mit dem Mond (= Seele) im auflösenden Zeichen Fische steht: Die Seele sollte ja wieder verschwinden. So hat die Saturnwirbeleignerin im Hintergrund möglicherweise noch ein schlechtes Gewissen, dass sie es geschafft hatte zu leben. Mond/Mars besitzen einen 135°-Winkel zu Pluto. Das zeigt sich in der Hand zusätzlich als radiale Mondbergschleife, was in dieser Hand für das seelische Wohlbefinden nicht gerade förderlich ist, zumal sich die Schleife beidseits befindet.

Die Mondknoten liegen in der Achse 2/8. Der Südknoten, der symbolisch für die Vergangenheit steht, sitzt im 8. Haus, und der Nordknoten, Symbol für die Zukunft, ist im 2. Haus platziert. Gemäß Fachliteratur (siehe Seite 208) weist der absteigende Knoten in 8 darauf hin, dass in früheren Leben Sexualität als Mittel benutzt wurde, andere zu beherrschen, wobei diese Personen in der Wahl des daraus entstehenden Nutzens nicht zimperlich waren. So trägt die Wirbeleignerin Geheimnisse aus vergangenen Inkarnationen in sich, die mit Liebesbeziehungen zu tun haben. Und der Südknoten in Konjunktion mit Saturn rückläufig zeigt das Bild einer bitteren Enttäuschung in früherer Zeit, die sie möglicherweise zuerst geschaffen und dann selber erlitten hatte. Darum kann es auf sexuellem Gebiet Hemmungen geben, die auf viele angesammelte Ängste zurückzuführen sind. Der rückläufige Saturn wirft eine Quadratur auf die Venus in Steinbock (saturnanalog, also doppelt genäht) im 4. Haus (Elternhaus, Herkunft, Lebensursprung, Wurzelboden, seelische Substanz, Erbmasse. (Siehe dazu mein Buch «Astrologie».) Diese Quadratur besagt für das letzte und das gegenwärtige Leben einen erlittenen Mangel an Zuneigung. Bei Betrachtung von Hand und Horoskop scheint es aber, dass die Saturnwirbel-Eignerin es mit diesem Leben schaffen wird, sich aus ihren früheren Verstrickungen endgültig zu lösen und in ihre Seele Ordnung zu bringen. Der Saturnwirbel dürfte sich in der nächsten Existenz vermutlich in eine Saturnschleife umwandeln.

b) Beim zweiten Geburtsbild, dem eines gut präsentierenden, beruflich tüchtigen Mannes, ist das Thema ein ähnliches wie bei a), aber da er ein Mann ist, anders gelagert. Seine Mutter, damals ein junges, lediges Mädchen unter 20 Jahren, war kaum entzückt, als sich bei ihr eine Seele zur Inkarnation meldete. Sie gab den Jungen unmittelbar nach der Geburt zur Adoption frei. Dort war er materiell sicher gut versorgt. Doch er litt lange unter einem Mangel an Zuneigung. Vor allem kreisen seine Gedanken noch heute um die Suche nach der leiblichen Mutter. Er möchte wissen, welcher Herkunft, welcher Substanz er ist (Sonne Konjunktion Merkur in Krebs in 2).

Die Mondknotenachse in 2/8 weist auf ein nicht gerade leichtes Leben hin, weil die Verhaltensweisen der vergangenen Inkarnationen eingefahren sind. Die Restschuld der Vergangenheit deutet auch auf eine zu starke Bindung an physische und materielle Dinge hin. Sein Karma ist es unter anderem, den extremen Besitzanspruch aus seinen vergangenen Inkarnationen zu überwinden.

Der Native hat den Südknoten (= Vergangenheit) im Krebs. Das besagt, dass er viele Leben im Schutze seiner Familie verbrachte, am liebsten Mittelpunkt war und dass, je mehr Zuneigung er erhielt, er desto mehr forderte. Eltern, Geschwister, Onkel, Tanten, Cousins, Cousinen wurden von ihm benutzt, um sich vor den Realitäten des Lebens und dem Erwachsenwerden zu schützen.

Mit dieser Südknotenstellung im Krebs im 2. Haus stehen Sonne, Merkur und Jupiter in Konjunktion. Die Fachliteratur zu diesem Thema (siehe Seite 208) sagt, dass Planeten, die sich zusammengestirnt mit dem Südknoten befinden, in diesem Leben auf Personen hinweisen, denen man schon in früheren Inkarnationen begegnet ist.

Es berührt seltsam, wenn man bedenkt, dass dieser Mann in der jetzigen Existenz wissentlich keine Blutsverwandten besitzt, aufgrund der Knotenstellung aber fast seiner ganzen früheren Sippschaft begegnet. Das sind: Sonne Konjunktion Südknoten = Vater, Chef oder Vorgesetzter; Merkur Konjunktion Südknoten = Bruder, Schwester, Cousine oder Cousins; Jupiter Konjunktion Südknoten = Onkel und Tanten. Merkur im absteigenden Knoten besagt gleichzeitig, dass der Horoskopeigner eine Begabung für Kommunikation und/oder Heilkunst besitzt. Das Erstere ist offenkundig, das zweite ist wegen des Saturnwirbels vorläufig noch blockiert, und zwar aufgrund früherer magischer Praktiken.

Mars rückläufig im letzten Grad Schütze weist auf frühere Leben hin, wo er sich im Verfolgen wechselnder Ziele verzettelte. In dieser Existenz sind die Energien nicht konstant. Da sich im Weiteren Mars rückläufig in 7 befindet, ließ er in der Rücksichtnahme auf den seelischen Bereich seiner Partner zu wünschen übrig. Er hat sich dafür für dieses Leben eine Quadratur zum Mond eingehandelt. Durch den Mond in 1° Waage und Aszendent in Zwillinge ergibt sich auf dem linken Daumen eine Doppelschleife.

Der Mond (= Seele, Mutter, Frau) in 5 (emotionales Haus) empfängt vier Quadraturen. Das ist keine einfache Grundlage für eine erwünschte Partnerschaft. So hat denn dieser Mann nebst dem Saturnwirbel und einem in Auflösung befindlichen Venuswirbel noch eine gesperrte Hand, was besagt, dass er sich im Partnerschaftsbereich oft unverstanden fühlt.

Weitere maßgebliche Konstellationen zum Saturnwirbel: Die Venus steht in Konjunktion mit Pluto (Skorpion/8. Haus analog) im Löwen (fixes Zeichen wie Skorpion) und deckt sich in der Spiegelung fast mit Saturn im Skorpion. Die Sonne hat zu Saturn ein genaues Tridecil = $3 \times 36° = 108°$, welches eine plutonische Materiewelle darstellt. 8 Gestirne besetzen fixe Häuser und sind somit schicksalsauslösend.

Astrologische Analogien der Beispiele a) und b).
Mondknotenachse in 2/8. Sie: Nordknoten, in 2, Südknoten in 8; Er: Südknoten in 2, Nordknoten

in 8. Sie: Saturn in 8; Er: Saturn in Skorpion. Sie: Saturn in Konjunktion; mit Südknoten in 8; Er: Sonne Konjunktion Südknoten in 2. Sie: Sonne und Merkur im Schützen, dabei Sonne Konjunktion IC; Er; Sonne Konjunktion Merkur, Konjunktion Jupiter im Krebs, wobei sich zusätzlich Schütze und Krebs über die Achse 0° Steinbock/0° Krebs gegenseitig spiegeln. Sie: AC im Merkurzeichen Jungfrau Konjunktion Neptun; Er: AC im Merkurzeichen Zwillinge im Trigon zu Neptun. Sie: Mond Konjunktion Mars; Er: Mond Quadrat Mars. Sie: Venus in 4 Steinbock Quadrat Saturn in 8; Er: Venus Konjunktion Pluto in 4 mit Spiegelung auf Saturn in Skorpion.

Abdruck rechte Hand, «magisches Auge»

Das «magische Auge»

Äußerst selten anzutreffen ist das von mir sogenannte «magische Auge», ein Hautleistenmuster im emotionalen Raum zwischen Saturn- und Venusfinger.

Im Gegensatz zum geschlossenen konzentrisch gestalteten Saturn/Venuswirbel mit zwei Triradien besitzt das «magische Auge» pfauenaugenähnlich eine Verbindungsleiste zum Venus/Merkur-Zwischenbereich. Im Bildbeispiel wird diese Verbindungsleiste durch eine stark ausgeprägte venusische Vertikallinie auf dem Ringfingerberg abgeblockt. Das «magische Auge» zeigt gegen den Saturnberg hin einen Triradius.

In beiden Händen sind Saturn- und Ringfinger die höchstangesetzten Finger und flossenähnlich miteinander verbunden, als wären sie eine Einheit.

Die psychologische Deutung

Das «magische Auge» hat mit magischen Gaben und/oder Bedrohungen zu tun. Der Eigner der Figur ist sich seiner Fähigkeiten bewusst («Die Geister, die ich rief, die werd' ich nicht mehr los»). Wer sich auf dem Gebiet der weißen und der schwarzen Magie auskennt, weiß, was mit Gedankenkonzentration alles vollbracht werden kann, und zwar positiv wie negativ. Gedanken sind Realitäten und haben eine bestimmte Frequenz. Glücklicherweise fallen Missbräuche auf den Sender zurück, sobald sich der als Empfänger Gedachte zu schützen weiß.

Bei diesem Mustertyp sind außerdem – der Venus/Saturn-Thematik gemäß – langwierige partnerschaftliche Probleme zu erwarten.

Astrologisches (Das Geburtsdatum kann aus Diskretionsgründen nicht bekanntgegeben werden): Die *astrologischen* Konstellationen sind: Die Herrscher vom AC, Saturn und MC, Pluto, befinden sich zusammengestirnt an der Spitze des 8. Hauses (skorpionanaloges, fixes Haus) in Löwe (fix) im Quadrat zum MC in Skorpion. Ebenso ist der Mond plutonisch, denn er steht im 8. Haus im Trigon zur Lilith, dem schwarzen Mond im Steinbock im 1. Haus. Mars hat einen 144°-Winkel zum MC einerseits und andererseits einen 144°-Aspekt zur Lilith. MC und Lilith sind durch einen 72°-Winkel miteinander verbunden. Halbsummen: Venus/Merkur = Saturn/M = Uranus = Mondknoten; Mondknoten = Venus/Merkur = A/Neptun = Mars/Pluto; Pluto = A/Neptun = Mars/Mond; Saturn = Pluto/M; Neptun = Sonne/Mond; Mond = M/Saturn = Sonne, Sonne = Venus/Saturn = Venus/M = Mars.

Aufgrund der Mondposition in Jungfrau und drei weiterer Planeten im Krebs ergibt sich in beiden Händen noch eine radiale Mondbergschleife. Beide Daumen tragen das Zeichen von Gastin.

Der plutonische Venus/Merkurwirbel

Mit «plutonischer Venus/Merkurwirbel» bezeichne ich ein konzentrisch, d. h. kreisförmiges, pfauenaugeähnliches Hautmuster, das sich zwischen Venusberg (Ringfingerberg) und Merkurberg (Kleinfingerberg) seitlich des Merkurbergtriradius vorgelagert befindet. Oft liegt der Wirbel in die Triradien von Ringfinger- und Merkurberg eingebettet.

Die psychologische Deutung
Meine Forschungen haben ergeben, dass es bei diesem konzentrischen Wirbel (fixierende Tendenz) um festgefahrene Formen zwischenmenschlicher Beziehungen und um blockierte Fähigkeiten geht. Und zwar – wie die bisher gefundenen Beispiele vermuten lassen – infolge Machtmissbrauchs oder aufgrund besonderer Fähigkeiten zur Erreichung sexueller Ziele wie Gefügigmachen begehrter Liebesobjekte in den letzten Inkarnationen. In der jetzigen Existenz sind diese Fähigkeiten aus der Hand klar ersichtlich, aber sie sind blockiert und der Mustereigner ist für eine bestimmte Zeit in auffälliger Weise von der Macht anderer abhängig.

Astrologisch ergab sich Folgendes: Grundlage des plutonischen Venus/Merkurwirbels ist die Mondknotenachse: a) der absteigende Knoten als Zusammenfassung vergangener Leben, die Summe vergangener Existenzen, die Bilanz, der Grund, der zu dieser Inkarnation führte; und b) der aufsteigende Mondknoten, der symbolisch für die Zukunft des Menschen steht, und den Bereich zeigt, wo der Mensch seine höchste Ausdrucksform im gegenwärtigen Leben erreichen kann.

Hauptfigur ist Pluto, der Magische, Erotische, Macht beanspruchende Herr der «Unterwelt». Er steht horoskopisch in enger oder auch weiterer Konjunktion mit den ab- oder aufsteigenden

Mondknoten. Das kommt häufig vor. Für den plutonischen Venus/Merkurwirbel aber ist diese Konstellation herausgehoben, indem sie mit persönlichen Punkten AC, MC, Merkur und den Sexplaneten Mars und Venus einerseits und mit den Gesellschaftsplaneten Jupiter und Saturn anderseits in Verbindung steht. Dies entweder durch Aspekte oder im Strukturbild (Halbsummen, direkt oder indirekt). Meine Erfahrungen mit dem Orbis gehen dahin, dass für ein feines Papillarleistennetz in der Hand ein größerer Orbis als allgemein üblich einbezogen werden kann.

Pluto in Konjunktion mit dem absteigenden Mondknoten, auch Südknoten genannt, besagt, dass in der Vergangenheit Macht ausgeübt wurde. Gleichzeitig weist der absteigende Mondknoten in Konjunktion mit einem Planeten darauf hin, dass es mehr als ein Leben braucht, um die nötige Lektion zu lernen, und dass zwingende Umstände gegeben sind, wo die Südknoten-Lektion nochmals gelebt und erfahren werden muss.

Pluto in Konjunktion mit dem aufsteigenden Mondknoten offenbart die Wiederkehr alter Dinge. Welche Dinge das sind, zeigen die Aspekte zu anderen Planeten.

Der plutonische Venus/Merkurwirbel setzt sich astrologisch aus fünf Formationen zusammen:
1) Merkur/Pluto/Mondknoten-Halbsumme (alternativ dazu Mondknoten/Merkur/Pluto).
Thematik: Andere geistig beherrschen. Als Wortführer in der Gemeinschaft einen gewissen Zwang ausüben. Überzeugungskraft. Weitgehende Pläne innerhalb der Gemeinschaft verwirklichen wollen.
2) Venus/Mars-Kombination, bevorzugt Quadratur- und kardinale Zeichen.
Thematik: Sexualität ist wichtig, aber der Horoskopeigner muss sich mit Blockaden auseinandersetzen; gewisse Härte im Umgang mit dem anderen Geschlecht, bezwingen wollen, Kraftstau (Triebstau).
3) Venus-Saturn-Uranus-Halbsumme.
Thematik: Extreme Spannungen im Liebesleben, aus hemmenden Situationen ausbrechen

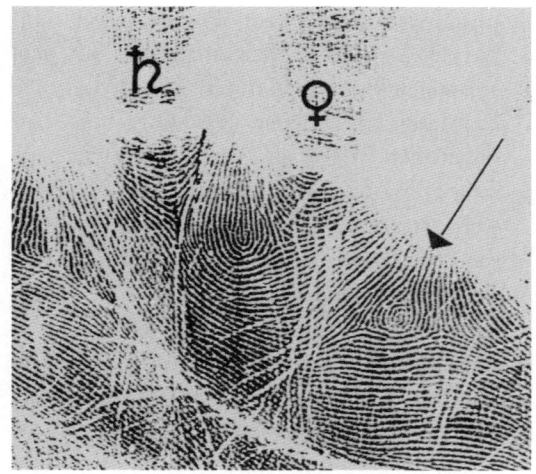

Abdruck rechte Hand. Zusätzlich mit Saturn- und Jupiterschleife. Letztere wird in ihrer Auswirkung durch den
Venuswirbel blockiert.

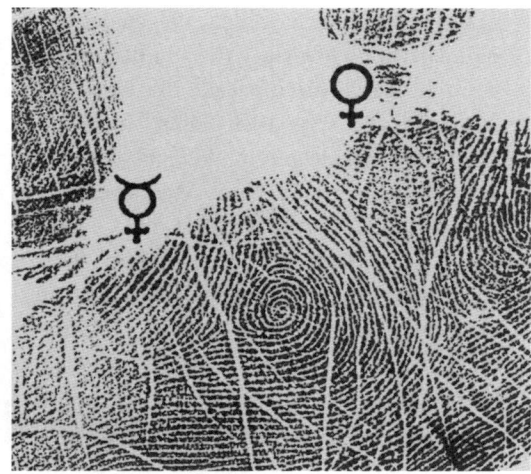

Abdruck linke Hand. Seltener plutonischer Venus/
Merkurwirbel (vergrößert). Strukturbild Konzeptionshoroskop:
Pluto = Saturn = Venus/Merkur. A/Mondknoten = Sonne/Pluto.

wollen, als Geliebte(r) fixiert werden. Unter-
drückungssituation. Keine Wärme bekommen. Sich mit Fleiß aus Drucksituationen zur
Selbständigkeit entwickeln wollen. Plötzliche
(Uranus), schmerzhafte Trennungen nach längerer Beziehungszeit (Venus-Saturn).
4) Mars-Jupiter-Saturn-Halbsumme.
Thematik: Gehemmt im Erfolgswillen, Erfolgswille stößt auf Widerstand, sich schwer
entscheiden können. Langwierige (und erfolg-
lose) Auseinandersetzungen in Liebesbeziehungen. Erfolgswille und Geltungsstreben
sind stark, werden jedoch immer wieder massiv
blockiert. Intensive Berufsbezogenheit.
5) Auffallende Machtkonstellationen (siehe Beispiele). Interessanterweise haben von den fünf
Venuswirbel-Eignern vier in der gleichen Hand
zusätzlich eine – ebenfalls seltene – Jupiterschleife.

Beispiele:
1) Weibliche Handeignerin. Maßgebliche Dreierstrukturen und Aspekte: Mondknoten =
Merkur/Pluto. Venus Konjunktion Mars. Saturn = Venus/Uranus (Venus Konjunktion Saturn Quadrat Uranus). Jupiter = Mars/Saturn.

Machtkonstellationen: Jupiter Konjunktion
MC. Pluto = Jupiter/MC; Pluto = MC = Jupiter. – Pluto im 15°-Aspekt (harter Winkel) mit
dem absteigenden Mondknoten in Zusammenhang mit den aus der Hand ersichtlichen
okkulten Fähigkeiten und den in beiden Händen vorhandenen Venuswirbeln besagen, dass
diese – wegen Missbrauchs in den letzten Existenzen – im jetzigen Leben blockiert sind. Die
Handeignerin hatte früher Macht, vor allem
okkulte Macht. Auch die Sexualität war früher
ein Mittel, andere zu beherrschen. Daraus resultiert noch heute eine starke Anziehungskraft. Pluto in Löwe befindet sich im
Quadrat zur Sonne im Skorpion (Rezeption).
Mit Sonne in Skorpion 5. Feld (doppelt fix wie
Pluto im Löwen) besteht eine leitbildhafte Fi-
xierung, meist mit Erfüllungszwang. Der aufsteigende Knoten sitzt im 8. Haus (Pluto/Skor-
pion analog). Mit Jupiter rückläufig am MC (=
organisierte, hierarchische Religion, im Widder = mit Militär- oder Polizeicharakter) muss
noch eine andere Macht bestanden haben. Jupiter rückläufig haben verschiedene Menschen, die früher religiös verfolgt wurden; je
nach Position muss auch der umgekehrte Fall

in Betracht gezogen werden. Wegen des plutonischen Venus/Merkurwirbels in beiden Händen dürfte sich die Blockade der Fähigkeiten erst um das 42. Lebensjahr lösen.

2) Weibliche Handeignerin. Maßgebliche Dreierstrukturen und Aspekte: Merkur = Pluto/Mondknoten. Venus-Quadrat-Mars; MC = Venus/Mars. Uranus = Venus/Saturn. Mars = Jupiter/Saturn; Machtkonstellationen: Jupiter-Quadrat MC. AC = Pluto/MC; Jupiter in Skorpion Konjunktion AC. – Pluto in Konjunktion mit dem absteigenden Knoten (Orbis 8°) besagt parapsychologische Fähigkeiten in der letzten und der jetzigen Existenz und Neptun rückläufig in 10 im Trigon zum Mond bestätigt das eben Gesagte und auch den Machtmissbrauch, wahrscheinlich auf religiösem Gebiet (wegen Neptun rückläufig in 10). Wie die Venuswirbel beidseitig in den Händen offenbaren, sind diese Fähigkeiten in dieser Existenz vorläufig blockiert. Beidseits befinden sich die Wirbel in die Mond/-Neptun-Leisten eingebaut. In der linken Hand ist der Wirbel im Begriff, sich aufzulösen. Pluto rückläufig im Krebs hat einen 150°-Winkel rechtsläufig zu Saturn und linksläufig zur Sonne.

Die Basis von Saturn und Sonne bildet ein Sextil. Daraus ergibt sich astrologisch der sogenannte «Finger Gottes» oder das Yod. Pluto ist bei dieser Figur Brennpunkt oder «Aktions-Planet», einem T-Quadrat ähnlich. Der Mond, Regent von Pluto, im fixen Zeichen Stier in 7 wirft eine Opposition auf Jupiter im fixen Zeichen Skorpion in 1. Jupiter hat ein exaktes Sextil zu Neptun rückläufig Venus, Regentin von 7, sitzt im Steinbock und schickt eine Quadratur auf Mars in Waage. Diese Frau ist sozial engagiert. Im Partnerschaftsbereich bestehen Schwierigkeiten.

3) Weibliche Handeignerin. Maßgebliche Dreierstrukturen und Aspekte: Pluto = Merkur/Mondknoten. Venus-Quadrat-Mars. Saturn = Venus/Uranus. Jupiter = Neptun = Mars/Sa-

turn. Machtkonstellation: Pluto = Saturn = Jupiter/MC. – Pluto in Konjunktion mit dem aufsteigenden Mondknoten besagt, dass die Lebensaufgabe besteht, alte Dinge hervorzuholen. Das Trigon zur Venus im Widder, die sich ihrerseits im Quadrat zum Mars befindet, weist darauf hin, dass es Liebesangelegenheiten sind. Es scheint, daß sie ihren karmischen Partner gefunden hat. Sein Mars steht in Konjunktion mit ihrer Venus, und damit sind im Partnervergleich die beiden Marsstellungen in Quadratur, zusätzlich die beiden Sonnen in Opposition. Ihr Pluto steht in 4. Sie will zu Hause den Ton angeben. Doch sein Pluto steht mit ihrem aufsteigenden Knoten auch in Konjunktion = Verkettung der beiden Schicksale. Er ist eine Art schicksalhafte Vollzugsperson. Sie empfindet es als zwangsweises Gekettetsein an ihn und will sich von ihm trennen. Mit Venus im Widder und in 12 beruht ihr Verhalten weitgehend auf unbewussten Beweggründen. In der Liebe ist sie stürmisch, angriffslustig: eine leidenschaftliche Liebespartnerin. Mit der Quadratur zum Mars kommen eine zusätzliche Triebbetonung sowie emotionale Schwierigkeiten hinzu. Sie besitzt eine magische Anziehungskraft. Die Formel Pluto = MC/Jupiter zeigt einen Erfolgsmenschen oder Macht- und Besitzbesessenheit an. Die beidseitigen «plutonischen» Venuswirbel weisen darauf hin, dass Blockaden und Sperren vorhanden sind, sodass sie nicht tun und lassen kann, was sie gerne möchte.

4) Weibliche Handeignerin. Maßgebliche Dreierstrukturen und Aspekte: Mondknoten = Merkur/Pluto. Venus-Septil (51°)-Mars; Venus in Widder; Venus = Saturn = Mond/Mars. Uranus = Venus/Saturn. Mars = Jupiter/Saturn; Jupiter-0-MC, Mars-90-MC, Saturn-90-MC, zudem Mars-Jupiter-Saturn-T-Kreuz. Machtkonstellationen: Jupiter-Konjunktion-MC: Pluto-Konjunktion-AC in Krebs; AC = Mondknoten/Pluto. – Mit Pluto Konjunktion AC und aufsteigendem Knoten ist diese Ve-

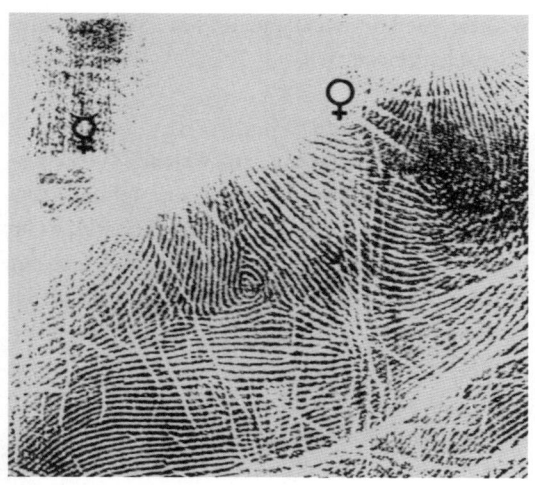

Abdruck linke Hand

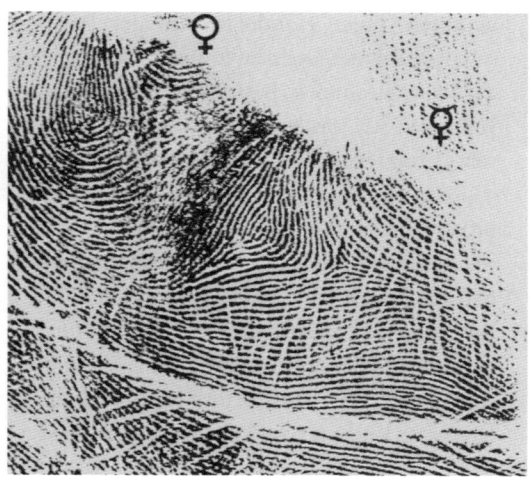

Abdruck rechte Hand

nuswirbeleignerin schon seit mehr als einem Leben um die Problematik ihrer Seele bemüht. Mond, Regent von Krebs, hat eine Quadratur zu Saturn auf dem Fixstern Antares; Saturn ist der Regent des Südknotens: dieser absteigende Mondknoten steht Ende 6. Haus 5° vor Spitze 7. Saturn, Regent von 7, befindet sich in 5 vor Spitze 6: Partnerschaft, Arbeitsplatz und Liebesangelegenheiten sind verknüpft. Ihre Gefühle sind durch Mond Quadratur Saturn blockiert. Gefühlshaft ist sie die Gefangene der Vergangenheit. Die Konjunktion von Sonne/Uranus in Fische in Quadratur zu beiden Knoten besagt ein gespanntes Innenleben mit schlechten karmischen Gewohnheiten. Sie hat eine kleine Saturnschleife in die Mond/Neptun-Leisten eingebaut (MC in Fische Quadrat Saturn). Der Polaritätspunkt von Pluto liegt in 7 und auch der Spiegelpunkt von Pluto = Ursache, liegt im Partnerfeld in Steinbock und der Spiegelpunkt von Saturn befindet sich genau auf der Quadratur, die die Venus aus dem Berufsfeld auf das Partnerfeld wirft. Der Mars, Regent von Widder, in dem die Venus im 10. Feld (Beruf) sitzt, befindet sich Spitze 12 in Opposition zu Saturn Spitze 6, betrifft also die Existenzachse. Die Koppelungen Beruf, Arbeitsplatz und Partnerschaft hat sie denn in

diesem Leben erneut als existenzbedrohend erlebt. Der plutonische Venus/Merkurwirbel befindet sich in beiden Händen.

5) Männlicher Handeigner. Maßgebliche Dreierstrukturen und Aspekte: Pluto = Mond/Merkur. Venus-Quadrat-Mars; Venus in Waage: Mondknoten-Venus/Mars. Saturn = Venus/Uranus (Orbis 2,5°). Mars = Jupiter/Saturn; Jupiter-Quadrat-Saturn. Machtkonstellation: Jupiter = Saturn = Mondknoten = Pluto/MC. – Beide Mondknoten befinden sich in Konjunktion mit einem Planetenprinzip mit größerem oder kleinerem Orbis = die Seele ist mit der Lösung eines sehr starken Konflikts beschäftigt. Der rückläufig Pluto hat eine Konjunktion mit dem absteigenden Knoten in 8, was besagt, dass der Horoskopeigner einen starken Lebensinstinkt besitzt, in der Vergangenheit Macht ausgeübt hat, und zwar sexuelle, zudem viele sexuelle Abenteuer mit recht fragwürdigem Niveau hatte, auch Geld als Machtmittel zu seinem Vorteil benutzte und mehr als ein Leben braucht(e), um die Lektion zu lernen. Mit dem aufsteigenden Knoten besteht eine Konjunktion (Orbis 2°) mit Mars im Steinbock in 2, die beide eine Quadratur zur Venus in Waage werfen. Die Venus hat somit einen 90°-Winkel zum auf- und absteigenden Knoten,

wodurch dieser Handeigner in der Partner-
schaftswahl eingeschränkt wird. Saturn, Regent von Steinbock, besitzt eine Quadratur zu
Jupiter in 12, was bedeutet, dass sich während
seiner Jupiterperiode – um die 40 Jahre herum
– berufliche (Konflikte mit Hierarchien) und
private Probleme (Erleiden der Venuswirbel-
thematik als Besessenwerden durch die Partnerin) zusammenballen. Die Häuser und Zeichen
sind nicht überwertig doppelt fixer Natur, sodass er mit Mars in Konjunktion mit dem aufsteigenden Mondknoten im Trigon zu Neptun
einerseits und im Sextil zu Merkur, und Merkur im Sextil zu Neptun anderseits, Kraft, Intellekt und auch Gespür genug besitzt, um den
größten karmischen Knoten zu lösen. Der plutonische Venus/Merkurwirbel befindet sich nur
in der linken Hand, denn nur das Konzeptionshoroskop (linke Hand) zeigt eine genaue Halbsumme von Venus = Merkur/Pluto. In der
rechten Hand ist der Wirbel in Auflösung begriffen.

Zusammenfassend kann zum plutonischen Ve-
nus/Merkurwirbel gesagt werden: Die Horoskop/
Handeigner sind «alte Seelen» mit differenzier-
ter und verfeinerter Wesensveranlagung und speziellen geistigen Talenten. Dies deshalb, weil der seelisch-geistige Raum durch zahlreiche Zwischen-
fingerformationen und Linien betont ist.
Außerdem besteht ein feines Papillarleistennetz.

Vieles deutet darauf hin, dass die plutonischen Venus/Merkurwirbeleigner in einer vergangenen Inkarnation eine hohe Machtstellung
innehatten, in welcher sie Machtmissbrauch –
auch im Zusammenhang mit sexueller Macht –
betrieben, den sie in der jetzigen Inkarnation ab-
tragen wollen.

Bei diesem Muster ist eine starke erotische
Anziehungskraft häufig, aber auch langandau-
ernde schwierige und spannungsvolle partnerschaftliche Verhältnisse, welche nach langer Zeit
plötzlich «gesprengt» werden können. Der sprachliche Ausdruck ist diesen Personen besonders

wichtig. Sie können auch zum Sprachrohr in Ge-
meinschaften werden.

Zu den Strukturbildern
Es ist nicht gleichgültig, aus welchen Tierkreis-
zeichen sich die Strukturbilder zusammensetzen.
Außerdem wirkt jedes Strukturbild verstärkt, wenn
der Geburtsgebieter mitbeteiligt ist, und auch der
Jahresregent ist keine Märchenfigur, wenngleich
Letzteres viele Astrologen nicht gerne gelten las-
sen.

Astrologische Karmaliteratur
- Karmische Astrologie 1, Mondknoten und
  Reinkarnation
  Autor: Martin Schulman, Urania 2003.
- Karmische Astrologie 2, Rückläufige Planeten
  und Reinkarnation
  Autor: Martin Schulman, Urania 1983.
- Karma Astrologie. Das Horoskop als Spiegel
  vergangener Leben
  Autorin: Dorothée Koechlin de Bizemont,
  Droemer Knaur 1999.

Anhang

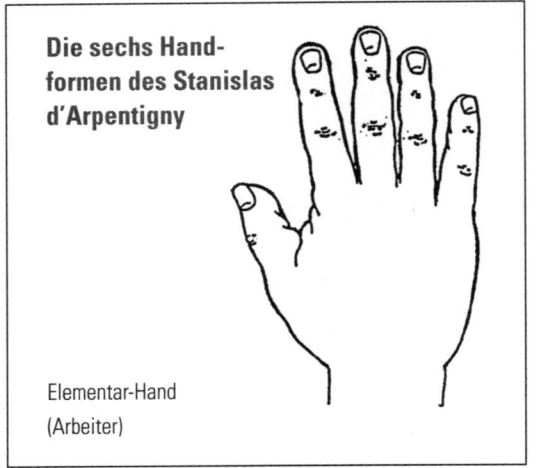

**Die sechs Hand-
formen des Stanislas
d'Arpentigny**

Elementar-Hand

(Arbeiter)

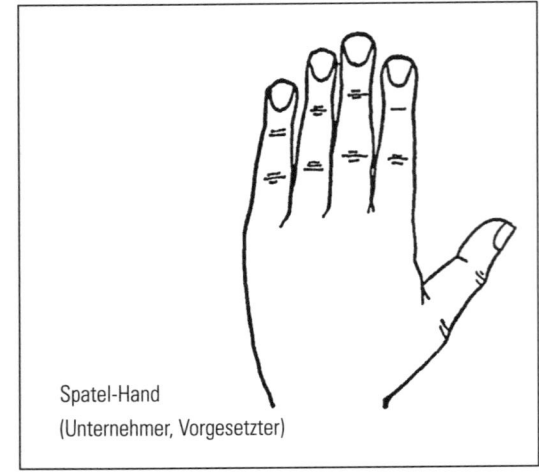

Spatel-Hand

(Unternehmer, Vorgesetzter)

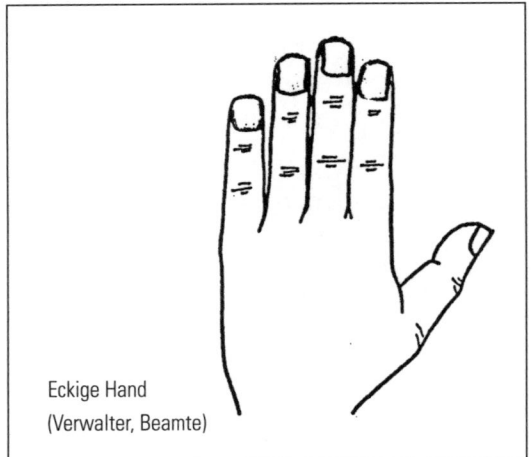

Eckige Hand

(Verwalter, Beamte)

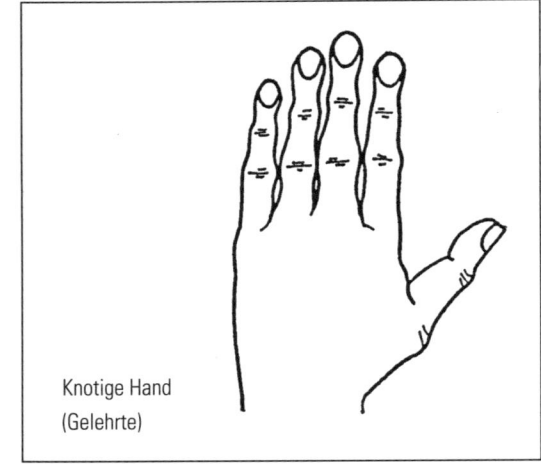

Knotige Hand

(Gelehrte)

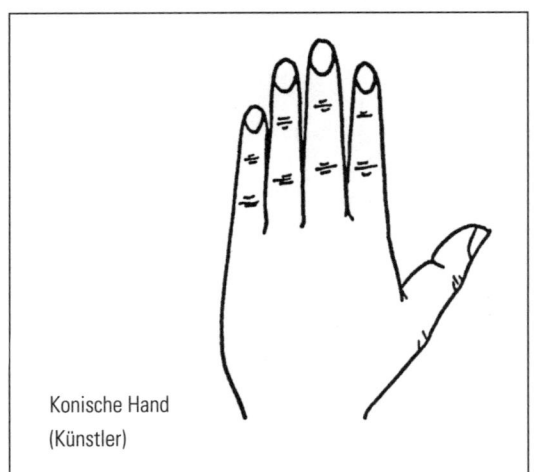

Konische Hand

(Künstler)

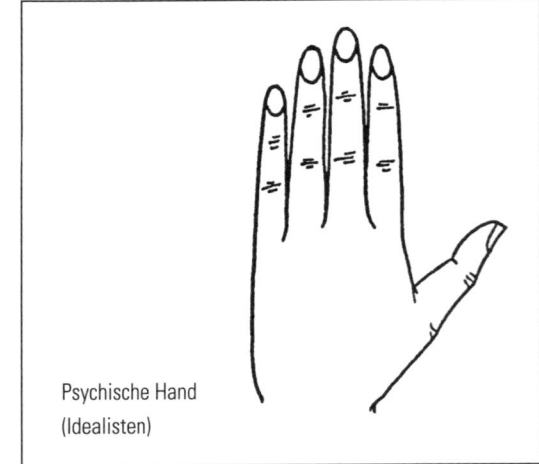

Psychische Hand

(Idealisten)

Die vier Charaktertypen der Innenhand
Erde – Luft – Feuer – Wasser
nach Fred Gettings

Das System von Gettings basiert auf kurz/kurz (Erdhand), kurz/lang (Lufthand), lang/ kurz (Feuerhand) und lang/lang (Wasserhand).

Die Erdhand
eine praktische Hand

Definition
Die typische Erdhand ist eine physische, feste, breite, starke Hand mit markantem Knochenbau, kräftigem Handteller und derber, trockener Haut, mit meist melancholischem Temperament. Die reine Erdhand ist vergleichbar mit der Elementar- oder Rumpfhand.

Der kleine Finger erscheint gegenüber den anderen Fingern fast immer lang.

Linien
Gewöhnlich besitzt die Erdhand nur die drei Hauptlinien: Lebens-, Kopf- und Herzlinie sowie einen Ansatz der Saturnlinie. Diese wenigen Linien sind kräftig und deutlich geprägt.
- Die Lebenslinie ist dominant.
- Zusätzliche Linien weisen auf einen intellektuellen Einschlag.
- Bei schwachen, unterbrochenen Linien besteht Mangel an physischer Robustheit.
- Zu viele Linien offenbaren Empfindsamkeit. Sie widersprechen diesem Handtyp.

Bevorzugte Fingerpapillarmuster
Bogen oder Bogen gemischt mit niedrigen Schleifen.

Eigenschaften/Verhalten
Menschen mit Erdhänden sind praktisch, unkompliziert, sachlich/nüchtern, fleißig, ausdauernd, bedächtig. Sie verrichten gute Arbeit, mögen körperliche Aktivität, besitzen handwerkliche Fähigkeiten, arbeiten gerne mit Materialien, sind na-

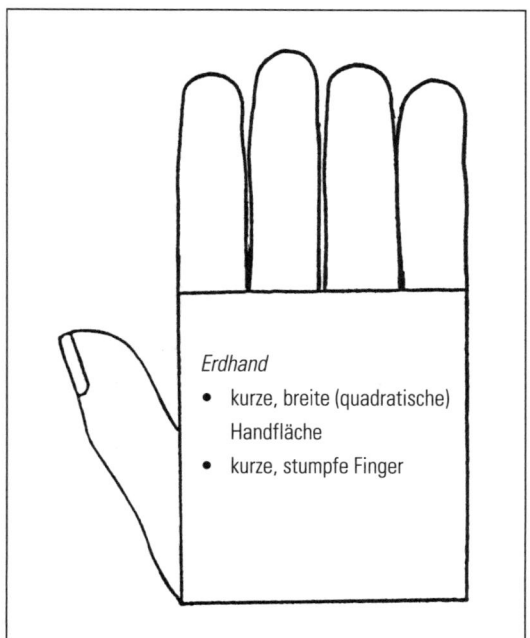

Erdhand
- kurze, breite (quadratische) Handfläche
- kurze, stumpfe Finger

turverbunden und haben eine besondere Beziehung zu Holz, Pflanzen sowie Tieren und reagieren auf Wetter- und Umwelteinflüsse.

Die reine Erdhand zeichnet sich durch Einfachheit, Bescheidenheit, Bodenständigkeit, Verlässlichkeit, Vertrauenswürdigkeit, Treue, Gewissenhaftigkeit und Ausgeglichenheit aus. Der Handeigner ist loyal, besitzt einen gesunden Menschenverstand, ist vorsichtig, realistisch und bevorzugt ein geregeltes, ausgeglichenes, wohlgeordnetes Leben. Er ist emotional stabil und allem Wechsel abgeneigt. Die Erdhand unternimmt nur Realisierbares. Ihre Verwirklichung liegt in praktischer Arbeit.

Die Lufthand
eine intellektuelle Hand

Definition
Die reine Lufthand ist länger als breit. Die kurze Handfläche wirkt quadratisch. Sie fällt durch ihre Feingliedrigkeit und Beweglichkeit und eine matte, etwas trockene Haut auf.

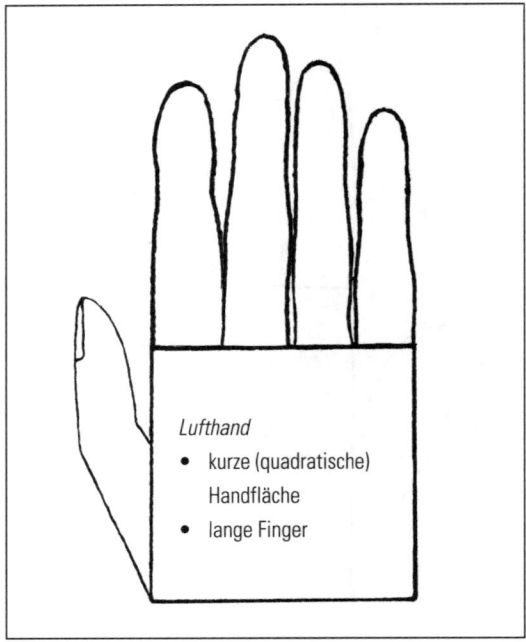

Lufthand
- kurze (quadratische) Handfläche
- lange Finger

Sensationelles, interessieren sich für die Zusammenhänge der Dinge, haben brillante Ideen, können sich mündlich und schriftlich gut ausdrücken und sich selbst motivieren, sind intellektuell begabt und lieben das Detail. Sie sind zwar nachdenklich und ordentlich, aber schnell gelangweilt und brauchen Abwechslung. Darum arbeiten sie gerne in der Medienbranche, Presse, beim Rundfunk, Fernsehen und je nach Talent auch als Unterhaltungskünstler.

Die Feuerhand
eine intuitive Hand

Definition
Die reine Feuerhand ist muskelstark, gut durchblutet, warm und hat eine lange, rechteckig wirkende Handfläche mit kurzen Fingern.

Linien
Die Hauptlinien sind scharf gezeichnet, klar und kräftig, durchzogen von in verschiedener Richtung laufenden Neben- oder Energielinien.
- Je ausgeprägter das Nebenlinienmaterial, desto besser die Konzentrationsfähigkeit der Feuerhand.
- Linienvielfalt besagt eine übermäßige Reizbarkeit, Impulsivität und Überempfindlichkeit.

Bevorzugte Fingerpapillarmuster
Konzentrische Wirbel.

Eigenschaften/Verhalten
Menschen mit einer Feuerhand sind energiegeladen (dynamisch), aktiv, initiativ, optimistisch und draufgängerisch, lebhaft, gewandt, geschäftig und enthusiastisch. Sie identifizieren sich mit dem, was sie tun, sind agil, vielseitig, stets in Bewegung sowie wissbegierig. Meist ist der Feuerhänder extravertiert, steht gerne im Mittelpunkt, übt einen Einfluss auf andere Menschen aus und neigt dazu, Situationen zu beherrschen. In allem, was diese Menschen tun, besteht eine große Intensität.

Linien
Meist besitzt die Lufthand dünne, klargezeichnete, wohlgebildete, eher lange und gerade, d. h. mental gefärbte Linien.
- Die Kopflinie ist dominant; das Problem ist oft die Herzlinie.
- Zu wenig Linien deuten auf einen Mangel an Gespür.
- Zu viele Linien sind Hinweis auf Nervosität und geistige Erschöpfung.

Bevorzugte Fingerpapillarmuster
Hochgezogene ulnare Schleifen.

Eigenschaften/Verhalten
Menschen mit Lufthänden sind in der Regel extravertiert, lebhaft, geistig rege, produktiv, wiss- und lernbegierig, gesprächig, neugierig, umgänglich und meist fröhlich, temperamentvoll aber emotional ausgeglichen. Sie meiden wenn immer möglich Ernst und Verpflichtung.

Die reine Lufthand zeichnet sich durch eine rasche Auffassungsgabe und einen rastlosen Tätigkeitsdrang aus. Lufthände wollen Neues und

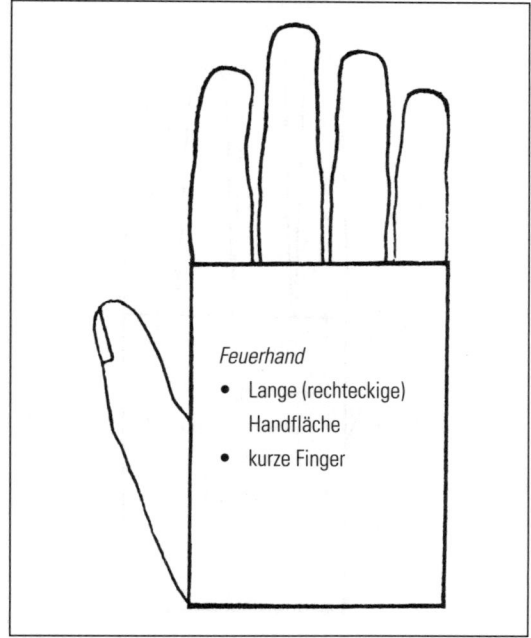

Feuerhand
- Lange (rechteckige) Handfläche
- kurze Finger

Die Feuerhand ist aufgeschlossen, reizbar, oft aufgeregt, gefühlsbetont, warmherzig und emotional, sentimental, ungeduldig, wechselhaft und wenig ausdauernd. Oft übertreibt die Feuerhand bei ihren Aktivitäten.

Hat die Feuerhand eine große, feste Handbasis mit fülligem Daumenballen und entsprechender Lebenslinie sowie gut geformte, feste Finger, ist es eine Macherhand, sei es die eines Managers, Politikers und anderes mehr.

Die Handtypenbezeichnungen nach Fred Gettings zeigen gemäß Hand/Horoskop-Vergleichen von Gertrud I. Hürlimann selten eine Analogie zur astrologischen Elementenlehre der Tierkreiszeichen, aber öfters mit der Quadrantenbesetzung, indem nach Fritz Werle, München, der 1. Quadrant als Feuer-, der 2. als Wasser-, der 3. als Luft- und der 4. als Erdquadrant bezeichnet wird.

Reine Elementehände sind nicht die Regel, Mischhände sind häufiger.

Die Wasserhand
eine sensitive Hand

Definition
Die typische Wasserhand – eine schöne, elegante Hand – besitzt eine lange, schmale, meist rechteckige Handfläche. Handfläche und Finger sind von gleicher Länge. Die langen, glatten, in der Regel konischen Finger liegen normalerweise eng beieinander und deuten auf einen introvertierten Typus. Zeigefinger und Daumen sind fast durchwegs lang. Die Haut ist fein und zart. Es besteht die Tendenz zu Nervosität und schneller körperlicher Erschöpfung.

Linien
Die Wasserhand ist gekennzeichnet durch Linienfülle. Auch die Finger weisen oft feinere Vertikallinien auf.
- Die wohlgeformten Hauptlinien werden durch mehrere, eher dünne, brüchige Nebenlinien durchquert.
- Die Herzlinie ist tiefliegend.
- Je mehr Linien, desto sensibler und überempfindlicher ist der Handeigner.
- Selten hat die Wasserhand wenig Linien. Bei wenig Linien würde sich dies positiv auf die Entschlusskraft der Wasserhand auswirken.

Bevorzugte Fingerpapillarmuster
Ulnare Schleifen.

Eigenschaften/Verhalten
Menschen mit einer Wasserhand besitzen einen sensiblen, nachdenklichen Charakter und machen sich wegen Kleinigkeiten Sorgen. Sie sind gütig, kultiviert, friedliebend/fürsorglich, haben ein mitfühlendes Verstehen und reagieren sowohl auf Menschen als auch auf Situationen. Sie verlassen sich auf ihre Gefühle und gehen auch auf die Gefühle und Launen ihrer Mitmenschen ein. Doch ihre Gefühle können das Urteilsvermögen beeinträchtigen. Oft sind sie überempfindlich. Es bestehen emotionale Schwierigkeiten sowie eine

Neigung zu Depressionen und Konzentrationsschwäche.

Die reine Wasserhand ist kultiviert, hat Geschmack, ist äußerst kreativ, phantasievoll, manchmal träumerisch veranlagt und oft ein Realitätsflüchter. Sanft, sensitiv und unstabil wie sie ist, lässt sie sich leicht beeinflussen.

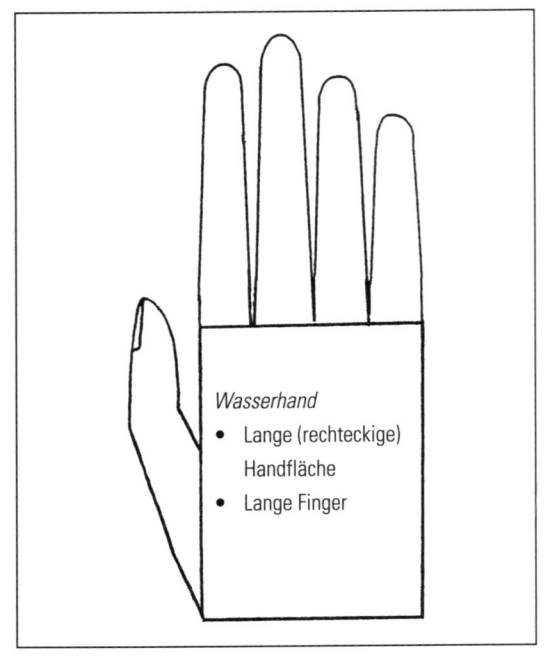

Wasserhand
- Lange (rechteckige) Handfläche
- Lange Finger

Die Belegung der Tierkreisgrade mit Namen und Symbolen

Die Häuser gelten nur als Schema. Sie sind individuell verschieden und hängen davon ab, welches Tierkreiszeichen im Augenblick der Geburt am östlichen Horizont aufsteigt.

Grade	Haus	Zeichen	Symbol	Regent	Symbol
0 – 30	1	Widder	♈	Mars	♂
30 – 60	2	Stier	♉	Erde	⊕
60 – 90	3	Zwillinge	♊	Merkur	☿
90 – 120	4	Krebs	♋	Mond	☽
120 – 150	5	Löwe	♌	Sonne	☉
150 – 180	6	Jungfrau	♍	Merkur	☿
180 – 210	7	Waage	♎	Venus	♀
210 – 240	8	Skorpion	♏	Pluto	♇
240 – 270	9	Schütze	♐	Jupiter	♃
270 – 300	10	Steinbock	♑	Saturn	♄
300 – 330	11	Wassermann	♒	Uranus	♅
330 – 360	12	Fische	♓	Neptun	♆

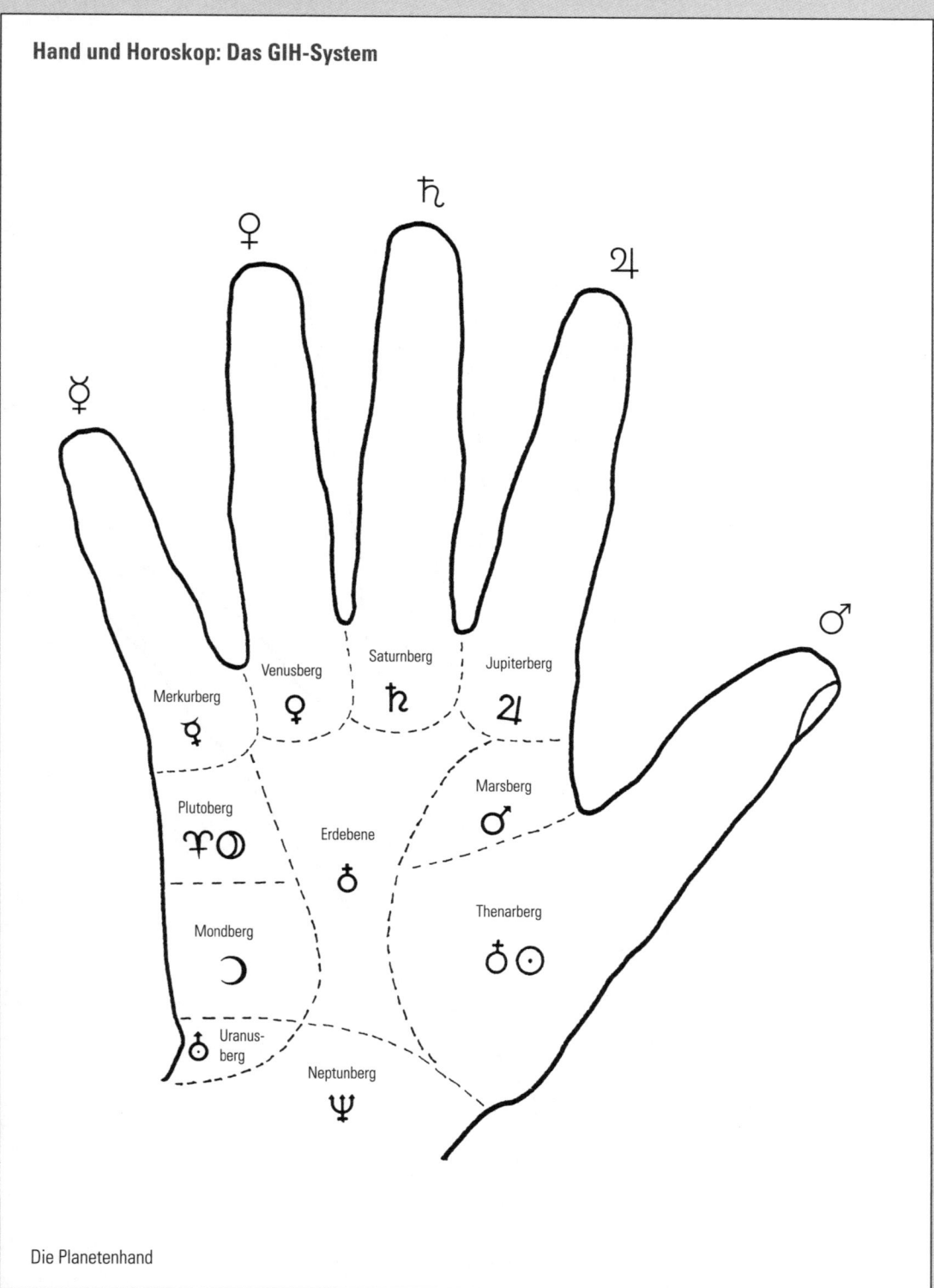

Die Planetenhand

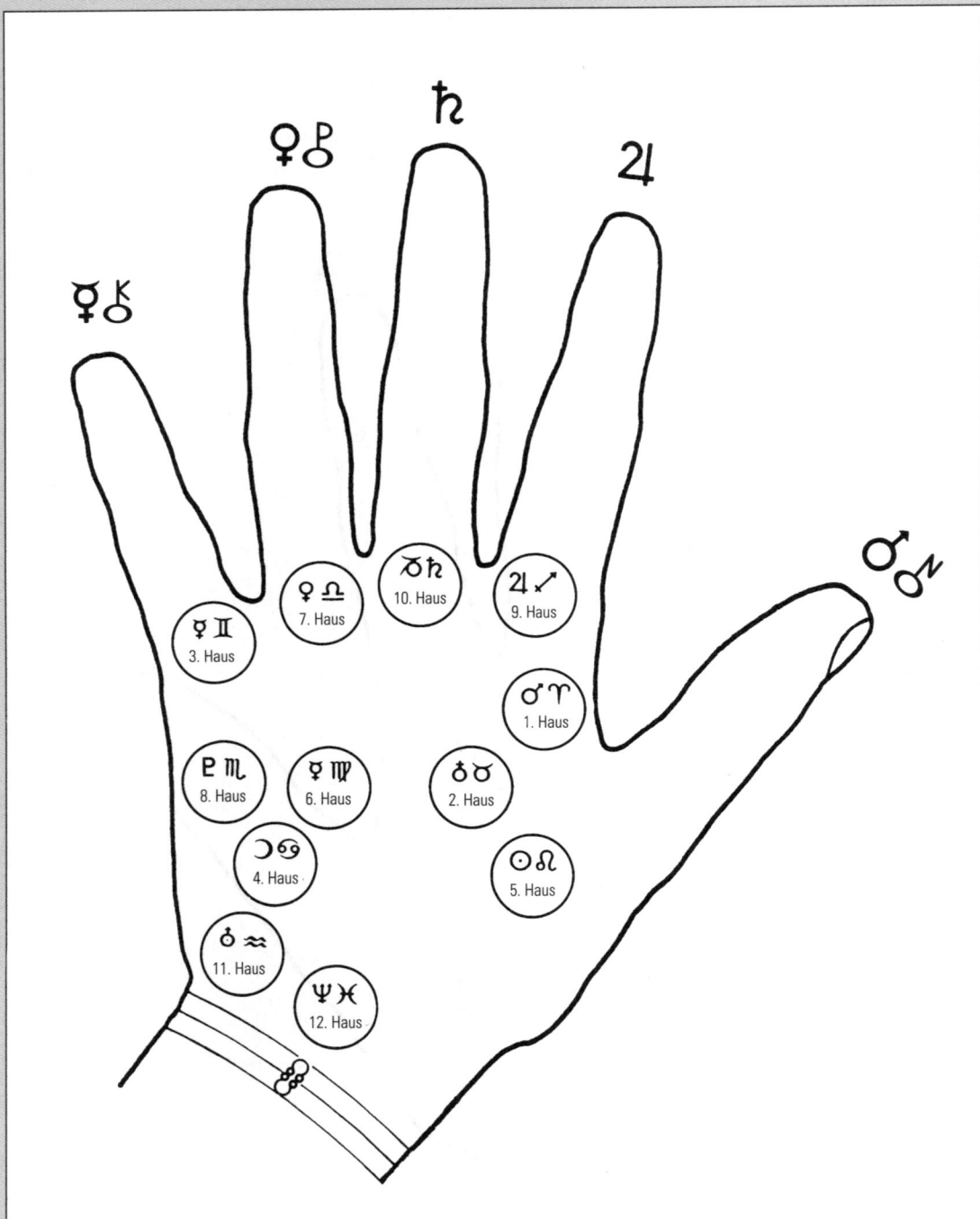

Die Planetenhand mit den drei Kleinplaneten Chiron, Pholus und Nessus sowie den astrologischen Häusern

* (Erklärungen zu den Kentauren Chiron (Jungfrau/6. Haus), Pholus (Waage/7. Haus)

und Nessus (Widder/1. Haus) siehe «Astrologie» 11. Auflage 2005, Seiten 226–235)

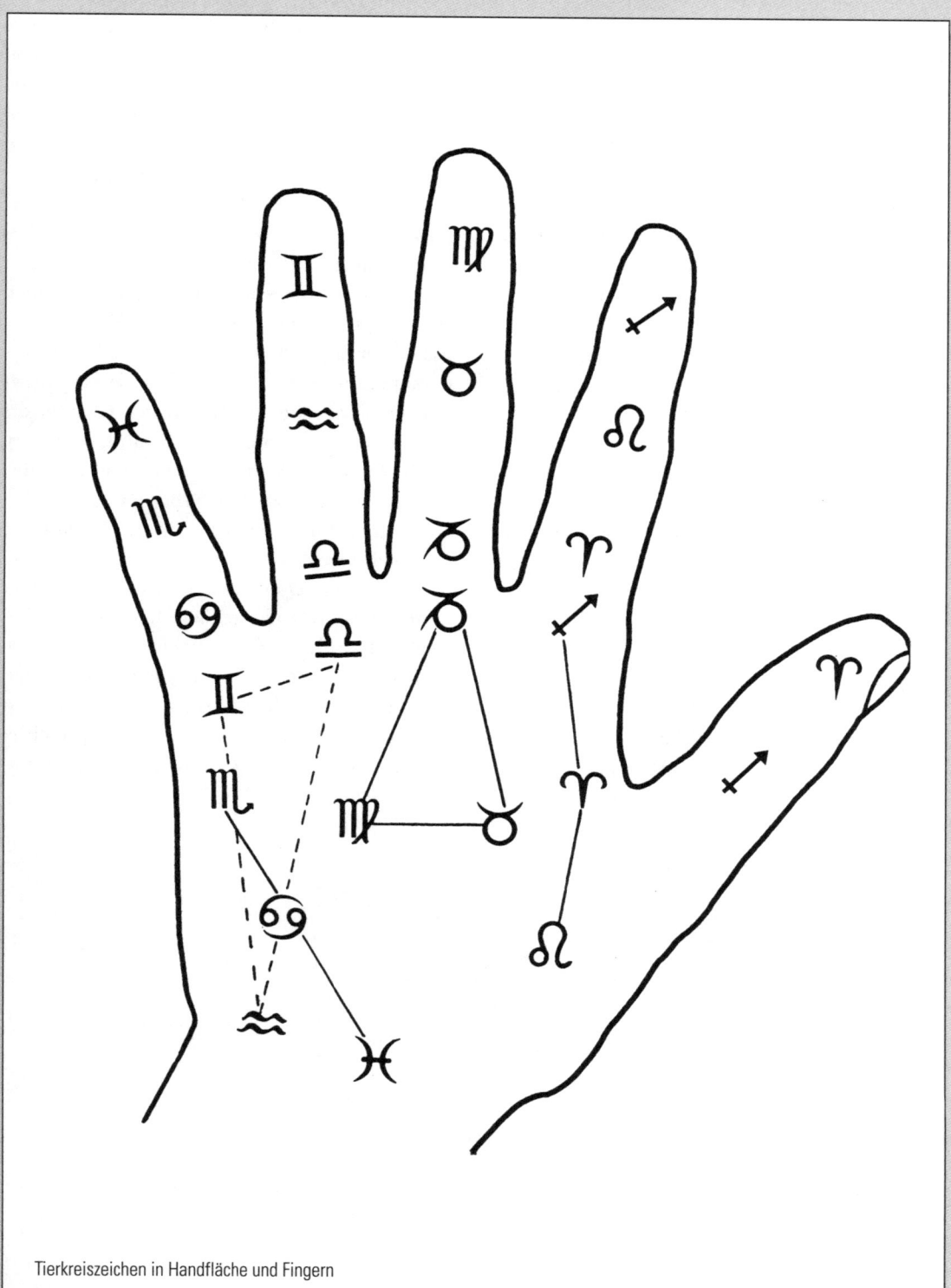

Tierkreiszeichen in Handfläche und Fingern

Die Handfläche: Die Trigone der Elemente

Feuer: Auf der aktiven Seite der Hand liegen die Tierkreiszeichen Widder, Löwe und Schütze: das Feuertrigon.

Erde: Im Bereich der Handmitte befinden sich die realitätsbezogenen Tierkreiszeichen Stier, Jungfrau und Steinbock: das Erdtrigon.

Luft: Auf der Ulnarseite, der Du-Seite, liegen die Tierkreiszeichen Zwillinge, Waage und Wassermann: das Kontakt- oder Lufttrigon.

Wasser: Größtenteils im unbewußten Teil der Hand, dem passiven weiblichen Bereich, befinden sich die Tierkreiszeichen Krebs, Skorpion und Fische: das Wassertrigon.

Nach dem hermetischen Gesetz wie oben so unten, in diesem Falle wie unten so oben, müssen sich die Tierkreiszeichen der Handfläche entsprechend in den Fingern wiederholen.

Der Daumen nimmt eine Sonderstellung ein. Er bildet den «Kopf» der Hand und zeigt im Nagelglied das Kardinal- und Willenszeichen Widder, im zweiten Glied die vernünftige veränderliche Angepasstheit des 9. Hauses = Schütze und im Grundglied das fixe 5. Haus = Sonnenzeichen Löwe als Triebgrundlage, zusammen mit dem fixen 2. Haus = Erdzeichen Stier als Körpersubstanz. Die Regenten der Feuerzeichen Mars, Jupiter und Sonne sind Antriebs- und Durchsetzungssymbole, Jupiter im Sinne zu optimalen Leistungen antreibend. Die Erde, Regent des Zeichens Stier, prägt die Fülle und Konsistenz des Daumens.

Die Zuteilung der Wasserzeichen zum Kleinfinger mag überraschen. Der Kleinfinger hat aber viel mit dem Unbewussten zu tun, und astrologisch gesehen ist es nur Merkur, der sich allen Planetenprinzipien und Tierkreiszeichen anzupassen vermag, d.h. immer deren Färbung übernimmt (siehe auch Seite 167). Was das Tierkreiszeichen Fische im Nagelglied des Kleinfingers betrifft, so beobachtete der Neurologe Henry Head eine Parallele zwischen Fuß und Kleinfinger. Das Tierkreiszeichen Skorpion hat mit den Geschlechtsdrüsen zu tun, und es ist erwiesen, dass bei sexueller Unterentwicklung und bei Menschen mit Down-Syndrom der Kleinfinger Unförmigkeiten aufzeigt. Bei Menschen mit Trisomie 21 ist der 5. Finger meistens zu spitz, zu kurz oder hat – seltener zwar – nur zwei Glieder. Zum Tierkreiszeichen Krebs im Wurzelglied ist zu sagen, dass viele Chiromanten die Gebärfähigkeit der Frau im Grundglied des Kleinfingers suchen.

Die Finger: Das kardinale, fixe und bewegliche Kreuz

	Grundglied	Mittelglied	Nagelglied
	kardinal	fix	beweglich
Zeigefinger	Widder	Löwe	Schütze
Mittelfinger	Steinbock	Stier	Jungfrau
Ringfinger	Waage	Wassermann	Zwillinge
Kleinfinger	Krebs	Skorpion	Fische

Das Geburts- und das Konzeptionshoroskop

Die Wesenheit Mensch besteht im Zusammenhang von Geburts- und Konzeptionshoroskop aus zwei Schichten:

a) dem physischen Leib, der materiellen Substanz, der Form und Gestalt des Körpers und

b) dem psychischen Leib, Geist und Seele, den primären Fähigkeiten und Begabungen.

Über den physischen Leib orientiert das Geburtshoroskop, über den psychischen das Konzeptionshoroskop.

a) Das Geburtshoroskop

Beim Geburtshoroskop gilt als Ausgangspunkt für die Berechnung der Geburtsmoment des Neugeborenen. Das ist in der Regel der erste Atemzug des neuen Erdenbürgers, der meist von einem Schrei begleitet wird. Eine Variante spricht von der Abnabelung, der Trennung von der Mutter zum eigenständigen Leben.

b) Das Konzeptionshoroskop

Über das Konzeptionshoroskop sind unterschiedliche Meinungen im Umlauf. Am einleuchtendsten und einfachsten erscheint die These von Hans Oster, D-36252 Bad Hersfeld.

Als Zeitpunkt für die Berechnung des Konzeptionshoroskopes nimmt Hans Oster die Einnistung der befruchteten Eizelle nach dem Blastulastadium in die Gebärmutterschleimhaut (sechs Tage nach der Befruchtung, siehe Bild).

Zwischen Konzeption und Geburt durchläuft im Normfall die Sonne neun Tierkreiszeichen, der Mond zehnmal den Zodiakus. Bei der Geburt befindet sich die Sonne dann genau im Quadrat zu ihrem Ausgangspunkt (90°) und der Mond kehrt an seine Anlaufstelle zurück (Konjunktion). Diese zeitliche Distanz beträgt 270–272 Tage.

Geburts- und Konzeptionshoroskop haben den gleichen Aszendenten- und Mondstand (Orbis 1–5°).

Literatur:

Hans Oster: Die zwei Sonnen des Lebens. Verlag Blaue Eule, Essen.
Dokumentation Nr. 1, «Geschlechtsbestimmungen»,
Dokumentation Nr. 2, «Das Rätsel der Zwillingsgeburten».

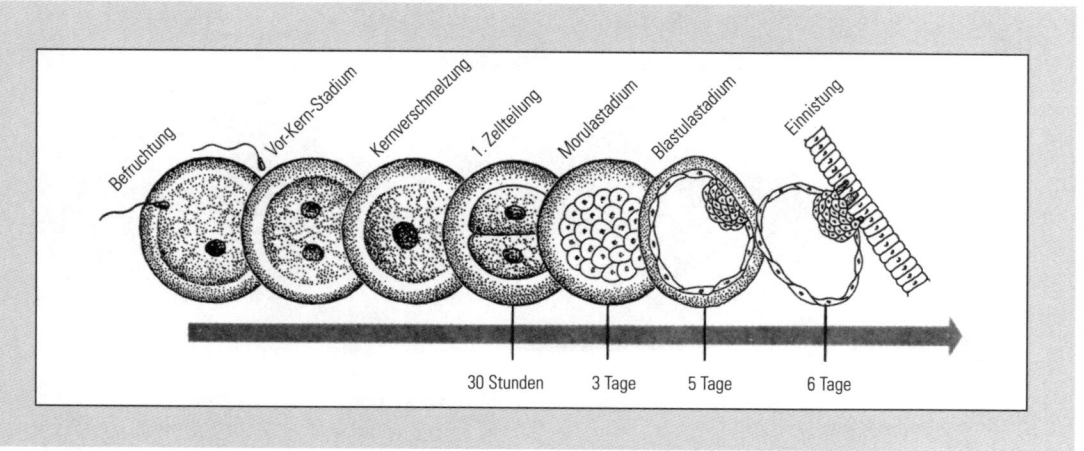

Aus *Embryo im Labor* von Anne-Lydia Edingshaus und Rolf Andreas Zell, Bild der Wissenschaft, Heft 6/1988, Deutsche Verlags-Anstalt GmbH, Stuttgart.

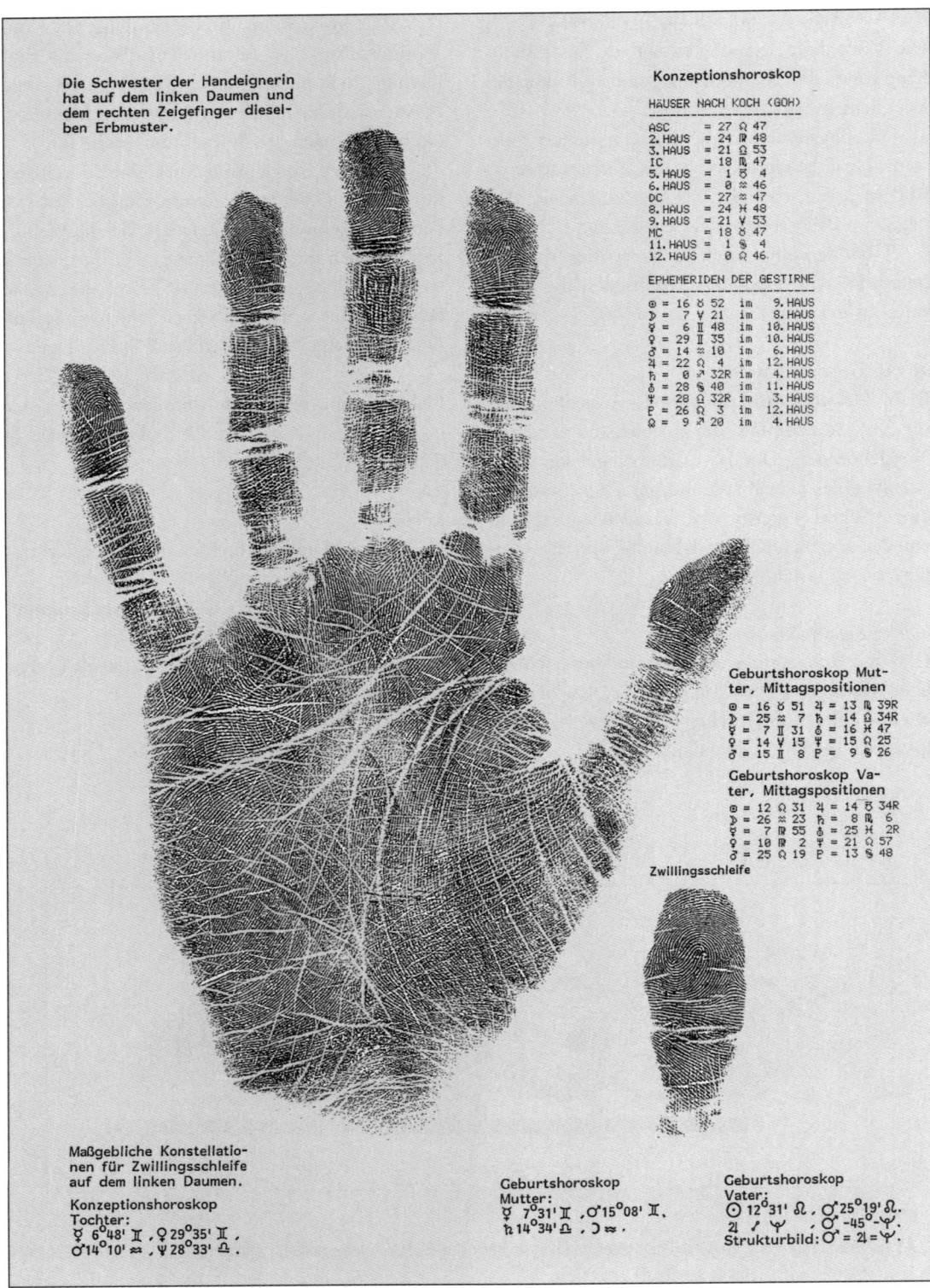

Die Schwester der Handeignerin hat auf dem linken Daumen und dem rechten Zeigefinger dieselben Erbmuster.

Konzeptionshoroskop

HÄUSER NACH KOCH (GOH)
```
ASC      = 27 ♉ 47
2. HAUS  = 24 ♊ 48
3. HAUS  = 21 ♋ 53
IC       = 18 ♌ 47
5. HAUS  =  1 ♍  4
6. HAUS  =  0 ♒ 46
DC       = 27 ♏ 47
8. HAUS  = 24 ♐ 48
9. HAUS  = 21 ♑ 53
MC       = 18 ♉ 47
11. HAUS =  1 ♋  4
12. HAUS =  0 ♌ 46
```

EPHEMERIDEN DER GESTIRNE
```
⊕ = 16 ♉ 52   im   9. HAUS
☽ =  7 ♈ 21   im   8. HAUS
☿ =  6 ♊ 48   im  10. HAUS
♀ = 29 ♊ 35   im  10. HAUS
♂ = 14 ♒ 10   im   6. HAUS
♃ = 22 ♌  4   im  12. HAUS
♄ =  0 ♐ 32R  im   4. HAUS
♅ = 28 ♋ 40   im  11. HAUS
♆ = 28 ♌ 32R  im   3. HAUS
P = 26 ♌  3   im  12. HAUS
☊ =  9 ♐ 20   im   4. HAUS
```

Geburtshoroskop Mutter, Mittagspositionen
```
⊕ = 16 ♉ 51   ♃ = 13 ♍ 39R
☽ = 25 ♒  7   ♄ = 14 ♌ 34R
☿ =  7 ♊ 31   ♅ = 16 ♓ 47
♀ = 14 ♈ 15   ♆ = 15 ♌ 25
♂ = 15 ♊  8   P =  9 ♋ 26
```

Geburtshoroskop Vater, Mittagspositionen
```
⊕ = 12 ♌ 31   ♃ = 14 ♉ 34R
☽ = 26 ♒ 23   ♄ =  8 ♍  6
☿ =  7 ♍ 55   ♅ = 25 ♓ 2R
♀ = 10 ♍  2   ♆ = 21 ♌ 57
♂ = 25 ♌ 19   P = 13 ♋ 48
```

Zwillingsschleife

Maßgebliche Konstellationen für Zwillingsschleife auf dem linken Daumen.

Konzeptionshoroskop
Tochter:
☿ 6°48' ♊ , ♀ 29°35' ♊ ,
♂ 14°10' ♒ , ♆ 28°33' ♌ .

Geburtshoroskop
Mutter:
☿ 7°31' ♊ , ♂ 15°08' ♊ .
♄ 14°34' ♌ , ☽ ♒ .

Geburtshoroskop
Vater:
☉ 12°31' ♌ , ♂ 25°19' ♌ .
♃ / ♆ , ♂ -45°-♆ .
Strukturbild: ♂ = ♃ = ♆ .

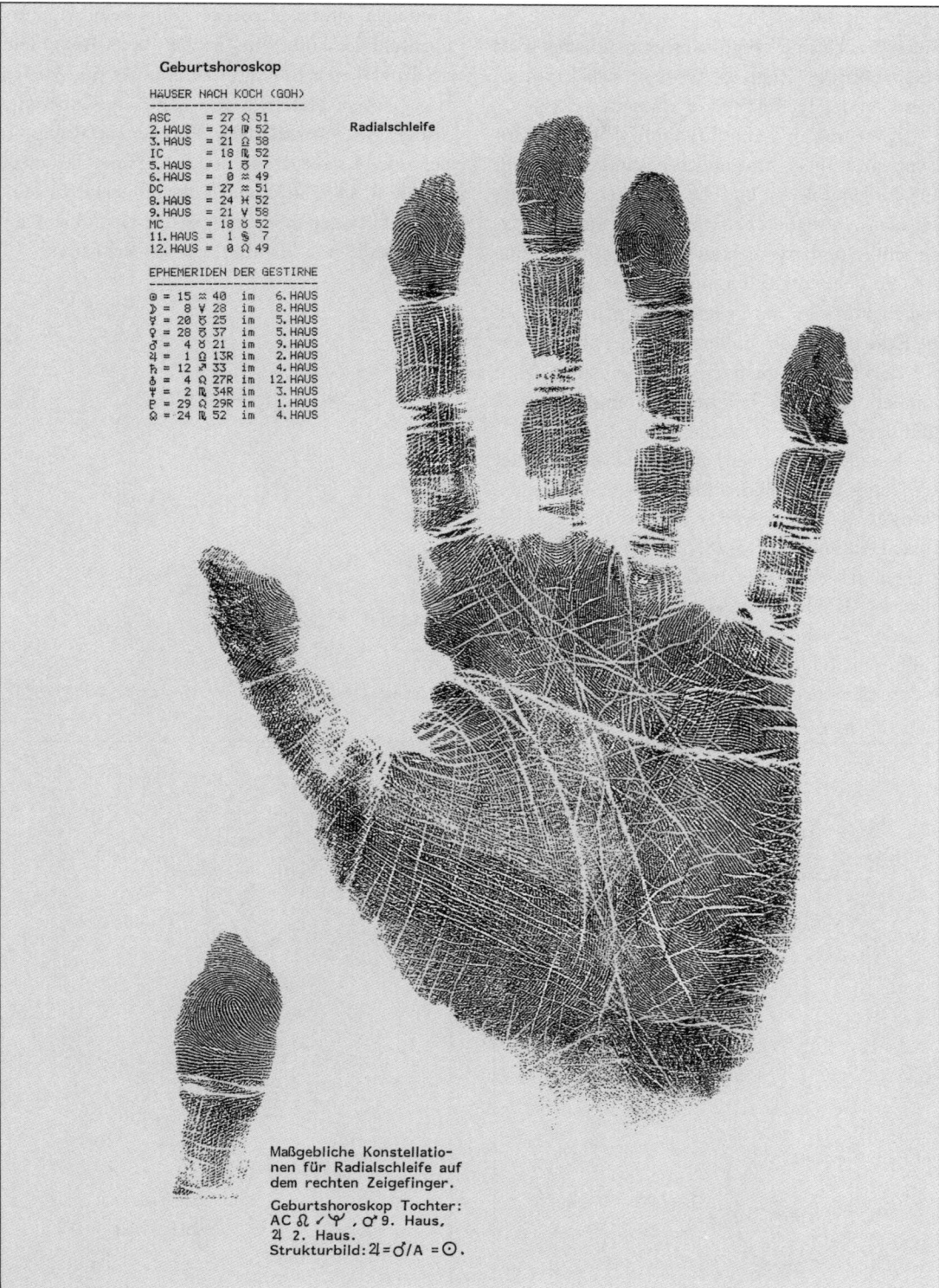

Geburtshoroskop

HÄUSER NACH KOCH (GOH)

ASC   = 27 ♌ 51
2. HAUS = 24 ♍ 52
3. HAUS = 21 ♎ 58
IC   = 18 ♏ 52
5. HAUS =   1 ♐ 7
6. HAUS =   0 ♒ 49
DC   = 27 ♒ 51
8. HAUS = 24 ♓ 52
9. HAUS = 21 ♈ 58
MC   = 18 ♉ 52
11. HAUS =   1 ♊ 7
12. HAUS =   0 ♌ 49

EPHEMERIDEN DER GESTIRNE

☉ = 15 ♒ 40   im   6. HAUS
☽ =   8 ♈ 28   im   8. HAUS
☿ = 20 ♉ 25   im   5. HAUS
♀ = 28 ♉ 37   im   5. HAUS
♂ =   4 ♉ 21   im   9. HAUS
♃ =   1 ♌ 13R im   2. HAUS
♄ = 12 ♐ 33   im   4. HAUS
♅ =   4 ♎ 27R im 12. HAUS
♆ =   2 ♏ 34R im   3. HAUS
♇ = 29 ♎ 29R im   1. HAUS
☊ = -24 ♏ 52   im   4. HAUS

Radialschleife

Maßgebliche Konstellatio-
nen für Radialschleife auf
dem rechten Zeigefinger.

Geburtshoroskop Tochter:
AC ♌ ✓ ♆ , ♂ 9. Haus,
♃ 2. Haus.
Strukturbild: ♃ = ♂/A = ☉.

Die Fußfurchen

Fußabdrücke sind komplizierter anzufertigen als Handabdrücke. Zugleich versteht sich kaum jemand auf die Technik des «Fußlesens».

Zwar ist den Genetikern und den Dermatoglyphenforschern hinlänglich bekannt, dass nicht nur die Hautleisten und die Triradienanordnung der Hand bezüglich Erbkrankheiten aussagekräftig sind, sondern auch die Fußleisten auf eine geistige Fehlentwicklung und chromosome Anomalien Hinweise zu geben vermögen. Doch an die Erforschung der Fußlinien zu gehen, mag weder der Erbbiologe noch der Mediziner. Wen wundert das? Die Fußliniendeutung gehört ja zum Bereich der Psychodiagnostik.

Eine Persönlichkeit, die sich auf dem Gebiet der Hand- und Fußlinienforschung einen Namen machte, ist der Schweizer Psychologe Dr. phil. Hugo Debrunner (17. 5. 1896 – 22. 12. 1985). Seine Forschungsarbeiten erstreckten sich auf die Linien in Säuglingshänden und -füßen, Unterschiede zwischen weiblichen und männlichen Fußfurchenbildungen, Hand- und Fußlinienveränderungen nach Psychotherapien, und in den Fünfziger-Jahren interessierte ihn auch das Furchenbild der Füße von Tanzbegabten. Außerdem verdankt die Fachliteratur Debrunner eine Menge statistischen Materials wie z. B. jenes über die Stufen der quantitativen Furchenentfaltung in der Hand, vorgenommen an Neugeborenen, Schülern, Offizieren und Soldaten sowie die Arbeiten über den morphologischen Grundplan der ballenbedingten Handfurchen bei Primaten.

(Bilder aus: *The Genetics of Dermal Ridges* von Sarah B. Holt.)

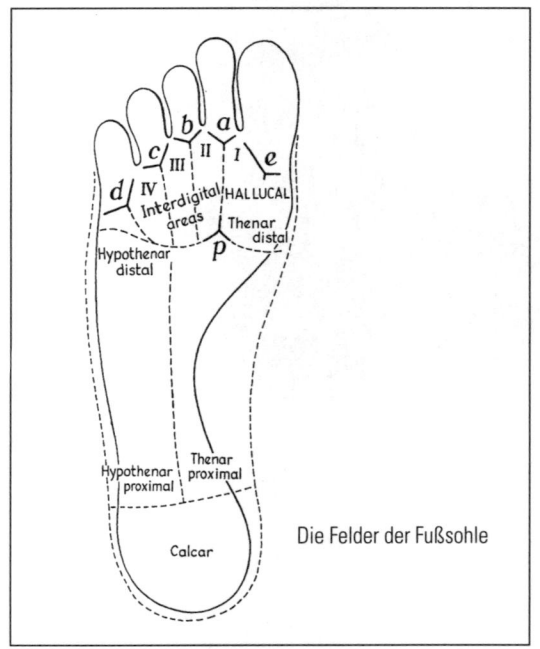

Die Felder der Fußsohle

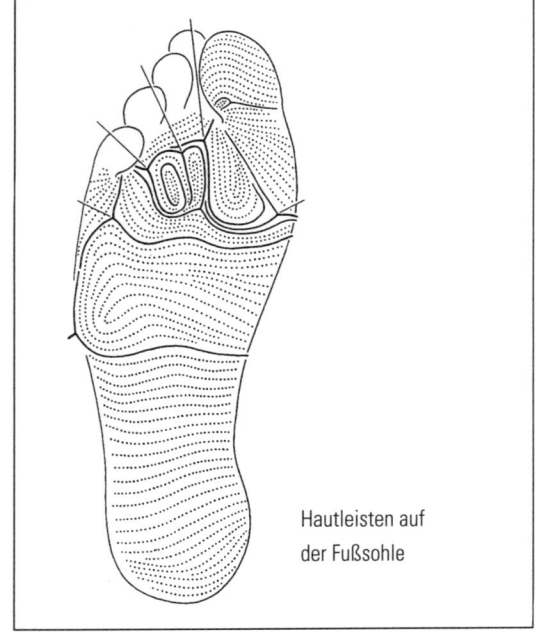

Hautleisten auf der Fußsohle

Die biologischen Rhythmen

Als biologische Rhythmen werden die Eigen-schwingungen von Menschen, Tieren und Pflanzen bezeichnet. A. J. Dietziker befasst sich mit den zyklischen Phänomenen des menschlichen Organismus. 1960 entdeckte er, dass durch das Zusammenspiel des männlichen, weiblichen und geistigen Rhythmus spezifische Phasen sichtbar werden, die eine Einteilung in Herz-, Kreislauf- und Kopfphasen ermöglichen. Damit können Aussagen über die tägliche Verfassung eines Menschen gemacht werden. Wenig später gelang es A. J. Dietziker, durch bestimmte Berechnungen auch den Erbkreis von Menschen auf dem Kalkulator darzustellen.

Der BIO-DAB-Kalkulator

Der Bio-DAB ist ein Arbeitsgerät mit drei ver-stellbaren Scheiben, den drei Rhythmen entspre-chend. Mit diesem Kalkulator lassen sich nicht nur Hoch-, Übergangs- und Regenerationspha-sen bestimmen, sondern auch Herz-, Kreislauf- und Kopfphasen ablesen, was für die tägliche Ver-fassung und außerdem für eine bevorstehende Operation von großer Bedeutung wäre. Mit dem gleichen Kalkulator können auch die Erbkreis-bilder dargestellt werden, welche etwas über die Veranlagungen eines Menschen aussagen.

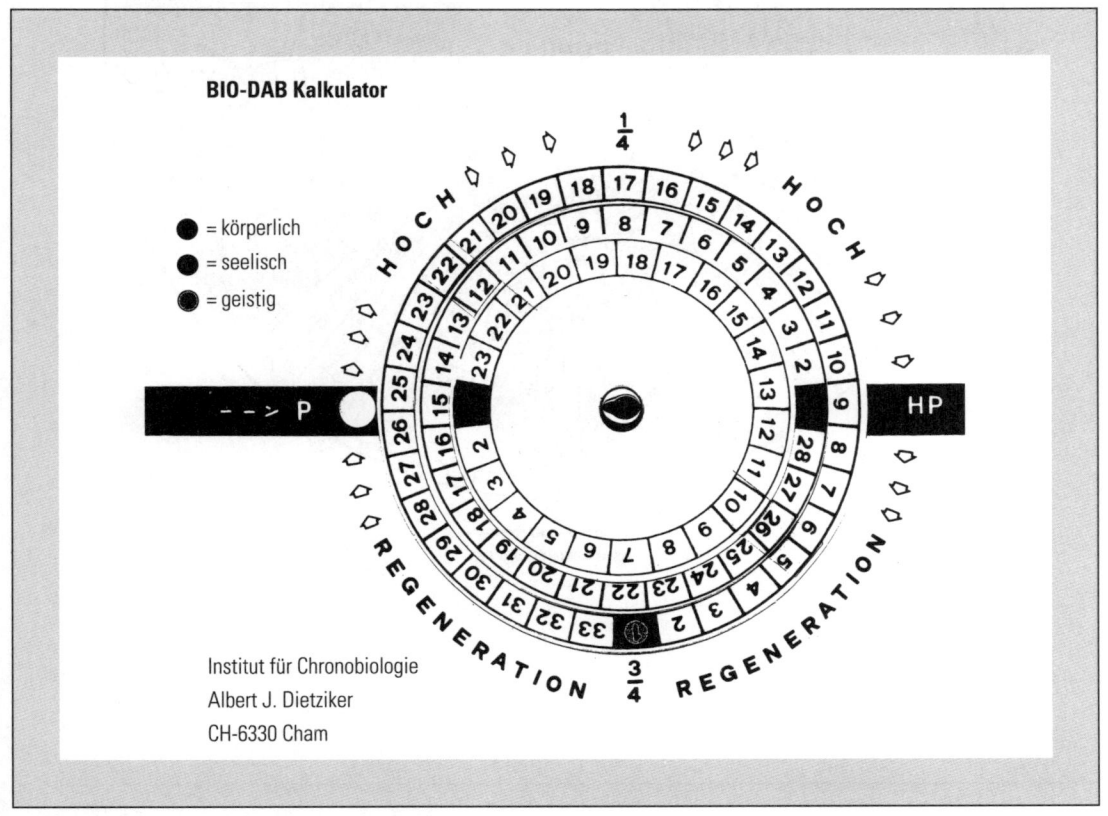

Topographie Iridologischer Reflexzonen nach J. Angerer

rechte Iris

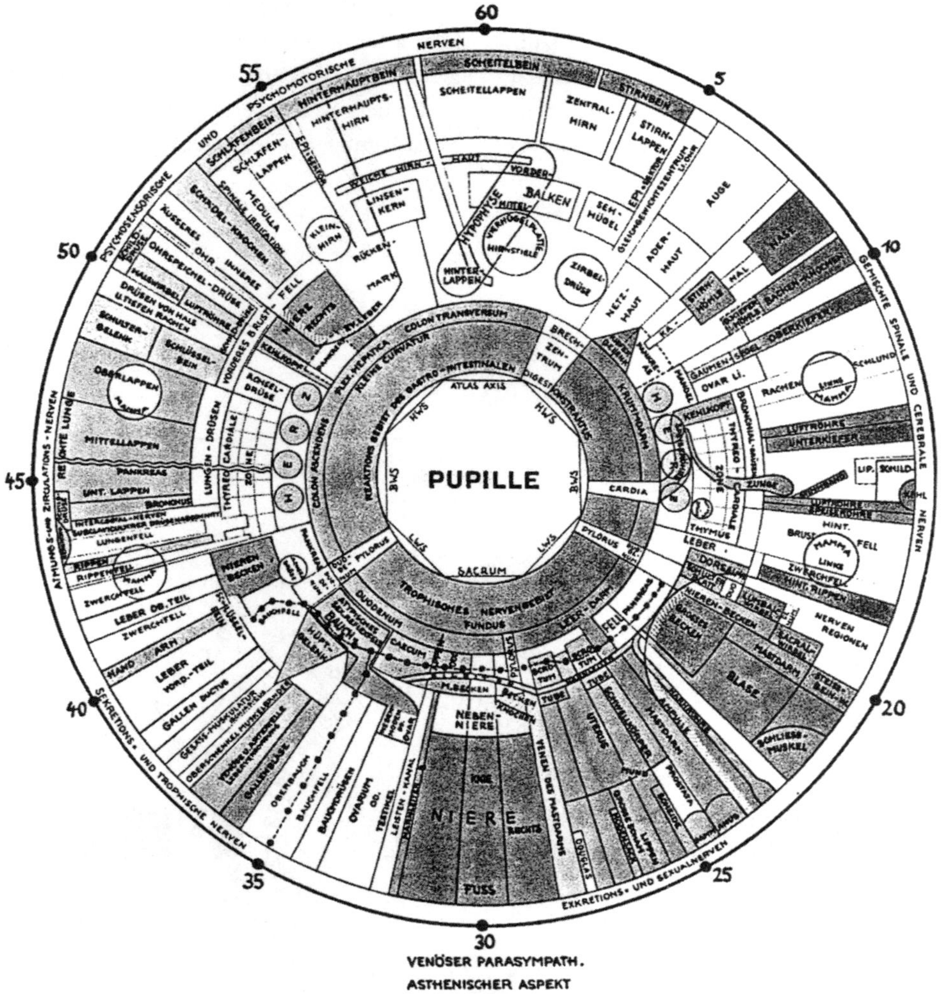

Josef Angerer Institut, München

linke Iris

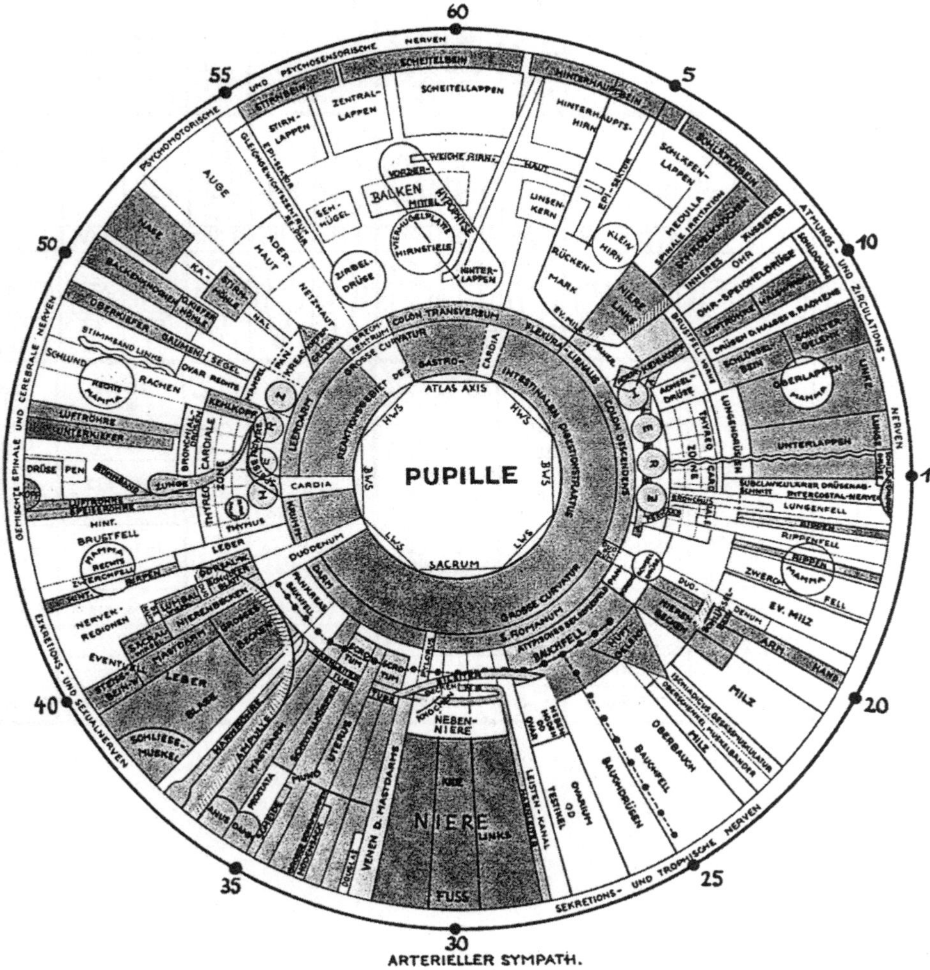

ARTERIELLER SYMPATH.
STHENISCHER ASPEKT

	8	7	6	5 (V)	4 (IV)	3 (III)	2 (II)	1 (I)	1 (I)	2 (II)	3 (III)	4 (IV)	5 (V)	6	7	8
SINNESORGANE	Innenohr	Kieferhöhle	Siebbein-zellen	Auge	Stirnhöhle							Stirnhöhle	Auge	Siebbein-zellen	Kieferhöhle	Innenohr
GELENKE	Schulter Ellbogen	Kiefer	Schulter Ellbogen	Knie hinten — Hüfte	Knie hinten — Kreuzsteißbein							Knie hinten — Kreuzsteißbein	Knie hinten — Hüfte	Schulter Ellbogen	Kiefer	Schulter Ellbogen
	Hand ulnar Fuß plantar Zehen u. 1*	Knie vorn	Hand radial Fuß Großzehe	Fuß	Fuß	Fuß	Fuß	Fuß	Fuß	Fuß	Fuß	Fuß	Fuß	Hand radial Fuß Großzehe	Knie vorn	Hand ulnar Fuß plant. Zehen u. 1*
RÜCKENMARK-SEGMENTE	Th1 C8 Th7 Th6 Th5 S3 S2 S1	Th 12 Th 11 L 1	C7 C6 C5 Th4 Th3 Th2 L5 L4	Th 8 Th 9 Th 10	L3 L2 Co S5 S4							L2 L3 S4 S5 Co	Th 8 Th 9 Th 10	C5 C6 C7 Th2 Th3 Th4 L4 L5	Th 11 Th 12 L 1	C8 Th1 Th5 Th6 Th7 S1S2S3
WIRBEL	B1 H7 B6 B5 S2 S1	B 12 B 11 L 1	H7 H6 H5 B4 B3 L5 L4	B 9 B 10	L3 L2 Co S5 S4 S3							L2 L3 S3 S4 S5 Co	B 9 B 10	H5 H6 H7 B3 B4 L4 L5	B 11 B 12 L 1	H7 B1 B5 B6 S1 S2
ORGANE	Herz rechts	Pancreas	Lunge rechts	Leber rechts	Niere rechts							Niere links	Leber links	Lunge links	Milz	Herz links
	Duodenum	Magen rechts	Dickdarm rechts	Gallen blase	Blase rechts urogenitales Gebiet							Blase links urogenitales Gebiet	Gallen gänge links	Dickdarm links	Magen links	Jejunum Ileum links
R																**L**
Zahn	8	7	6	5 (V)	4 (IV)	3 (III)	2 (II)	1 (I)	1 (I)	2 (II)	3 (III)	4 (IV)	5 (V)	6	7	8
R																**L**
ORGANE	Ileum rechts Ileocoecales Gebiet	Dickdarm rechts	Magen rechts Pylorus	Gallen blase	Blase rechts urogenitales Gebiet							Blase links urogenitales Gebiet	Gallen gänge links	Magen links	Dickdarm links	Jejunum Ileum links
	Herz rechts	Lunge rechts	Pancreas	Leber rechts	Niere rechts							Niere links	Leber links	Milz	Lunge links	Herz links
WIRBEL	B1 H7 B6 B5 S2 S1	H7 H6 H5 B4 B3 L5 L4	B 12 B 11 L 1	B 9 B 10	L3 L2 Co S5 S4 S3							L2 L3 S3 S4 S5 Co	B 9 B 10	B 11 B 12 L 1	H5 H6 H7 B3 B4 L4 L5	H7 B1 B5 B6 S1 S2
RÜCKENMARK-SEGMENTE	Th1 C8 Th7 Th6 Th5 S3 S2 S1	C7 C6 C5 Th4 Th3 Th2 L5 L4	Th 12 Th 11 L 1	Th 8 Th 9 Th 10	L3 L2 Co S5 S4							L2 L3 S4 S5 Co	Th 8 Th 9 Th 10	Th 11 Th 12 L 1	C5 C6 C7 Th2 Th3 Th4 L4 L5	C8 Th1 Th5 Th6 Th7 S1S2S3
GELENKE	Schulter — Ellbogen		Knie vorn	Knie hinten — Hüfte	Knie hinten — Kreuzsteißbein							Knie hinten — Kreuzsteißbein	Knie hinten — Hüfte	Knie vorn	Schulter — Ellbogen	
	Hand ulnar Fuß plantar Zehen u. 1*	Hand radial Fuß Großzehe	Kiefer	Fuß	Fuß	Fuß	Fuß	Fuß	Fuß	Fuß	Fuß	Fuß	Fuß	Kiefer	Hand radial Fuß Großzehe	Hand ulnar Fuß plant. Zehen u. 1*
SINNESORGANE	Ohr	Siebbein-zellen	Kieferhöhle	Auge	Stirnhöhle							Stirnhöhle	Auge	Kieferhöhle	Siebbeinzellen	Ohr

Die Wechselbeziehungen der Zähne zum Organismus nach Voll und Kramer.

Bild aus: *Mundakupunktur* von Jochen M. Gleditsch, WBV Biologisch-Medizinische Verlags GmbH & Co., D-73614 Schorndorf. Mit freundlicher Genehmigung von Verlag und Autor.

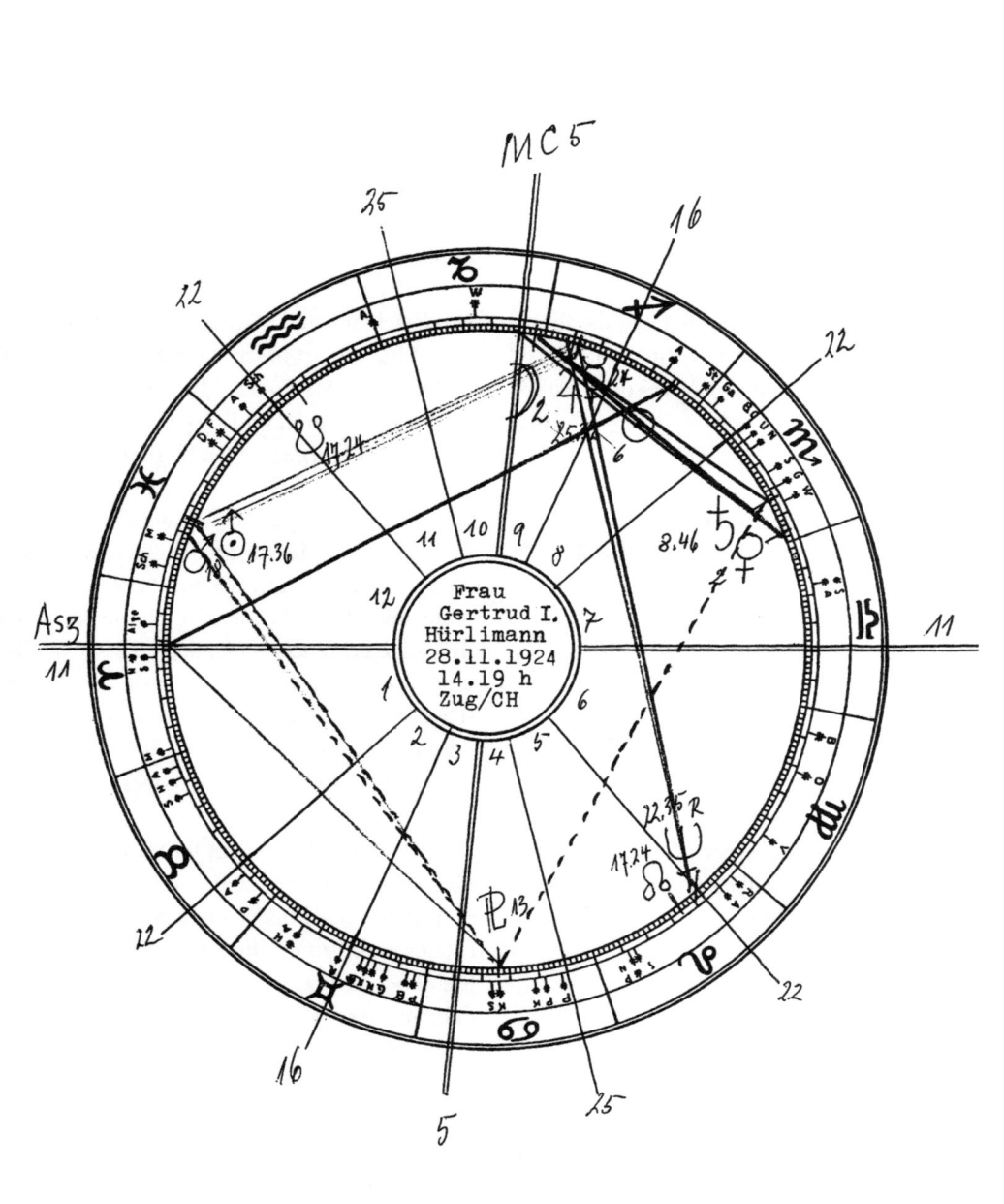

Geburtsbild der Autorin

Knapper Umriß einer Horoskopdeutung
Für Frau Gertrud I. Hürlimann, Zürich
* 28. November 1924, 14.19 Uhr, Zug/CH

Deutungstext gemäß der klassischen Methode

Begründung

Wacher aufgeschlossener Typ, lebendige Geisteshaltung

Sonne im Feuerzeichen Schütze, Aszendent Widder, Sonne Trigon Aszendent (die Eigenschaften von Sonne im Schützen und Widder müssen als bekannt vorausgesetzt werden)

Bemerkenswertes Interesse und Befähigung für höhere geistige Dinge, hohe Moralität, charakterliche Aufrichtigkeit, starkes Gerechtigkeitsgefühl

Das Zeichen Schütze steht hoch am Himmel, nahe MC, und ist besetzt durch Sonne, Jupiter und Merkur; Merkur und Jupiter erhalten ein Trigon des Neptun im Löwen von Spitze VI. Jupiter und Merkur stehen hierbei in IX!

Spezielle Befähigung für psychologische und chirologische Gebiete, die durch klare Erfolge gekrönt sind

Der Psychologenplanet Neptun steht im Trigon zu Jupiter und Merkur im Schützen in IX. Merkur als Herr des Luftzeichens Zwillinge, das Arme und Hände beherrscht, nimmt an diesem Trigon teil (Merkur = Hände). Den astrologischen Regeln nach assimilieren sich die Eigenschaften des Merkurs mit denen des Jupiters durch die Konjunktion. Bester und erfolgreichster Aspekt des ganzen Horoskopes

Die beruflichen Arbeiten werden mit großem Fleiß, größter Aufmerksamkeit und größtem Verantwortungsgefühl durchgeführt

Das 10. Haus (Beruf) liegt im Steinbock, dessen Herr Saturn in Konjunktion mit Venus im Skorpion steht. Beide bilden ein schönes Sextil (Venus exakt) zum Mond, der (noch in IX) den Steinbock besetzt. Das Sextil zwischen Mond und Saturn (mit Venus) garantiert Gründlichkeit und Ernsthaftigkeit der beruflichen Arbeiten

Verstärkung der psychologischen und chirologischen Arbeiten mit entsprechenden Erfolgen

Die Konjunktion des aufsteigenden Mondknotens mit Neptun Spitze VI (Arbeit) stützt die genannte Befähigung

Deutungstext gemäß der klassischen Methode	*Begründung*
Bemerkenswerte Beziehungsmöglichkeit zum Publikum, zur Öffentlichkeit, zu Frauen, insbesondere zu hilfe- und ratsuchenden Frauen und Mädchen. Diesen gegenüber besteht die ständige Hilfsbereitschaft, das soziale Verständnis für ihre seelische Lage und die Geeignetheit zu einer richtigen Beratung	Mond am MC in Steinbock deutet auf die Beziehung zur Masse, zu Frauen; Sextil Saturn/Venus auf die erfolgreiche Beziehung zu diesen. Das soziale Verständnis und die Hilfsbereitschaft ergeben sich aus dem Jupiter in seiner stärkstmöglichen Position, unterstützt durch die Schützesonne, deren Dispositor Jupiter ist. Mond im Steinbock Sextil Saturn deutet auf den Ernst und die Zuverlässigkeit der entsprechenden Arbeiten
Das Horoskop ergibt ferner eine klare starke Befähigung für graphologische Arbeiten	Merkur als Herr der Schrift steht mit dem starkstehenden Jupiter zusammen und nimmt an dessen Erfolgen teil
Man erkennt aus dem Horoskop die Möglichkeit erfolgreicher Beziehungen zu Behörden, höheren maßgebenden Institutionen, sozial höherstehenden Personen, Ämtern. Solche Beziehungen würden das Ansehen vermehren und berufliche Erfolge stützen	Dies ergibt sich aus der durch astrologische Erfahrung gesicherten Analogie zu höheren staatlichen Stellen und den damit zusammenhängenden Personen
Das aus dem Horoskop ersichtliche ernste Forschen, der starke Sinn für Geheimnisvolles und Verborgenes macht die beruflichen Arbeiten besonders wertvoll. Die genannten Befähigungen und Eigenschaften dürften bis ins hohe Alter erhalten bleiben	Saturn im Skorpion deutet nach astrologisch gesicherter Erfahrung auf ein tiefes Forschen, Geheimnissen nachzuspüren. Dies wird durch den Geburtsgebieter Mars in XII, der im Bezirk der Geheimnisse steht, unterstützt. Bei Anerkennung genügender Orbisweite kann man hier noch ein Trigon der in XII stehenden Konjunktion Mars/Uranus zum Pluto im Krebs in IV zulassen. Alter = IV, dort steht Pluto in schwachem Aspekt einerseits zu Mars/Uranus, andererseits zu Saturn/Venus in VII, in beiden Fällen erfolgversprechende Trigone

Erich v. Beckerath

(Erich von Beckerath, vom Deutschen Astrologenverband
zum Altmeister der Astrologie ernannt)

Zitierte Autoren

Spiesberger, Karl: *Die Aura des Menschen.*
Hermann Bauer Verlag, Freiburg i. Br. 1963.
Leadbeater, C.W.: *Die Chakras.* Hermann Bauer Verlag,
Freiburg i. Br. 1965.
Sterneder, Hans: *Der Schlüssel zum Tierkreisgeheimnis und
Menschenleben.* Drei Eichen Verlag, Hermann
Kissener, München 1956.
Long, Max Freedom: *Kahuna Magie.* Hermann Bauer
Verlag, Freiburg i. Br. 1966.
Beckerath, Erich: *Geheimsprache der Bilder.* Iberaverlag,
Wien 1984.
Walter, Hans-Jörg: *Entschlüsselte Aspektfiguren.* Ebertin
Verlag, Freiburg i. Br. 1981.
Ebertin, Reinhold: *Kombination der Gestirneinflüsse (KdG).*
Chiron 2002.
Glas, Norbert: *Die Hände offenbaren den Menschen.* J. C.
Mellinger Verlag, Stuttgart 1994.
Steindamm-Ackermann, Hugo & Elsbeth: *Hand und
Persönlichkeit.* A. Marcus & E. Weber's Verlag,
Berlin W 35, 2. Auflage 1947.
Engelhardt, Friedrich Rudolf: *Das Wissen von
der Hand.* Hugendubel Verlag, München 1932/ 1987.
Braunger, Günther: *Lehrbuch der Astromedizin.* Im
Vertrieb von Heinrich Hugendubel Verlag, München
1984.
Ebertin, Baldur R.: *Kosmobiologische Diagnostik 1–3.*
Ebertin Verlag, Freiburg i. Br. 1984.
Krotoschyn, Henry: *Huna-Praxis,* Bewusste
Lenkung des Schicksals. Schirmer Verlag, 2012.
Gregory, Richard L.: *Auge und Gehirn.* Rowohlt,
Reinbek 2001.
Geipel, Georg: *Anleitung zur erbbiologischen Beurteilung
der Finger- und Handleisten.* F. J. Lehmanns Verlag
München 1935.
Holt, Sarah B.: *The Genetic of Dermal Ridges,* A. Wiley
1968
Cummins,Harold and Charles Midlo: *Fingerprints,
palms and soles.* Blakiston
Philadelphia 1943.

Literaturhinweise

Bauer, Paul: *Die Sprache der Hände.* H. E. Günther-
Verlag, Stuttgart, 1950.
Brobeck, Fr.: *Die Physiognomie der Hand.* Helioda-Verlag,
Zürich.
–   *Das «M» in unserer Hand.* Helioda-Verlag (1974).
Buttkus, R.: *Die Rätsel der Hand.* Hermann Bauer Verlag,
Freiburg i. Br., 1968.
Debrunner, Hugo: *Seelisch bedingte Fuß- und Handlinien,*
Z. Der Psychologe (1951).
–   *Männliche und weibliche Fußfurchenbildung,*
Z. Der Psychologe (1951).
–   *Vergleiche zwischen Fuß- und Handabdruck,*
Z. Der Psychologe (1951).
–   *Schicksalsweg, Träume und Furchenbild,*
Z. Der Psychologe (1953).
Debrunner, Ingo: *Morphologischer Bauplan der ballen-
bedingten Handfurchen bei Primaten,*
Z. Antrop. Morph. (1955).
Ebertin, Reinhold: *KdG, Kombination der Gestirneinflüsse.*
Ebertin-Verlag.
–   *Kosmopsychologie.* Ebertin-Verlag.
–   *Anatomische Entsprechungen der Tierkreisgrade.*
Ebertin-Verlag.
Ehrlich, Miska M.: *Lehrbuch der wissenschaftlichen
Handlesekunst.* Chirome Verlag, München 1951.
Erne, Hans: *Über das Papillarleistensystem und
die Palmafurchen in Familien mit einem oder mehreren
Fällen von Mongoloismus.* Dissertation, Zürich, 1953.
Freimark, Hans: *Wie deute ich mein Schicksal aus Form und
Linien der Hand.* Verlag W. Vobach, Berlin, Leipzig,
Wien, Zürich.
Gärtner, Fritz: *Kosmische Psychologie.* Saeculum-Verlag,
Memmingen.
Geipel, Georg: *Anleitung zur erbbiologischen Beurteilung
der Finger- und Handleisten.* F. J. Lehmanns Verlag
München 1935.
Glas, Norbert: *Die Hände offenbaren den Menschen.*
Mellinger-Verlag, Stuttgart.
Heide, Fr. C.: *Die Sprache der Hand, ABC der Chirologie.*
Verlag und Vertrieb «Sonne», Köln.
Hirsch, W.: *Hautleisten und Krankheiten.* Große Verlag,
Berlin.
Hiteshew, Frank & Brady, Martha: *Lies Dein Schicksal
aus der Hand.* Falken-Verlag, Berlin.
Huber, B. + L.: *Der Mensch und seine Welt.* API-Verlag,
Adliswil.
Hutchinson, Beryl: *Your life in your hands.* Sphere books,
London.
Issberner-Haldane: *Chirosophie.* Hermann Bauer Verlag,
Freiburg i. Br.
–   *Die medizinische Hand- und Nagel-Diagnostik.*
Otto Zluhan.

Jacobi, Jolanda: *Die Psychologie von C. G. Jung.* Psychologie Fischer 6365, 1995.

Kurth, Hanns: *Menschenkenntnis auf den ersten Blick.* Ariston-Verlag.

Lausch, E.: *Manipulation: Der Griff nach dem Gehirn.* dva.

Laveuve, Ludwig: *Astrologie im neuen Licht.* Drei-Eichen-Verlag, München.

Lawrance, Myrah: *Handanalyse.* Ramon F. Keller Verlag, Genf.

Leadbeater, C. W.: *Die Chakras.* Hermann Bauer Verlag, Freiburg i. Br.

Lewis, Ursula: *Horoskope selbst gestellt.* Krüger-Verlag.

Leo, Alan: *Esoterische Astrologie.* Ansata-Verlag, Schwarzenburg.

Lomer, Georg: *Die Sprache der Hand.* H. Baumgartner, Warpke-Billerbeck.

Long, Max Freedom: *Kahuna-Magie.* Hermann Bauer-Verlag, Freiburg i. Br., 1966.

Lüscher, Max: *Lüscher Diagnostik* (Econ Verlag, Düsseldorf). Diagnostik mit Farben und Formen

– *Lüscher Würfel* (Econ Verlag). Farbwürfel als diagnostisches Spiel

– *Das Harmoniegesetz* in uns. Das Hauptwerk zur Einführung in die Funktions-Psychologie (Taschenbuch, 6. Aufl., Econ Verlag)

– *Die Farben der Liebe.* Ein Wegweiser zur konfliktfreien Liebe (Herbig Verlag, München)

– *Der 4-Farben-Mensch.* Der Weg zum inneren Gleichgewicht und zur Beurteilung der Persönlichkeit (Goldmann, München)

– *Signale der Persönlichkeit.* Rollenspiele der Leute (Econ Verlag)

– *Farbdiagnostik zur Homöopathie.* 8 Polychreste als Beispiele (Elvag Verlag, Sempacherstraße 1, CH-6006 Luzern).

Mangin, Henri: *Wie die Hand – so der Mensch.* Rascher-Verlag, Zürich.

– *Medizinische Hand-Diagnostik.* Rascher-Verlag, Zürich.

– *Die Hand, ein Sinnbild des Menschen.* Rascher-Verlag, Zürich.

Mangoldt, Ursula von: *Schicksal in der Hand.* Origo Verlag, Zürich, 1949.

– *Das große Buch der Hand.* Otto Wilhelm Barth Verlag, 1967.

– *Wer bin ich?* Herder, Freiburg i. Br., 1977.

– *Erkenne dich selbst im Bild deiner Hand.* Walter-Verlag, Olten, 1980.

Morgan, J. M.: *Hände und Charakter.* F. S. Herbig, München, Berlin.

Nestler, Julius: *Lehrbuch der Chiromantie.* Verlag Max Altmann, Leipzig 1922.

Nürnberger, C. W.: *Medizinisch-wissenschaftliche Diagnose aus der Hand.* Arkana-Verlag, Heidelberg 1979.

Oerterer, Manfred: *Chirologie. Ein Lehrgang zum Selbststudium.* München.

Pakraduny, T.: *Die Welt der geheimen Mächte.* H. Löwit, Wiesbaden.

Papus: *Comment on lit dans la main.* Librairie Ollendorf, Paris 1895.

Platon: *Das Gastmahl.* Goldmann Nr. 560.

Remplein, Heinz: *Psychologie der Persönlichkeit.* E. Reinhardt Verlag, München 1965.

Riemann, Fritz: *Lebenshilfe Astrologie.* Pfeiffer, München.

Ring, Thomas: *Tierkreis und menschlicher Organismus.* Ebertin-Verlag.

– *Astrologische Menschenkunde.* Bauer Verlag, Freiburg i. Br.

– *Kombinationslehre.* Bauer Verlag, Freiburg i. Br.

Roberts, Jane: *Gespräche mit Seth.* Ariston-Verlag, Genf.

Spiesberger, K.: *Die Aura des Menschen.* Hermann Bauer Verlag, Freiburg i. Br.

Spring, Rudolf: *Kosmisches Handlesen.* Eigenverlag, Zürich.

Steindamm, Hugo & Ackermann, Elsbeth: *Mysterium Mensch. Eine Einführung in die Psychologie auf Grund der Hand.* E. O. Erdmenger, Berlin/Leipzig 1938.

– *Hand und Persönlichkeit.* A. Marcus & E. Weber's Verlag, Berlin W 35, 2. Auflage 1947.

Sterneder, Hans: *Der Schlüssel zum Tierkreis-Geheimnis und Menschenleben.* Drei Eichen Verlag Hermann Kissener, München 9.

Taeger, Hans-Hinrich: *Astroenergetik.* Papyrus Verlag, Hamburg 1983.

– *Astro-Trips.* Werkstatt Edition, Dachberg 1986.

Walter, H.J.: *Entschlüsselte Aspektfiguren.* Ebertin-Verlag.

Werle, Fritz: *Kosmos und Psyche.* O. W. Barth-Verlag, Weilheim.

Wolff, Charlotte: *Die Hand des Menschen.* O. W. Barth-Verlag, Weilheim.

Wolff, Hellmut: *Gib Deine Hand.* Otto Walter-Verlag, Olten.

– *Horoskopie und Handexpertise.* Eigenverlag, München.

Astro-chirologische Ausbildung und Beratungen

Astro-Sesam
Astrologie- und Handleseschule
Gubelstrasse 19, CH-8050 Zürich
Tel. (0041) 044/315 59 99
Fax (0041) 044/312 57 44
info@kupschina.ch
www.kupschina.ch
www.hand-lesen.ch
www.astrosesam.ch
- Ausbildung in Handlesen (Chirologie)
- Schnupperabend: Deutungsabend
- Handlese-Seminare – zusammen mit Astrologie.
  Chirologische und astrologische Themen, kombiniert
  in der Deutung.
- Weitere Angebote von Annemarie Kupschina:
  Kurse in «Automatischer Schrift», kombiniert mit
  «Spirituellem Zeichnen».

Manfred Magg
geprüfter Astrologe DAV
Erlenweg 6, D-73773 Aichwald (bei Stuttgart),
Tel. (0049) 0711 305 16 04
manfredmagg@yahoo.de
www.handlesen.de
- Hand und Horoskop – Deutung, Beratung, Trends
- Handlesen
- Astrologische Beratungen (Geburtshoroskop,
  Jahresvorschau und mehr)
- Hand und Horoskop kombiniert
- Handlesen und astrologische Jahresvorschau

Die Autorin

Gertrud I. Hürlimann (1924–2011) beschäftigte sich seit
1963 mit Astrologie, von Anfang an mit chirologischem
Schwerpunkt. Von 1963 bis 1966 hauptberuflich astrologische und chirologische Praxis in München. Nach der
Rückkehr in die Schweiz Ausbildung zur diplomierten
Psychologin, Graphologin und Heilpraktikerin. Autorin
mehrerer sehr erfolgreicher Bücher im Bereich Astrologie, Handlesen und Pendeln.
In Gertrud Hürlimanns psychologischer Praxis bildete
die Chirologie nicht ausschließliches Diagnostikmittel,
sondern wurde ergänzt und abgesichert durch astrologische, graphologische und physiognomische Erkenntnisse.

Abbildungsnachweis

Zeichnungen: Getrud I. Hürlimann mit Ausnahme der
Fingerleisten-Schemata sowie der Zeichnungen Seite
72/73 und 222
Fotos: Helga Weber-Kahlo, Trin/GR
Wiedergabe der embryonalen Aufnahmen mit freundli-
cher Genehmigungdes Anatomischen Instituts Zürich
Seite 86: Archiv H. Debrunner, Biberstein/AG
Seite 20 und 150: Archiv Maria Manns (Foto Meiners),
Cloppenburg